BOBIK IM FEUEROFEN

WLADIMIR LINDENBERG

Bobik im Feuerofen

Eine Jugend in der
russischen Revolution

ERNST REINHARDT VERLAG MÜNCHEN/BASEL

ISBN 3-497-00525-8

4. Auflage (10.—12. Tausend) 1973

© 1964 by Ernst Reinhardt Verlag in München
Offsetdruckerei Josef Hablitzel, Dachau
Printed in Germany

Dem Andenken meiner Mutter
JADWIGA
† Berlin 1934
und all derer, die an dem bunten Teppich
meines Lebens mitgewirkt haben
in tiefer Dankbarkeit gewidmet

Sascha † Kiew 1921
Pássenka, gefallen bei Krasnodar 1944
Bábuschka † Warschau 1944
Onkel Stassiek, umgekommen im deutschen KZ 1944
Onkel Pawlik † New York 1962
Karlúscha † Remscheid 1962
Onkel Iwán † Stároje Giréjewo 1917
Tante Ella, Großfürstin von Rußland,
ermordet in Jekaterinodar 1918
Njánja † Moskau
Sergéi Jessénin † durch Selbstmord Moskau 1929
Aljóscha Golítzin, gefallen 1923 in der Fremdenlegion

„Wenn unser Gott imstande ist uns zu befreien, wird Er uns aus dem glühenden Brennofen und aus deiner Gewalt, o König erretten. Tut Er es aber nicht, so sei dir kund, daß wir deinen Gott doch nicht anbeten werden!" Daniel 3 *(Drei Jünglinge im feurigen Ofen)*

„Es war einmal ein Ort, der hieß Giréjewo. Und es lebte dort eine Familie, eine etwas verrückte Familie, die sorglos war und sich am Leben mehr freute, als es üblich war. Und dann kam ein Sturm und wehte diese und viele andere Familien hinweg. Aber die Familie nahm in den Wehen des Sturms Giréjewo und das Weiße Haus mit sich in ihr Herz hinein. Und nun ist Giréjewo und das Weiße Haus überall dort, wo der Wind sie hinträgt. Und so ist Giréjewo gar kein Ort mehr, sondern ein Zustand, ein Zustand von Geborgenheit in Gott, von Freude und Fröhlichkeit." Aus „Bobik im Feuerofen"

INHALTSVERZEICHNIS

Pomponspiel	11
Tante Hedi Paprika	14
Walerian, der Agitator	23
Der Doppelgänger	26
Die Kindsleiche im Eiskeller	30
Sascha und die Fliegen	35
Tante Ella	40
Der heilige Starez	49
Bruder Passenka	52
Die Kutusicha	56
Rasputin	63
Saschas Zigarren	67
Mord	70
Die Tschurkina	84
Sergei Jessenin	96
Nadja	102
Frossjas Geheimnis	116
Reis gar kochen	123
Der verschmutzte Weihnachtsengel	127
Askese	133
Kolka	138
Gamajun	143
Tante Warwara	146
Wer will unter die Soldaten	153
Arbeit macht Schwielen	158
Revolution	162
Grauer Alltag	166
Das Ende der Tarletzki	171

Ein Brief	179
Krasnoje Sselo	182
Lynchjustiz	193
Der rote Hahn	196
Das große Tralala	205
Nachtwachen	209
Auszug aus dem Weißen Haus	213
Das Haus in der Hundsgasse	218
Uliza Sergeja Jessenina	222
Das weiße Traumschiff versinkt	229
Der 7. November 1917	232
Bobik im Feuerofen	237
„Rette uns nach Deiner Wunderkraft"	247
Das Haus zum Sinkenden Stern	252
Abschied von Sascha	258
Opfergang	262
Der Tod herrscht auf den Straßen	266
Der Idiotenkäfig	269
Hunger, Dunkelheit, Ratten und Haß	275
Pascha	282
Aljoscha	286
Njanja	292
Mahnung	294
Karluschas Rückkehr	299
Zu neuen Ufern	303

PERSONENVERZEICHNIS

Jadwíga, Bobiks Mutter
Sascha, Bobiks Vater
Karluscha, Bobiks Stiefvater
Wera, Bobiks Schwester
Pássenka, Bobiks Bruder
Bábuschka, Jadwígas Mutter
Onkel Iwán Tarlétzki,
  Kosakengeneral, Herr auf
  Stároje Giréjewo
Lisavéta Petrówna Gagárina
Fürst Pétja Kutúsow
Fürstin Natálja Iwánowna
  Kutúsowa
Tante Ella, Großfürstin Elisavéta Feódorowna von Rußland
Onkel Serge, Großfürst von
  Rußland, ermordet 1905 in
  Moskau
Kaljájew, Terrorist, Mörder des
  Großfürsten
Starez Wassílij von Óptina
  Pustýn
Tante Hedi Paprika
Onkel Wássenka, ihr Mann
Aljóscha Golítzin, Bobiks Freund
Wássenka Sseménow, Bobiks
  Gespiele
Tólja, Bobiks Gespiele
Walerián, Student, Kommunist
Grigórij Raspútin, ermordet in
  Petersburg 1916
Njánja, Kinderfrau
Fróssja, Köchin
Aríscha, Zimmermädchen

GIRÉJEWO

Akulína, Zimmermädchen
Akulína, Witwe des Gärtners
Kolka, Pássenkas Gespiele
Mademoiselle, französische
  Gouvernante
Matrjóna, Köchin der Gagárina
Sinaída Petrówna Lukiná,
  Ladeninhaberin
Stepán Iwánowitsch, Schumacher
Grúscha, Njánjas Schwester
Aleksándr, Kutscher
Wanka, Hilfskutscher
Urjádnik, Polizeiwachtmeister
Priester Spiridón von Stároje
  Giréjewo
Afanássij, Kammerdiener von
  Onkel Iwán
Dr. Ssorókin, Landarzt
Dr. Schumánow, Militärarzt
Dr. Iwánow, Psychiater
Golowín, Pjotr Iwánowitsch,
  Nachbar
Sergéi Jessénin, Dichter
Tante Warwára, Verwandte
  von Onkel Iwán
Wówinka, ihr Enkel
Tante Lelja, Onkel Iwáns dritte
  Frau
Nadja ⎫ Geschwister, Gäste im
Katja ⎭ Weißen Haus
Natálja, Stubenmädchen
Natálja Boríssowna, Lehrerin
  von Bobik
Pawlik ⎫
Stassiek ⎭ Brüder von Jadwíga

Die Majorin
Die Kapitänstochter, ihre
　Tochter
Micháil, der Mörder

Tschúrkina, Hofdame und
　Geizhals
Malánja, Zimmermädchen bei
　Wássenka

KRASNOJE SSELO

Großvater, General Sergéi
　Micháilowitsch, Saschas Vater
Gawriíl Jegórow, sein Kammer-
　diener
Praskówja, Köchin

Kolka, Kutscher
Mitja, Hilfskutscher
Pafnútij, ein weiser Bauer
Vater Joann, Priester
Malánja, Kolkas Witwe

MOSKAU

Nikífor, Bábuschkas Haus-
　meister
Salomóna, Köchin
Dawíd Burljúk, Maler
Goldschmidt, Dichter
Andréi Bjélyi, Schriftsteller
Wladímir Majakówskij, Dichter
Borís Pasternák, Dichter
Iwán Búnin, Schriftsteller
Alekséj Rémisow, Schriftsteller
Nikolái
Walentín
Borís   ⎫
Páwel   ⎬ Bobiks Gespielen
Wánja   ⎭ auf dem Arbat
Micháil Bodrów

General Nabókin
Madame Eudoxie de Paris
Die Blinde
Trompeter
Marsbewohner
Propaganda Elvira, Kommu-
　nistin
Kulák
Chinesen
Páscha, Prostituierte
Iwán, Diener der Fürsten
　Golítzin
Kommissar
Kolontái, Kommunistin
Leo Trotzki

GESPENSTER

Ahnfrau Tamára, Bobiks Ahne,
　Onkel Iwáns Urgroßmutter
Márja Iwánowna, Onkel Iwáns
　zweite Frau

Kostschéi bessmértnyj, schreck-
　licher Geist
Domowói, Hausgeist
Kárliki, Heinzelmännchen

SPEISEN

Bórschtsch,
　Suppe aus Roten Rüben
Schtschí, Kohlsuppe
Kalátsch, Weißbrot aus Hefe
Warénje, eingezuckerte Früchte

Chalvá, Süßigkeit aus Mandeln,
　Zucker und Mohnöl
Baranki, Bretzeln
Papirosse, Zigaretten

POMPONSPIEL

Jadwíga reichte Bobik den Telefonhörer und lächelte verschmitzt: „Deine Herzensdame!" Am anderen Ende des Drahtes war Lisavéta Petrówna Gagárina, eine gemütliche, korpulente Tante, die in der Nähe des Hundeplatzes am Arbat ein altes, ausgedehntes, klassizistisches Herrenhaus bewohnte. Sie pflegte Bobik und Aljóscha gelegentlich sonntags zum Essen einzuladen. Sie war eine lustige, freudebegabte Person, der es Spaß bereitete, junge Kavaliere, wie sie sie nannte, bei sich zu sehen.

Ihre Köchin Matrjóna war berühmt für ihre köstlichen Piroschkís (Pasteten) und Warénje (eingezuckerte Früchte). Bobik nahm die Einladung gerne an.

Am Sonntag fuhren sie mit der Eisenbahn nach Moskau. Das Haus lag in einer stillen Gasse, in der es eine ganze Anzahl ähnlicher alter, von Parks umgebener, verschlafener Häuser gab. Alles in diesem Gebäude war altmodisch und etwas verstaubt. In großen Vasen standen blauer und rosa Rittersporn und Digitalis.

Tante Lisavéta kam ihnen entgegen und umarmte sie freundlich. Sie war sehr mollig. Ihre dicken Beine sahen aus wie zwei kleine Säulen. Sie steckten in Filzpantoffeln. Sie lachte und entschuldigte sich, sie sei noch nicht ganz fertig geworden, aber ihr gehe die Gemütlichkeit über alles.

Das Mobiliar des Hauses stammte aus den achtziger Jahren. Überall war Plüsch. An den Türen hingen Plüschgardinen, die mit Reihen von Pompons gesäumt waren. An allen Sesseln waren Pompons, an den Fensterstores, die Deckchen auf den Tischen waren von Pompons umsäumt. Es war ein Paradies von Pompons. Sie schillerten in allen Farben. An den Sesselecken gab es bizarre Formen mit lang herabhängenden Quasten. Diese Fülle von Stoff paßte zu Tante Lisavéta, die auch aus der Plüschzeit übriggeblieben zu sein schien.

Matrjóna brachte den dampfenden roten Borschtsch und eine Platte mit goldgelben, duftenden Piroschkí. Bobik und Aljóscha atmeten den Duft genießerisch ein. Sie saßen zu dritt bei Tisch und gaben sich hemmungslos dem Essen hin. Für Unterhaltung brauchten sie nicht zu sorgen, Tante Lisavéta redete wie ein munterer Papagei, sie tischte Witze auf, die die Jungen schon dutzend Male gehört hatten. Lisavéta Petrowna lachte gleich zu Anfang jedes Witzes. Bobik und Aljóscha lachten pflichtschuldigst mit. Dann erzählte sie ihnen den Klatsch von der Straße, von Leuten, die sie gar nicht kannten und die sie nicht interessierten. Gelegentlich handelte es sich um recht pikante Geschichten. Dabei schaute Lisavéta die Knaben mit einem leichten Augenzwinkern wie eine Mitverschwörerin an, die wußte, daß sie doch im Bilde waren.

Bobik und Aljóscha spielten anläßlich ihrer Besuche in jenem Haus ein geheimes, aufregendes Spiel. Es galt, soviel als möglich Pompons zu ernten. Das mußte aber ohne Mithilfe der Schere geschehen. Die Wollgebilde wurden mit bloßer Hand und möglichst unauffällig abgerissen.

Während Matrjóna den Bórschtsch und die Piroschkí abräumte, gab es eine ausgezeichnete Gelegenheit, unter der Damastdecke die Pompons von der darunterliegenden Wolldecke abzureißen. Die Ernte wurde eiligst in den Taschen verstaut.

Nach Tisch ging man in den kleinen roten Salon hinüber, um dort den Kaffee einzunehmen. Tante Lisavéta verschwand für einige Augenblicke. Das war die beste Gelegenheit, von den Portieren einige Verzierungen abzumontieren. Eine große Quaste von der Ecke des Sofas wanderte in Aljóschas Tasche, sie war mindestens zehn Punkte wert.

Die Hosentaschen waren etwas verdächtig gebläht und spannten beim Sitzen. Andere Versteckmöglichkeiten gab es nicht, sie mußten sich also mit dem Erfolg zufrieden geben. Obwohl sie dieses Spiel jahrelang betrieben hatten, sah es so aus, als ob die Schmuckstücke eines unseligen Jahrhunderts immer wieder nachwüchsen. Man merkte gar keine kahlen Stellen.

Nach dem guten Essen und nach dem anregenden Spiel waren die Gäste sowie die Gastgeberin etwas ermattet. Bobik und Aljóscha beschlossen, den Nachmittag im Scating Club zu verbringen. Tante Lisavéta schaute sie schelmisch an und meinte:

„Ich habe eine kleine Überraschung für euch."

Sie streckte beide Hände, die zu Fäusten geballt waren, ihnen entgegen:

„Bobik, welche Hand willst du wählen?"

Bobik zeigte auf die linke. Sie öffnete die Hand, in ihr war ein Haufen Pompons.

„Und diese Hand ist für Aljóscha."

Auch dort waren Pompons. Die beiden Knaben erröteten bis zu den Haarwurzeln.

„Ihr spielt doch so gerne damit", lachte Tante Lisavéta. Beide umarmten sie etwas verlegen in großer Bewunderung, dann verließen sie das Haus. Als sie um die Straßenecke bogen, blieben sie stehen. Normalerweise setzten sie sich nieder, leerten ihre Taschen, zählten die Beute und punkteten sie aus. Diesmal hatten sie gar keine rechte Lust dazu.

„Mensch", sagte Bobik, „die hat ja alles gewußt, und sicherlich hat sie es all die Jahre gewußt, und wie klug sie das eingefädelt hat. Nun ist es wohl aus mit dem Spiel. Jetzt, da es kein richtiger Raubzug mehr ist, macht es gar keinen Spaß."

„Ist aber eine großartige Frau. Auch wenn sie in Filzschuhen herumläuft, und sich nicht richtig kämmt, und den Staub nicht putzt, und in Plüsch wohnt, aber das mach ihr einer mal nach!"

TANTE HEDI PAPRIKA

Es war ein milder Aprilnachmittag, in der Luft roch es nach Frühling. Der Schnee war geschmolzen, überall lagen noch schmutzige Haufen davon. Verheißungsvoll breitete sich die schwarzbraune Erde unter der schwindenden Winterdecke aus. Die Menschen fühlten sich angeregter und kräftiger nach dem langen, ermüdenden Winter.
Sie saßen in Mamis Salon. Sascha spielte die neuesten Kompositionen, die ihm sein Freund und Studiengenosse Rachmaninow gesandt hatte. Die handgeschriebenen Noten sahen aus wie muntere Ameisen, die über einen geraden Weg laufen. Bobik wunderte sich immer, wie man aus diesen Ameisen oder Fliegen Töne hervorbringen könne. Eines hatte er sich gemerkt, wenn die Ameisen mehr oder minder ruhig über das Notenblatt liefen, dann war auch die Musik ruhig; wo sie sich aber ansammelten oder sogar so aussahen, als ob sie einen Karren zögen, da wurde es dramatisch. Sascha kaute an der Musik, er wiederholte die schwierigen Passagen, dabei entschuldigte er sich bei den Anwesenden, daß er sie mit seinem Üben störe.
Jadwíga half Njánja den Teetisch decken. Wera kämmte ihre Lieblingspuppe Akulína und beschaute sie sich wohlgefällig. Bobik lag auf dem breiten Wolfsfell unter dem Flügel und zeichnete in ein Heft Szenen aus „Pierrot Lunaire" von Schönberg, den er vor kurzem gehört hatte. Die Figuren gelangen nicht ganz zu seiner Zufriedenheit, aber Pierrot war überzeugend traurig und Harlequin war keck und herausfordernd.
Zwischendurch beobachtete er die Hosenbeine und die Schuhe von Sascha, wie sie abwechselnd auf die Pedale traten. Es waren große schwarze Schuhe mit Schnürsenkeln, die unordentlich geknotet waren. Sascha selbst konnte er nicht sehen. Die Hosenbeine und Schuhe führten ein selbständiges Leben, scheinbar ganz unabhängig von Saschas Person. Oben hörte er, wie die Hände auf den Tasten spielten, und unten spielten für sich, und doch im Takt, die Füße. Ab und zu drückte er ganz leicht seine Fingerspitzen auf die wippenden Schuhe, ohne daß Sascha es bemerkte. Es überkam ihn das Gefühl der Rührung; diese großen Füße waren ihm so nah und vertraut, es waren Saschas Füße, und Sascha gehörte ihm, zu einem ganz großen Teil ihm, Bobik.

Von der Auffahrt her hörten sie das Rattern eines Wagens und die Stimme des Kutschers Timofei, der die muntern Pferde zum Halten aufforderte. Bald darauf erschien in der Tür die große Gestalt Onkel Iwán Tarlétzkis. Er war in Generalsuniform, mit der breiten Lammfellmütze „Papacha" auf dem Kopf. Er war wie immer vergnügt, es ging eine heitere Wärme von ihm aus. Er umarmte alle nacheinander, zog umständlich den Mantel aus und setzte sich an den Teetisch.

„Wißt ihr schon, euer guter Vetter Wássenka hat ein tolles Kukkucksei ausgebrütet!" — er lachte ausgelassen. Jadwíga schaute die Kinder streng an: „Ihr geht beide hinaus!"

„Wieso denn", empörten sich Bobik und Wera, „wir sind hier zum Teetrinken!"

Njánja wäre sehr gerne dabei geblieben, um die aufregende Neuigkeit über Wássenka zu hören. Unwillig nahm sie Wera bei der Hand.

„Komm, Liebling, ich zeige dir was Schönes, du hast es noch nicht gesehen, die Arícha hat ihre Schwester zu Besuch und die hat ihr Kind mitgebracht, die Malánja, sie ist genau so groß wie du!" — Wera ging auf den Leim.

Bobik blieb trotzig sitzen. „Ich bleibe hier, ich bin erwachsen!" Er durfte bleiben. Die Idee, daß der dicke Vetter Wassja ein Kukkucksei ausgebrütet habe, fand er außerordentlich aufregend. Man stelle sich vor: der dicke, gutmütige Onkel Wassja, mit seinen runden wasserblauen Augen sitzt auf einem Kuckucksei und brütet es aus. Sicherlich schreit er zwischendurch wie eine Henne und das Gesicht läuft ihm vor Anstrengung blaurot an: „Kudach tach tach, kudach tach tach!" Ja, so etwas wäre dem Wássenka zuzutrauen, für etwas Klügeres würde er auch wohl kaum taugen.

Bobik wußte aus den Gesprächen der Erwachsenen, daß Wássenkas Vater große Besitztümer hatte, die einst Wássenka und seinen beiden Schwestern gehören würden. Wássenka hätte in die Verwaltung der Güter einsteigen sollen, aber er soll sich so töricht benommen und dabei so viel Geld verschleudert haben, daß sein Vater es vorzog, ihm eine große Apanage zu zahlen, ihn aber nicht an die Geschäftsführung heranzulassen. Einmal hatte Wássenkas Vater in seiner Abwesenheit die Schubladen von dessen Schreibtisch geöffnet, Haufen von unerledigten Briefen und Rechnungen gefunden, die jener aus Bequemlichkeit und unwiderstehlicher Abscheu vor jedweder Arbeit einfachheitshalber dort hinein gestopft hatte.

Vor einigen Jahren hatte sich Wássenka in die junge und sehr hübsche Aglája Gortschków verliebt. Da die Väter jedoch seit Urzeiten miteinander verfeindet waren, untersagte ihm seine Familie diesen Ehebund. Wássenka weinte und jammerte, trug sein Leid durch alle Salons, drohte sogar, sich selbständig zu machen und zu arbeiten. Aber schließlich siegten sein natürliches Phlegma und die Faulheit. Zum Lohn für die heldenhafte Entsagung sandte ihn sein Vater für ein Jahr nach Budapest. Dort wurde offenbar das von Onkel Iwán soeben erwähnte Kuckucksei ausgebrütet.

„Stellt euch vor, ich sitze mit einigen Freunden im Jar, und wer kommt da an in seiner ganzen Größe — Wássenka! Und wen führt er galant an seiner Hand? Eine rötliche hübsche Blondine, etwas aufgetakelt, aber sehr hübsch! Er kommt an meinen Tisch und stellt mich der Dame vor: ‚Onkel Iwán, das ist meine Frau Hedi!' — Sie hebt ihre zierliche Hand an meinen Mund, stößt sie gegen meine Zähne und sagt: ‚Jo, die Hedi aus Budapest!' und sie lachte, aber eine Spur zu laut. Ich würde meinen, alles an ihr war eine Spur zu laut.

Wássenka nahm mich zur Seite und beichtete, er sei schon seit einem Jahr insgeheim verheiratet, er wisse aber nicht, wie er es seinem Vater und seinen Schwestern beibringen solle, er habe einfach nicht den Mut dazu. Und Hedi, die das lustige Leben in Budapest gewöhnt sei und sich sicherlich von ihm und seiner gesellschaftlichen Stellung sehr viel versprochen habe, langweile sich hier fast zu Tode und drohe ihm mit einem Skandal. Er fragte mich, ob ich ihm nicht helfen könne.

Ich überlegte und wies ihn an dich, Jadja. Wenn ein Mensch da helfen kann, bist du es. Wie großartig hast du doch damals die Ilona Golítzina eingeführt! Du bist Meisterin darin, die schwierigsten Dinge einfach zu machen!"

Saschas Gesicht wurde sehr streng. „Ich verbiete es dir, Jadwíga, diese merkwürdige Person, von der man nicht weiß, wo sie herkommt, zu empfangen. Laß den albernen Oblómow, den Taugenichts, seine Angelegenheiten allein erledigen. Basta!"

Sascha war sehr energisch. Sein Ton gefiel Bobik ganz und gar nicht.

Jadwíga sagte entschieden, aber mit leiser Stimme: „Ich lasse mir nichts verbieten, was nicht unrecht ist. Woher sie kommt?! Woher soll sie schon kommen, sie ist ein Mensch wie wir alle, sie ist Wássenkas Frau, sie trägt seinen Namen und ist damit unsere Cousine. Und ehe sie irgendwelche Dummheiten oder Skandale veranstaltet, werde ich sie mir ansehen und mit ihr sprechen. Du brauchst nicht dabei zu sein. Ich bitte dich sogar darum, mich mit ihr allein zu lassen!"

„Bravo, Jadja, bravo, so liebe ich dich! Immer aufrecht und mutig!", meinte Onkel Iwán.

„Wirst du mit ihr auch so viel Klavier und Geige spielen, daß alle Leute zusammenlaufen, wie damals mit Ilona?", fragte Bobik, ganz begeistert in der Erinnerung an das Ereignis.

„Schweig, und kümmere dich um deine Angelegenheiten!"

Einige Tage später erschien Wáooenka. Er war schrecklich verlegen und sah sehr schuldbewußt aus. Bobik und Wera empfingen ihn an der Tür. Sie schauten auf seine Hände. Natürlich hatte er vergessen, ihnen Schokolade mitzubringen. Er wurde noch verlegener, er kramte in seinen Taschen und reichte ihnen verschämt einen Zehnrubelschein, sie möchten sich doch selbst Schokolade kaufen. Es kam ihnen vor wie ein Trinkgeld, aber sie nahmen es. Zunächst war ihre Neugier gebändigt, weil sie eifrig berieten, was sie sich dafür kaufen würden.

Jadwíga empfing ihn allein. Fast hätten die Kinder den Besuch vergessen, aber im Eßzimmer, das an den Salon grenzte, fanden sie die Njánja horchend an der Tür. Natürlich wollten sie auch mithorchen, aber sie verjagte sie.

Abends beim Schlafengehen fragte Njánja Bobik so nebenbei, er wäre doch so gebildet, was denn „Bar" und „Animir" hieße. Bobik machte ein sehr angestrengtes Gesicht, aber er wußte es nicht. Er rannte auf Strümpfen in das Bibliothekszimmer und schlug das Konversationslexikon auf. Unter »Animir« stand »Belustigen, Reizen, Anregen«. Bei »Bar«: »Schranke, Gerichtsschranke, Animierlokal«.

„Aha", dachte er, „das hat also etwas mit Tante Hedi zu tun. Sie muß wohl eine Belustigungsdame in einem Lokal, in dem Männer verkehren, gewesen sein." — Er erklärte es, so gut er konnte, der Njánja. Sie nickte bedächtig mit dem Kopf, bekreuzigte sich und meinte: „Der arme dumme Wássenka! Hätte er doch lieber die dumme Aglája geheiratet, was müssen die Eltern sich auch immer zanken und in Feindschaft gegeneinander leben. Nun hat die, pfui Teufel! — und sie spuckte aus — den armen Tölpel eingefangen."

Mittwoch war der aufregende Tag: Tante Hedi wurde zum Tee erwartet. Mami bat sich aus, allein mit ihr zu sein. Sascha war in der Stadt. Bobik und Wera hielten sich in der Nähe der Haustür auf, um Hedi ja nicht zu verpassen. Als es endlich läutete, rannten sie stürmisch zur Tür, stießen sich, rutschten aus, stolperten. Als sie die Tür öffneten, stand ein älterer Mann vor ihnen. Fast hätten sie die Tür vor seiner Nase zugeschlagen, so enttäuscht waren sie. Sie riefen Arischa, damit sie mit ihm verhandeln solle.

Schließlich kam Tante Hedi. Mit einiger Verspätung, natürlich! Als sie die Tür aufrissen, schlug ihnen zuerst eine Welle Parfum entgegen. Dann stürzte sie sich auf die Kinder, drückte sie an sich, umarmte sie, überschüttete sie mit Küssen, wirbelte sie umher und schrie: „Joj, joj, du sein mein kleine süße Cousin Bobik und du meine kleine, ganz süße Weruschka, joj, joj, wie ich euch lieben heiß und innig!", und sie küßte sie wieder. In ihrem Arm hielt sie einen enormen Blumenstrauß, am anderen Arm hingen zahllose Pakete. Sie setzte sich auf die Stufen, sortierte die Pakete und warf sie Bobik und Wera zu. „Das sein alle süße, süße, kleine Sachen für meine kleinen Cousins!"

Jadwíga erschien und reichte ihr die Hand. Auch Mami wurde stürmisch umarmt und abgeküßt. Danach versuchte Tante Hedi eine Art Hofknicks vor Jadwíga zu starten, der ihr mißlang, fast wäre sie gestolpert. Beide Frauen und die Kinder lachten. Hedi reichte Jadwíga den enormen Blumenstrauß. Njánja, die auch abgeküßt wurde und darauf sehr stolz war, half Hedi den Mantel ausziehen. Ehe Njánja den Mantel aufhing, roch sie an ihm wie ein Hund.

Bobik und Wera waren mit dem Auspacken der zahlreichen Päckchen beschäftigt. Darin waren Schokolade, Marzipanschweinchen, japanische Puppen, Spielautos. Noch nie hatten sie so viele Dinge von einer Person geschenkt bekommen. Bobik meinte zu Wera, sie sei wohl sehr nett, aber etwas angeberisch, zu stark parfümiert, zu lebhaft, zu laut, zu lustig, zu aufgedonnert, zu freundlich und zu großzügig. Wenn das zuviel nicht wäre, wäre sie eine ganz patente Tante, viel patenter als fast alle Tanten, die sie hatten. Man konnte sie geradezu lieb haben.

Aus dem Salon ertönten laute Protestrufe. Bobik und Wera stürmten trotz Verbots hinein. Auf dem Boden lagen bunte Bänder, Spitzen, Troddeln und seidene Blumen. Mami stand vor Tante Hedi mit einer großen Schere und schnitt an ihr herum. Hedi schrie, wehrte sich, lachte und umarmte Jadwíga. Sie sah jetzt wirklich fast zivil aus. Jadwíga vollzog offenbar kosmetische Operationen, sie beseitigte den überreichen Flitterkram an Hedis Kleidung und gab ihr Unterricht in bescheidenem Auftreten.

Wera stürzte sich auf die abgeschnittenen Sachen und sammelte sie ein. „Au fein, das ist für meine Puppen!" — Alle lachten.

Sie begleiteten sie zu ihrem Wagen, zuletzt sah sie fast wie eine Dame aus. Nochmals überflutete sie alle mit ihren Liebkosungen. Sie bestieg den Wagen und winkte so lange, bis sie aus der Sicht verschwand.

„Sie ist einfach reizend! Und welch ein Temperament! Wie ein ungarisches Steppenpferd", meinte Jadwíga.

Der Krieg dauerte nun schon das zweite Jahr und ein Ende war nicht abzusehen. Aber er spielte sich weit weg, an den Grenzen Deutschlands ab, im Inneren ging das Leben unverändert weiter. Der Kutscher Aleksándr war eingezogen, ihn vermißten alle sehr, er fehlte ihnen allen. Einige Pferde, darunter die muntere Igrúnka, waren auch im Krieg. Onkel Iwáns Sohn Sáschenka war gefallen, seine schöne Frau Marússja war aus Giréjewo weggelaufen und starb in Petersburg an übermäßigem Alkoholgenuß. In der ersten Zeit hatte man es vermieden, rauschende Feste und Tanzvergnügungen zu veranstalten. Aber dann fand man, ein Leben ohne Vergnügungen sei sauer, und man traf sich wieder wie früher, war lustig und ausgelassen.

Jadwíga beschloß, Tante Hedi in die Gesellschaft einzuführen. Die Gefährlichkeit des Unternehmens war ihr bewußt, doch wenn sie es nicht tat, blieben Hedi und Wássenka in völliger Isolation, und ihre Ehe würde daran zugrunde gehen. Und schließlich, so fand Jadwíga, war Hedi ein wertvoller Mensch und nicht geringer als manche hochnäsige Moskauer Aristokratin oder Patrizierstochter, die sich auf ihren guten Namen so viel einbildete.

Die alten Freunde, Verwandten und Bekannten aus Giréjewo, Moskau, Golítzino und den umliegenden Gütern wurden eingeladen. Onkel Iwán war in das Komplott eingeweiht, er fand die Idee herrlich. Sascha war dagegen, aber er wurde überstimmt. Bobik und Wera waren begeistert. Njánja und die Mägde waren empört wegen der vielen Arbeit. Man beschloß im Familienkreis, Hedi als ungarische Cousine einzuführen. Bei der Vorstellung und Namennennung hörte doch niemand zu. Sogar die beiden Schwestern von Wássenka wurden mit ihren Männern eingeladen.

Alle Vorbereitungen waren getroffen. Tante Hedi mußte versprechen, zwei Stunden vor dem Fest, und absolut pünktlich, zu erscheinen. Jadwíga würde wieder alles Überflüssige an barockem Schmuck von ihr abnehmen, auch sollte sie ihr Parfüm mitnehmen und sich nicht vorher parfümieren, weil sie auch davon zuviel nahm.

Sie kam wirklich auf die Minute pünktlich an. Wássenka, der sie begleitete, war ganz blaß vor Aufregung und mußte sich ständig den Schweiß von der Stirn wischen. Seine Augen waren noch runder und er sah noch unbeholfener und dümmer aus. Er wurde in Saschas Arbeitszimmer gesetzt. Sascha bot ihm eine lange Zigarre an und ließ sich nicht stören, er wußte nicht, worüber er sich mit Wássenka unterhalten sollte. Das Gespräch über das Wetter war ihm zuwider. Und andere Themen hatte Wássenka nicht auf Lager.

Tante Hedi wurde in ihrem neuen Kleid bewundert. Wera wünschte sich genau solch leuchtend rote Haare. Bobik dagegen fand, sie wären eine Spur zu rot, auch die Lippen. Wenn Bobik nicht genau gewußt hätte, daß es keine aufklebbaren Wimpern gebe, würde er gedacht haben, daß Tante Hedi sich welche aufgeklebt habe. Sie waren lang, schön gebogen und umrahmten ausdrucksvoll die großen blauen Augen wie ein üppiger Bilderrahmen. Das Kleid war trotz Mamis strenger Ermahnung natürlich etwas zu bunt geraten und sie war zu eng geschnürt. Beim Gehen wackelte sie etwas zu viel mit dem Hinterteil, aber sie sah entzückend aus, wie eine Puppe aus einem teuren Schneidergeschäft. Sie verdrehte auch ihre Hände genauso. Jadwíga parfümierte sie ganz vorsichtig. Tante Hedi meinte, man könne ja gar nichts riechen. Mami blieb aber unerbittlich.

Alle waren schrecklich aufgeregt, und Bobik meinte, man fühle sich wie ein Revolutionär, der eine Dynamitladung unter seiner Weste versteckt halte. Wera und Bobik beschlossen, sich selbst zum Abendessen einzuladen. In der allgemeinen Aufregung merkte es niemand, wie sie sich zwei Gedecke heranschmuggelten.

Die Gäste waren erschienen. Es war ein schrecklicher Lärm im Raum wie vom Summen Hunderter von Hummeln. Wenn man etwas sagen wollte, mußte man laut schreien, man hörte sonst seine eigene Stimme nicht. Jadwíga und Sascha standen in der Nähe der Tür und empfingen die Gäste. Neben ihnen stand Tante Hedi, dahinter Onkel Iwán, Wera und Bobik. Wássenka saß in der fernsten Ecke auf einem Stuhl. Er war so schwach vor Aufregung, daß seine Beine zitterten. Njánja gab ihm einen Klaps auf die Schulter: „Setz dich schon, Väterchen, du bist ja der Ohnmacht nahe!" Er gehorchte.

Bei der Begrüßung sagte Jadwíga stereotyp: „Darf ich Ihnen meine Cousine Hedi aus Budapest vorstellen!" — Das Wort Budapest wirkte wie ein galvanischer Strom. Man war elektrisiert, schaute die neue Cousine neugierig an und war begeistert. Sicherlich kleidete sie sich nach der neuesten Budapester Mode, wurde doch Budapest als das Paris des Ostens angesehen. Die Männer, jung und alt, küßten Hedi etwas zu lange die Hand, die Frauen betrachteten sie wohlgefällig von oben bis unten. Fürstin Ilona Golítzina, die in den Komplott eingeweiht war, umarmte Hedi herzlich. Andere Damen folgten diesem Beispiel.

Schließlich ging man zu Tisch. Bobik und Wera saßen wie ganz natürlich zwischen den Gästen. Hedi wurde zwischen Onkel Iwán und dem Fürsten Anatol Golítzin placiert. Onkel Wássenka kam neben Bobik zu sitzen. Er wagte es kaum vom Teller aufzublicken. Er tat Bobik schrecklich leid. Er nahm sich automatisch einige Speisen von den dargereichten Platten und stocherte im Essen herum. Er, der berühmte Gourmand aller Moskauer und Petersburger Schlemmerlokale, hatte heute keinen Appetit.

Tante Hedi war in ihrem Element, mit den wenigen russischen und französischen Brocken, gemischt mit Ungarisch und mit ihren Ausrufen „joj, joj, joj", feuerte sie ihre Tischnachbarn an. Die Damen fragten sie fasziniert, bei welchem Schneider sie arbeiten lasse und was für ein herrliches Parfüm sie benutze, und ob sie auch bereit sei, sie bei nächster Gelegenheit zu besuchen.

Nach Tisch wurde getanzt. Tante Hedi wurde am meisten aufgefordert. Sie tanzte herrlich. Die anderen Paare blieben stehen, um ihr zuzuschauen. Von so viel warmer Teilnahme animiert, rief sie in den Raum: „Joj, Joj, warum immer diese Walse, jetzt etwas Modernes, einen Kakewalk, das ist Feuer, das ist Paprika! Wer kann spielen einen Kakewalk!" — Der Student Walerián konnte es. Er setzte sich ans Klavier und spielte. Tante Hedi tanzte den Kakewalk vor, Schulter zurück, Bauch heraus, schlug sie nach vorne mit den Beinen aus, die Arme in Pfötchenstellung wie ein bettelnder Hund. Das war urkomisch. Dazwischen feuerte sie Walerián an: „Nicht einschlafen, Student, mehr Feuer, mehr Paprika! schneller, schneller!" Die Damen und Herren bewegten sich im Takt, sie hatten rote, erhitzte Gesichter. Sogar die sauertöpfische Fürstin Kutúsowa geriet außer sich, sie hüpfte auf ihrem Sessel und klatschte in die Hände. Auch die gestrengen Schwestern von Wássenka tuschelten mit ihren Männern und hatten offenbar das sehnlichste Bedürfnis, den Kakewalk mitzutanzen.

„Jetzt alle mittanzen!", rief Tante Hedi. Als ob sie alle darauf nur gewartet hätten, sprangen sie auf und tanzten. Onkel Iwán tanzte, Jadwíga, sogar der gestrenge Sáschenka sah entspannt aus und tanzte mit. Bobik und Wera tanzten am ausgelassensten. Nur Wássenka saß, wie vernichtet, wie einer, der am gleichen Abend hingerichtet wird, in der fernsten Ecke und bebte.

Der Boden erzitterte unter dem Stampfen unzähliger Absätze. Bobik und Wera gerieten in einen derwischartigen Trancezustand, immer wilder galoppierten sie um Tante Hedi herum, sie zogen immer engere, immer gefährlichere Kreise um sie. Plötzlich fühlte Bobik seine Sinne schwinden. Er suchte nach einem Halt. In seiner Not ergriff er etwas Weiches und sank zu Boden. Das Etwas sagte durchdringend „krrrrrr". Im gleichen Augenblick schrie Tante Hedi laut: „Joj, joj, Mammam!" — Die Gäste lachten schallend. Bobik wurde von hilfreichen Händen gepackt und hinweggeführt. Andere ergriffen Tante Hedi, die sich verschämt mit beiden Händen das Hinterteil zu verdecken suchte. Ihr Rock hing hinten in großen Fetzen herab und schleifte über den Boden. Jadwíga borgte ihr ein Kleid und half ihr sich umzuziehen. Hedi gestikulierte, umarmte abwechselnd Jadwíga und Njánja, lachte und weinte vor Freude. Njánja brummte. „Steh doch wenigstens einen Augenblick still, du fremdländisches Steppenpferd, du!" —

Sie wurden mit Hallo im Saal empfangen und mußten weitertanzen. Die meisten Gäste konnten sich nicht entsinnen, je einen solch anregenden Abend erlebt zu haben. Nach der Anstrengung des Tanzes mußten sie verschnaufen. Die Damen fragten, ob Hedi ihnen Unterricht in dem modernen Tanz geben wolle. Ob dieser Tanz auch in der Budapester Gesellschaft und am Hofe getanzt werde?

„Überall, überall tanzt man in Budapest diese Tanz, nur arme alte Kaiser Franz Josef nicht tanzen, arme, arme Kerl! Weil zu alt und zu schwach! Herz, Herz!" — sie wackelte bedauernd mit dem Kopf und zeigte auf ihr Herz.

Nun sah Jadwíga den rechten Augenblick gekommen. Sie ließ Champagner reichen, bat um Gehör und erhob ihr Glas. „Liebe Freunde! Wollen wir dieses Glas auf unsere Cousine Hedi, auf Paprika Hedi trinken!" — „Jaaa!", schrien alle und drängten sich an Hedi heran. Jadwíga bat nochmals um Gehör. „Und auf ihren Mann, Wássenka!"

Wássenka erhob sich. Ein unbeschreiblicher Lärm entstand. Erstaunen, Entsetzen und Begeisterung. Alle stürzten sich auf Wássenka, erdrückten ihn fast mit Umarmungen, lachten und prosteten ihm zu. Die beiden Schwäger klopften ihm gönnerhaft auf die Schulter. Sie führten ihn zu Tante Hedi, sie mußten sich umarmen und küssen. Die Gäste schrien Hurra. Wássenka und Hedi hielten Jadwígas Hände und küßten sie. Onkel Iwán proklamierte laut, daß der nächste Abend bei ihm stattfinden werde und daß alle Anwesenden eingeladen seien. Bobik und Wera schrien unisono: „Wir auch?" — „Auch ihr Dummen, natürlich!" lachte Onkel Iwán.

Der große dürre Sascha beugte sich zärtlich zu Jadwíga. „Du bist meine kleine Zauberin!"

WALERIAN, DER AGITATOR

Bobik und Wera gingen in den Wald an der Wladimirskaja. Es war ein unermeßlicher Urwald, der sich von Sibirien bis nach Moskau erstreckte. Er wurde von keiner Försterhand gepflegt, Füchse, Biber, Luchse, Wölfe, Bären und Räuber bevölkerten ihn. Die Kinder versprachen Jadwíga, nicht allzutief in den Wald einzudringen. Die Pfifferlinge wuchsen sowieso nur in der Nähe von Tannen und Fichten und in Lichtungen. Es war ein heißer, windstiller Nachmittag. Sie sammelten die orangefarbenen Pfifferlinge, die Spankörbe waren bald gefüllt. Dazwischen aßen sie Erdbeeren und Blaubeeren, die es in Mengen gab. Ihre Zähne wurden davon ganz schwarz. Sie sahen sich an und mußten lachen. Sie meinten, sie sähen aus wie umgekehrte Neger. Dann begaben sie sich gemütlich auf den Heimweg.

Auf einem Baumstamm saß ein Mensch und las. Wera rief: „Das ist ja Walerián!" Sie liefen zu ihm hin.

Walerián war Student des Polytechnikums. Er war groß und blond und hatte blaue Augen, die grüne Studentenuniform kleidete ihn gut. Wera und Bobik waren in Walerián verliebt. Sie rannten zu ihm hin und umarmten ihn. Wera küßte ihn länger, als es die Sitte erforderte, dann packten beide ihn an den Händen und ließen ihn nicht mehr los. Walerián war etwas mürrisch, offenbar fühlte er sich durch die unerwartete Begegnung belästigt.

Bobik nahm das Buch, das er abgelegt hatte, in die Hand und blätterte darin. Es war betitelt: „Karl Marx, Das Kapital".

„Was liest du denn da, Waljúschka, willst du reich werden?"

„Wieso reich?"

„Nun, weil du über das Kapital liest!"

„Du Dummer, das hat doch nichts mit Reichtum zu tun. Im Gegenteil, das Kapital soll an alle verteilt werden, und besonders an die Armen."

„Hm, dann ist es wohl das Evangelium?"

„Nein, das hat auch mit dem Evangelium gar nichts zu tun. Im Gegenteil, es ist eine neue Lehre und es heißt, daß die Armen, die jahrhundertelang von den Reichen ausgebeutet worden sind, nun endlich die Reichen verjagen sollen, und es müsse Gleichheit unter allen herrschen!"

„Aber wenn die Reichen verjagt werden, was soll dann mit ihnen geschehen?"

„Wir wollen sie gar nicht mehr haben. Sollen sie sich doch zum Teufel scheren! Sie haben soviel Unheil angerichtet, nun wird es Zeit, daß sie von der Bühne abtreten. Und da sie nicht freiwillig abtreten werden, werden wir ihnen dazu verhelfen."

„Wer ist denn *wir*, bist du das auch? Aber du bist doch selbst ein Reicher!"

„Ich selbst bin es nicht, lediglich meine Eltern. Ich aber kämpfe für die Armen."

„Wollen denn die Armen reich werden?"

„Das verstehst du nicht, Bobik, sie sollen auch gar nicht reich werden, aber sie sollen alle im Wohlstand leben und eine gute Bildung haben und es soll keine Fürsten und Grafen und Kaufleute und Beamte mehr geben. Sie sollen alle untereinander gleich werden."

„Nun, Waljúscha, das hat Christus doch schon vor langer Zeit gesagt, aber sie haben es nicht fertiggebracht. Also ist es doch eine Art christlicher Lehre!"

„Laß mich mit Christus in Frieden, der hat damit gar nichts zu tun, und wenn wir das machen, dann machen wir es anders."

„Wie wollt ihr es denn besser machen?"

„Wir werden es mit Gewalt tun. Wir werden die ganzen Blutsauger vernichten, denn nur so können wir ein neues Leben aufbauen."

„Dann wirst du ja zum Mörder, Walerián, das kann doch nicht sein!"

„Für eine gute Sache kann ich es schon, Bobik!"

„Wie kann denn aus einem Mord eine gute Sache werden, Walerián?"

„Das muß wohl so sein, anders geht es nicht."

„Aber um die Reichen zu vernichten, müßtest du ja selbst deine Eltern umbringen, und uns, Mami und Wera und mich?"

Walerián sah sehr streng aus.

„Gewiß doch, ich habe persönlich gar nichts gegen euch, auch nichts gegen meine Eltern! Aber als Klasse gehört ihr alle zu den Blutsaugern, zu den Ausbeutern, und ihr müßt vernichtet werden, denn ihr steht uns überall beim Aufbau eines neuen Daseins im Wege."

Bobik und Wera schauten Walerián mit tiefem Entsetzen an.

„Vielleicht bis du ein bißchen verrückt?"

Walerián wurde böse und stampfte mit dem Fuß auf.

„Ich bin nicht verrückt. Ich kämpfe für eine neue Lebensordnung, und es sind viele, die mit mir dafür kämpfen. Ich bin bereit, mein Leben dafür einzusetzen, und wir werden gewinnen!"

„Kämpfen denn die Armen, die Bettler und die Bauern mit euch darum?"

Walerián wurde unsicher:

„Darum kämpfen wir für sie!"

„Aber vielleicht wollen sie gar nicht, daß ihr für sie kämpft?"

„Du mußt das verstehen. Du weißt selbst, wieviel Elend und Unglück durch die Ungleichheit der Menschen, durch die Ausbeutung der Armen durch die Reichen, durch die Dummheit und Unbildung, durch den Alkohol verursacht wird. Wenn sie alle gleich sein werden und alle arbeiten und verdienen, alle gleiche Bildung genießen, dann erst kommt Freude und Glück über die Menschen und dann erst werden sie gut werden."

„Wenn du das meinst, Walja, dann müßten doch eigentlich die Reichen, die alles zum Leben haben, die auch Bildung haben, gut und glücklich sein."

„Sie sind's doch aber gar nicht."

„Nein, darum stimmt etwas bei deiner Rechnung nicht, und ich glaube auch nicht, daß die Menschen gut werden können, wenn dafür andere hingemordet werden sollen."

„Du bist wohl noch zu jung, um das alles zu verstehen."

Bobik wurde böse.

„Das sagen sie alle, wenn sie nicht mehr weiterwissen, dann ist man zu jung, um es zu verstehen, und zu dumm. Na, dann leb wohl und lies nur weiter dein Kapital."

Sie gaben sich kühl die Hände, von der anfänglichen Verliebtheit in Walerián war nichts mehr übrig geblieben. Die Kinder gingen bedrückt und schweigend heim. Welche Abgründe verbargen sich doch hinter einem hübschen und freundlichen Äußeren?

Im Traum erschien Walerián dem Bobik. Seine Hände waren blutig und Blut tropfte von den Fingern. Sein Gesicht war verzerrt, und als er näher hinsah, war es nicht mehr Walerián, sondern ein schrecklicher Teufel.

DER DOPPELGÄNGER

Es gab im Weißen Haus ein unheimliches Zimmer. Es war das sogenannte Kabinett, ein Arbeitszimmer. Es lag etwas abseits im Haus und wurde von allen Insassen sehr ungern betreten, obwohl niemand sagen konnte, warum es ihm vor diesem Raum graute. Manche Bekannten fragten verwundert, warum im Sommer in einem Raum des Hauses der Kamin öfters brenne. Sie zeigten auf das Fenster, das zu dem Kabinett gehörte. Es war ein geräumiges Zimmer mit steifen, dunklen Queen-Ann-Möbeln und einem Kamin aus blauem finnischem Granit. Vor dem Kamin war ein mächtiges Bärenfell, dasselbe, in das Bobik anläßlich einer Karnevalsausfahrt eingenäht worden war. In den Regalen standen Mengen von Büchern. Es war sehr still in jenem Raum. Wenn das Gesinde das Kabinett betrat, bekreuzigte es sich immer und versuchte, so schnell wie möglich es wieder zu verlassen.

Es war ein kühler Augustabend und Wanka hatte in verschiedenen Räumen das Kaminfeuer entfacht. Bobik ging in das Kabinett, um sich vom Regal die Bhagavadgita zu holen. Er fand das Buch und wollte schnell aus dem Raum wieder verschwinden, aber das Kaminfeuer prasselte so lustig und anheimelnd, daß er beschloß, sich auf den Bärenkopf zu setzen und sich zu wärmen.

Aus dem Holz kamen rote, gelbe und blaue Flämmchen hervor, es war schön, dem Spiel des Feuers zuzuschauen. Wie lange Bobik da saß, wußte er nicht mehr, aber er hatte die Empfindung, daß irgend jemand noch im Raum sei. Das war unheimlich, und er wagte nicht, sich umzudrehen. Aber schließlich drehte er doch den Kopf zur Seite und erblickte einen Jungen, der ziemlich dicht in gleicher Pose stumm neben ihm saß und ihn anschaute. Es war gar nichts Unheimliches in dieser Gestalt und sie kam Bobik sehr bekannt und vertraut vor.

Nach einer Weile kam er zur Überzeugung, daß er selbst dieser andere sei. Zuerst dachte er, daß es ein Spiegelbild sei, aber es war kein Spiegel im Raum. Er wollte den Knaben ansprechen, aber er wagte es nicht, und so schauten sich beide eine lange Weile wortlos an. Schließlich streckte Bobik die Hand aus, um den anderen zu berühren. Auch der andere streckte seine Hand aus. Sie berührten sich, aber er fühlte keine Berührung. Er beugte sich vor, der andere beugte sich auch vor. Sie kamen sich mit den Gesichtern ganz nahe, so daß man schließlich nur noch das Weiße der Augen sehen konnte, und plötzlich war der andere verschwunden. Er war sozusagen in Bobik hineingegangen.

Bobik war wieder allein. Jetzt überfiel ihn ein leichtes Grausen und er stürzte aus dem Raum hinaus. Er ging in sein Zimmer, doch war es dort auch unheimlich still und er konnte die Einsamkeit nicht ertragen. Er suchte seine Mutter.

Jadwíga saß in ihrem Boudoir und schrieb. Bobik setzte sich in einen Sessel und sagte nichts. Jadwíga spürte, daß er ihr etwas mitteilen wollte, und drehte sich um. Sie erschrak bei seinem Anblick.

„Was hast du denn für große Pupillen, ist dir nicht gut?"

„Doch, doch."

„Aber du siehst bestimmt krank aus. Hast du irgend etwas gehabt, hast du irgend etwas erlebt?"

„Ich weiß nicht", meinte er zögernd.

Schließlich, nach längerem Drängen von seiten Jadwígas, entschloß er sich, ihr das Erlebnis zu erzählen. Jadwíga hörte zu, ohne ihn zu unterbrechen.

„... Er ist dann einfach wieder in mich hineingegangen, was war das bloß?"

„Vielleicht war es dein Doppelgänger. Es soll so etwas geben. Viele haben das erlebt, Goethe ist sich selbst einmal hoch zu Roß begegnet, und Onkel Iwán hatte solch ein Erlebnis als junger Mensch gehabt. Manchmal begegnet man eben sich selbst."

Aber sie war doch beunruhigt.

Bábuschka befand sich zu Gast im Weißen Haus und Jadwíga handelte wohl übereilt, als sie ihr den Vorfall mitteilte.

Am nächsten Morgen traf man sich zum Frühstück im großen Eßsaal. Der Samowar brummte gemütlich. Bábuschka bevorzugte den Kaffee und bereitete sich ihn selbst zu. Sie filterte ihn durch einen Strumpf, der mit einem Metallring in die Kanne eingelassen war. Sie war furchtbar aufgeregt. Sie küßte Bobik auf beide Wangen und schaute ihm tief in die Pupillen. Sie schüttelte den Kopf und fragte ihn, ob er krank sei. Bobik, der den Vorfall vom letzten Abend beinahe vergessen hatte, wies die Frage unwillig zurück.

„Wieso bin ich krank?"

„Ja, du hast doch so etwas Seltsames erlebt! Du mußt zum Arzt, das ist womöglich die Schizophrenie!"

„Sie haben es immer mit den Krankheiten, was soll denn das für eine Schizofonie sein? Ich bin vollständig gesund!"

„Das weißt du gar nicht, mon ami. Die Schizophrenie fängt oft so an, das heißt eben ‚Spaltung der Persönlichkeit'. Ich werde sofort Doktor Iwánow anrufen, er soll dich untersuchen."

„Aber ich bin doch nicht krank und zudem ist es keine Spaltung, der andere ist ja in mich wieder hineingegangen, Bábuschka!"

„Ich will ja auch nicht sagen, daß es eine Spaltung ist, aber schließlich bin ich deine Großmutter und wohl um einige Jährchen älter als du, und trage für dich die Verantwortung, und da wirst du mir den Gefallen tun und mit uns zum Doktor gehen."

Bobik wußte, daß Bábuschka einen sehr harten Kopf hatte und daß es sinnlos war, sich in lange Gespräche einzulassen und ihr zu widersprechen.

Tatsächlich wurde mit Doktor Iwánow etwas verabredet und Jadwíga, Bábuschka und Bobik wurden nach Moskau zu dem Psychiater gefahren.

Eine hübsche junge Schwester öffnete ihnen die Tür, sie knickste immerzu vor Bábuschka und Mami und ging knicksend rückwärts. In der Tür zum Ordinationszimmer stand Dr. Iwánow, ein schmaler, magerer Mann mit Ziegenbart, den man wohl auch Henri Quatre nannte. Auf der langen Nase saß ein Kneifer. Erst wurden Bábuschka und Mami hineingeführt. Bobik mußte in einem Salon warten, in dem die Möbel mit weißen Schonbezügen bekleidet waren. Das war er von Bábuschkas Haus schon so gewohnt. Im anschließenden Wintergarten standen ausladende Palmen. Bobik ging zu den Palmen und zählte ihre Blätter. Manche waren am Rand trocken. Er versuchte, die trockenen Spitzen mit den Nägeln abzuknipsen. Schließlich wurde er zum Doktor hereingerufen. Er war allein mit dem Arzt. Er drückte die Hand des Arztes, die feucht und kühl war. Bobik dachte: „Wie ein Frosch." Er saß dem großen Mann gegenüber und fühlte sich sehr klein.

„Na, was fehlt uns denn, junger Mann? Wir haben gehört, daß wir eine Begegnung gehabt haben, daß man sich gewissermaßen doppelt gesehen hat, ist das so?"

Bobik schaute dem Doktor gelangweilt in den Kneifer.

„Ja, aber das war gar nichts Außergewöhnliches! Außerdem ist das schon vorbei. Wollen sie meine Zunge sehen? Sie ist ganz glatt!", und er streckte, so lange er vermochte, die Zunge heraus.

Der Doktor beklopfte seinen Schädel, leuchtete mit einem Lämpchen in seine Pupillen, was unangenehm war, und klopfte schließlich auf Bobiks Knie, so daß die Unterschenkel einen Sprung machten.

„Blödsinnig", dachte Bobik, „im Kopf soll ich's haben und der arbeitet an meinen Beinen."

„Wie lernt man denn", fragte der Doktor.

„Nun, schlecht, die Lehrer sind ziemlich langweilig und ungebildet, und die Lehrfächer sind auch ziemlich uninteressant."

„Hast du ein schlechtes Gedächtnis?"

„Nein, das gerade nicht, aber ich interessiere mich für so viele Dinge nicht, die in der Schule durchgenommen werden."

„Hm, kannst du rechnen? Wieviel ist 14×13?"

Bobik wußte es nicht genau, da er schlecht rechnen konnte. Außerdem war er gehemmt und er brachte tatsächlich die Endzahl nicht zustande.

„Können Sie mir denn sagen, wieviel 29×41 ist?"

Der Doktor war entsetzt. Er war auf diese Frage nicht vorbereitet, und wußte es auch nicht.

„Du bist ja hier, damit ich dich frage und nicht umgekehrt!"

„Warum, ich kann sie doch auch fragen. Jedenfalls, wenn ich auch nicht gut rechnen kann, so bin ich doch noch ganz normal."

„Das sagen alle", meinte der Doktor, „was ist denn für ein Unterschied zwischen einem Zwerg und einem Riesen?"

„Nun ja, sie sind gegen mich ein Riese und ich bin ein Zwerg."

Bobik wünschte sich sehnlichst ein Ende dieser nutzlosen Unterhaltung. Auch dem Doktor war offenbar nicht wohl zumute.

„Na gut, ich werde dir etwas verschreiben, damit solche Sensationen nicht wiederkommen", meinte er.

„Das waren gar keine Sensationen, das war eine Erscheinung und Goethe hatte sie auch. Und warum soll das nicht wiederkommen, es war ja gar nichts Unangenehmes."

Er mußte nochmals die kalte, feuchte Hand in Empfang nehmen. Sehr gerne hätte er dem Doktor noch einmal und aus freien Stücken die Zunge gezeigt und „bääh" gesagt, aber er beherrschte sich. Als die Tür hinter ihm zuging, streckte er doch die Zunge heraus.

Die verschriebenen Pillen wurden von der Bábuschka in einer Apotheke gekauft, Bobik sollte zweimal am Tage eine davon mit Wasser einnehmen. Er kannte ein wunderbares Wühlmäuseloch im Park. Er ging dorthin und verstopfte das Loch mit der Medizinschachtel. So endete die Schizophrenie.

DIE KINDSLEICHE IM EISKELLER

Bábuschka, die ihren Wohnsitz in Moskau hatte und infolge des Krieges ihrer ungebändigten Reiselust nicht mehr frönen konnte, kam jetzt häufig zu Besuch nach Giréjewo. Etwas in ihrem Wesen hatte sich verändert. Sie war milder und freundlicher geworden, sie lief nicht gleich nach der Ankunft in die Küche und in die Stallungen, um nach dem „Rechten" zu sehen, sie hatte sogar freundlichere Beziehungen zu dem Gesinde aufgenommen.

Das auffallendste jedoch war, daß sie sich nicht mehr als Großmutter verkleidete. Die schwarzen Kapotthütchen und schwarzen Blusen mit Pailletten verschwanden in den Schränken des alten Hauses, und plötzlich hatte sie helle Hüte auf und freundliche Kostüme an und sah eigentlich verjüngt aus.

Bobik belauschte einmal ein Gespräch zwischen Fróssja und Wanka, aus dem hervorging, daß Bábuschka verliebt sei und einen Liebhaber habe. Danach erschien ihm Bábuschka besonders interessant. Gerne hätte er sie gefragt, wie das sei, wenn man einen Liebhaber habe, und ob man dann unbedingt heiraten müsse. Das würde bedeuten, daß Bobik einen neuen Großvater, einen Stiefgroßvater, bekäme. Er hatte nicht immer die besten Erfahrungen mit der Verwandtschaft gemacht. Es gab reizende Onkel und Tanten und Vettern, aber gerade in der älteren Generation gab es solche, die sich ungestraft und ohne jedes Taktgefühl in die Angelegenheiten von Jadwíga oder Bobik und Wera hineinmischten, denen man aber eigentlich in keiner Weise Rechenschaft schuldig war. Ein solcher Stiefgroßvater wäre geradezu ein Greuel.

Er wagte Bábuschka nicht direkt danach zu fragen, und seltsamerweise ergab sich auch kein Gespräch, in dem er an jene mysteriöse Liebschaft anknüpfen konnte. Einmal fragte er sie: „Bábuschka, warum siehst du eigentlich jünger aus als früher und hübscher? Meistens werden doch die Menschen älter und häßlicher!"

Bábuschka wurde rot und wußte nicht, was sie antworten sollte.

„Ich bin doch noch gar nicht so alt. Warum sollte ich denn nicht jung aussehen? Außerdem stehe ich mitten im Leben und bin bereit, mich am Leben zu freuen."

„Hm", sagte Bobik bedeutungsvoll. Leider war das Gespräch damit erschöpft.

Es war schwierig, Mami danach zu fragen. Sie liebte es nicht, daß geklatscht wurde, und hätte gleich sehr streng danach gefragt, woher Bobik solche Informationen habe. Es würde dabei herauskommen, daß er das Gespräch des Gesindes belauscht hatte, und das gab ganz bestimmt Unannehmlichkeiten.

An einem Morgen erbot er sich, Mami zu Fuß zum Bahnhof zu begleiten. Es gab so eine herrliche Gelegenheit zu einem Gespräch von Mensch zu Mensch.

„Mami, warum sieht Bábuschka so verändert aus und ist jetzt ganz nett und freundlich geworden? Es gibt doch gar keinen Krach mehr, wenn sie kommt, und wir alle haben sie jetzt recht lieb. Ist es wahr, daß sie verliebt ist?"

„Wie kommst du auf solche Gedanken, Bobik, verliebt, das klingt so albern. Nun ja, sie hat einen Menschen gefunden, mit dem sie sich sehr gut versteht und der sie liebt und achtet, und das macht es wohl auch, daß sie jetzt so viel weicher und liebenswürdiger geworden ist."

„Wird sie den Mann heiraten, Mami? Wird er dein Vater werden und mein Großvater?"

Jadwíga lachte.

„Ich weiß es nicht, Bobik. Die Großmutter ist ein selbständiger Mensch. Sie kann tun und lassen, was sie will. Sie hat keine kleinen Kinder mehr und sie ist für ihre Handlungen niemandem Rechenschaft schuldig. Wenn sie heiraten will, so ist es ihre eigene Angelegenheit."

„Aber wenn sie nicht heiratet, dann ist das doch eine wilde Ehe!"

„Rede nicht so geschwollen daher, Junge, das verstehst du doch gar nicht."

„Nun ja", meinte Bobik beleidigt, „das verstehe ich gar nicht! Die Bábuschka ist doch schon so uralt, kann sie denn da überhaupt noch lieben?"

„Du Dummer, sie ist erst 52 Jahre alt, und da ist man noch nicht alt, und so lange der Mensch lebt, kann er auch lieben. Der Liebe sind keine Altersgrenzen gesetzt."

Bobik schüttelte bekümmert den Kopf:

„Das verstehe einer, so alt und noch immer lieben!"

*

An einem schwülen Sommertage spielten Bobik, Wera, Aljóscha, Wássenka und die Nachbarskinder im großen Park Kriegsspiele. Es war wie üblich Krieg zwischen Russen und Tartaren. Bobik war sein eigener Ahne, der Bojar Brenko, der Besieger der Tartaren, und Tólja repräsentierte den bösen Tartaren Chan Mamai. Das Gelände war mit den vielen uralten Bäumen, mit dem dichten Unterholz und den zahlreichen, im Park verstreuten Gebäuden für das Spiel wie geschaffen. Mamai wurde nach schwierigen Kämpfen und Suchaktionen ergriffen, an den Händen gebunden und gefangen genommen. Man beschloß, ihn in den Eiskeller einzusperren.

Der Eiskeller befand sich etwa 80 m vom Weißen Haus entfernt. Er bestand aus einer Holzhütte, die meterdick mit Erde zugeschüttet war, auf der Gras und Sträucher wuchsen. Eine kleine, schwere Holztür führte in den eigentlichen Keller, eine 5 m tiefe, sehr breite Grube, die im Winter mit riesigen Eisblöcken aus dem gefrorenen See bis an den oberen Rand angefüllt wurde. Das Eis hielt sich den ganzen Sommer und es wurden Lebensmittel zum Kühlen daraufgelegt. Es schmolz im Laufe der Zeit und man bedurfte dann einer kleinen Leiter, um zu der Eisoberfläche zu gelangen.

Tólja-Mamai wurde in diesen Keller gesperrt. Man machte die Tür hinter ihm zu und spielte weiter. Dann rief Bábuschka die Kinder zum Tee. Der Tee mit herrlichen Warénje und Kuchen wurde im Garten an einem großen Tisch eingenommen. Alle vergaßen darüber, daß Tólja inzwischen im Eiskeller saß. Erst gegen Abend fragte Tóljas Mutter im Weißen Haus an, ob Bobik nicht wüßte, wo Tólja hingegangen sei. Beim Weggehen habe er die Absicht gehabt, mit Bobik zu spielen.

Bobik erbleichte, o Gott, o Gott, der Eiskeller! Er rannte, so schnell er konnte, los und riß die Kellertür auf. Der arme Tólja mit auf den Rücken gebunden Händen saß schlotternd und schon ganz apathisch am Rand der Eisgrube. Seine Zähne schlugen aufeinander.

„Verzeih, Tólenka, verzeih, wir haben dich ganz vergessen."

Er packte ihn und schleppte ihn aus dem Keller. Tólja konnte kaum noch gehen. Seine Mutter, Mami, Bábuschka, Njánja und Fróssja waren entsetzt. Alle schrien durcheinander. Njánja beförderte Tólja ins Kinderzimmer, zerrte ihm die Kleider vom Leib und rieb ihn mit Franzbranntwein ab. Es wurde ihm schließlich Tee mit Cognac eingeflößt. Seine Haut war rot wie bei einem gekochten Krebs. Man gab ihm Aspirin ein. Bobik bekam einige Ohrfeigen, er wußte nicht genau von wem. An einer erkannte er die Handschrift seiner Mutter, aber es war auch eine Ohrfeige von Bábuschka und sogar eine von Fróssja dabei, die gar kein Recht hatte, Ohrfeigen zu verteilen. Er nahm sie als gerechte Strafe hin und murrte nicht. Er konnte sich gegen die vielen Vorwürfe nicht entschuldigen. Es war brutal und unverzeihlich, daß sie Tólja im Eiskeller vergessen hatten. Es war ja nur geplant, ihn wenige Minuten dort zu belassen.

Während noch die Vorwürfe der Erwachsenen auf Bobiks Kopf prasselten, erscholl vom Eiskeller her ein herzzerreißendes Geschrei. Bobik riß sich los und rannte dorthin, die anderen ihm nach. Arischa stand mit zitternden Knien vor der Kellertür und schrie. Ihr Mund war weit offen und gab einen einzigen, langgedehnten, nicht endenwollenden Ton von sich. Bobik kannte solche Töne nur von vorbeifahrenden Lokomotiven. Sie zeigte nach dem Keller und stotterte:
„Ein Kind, ein Kind, ein totes Kind!"
Bábuschka herrschte sie an: „Wo ist ein Kind?"
„Dort, im Keller, auf dem Eis!"
„Dann geh doch hin und hol es!"
„Nein, um keinen Preis, ich fasse die Leiche nicht an."
Niemand wollte in den Keller hinuntersteigen, allen graute es davor, auch Bobik. Da entschloß sich Bábuschka hinunterzuklettern. Nach einer Weile kam sie herauf, sie sah sehr blaß aus. In den Händen hielt sie etwas, das in Zeitungspapier gewickelt war. Draußen im verglimmenden Sonnenlicht sah man, daß es ein neugeborenes totes Kind war. Seine Augen waren geschlossen und es sah aus, als ob es schliefe. Alle beugten sich zu der kleinen Leiche. Njánja weinte. Mami seufzte. Tóljas Mutter meinte, daß man die Polizei holen müßte. Bábuschka fragte:
„Wer mag das gewesen sein?"
Alle schauten einander an. Das junge Stubenmädchen Akulína war nicht zugegen. Jadwíga hatte eine Ahnung. Akulína sah in der letzten Zeit verändert aus. Sie trug weitausladende Kleider und ihre Augen waren verweint.
Jadwíga ging zu den Remisen, wo Akulína ihr Zimmer hatte. Sie fand sie am Bettrand sitzend und weinend. Sie setzte sich zu ihr und nahm ihre Hand.
„Was hast du da gemacht, Akulínuschka?"
Akulína weinte laut und konnte kein Wort sagen.
„Wir hätten doch das Kind aufziehen können, mußte es denn sterben?"
„Er hat mich verlassen, der Schuft", schluchzte Akulína.
„Auch wenn er das getan hat, das Kind brauchte es nicht zu büßen. Es ist doch ein Menschenleben."

„Was wird nun aus mir?"

„Du wirst dich vor den Richtern verantworten müssen, auch wenn es eine Tat der Verzweiflung war."

Dr. Ssorókin wurde geholt. Er erklärte, daß Akulína in ihrem Kummer und ihrem Alleinsein sich niemanden anzuvertrauen wagte und diese Tat in Verzweiflung beging.

Dann kam der schnauzbärtige Urjádnik, der Polizeiunteroffizier. Er forderte Akulína auf, mit ihm zu kommen, sie sei verhaftet. Er bemühte sich, so sanft auszusehen, als sein martialischer Schnurrbart es eben erlaubte. Njánja, Aríscha, Fróssja und Wera heulten. Jadwíga küßte Akulína auf die Stirn, umarmte sie und flüsterte ihr zu: „Wir verlassen dich nicht. Geh nur und komme bald wieder." Inzwischen stellte Dr. Ssorókin den Totenschein aus. Wanka wurde nach Kuskowo geschickt, um einen kleinen weißen, mit Silber und Flitter bezogenen Kindersarg zu holen.

Am nächsten Morgen ging Jadwíga mit Bobik und Wera nach Stároje Giréjewo zum alten Priester.

„Bátjuschka, wir haben einen kleinen Säugling tot im Keller gefunden, er muß beerdigt werden."

Der große, weißhaarige, bärtige Pope reckte sich und sah Jadwíga streng an.

„Aber nicht in geweihter Erde und nicht mit kirchlichem Begräbnis."

„Ist das Kind kein Mensch?"

„Ein Mensch vielleicht, aber kein getaufter."

„Vater Spiridón, eines sage ich Ihnen, das Kind kann nichts dafür, daß es vor seiner Taufe gewaltsam starb, und so wahr ich hier vor Ihnen stehe, werden Sie dieses unschuldige Wesen, das durch keine Sünde befleckt ist, in dieser Kirche und in dieser geweihten Erde beisetzen."

„Ich habe meine kirchlichen Vorschriften und ich kann es nicht tun."

„Ich kenne Ihre kirchlichen Vorschriften nicht, Vater Spiridón, aber ich bin wie Sie getauft und bin wie Sie Christ, und wenn Ihr Christentum nicht weitergeht als bis zu einem papierenen Dogma, das nicht von Christus stammt, dann ist es nichts wert. Morgen wird die Beisetzung stattfinden und Sie werden für den armen Säugling die Totenmesse halten!"

Jadwíga sah ihn streng an. Bobik drückte fest ihren Arm.

Der Pope kratzte sich am Ohr. „Morgen um 10 Uhr", sagte er dumpf.

SASCHA UND DIE FLIEGEN

Sascha war groß und schlank, sein Antlitz glich den strengen Erzengeln von den uralten Ikonen. In Bobiks Augen hatte er etwas von dem kriegerischen Erzengel Michael, der den Drachen tötete. Sascha betrachtete jede Unwahrheit als einen Drachen. Seine Wahrheitsliebe ging für Bobiks Vorstellungen entschieden zu weit. Nicht, daß Bobik sich der Lüge verschrieben hätte, aber in der Ära Karlúschas war er aus Angst gezwungen, mit der Wahrheit zurückhaltend zu sein und zu kleineren oder größeren Lügen zu greifen.

Die Wahrheit konnte gelegentlich zu schmerzlichen Empfindungen auf der Wange oder auf dem Hinterteil führen. Diese kleinen Notlügen belasteten Bobiks Gewissen nicht allzu sehr. Er fand es auch nicht erforderlich, sie dem alten Priester in Stároje Giréjewo zu beichten. Er würde ihn sicherlich deswegen absolviert haben.

Es gab aber auch eine andere Art zu lügen: Das war eine gewisse Großtuerei gegenüber den Kameraden. Wenn er sich bei Karlúscha ganz klein und unscheinbar machte, um nicht aufzufallen, so gab er bei den Kameraden weit über sein körperliches und geistiges Vermögen an. Er kletterte auf hohe Bäume und kam mit zerrissenen Kleidern und Hautabschürfungen herunter, er sprang über Zäune, blieb gelegentlich mit den Füßen zwischen den Latten stecken und brach sich beinahe das Genick dabei. Bei den Spielen schrie er so laut, als er konnte. Er glaubte, daß sein Schreien dem Brüllen eines Löwen ähnelte. Auch bei den Erzählungen von Vorkommnissen setzte er auf die Ereignisse Lichter und Farben auf, so daß sogar alltägliche Geschichten einen Hauch von Abenteuer bekamen.

Im Grunde war er schüchtern und zurückhaltend, doch schien es ihm, daß er sich bei den gleichaltrigen Freunden mit diesem Gehabe besser durchsetzen könne.

Was nun Sascha betraf, so pflegte dieser bei seinen Erzählungen nicht die geringste Kleinigkeit zu übertreiben. Er hatte eine recht unangenehme Eigenschaft, Menschen die Wahrheit zu sagen; das heißt, alles, was gut und recht und schön an ihnen war, fand er ganz natürlich und normal und sagte darüber kein Wort. Wenn er aber an jemandem irgendwelche Unarten fand, dann fühlte er sich verpflichtet, es ihm mitzuteilen. Man kann nicht behaupten, daß er sich die Menschen dadurch zu Freunden machte. Sie waren über diese Eröffnungen auch keineswegs begeistert oder dankbar dafür. Im Gegenteil, sie schrumpften plötzlich zusammen und wurden sauer. Fernerhin mieden sie intensivere Begegnungen mit ihm. Sascha, der keine allzu große Freude am Umgang mit Menschen hatte, war es zufrieden.

Gelegentlich erschien er zur Teestunde zu den Menschenaufläufen, die Jadwíga fast täglich veranstaltete. Damen, die ihn allzu enthusiastisch und freundlich begrüßten, küßte er zum Schein die Hand, das heißt, er führte die Hand gar nicht an seine Lippen; und solchen, die es gewohnt waren, ihre Hand gegen den Mund des Grüßenden zu stoßen, hielt er sie mit einiger Gewalt herunter. Dazu bleckte er die Zähne, aber jeder, der es sehen wollte, konnte erkennen, daß diese Mundbewegung mit einem Lächeln nichts gemein hatte und nur eine Grimasse war.

Im Weißen Haus war man es gewohnt, daß das ganze Haus allen gehörte, den Kindern, den Gästen, dem Gesinde, und jeder nahm Besitz von dem Raum, den er gerade aufsuchte.

Sascha, der die Einsamkeit liebte und brauchte, beschwerte sich bitter, daß er wie in einem Bahnhof leben müsse. Er war darüber nicht selten verärgert, zog sich zurück und war noch wortkarger als sonst. Bobik versuchte, ein Gespräch mit ihm anzufangen, aber es war nicht an ihn heranzukommen, so daß nach einer Weile das Thema versiegte. Bobik stand dann herum, trat von einem Fuß auf den anderen und suchte einen Vorwand, aus dem Raum zu verschwinden. Bei solchen Gelegenheiten verlor die Ähnlichkeit Saschas mit dem Erzengel Michael an Glanz.

Jadwíga war nicht gewillt, den unversiegbaren Gästestrom abzudrosseln, sie behauptete, daß ein Teil ihres Seins den Freunden und den Gästen gehöre und daß sie den Menschen in ihrem weiten Hause, das ihr von Gott zur Verwaltung gegeben sei, eine rechte Behütung und Trost im Gespräch schenken müsse. Sascha dagegen fühlte sich benachteiligt und grollte. Es mußte also eine Änderung geschaffen werden.

Sascha, Jadwíga, Wera und Bobik hielten an einem Abend Familienrat, auch Njánja wurde hinzugezogen. Man beriet die Möglichkeit, Sascha einen Raum zu schaffen, in dem er allein sein und sich der Komposition und dem Klavierspiel widmen könne. Man überlegte angestrengt. Im Haus selbst würde man die althergebrachten Sitten kaum ändern können. Das Schweizerhaus war in ein Lazarett verwandelt worden. Njánja kam auf die glorreiche Idee, daß die Kutscherwohnung, die der Kutscher Aleksándr, der als Soldat eingezogen war, bewohnte, leerstand. Jadwíga und die Kinder waren von dieser Idee hell begeistert. Sascha schaute sie streng und mißtrauisch an. Diese Begeisterung gefiel ihm gar nicht. Er mutmaßte, daß er auch dort keine Ruhe vor den Kindern finden würde. Außerdem waren die Räume klein und niedrig und er würde sich bei seiner Größe darin nicht wohlfühlen.

Aber man ging sogleich hin und besichtigte die Wohnung. Sie lag über den Pferdeställen. Eine schmale, steile Stiege führte hinauf. Die Zimmer waren allerliebst. Aus den kleinen Fenstern schaute man in den Park. Bobik und Wera fanden die Wohnung herrlich und erinnerten Jadwíga daran, daß sie einmal den Wunsch geäußert habe, irgendwo in der Ferne am Ufafluß im Urwald eine kleine Hütte mit einem Pferd und einer Kuh zu besitzen, um in solcher Wildnis ein natürliches, von der Zivilisation unberührtes Leben zu führen. Hier in dieser Kutscherwohnung waren eigentlich alle Voraussetzungen für solch ein Leben gegeben. Bobik meinte: „Wenn du für diese Räume zu groß bist, Saschenka, könnte ich sie denn nicht für mich nehmen? Für mich wären sie gerade groß genug und ihr wäret mich los und du könntest dann in meinen Raum ziehen. Wir würden alles so umorgeln, wie du es gerne haben möchtest."

Sascha brummte: „Ich habe ja gar nicht gesagt, daß ich die Räume nicht haben will."

Jadwíga hatte eine prachtvolle Idee: „Wir werden fünfzig Meter vor deiner Wohnung an jedem Weg, der dorthin führt, ein Schild anbringen »Durchgang verboten. Bissige Hunde«."

Wera fand diese Idee herrlich und erbot sich, die Schilder zu malen.

Sascha, der den „bissigen Hund" auf sich bezog, wußte nicht, ob er lachen oder böse werden sollte.

In den nächsten Tagen hatten jung und alt die Hände voll zu tun. Die Wände wurden mit Zeitungen beklebt und mit Leimfarbe bestrichen. Fürst Kutúsow, der vorgab, vom Malen etwas zu verstehen, empörte sich über die Verschwendung an Farbe. Die Kinder gossen mehr die Farbe über die Wände, als daß sie sie anstrichen, und wenn man auch von der herabfließenden Farbe überall ungleichmäßige, langezogene, mit einem Tropfen endende Unregelmäßigkeiten sah, so fanden sie alle, daß das Werk herrlich gelungen sei.

Njánja nähte Tüllgardinen, die sie an die Fenster befestigte. Dann suchten sie in den weiträumigen Dachböden nach alten, abgestellten Möbeln. Es fanden sich wunderbare wackelige Biedermeiersofas, in deren Bezüge Motten hübsche große Löcher hineingefressen hatten,

Stühle, Tische, Kommoden. Alles wurde mit viel Lärm und wenig Achtsamkeit heruntergetragen, öfters auch einfachheitshalber hinuntergeworfen und in Saschas Wohnung aufgestellt. Es entstand eine richtig hübsche, ungewöhnliche, etwas bunt zusammengewürfelte Künstlerwohnung.

Sascha zog hinein in der vagen Hoffnung, endlich allein sein zu können. Aber natürlich wurde die Wohnung allen Gästen als Neuheit gezeigt; man konnte sich dessen nicht enthalten, weil man so stolz darauf war. Man versuchte, diese Besichtigung möglichst in Abwesenheit Saschas durchzuführen, doch manchmal kam er und überraschte die Gäste, die sich bei Tee und Warénje in seinem Biedermeierzimmer gemütlich niedergelassen hatten. Er verzog sich in sein Schlafzimmer und schmollte. Abends saß die Familie in Saschas kleinen Räumen und verlangte, in seinem Reich zu abend zu essen. Njánja und Fróssja waren bitterböse, daß sie mit Geschirr und Abendessen den langen Weg zu den Remisen machen mußten. Sie schimpften und meuterten.

Im Hochsommer entstand eine neue Kalamität. Plötzlich waren Hunderte von Fliegen in den Räumen, die von einer unverschämten Aufdringlichkeit waren und einem ständig um die Nase flogen. Man hatte den Eindruck, daß sie mit einem spielen wollten. Man schaffte lange, mit Klebstoff belegte Streifen an und hängte sie an die Lampen. Die Fliegen landeten darauf und blieben daran haften. Immer mehr Fliegen blieben kleben, aber die Zahl derer, die im Raum umherschwirrten, wurde nicht geringer. Bobik schaute mit Entsetzen, wie sie versuchten, die Beinchen abzuheben, wie sie aber dadurch immer tiefer in den Sirup wie in einen Sumpf hineingezogen wurden. Er versuchte, einige zu befreien, aber sie klebten an seinen Händen und flatterten mit den Flügeln, so daß es seine Haut kitzelte, und das ekelte ihn. Sascha kam immer mit seinem Kopf oder seinen Händen mit den Streifen in Berührung und blieb daran hängen. Er schimpfte und fluchte, versuchte sich loszumachen und landete mit dem Ärmel an einem anderen Fliegenfänger. Er war bösester Laune.

Bobik machte Vergleiche zwischen ihm und Karlúscha. Der Unterschied lag vielleicht lediglich in dem Ausmaß des Temperamentausbruches. Beide waren aber gleich böse, unfreundlich und gereizt. Schließlich ergriff Sascha einen alten Filzpantoffel und begab sich auf Jagd. Er klatschte mit der Sohle gegen die Wände, gegen die Decke, gegen die Fensterscheiben, und überall blieben Spuren von zerquetschten Fliegen. Er machte bei den Sprüngen so komische Bewegungen, daß Bobik und Wera laut lachen mußten, was ihn noch böser machte.

Jadwíga war empört: „Benimm dich doch, Sascha, und höre auf mit dem sinnlosen Morden. Du, der du aus Prinzip nicht auf Jagd gehst und mit dir kämpfst Vegetarier zu werden, tötest ganz sinnlos und in Wut unschuldige Fliegen."

„Du würdest wohl solange warten, bis die Fliegen dich aufgefressen haben", gab Sascha bissig zurück, und er klatschte weiter mit der Sohle.

Bobik und Wera schlichen sich aus der Kutscherwohnung und gingen ins Weiße Haus, wo es keine Fliegen gab. Abends sagte Bobik leise zu Jadwíga: „Weißt du, Mami, ich habe ihn für ein höheres Wesen gehalten, aber er ist doch schließlich genau so ein Mensch, wie wir auch, mit Fehlern und Ungezogenheiten. Schade."

Jadwíga streichelte Bobiks Kopf. „Sei nicht traurig, er ist ein wunderbarer und großartiger Mensch, aber in jedem von uns steckt noch ein ungezogenes Kind, und wenn es an die Oberfläche kommt, soll man es nicht so streng bewerten. Darum sollst du ihn weiter lieben und achten, aber glaube nicht, daß die Erwachsenen, wenn sie noch so alt sind, ihre kindischen Eigenschaften verlieren. Später, wenn du so alt oder noch älter geworden bist, als wir jetzt sind, wirst du es wissen und an dir selbst erkennen. Und weißt du, es wäre einfach unerträglich in der Gegenwart eines vollkommenen Menschen zu leben."

TANTE ELLA

Als Bobik in die Bibliothek trat, fand er Mademoiselle am Telefon. Sie ging nur selten an den Apparat, da ihr Russisch für russische Ohren unverständlich war. Sie sah Bobik sehr streng an und machte mit der Hand ein Zeichen, er solle nur ja leise sein. Sie stand hoch aufgerichtet und lauschte devot. Immerzu verbeugte sie sich vor dem unsichtbaren Sprecher am anderen Ende und flüsterte: „Oui, Excellence!"

„Wer kann das nur sein, mit dem sie französisch spricht?", dachte Bobik, „sie zerschmilzt ja vor Ehrerbietung."

Das Gespräch ging offenbar zu Ende, denn Mademoiselle knickste tief vor dem Apparat. „Au revoir, Excellence." — Sie hängte ein, stand aber noch eine Weile sinnend vor dem Telefon. Dann wandte sie sich mit großer Würde Bobik zu.

„Ich habe soeben mit ihrer Kaiserlichen Hoheit, der Großfürstin Elisabeth gesprochen. Sie befiehlt dich am Mittwoch zum Tee."

„Tante Ella war doch nicht selbst am Apparat, sie haben mit ihrer Hofdame gesprochen. Und was heißt, »sie befiehlt«, mir hat niemand zu befehlen!"

„Wenn die Tante seiner Majestät des Zaren und die Schwester der Zarin dich zum Tee befiehlt, dann hast du dieser Aufforderung zu folgen, das ist so viel wie ein Befehl. Und du wirst selbstverständlich hingehen und dich anständig benehmen!"

„Gott ich werde mich benehmen, wie ich mich immer benehme. Ist Mami oder Sascha mit eingeladen?"

„Nein, Kaiserliche Hoheit hat ausdrücklich befohlen, daß du allein zu ihr kommen sollst."

Bobik kratzte sich verlegen hinter dem Ohr. Er überlegte angestrengt, was für Ungezogenheiten er in den letzten Wochen verübt hatte, und ob darunter solche waren, die eine großfürstliche Rüge rechtfertigen würden. Er fand keinen Anlaß.

„Vielleicht eine turnusmäßige Seeleninspektion", dachte er.

Am Mittwoch, vor der Abfahrt zu Tante Ella, gab es noch einige erbitterte Kämpfe. Bobik hatte seine Alltags-Schüler-Uniform angezogen. Jadwiga bat ihn, sie auszuziehen und die Sonntagsuniform anzulegen.

„Aber heute ist doch nicht Sonntag, sondern Mittwoch. Und diese Uniform ist viel bequemer, die andere beengt mich. Und schließlich ist Tante Ella eine Nonne, und es wird ihr viel lieber sein, wenn ich im Alltagsanzug zu ihr komme."

„Auch wenn sie eine Nonne ist, so ist es deine Pflicht sie zu ehren und dazu gehört, daß du dich anständig anziehst." Mami war unerbittlich.

Er zog sich um, dabei schimpfte er leise vor sich hin. Das erleichterte. Jadwíga musterte ihn von Kopf bis Fuß.

„Halt, halt, mit diesen Haaren kannst du nicht gehen, kämme sie!" Er holte widerwillig einen kleinen Kamm aus der Tasche. Aber die widerspenstigen Haare gehorchten dem gebrechlichen Ding nicht. Jadwíga schüttelte den Kopf.

„So gehst du nicht zu Tante Ella. Ich bekomme nachher Vorwürfe, daß ich dich nicht ordentlich erziehe. Wo ist die Brillantine? Mademoiselle, bringen Sie bitte schnell die Brillantine her!"

„Du weißt, daß ich das Zeug hasse, diese dreckige, parfümierte Marmelade im Haar!" Aber alles Wehren nutzte ihm nichts. Während Mademoiselle mit hartem Griff seinen Nacken hielt, schmierte Jadwíga ihm die Brillantine ins Haar. Danach wurde er gekämmt. Das Haar lag ganz dicht am Kopf. Er wandte sich unwillig vom Spiegel ab, er hatte einen ganz kleinen Kopf, alles Charakteristische an Bobik war weg.

Es war höchste Zeit aus dem Haus zu verschwinden, ehe sie andere Unvollkommenheiten an ihm entdeckten. Wanka fuhr ihn zur Station. Auf der ganzen Fahrt von Giréjewo bis Moskau überlegte er, was Tante Ella an ihm beanstanden könnte. Oft waren es ganz kleine Begebenheiten, auf die man selbst gar nicht achtete, die in den Augen der anderen, besonders der Erwachsenen, riesige Dimensionen annahmen. Er wollte gegen alle Eventualitäten gerüstet sein.

Schließlich stand er vor dem großfürstlichen Palais. Er kam sich vor dem großen Portal schrecklich klein vor. In seiner linken Brust sagte immerzu etwas: „puk, puk, puk, puk". Er hielt seine Hand daran, um den lästigen Vogel darin zum Schweigen zu bringen.

Die Hofdame empfing ihn. Sie lächelte ihn freundlich an. Er war ihr so dankbar.

„Also wird es keine moralische Abreibung geben, sonst wäre sie viel strenger", dachte er erleichtert.

Er wurde in den Salon geführt. Eine Weile stand er gelangweilt herum. Tante Ella erschien, ganz in weißer Nonnentracht. Sie hielt sich gerade. Ihr schönes Gesicht war von dem weißen Nonnentuch umrahmt. Er küßte ihre Hand, sie streichelte flüchtig seinen pomadisierten Kopf. — „Wie schrecklich", dachte er, „jetzt hat sie die Hände voll Pomade."

Es wurde Tee, Warénje und Sandkuchen gereicht. Tante Ella aß ganz wenig. Leider ermunterte sie Bobik nicht, mehr zu nehmen. Sie fragte ihn nach seinem Ergehen, nach der Familie, nach dem Weißen Haus, nach der Schule, und ob er sich noch so viel mit Wera zanke.

Dann fragte sie nach Karlúscha, wo er jetzt interniert sei, und ob sie von ihm Nachrichten hätten. Bobik war diese Frage lästig, und er sagte, sie hörten nur selten von ihm.

„Du magst ihn nicht. Hat er dir etwas Böses zugefügt?"

„Wenn ich so sagen darf, er hat mir immerzu Böses zugefügt. Ich hatte immer schreckliche Angst vor ihm. Er war unbeherrscht und jähzornig und hat uns alle tyrannisiert."

„Das hat er sicherlich getan. Aber ich habe den Eindruck, daß ihr ihm alle nicht gerecht geworden seid und bei eurer Abneigung nicht gemerkt habt, daß er eine ganze Reihe ausgezeichneter Eigenschaften besaß."

Bobik war erstaunt. — „Karlúscha, und gute Eigenschaften?! Daß ich nicht lache!"

„Glaubst du denn wirklich, daß er ein Ausbund von allem Bösen und Gemeinen war?"

„Ja, das glaube ich. Schließlich hat er mir und Mami und auch Wera sehr viel Schlimmes angetan, und das können wir nicht so schnell vergessen."

Tante Ella blieb eine Minute still. — „Merk dir das, Bobik, es gibt auf dieser Welt keinen Menschen, der nur böse wäre; nicht einmal der Mörder meines Mannes, des Onkel Serge, der Terrorist Kaljájew, war im Grunde ein böser Mensch, nur ein Fanatiker."

„Ich weiß es, Tante Ella, du besuchtest ihn zwei Tage nach dem Attentat in seiner Zelle, und du verziehst ihm. Ich hätte das nicht gekonnt."

„Man muß verzeihen können, auch in einer solch schrecklichen Situation. Und vielleicht wirst du es lernen, zu verzeihen, wenn du älter bist. Was nutzt es uns, daß wir uns Christen nennen, wenn wir nicht verzeihen können?

Und so solltest du es lernen, Karlúscha zu verzeihen. Sieh, ihr habt ihn nur zu Hause gesehen. Gut, er hat getobt. Hat er wirklich immerzu getobt? War es nicht vielleicht so, daß er manchmal getobt hat, wenn etwas nicht in Ordnung war, und daß ihr Angst vor seinem Toben hattet und daher in euch das Empfinden war, daß er immer tobte? Karlúscha war Deutscher, er war an Ordnung gewöhnt, es ist aber nicht immer viel Ordnung bei euch gewesen. Trotz des vielen Gesindes fehlte die strenge ordnende Hand, und jeder machte, was er wollte. Glaubst du, daß Karlúscha nicht wußte, daß alle im Haus stahlen und betrogen, daß sie deiner Mama auf der Nase herumtanzten? Das hat ihn geärgert, und er wurde zornig."

„Ja, aber Mami hat schrecklich darunter gelitten."

„Glaubst du denn aber im Ernst, deine Mutter hätte je versucht, die Ursachen dieser Ausbrüche zu beseitigen? Hat sie sich um den Haushalt gekümmert, war sie eine strenge Herrin der ihr anvertrauten Leute? Hat sie euch streng erzogen? Sie war immer zu gut und zu weich, auch zu Karlúscha. Gewiß, sie war noch ein Kind, als sie heiratete, ohne jede Ahnung von Hauspflichten und Hausarbeiten; was noch viel schlimmer ist, sie hätte es mit der Zeit lernen können, aber sie hielt es nicht für wichtig, und das ist eine Sünde."

„Mami hat keine Sünden, Tante Ella!" erwiderte Bobik scharf. Er ließ seine Mami nicht beleidigen. „Sie ist immer gut und sanft und tut niemandem etwas Böses, und alle lieben und verehren sie wie eine Heilige."

„Du wirst mich jetzt nicht verstehen, Bobik, aber ich will es dir trotzdem sagen. Es ist noch nicht genug im Leben, daß man gut und milde sei. Man muß auch, wo es nötig ist, streng sein und ein hartes Nein sagen können. Mit Gutsein allein kann man viel Unheil anrichten. In einer strengen Hausordnung würden die Leute gar nicht auf die Idee kommen zu stehlen. Wenn man ihnen aber freie Hand in allem läßt, dann werden sie zu Dieben, weil sie keinen festen Charakter und keine Grundsätze haben. Und ihr seid es, die euch an dem Diebstahl mitschuldig macht."

„Ja, hältst du uns denn für schlecht?"

„Ihr seid nicht schlecht, aber ihr seid auch nicht gut, wenn ihr in eurem Hochmut glaubt, gut zu sein. Ihr seid alle wie die Kinder, Jadwíga und Sascha und du. Ihr seid verspielt, und ihr wollt in eurem Spiel nicht gestört werden. Sonst werdet ihr böse.

Auf Karlúscha seid ihr böse, weil er unbeherrscht ist. Aber warum ist er es? Weil ihm durch seinen Reichtum und seinen Erfolg zu viel Macht gegeben worden ist, und die nutzte er aus. Alle liebedienerten vor ihm, alle leichtsinnigen russischen Aristokraten waren bei ihm hoch verschuldet, und so bekam er den Unfehlbarkeitswahn. Darum wurde er zum Tyrann. Aber es gibt zwischen ihm und den von dir geliebten Tarlétzkis, Golítzins, Kutúsow doch einen großen Unterschied. Karlúscha gründete durch eigene Kraft und Klugheit große Fabriken, er war bei seinen Arbeitern beliebt, er war großzügig, er baute auf. Was machen aber deine Freunde und Verwandten? Sie vergeuden alles, was ihre Ahnen erworben haben. General Iwán Tarlétzki ist ein prachtvoller Mensch, aber ein Kind. Glaubst du wirklich, daß er Schlachtpläne entwickeln könnte? Er lebt einfach in den Tag hinein, und er gibt mehr aus, als er hat. Und das tun so viele von euch; das wird noch ein ganz schlimmes Ende nehmen. Aber ihr werdet erst erwachen, wenn alles über euch zusammengebrochen ist."

Allmählich fingen die Monologe von Tante Ella an, Bobik zu langweilen. Es war ihm peinlich, daß sie eine so schlechte Meinung von seinen Freunden hatte, er hatte das Gefühl, daß er sie verteidigen müsse. Aber wie, er war doch ihr Gast, und er sollte nicht widersprechen.

„Aber, versteh doch, Tante Ella, wir versuchen das Leben schön zu machen, es in Freude zu leben, ist denn das gar nichts?!"

„Es ist zu wenig, Bobik. Wenn rechts und links von euch Unglück, Ungerechtigkeit und Elend ist, kann man nicht nur in Schönheit leben. Denk doch nur an euer Klein-Venedig. Ihr habt euch amüsiert, seid in den Kellern Boot gefahren und habt einen Wasserrohrbruch für Heilquellen gehalten. Ihr habt euch doch alle selbst betrogen! Und das Haus, das euch der Liebe Gott zum Pflegen und Hüten gegeben hat, das hat Schaden genommen. Ihr wolltet es nicht begreifen, daß Gut und Haus und Reichtum und Tiere und Menschen einem anvertraut sind, und daß Gott immerzu von euch Rechenschaft fordert: »Was machst du mit dem, das ich dir in Pflege gegeben habe?«

„Ihr wart mir böse damals, wegen des Rohrbruchs, und warft mir vor, ich desillusioniere euch. Aber, wenn du genauer darüber nachdenkst, wirst du finden, daß ich recht hatte."

Bobik mochte nicht gerne zugeben, daß Tante Ella recht hatte. Es war eben eine ganz andere Welt, aus der sie kam, und sie verstand Bobiks Welt nicht. Plötzlich fühlte er sich müde und abgespannt und hatte den dringlichen Wunsch, aus dem düsteren Palast zu verschwinden.

Die Großfürstin sah Bobiks traurige Blicke, die auf den Kuchen gerichtet waren. „Möchtest du noch Tee und Kuchen haben?"

Bobik wollte sagen: „Ja, bitte". Aber Jadwíga hatte ihm noch beim Fortgehen eingeschärft: „Danke erst, wenn man dir etwas anbietet, es sieht sonst aus, als ob du danach giertest."

„Eine irrsinnige Sitte, so etwas Unnatürliches, man möchte etwas haben und soll proforma dennoch danken. Weiß man denn, ob sie es einem noch einmal anbieten?"

Sehr artig sagte er: „Nein, danke." Seine Stimme klang ängstlich und unsicher.

„Du kannst aber gerne etwas haben."

„Nein, danke." Er war dem Weinen nahe.

„Eure Großmutter leitet jetzt Karlúschas Fabriken. Ich finde es großartig, daß sie diese schwere Verantwortung als Frau auf sich genommen hat."

„Unter ihren Händen werden die Fabriken sehr bald zugrunde gerichtet sein, sie versteht doch nichts davon, und in ihrem Geiz zählt sie jeden Morgen die Bleistifte und Tintenfässer und knausert mit dem Tee für das Personal; sie merkt aber nicht, daß hinter ihrem Rükken Hunderttausende vergeudet werden."

„Und dennoch ist sie eine imponierende Frau."

„Ich weiß es nicht, ich finde sie geizig."

„Verwechselt ihr nicht Sparsamkeit mit Geiz? Bei euch wird doch alles verschwendet und in hohem Bogen aus dem Fenster hinausgeworfen. Und die Bábuschka hält Ordnung in ihrem Haushalt und ihren Finanzen."

„Wenn sie zu uns kommt, Tante Ella, dann ist es unerträglich, sie schnüffelt in der Küche, in den Vorratsräumen herum, sie kontrolliert die Ausgaben, sie findet, daß wir zu teuer wirtschaften. Und wenn sie nach Hause nach Moskau fährt, nimmt sie Holz und Reisig aus dem Park mit. Das ist doch fürchterlich! Wir genieren uns alle!"

„Das Holz würde doch verkommen, und sie kann damit heizen. Findest du nicht, daß es ganz vernünftig ist, Dinge, die man benutzen kann, nicht verkommen zu lassen? Und sieh, sie hält gute Ordnung in ihrem Haus, sie lebt bescheiden, sie lädt nicht unnütze Menschen ein, die vor lauter Nichtstun von Haus zu Haus gehen, um ihre und anderer Leute Zeit tot zu schlagen. Hast du nie die Ordnung in ihrem Haus mit eurer Bohèmewirtschaft verglichen?"

„O! Ich hasse dieses tote Haus. Bei uns ist alles lustig, alle Dinge sind zum Benutzen da, die Sessel wackeln vielleicht ein wenig, und die Bezüge sind nicht ganz frisch, aber man kann sich doch überall hinsetzen, wo man will. Bábuschkas Haus dagegen ist völlig tot. Die meisten Räume werden nicht benutzt, über die Möbel sind weiße Totenlaken gespannt, sogar die Lüster sind mit Mull verhüllt. Wofür hat man denn die Dinge, wenn sie schon zu lebzeiten absterben?!"

„Hast du dir denn aber nicht überlegt, daß diese kostbaren Möbel schon hundert oder zweihundert Jahre alt sind und daß, wenn sie geschont werden, sie noch vielen Generationen dienen können? Eure Möbel dagegen werden von euch und euren Besuchern zuschanden geritten."

„Aber unser Weißes Haus, und Onkel Iwáns Haus sind doch wirkliche Häuser, in denen lebendige Menschen leben. Das andere sind Museen."

„Du übertreibst immer. Das Haus von Bábuschka und mein Haus sind auch keine Museen, und euer Haus würde an Gemütlichkeit nichts einbüßen, wenn mehr Ordnung und Sauberkeit drin wären, und wenn ihr alle Dinge an den Platz stellen würdet, wo sie hingehören. Ihr brauchtet nur die halbe Zeit, die Dinge zu suchen. Wenn man bei euch ist, wird doch jede Unterhaltung gestört, weil immer einer etwas sucht. — Wie geht es denn Sascha? Was macht er jetzt?"

„Er versucht eine Oper zu komponieren, aber es gelingt ihm nicht, weil er keine Ruhe zum Arbeiten hat, immer kommen Gäste. Darüber ist er manchmal böse. Aber Sascha ist prima. Den liebe ich, ich verehre ihn, und er ist mein Vorbild!"

Bobik war stolz auf seinen Sascha.

„Vorbild worin?" fragte die Großfürstin gedehnt.

„Überhaupt in allem", sagte Bobik trotzig. Aber er konnte auf eine so direkte Frage gar nicht recht antworten. Ja, worin eigentlich? Sascha war groß und sah gut aus, die Menschen drehten sich nach ihm um auf der Straße. Er war klug und begabt, er war sehr gerade und verschlossen. Aber Vorbild, worin denn Vorbild?

„Ich habe deinen Sascha immer sehr geliebt. Er tat mir auch leid, seine Mutter starb früh, und der Vater verzog sich auf seine Güter. Aber er konnte die Kinder nicht erziehen, er hatte zu wenig Herz und keinen rechten Kontakt mit den Menschen. Und Sascha hat auch wenig Kontakt. Aber worüber ich ihm böse bin, ist, daß er Komponist werden will, und er weiß gar nicht, ob das Talent dazu reicht . . ."

„O, es reicht bestimmt!", rief Bobik enthusiastisch aus.

„Das kann man noch nicht sagen. Aber auf der anderen Seite ist er der Erbe eines sehr großen Vermögens, und er müßte sich in erster Linie darum kümmern. Stattdessen überläßt er und dein Großvater die Güter irgendwelchen betrügerischen Verwaltern, und sie beide können Hafer von Weizen nicht unterscheiden. Und das ist eine Sünde, eine Sünde gegen den Besitz und gegen die ihm anvertrauten Bauern. Wahrscheinlich wirst mich nun für streng und ungerecht und sauertöpfisch halten. Aber glaube mir, ich sehe mit offenen Augen, was hier in diesem schönen und großen Lande und mit den vielen begabten und gutartigen Menschen geschieht, und es jammert mich. Und darum wollte ich es dir — du bist noch jung — sagen, dich aufmerksam machen. Vielleicht begreifst du es einmal, nicht sogleich, vielleicht allmählich."

Sie schaute Bobik traurig an.

Bobik war am Rande der Verzweiflung, es war wie in einem Vexierkabinett. Im verzerrten Spiegel wurde dünn, was dick, und schwarz, was weiß war. „Was ist das nur für ein Mensch", dachte er. „Sie muß einen verkehrten Spiegel in ihrem Gehirn haben. Karlúscha und Bábuschka sind großartig, Mami ist eine Schlampe und Sascha und Onkel Iwán Blödiane. Das ist doch entsetzlich!"

Unvermittelt fragte Tante Ella: „Sag mal, Bobik, hast du schon einmal gehungert?"

Bobik fand diese Frage absonderlich. „Gehungert, ich? Ja, vielleicht, am Ostersonnabend, da fasten wir am Tage bis Mitternacht."

„Das meine ich nicht. Du weißt nicht, wie Hunger weh tut, und du weißt auch nicht, daß immer in der Welt Millionen von Menschen hungern und an Hunger sterben. Ihr aber lebt im Überfluß. Du bekommst doch reichliches Taschengeld. Gibst du Notleidenden davon ab?"

„Ja, ich gebe vielen Bettlern."

„Die Bettler meine ich nicht, das sind Schmarotzer, die sollten lieber ehrlich arbeiten. Aber hast du noch nicht nachgespürt, wo echte, stille Not ist?"

„Nein, wie sollte ich das auch. Wo ich Not sehe, da gebe ich eben, und Mami gibt auch reichlich, nach allen Seiten, deshalb kommen alle zu uns."

„Ihr gebt immer aus dem Überfluß, es tut euch selbst nicht weh. Solltest du aber nicht einmal die Erfahrung wirklichen Hungers machen? Du könntest, sagen wir, einmal im Monat freiwillig hungern, richtig hungern und erfahren, wie das weh tut, um denen nachzufühlen, die aus Not und Armut Hunger leiden. Willst du es nicht versuchen? Und gib dann von dem Geld, von deinem Geld, ab an Hungernde!"

Sie erhob sich und reichte ihm die Hand. Er verbeugte sich tief.

Sie legte ihre Hand auf seine Schulter und geleitete ihn aus dem Salon.

Die Hofdame brachte ihn bis zum Portal. „Das hat aber sehr lange gedauert."

„Ja, sehr lange!", meinte Bobik. Draußen blieb er stehen und holte tief Luft. Er atmete sie ganz tief wieder aus, um alle Luft, die er im Palais geatmet hatte, wieder herauszulassen. Danach fühlte er sich freier. Was für Ansichten, was für ein Leben ohne Freude, in eiserner Pflichterfüllung, ohne Spiel und ohne Heiterkeit! Ob das wirklich christliches Leben ist? Ob sie wirklich alle falsch lebten? Er weigerte sich, zu diesem anderen, Fremden, ja zu sagen. Aber eine andere, leisere Stimme in ihm sagte ihm, daß diese andere Meinung im Recht sei. Diese Stimme wollte er nicht hören. Als der Palast außer Sicht war, begann er den Weg bis zum Bahnhof zu laufen. Aber die Stimme in ihm lief mit.

DER HEILIGE STAREZ

Als Bobik von einem morgendlichen Ritt heimkehrte, öffnete Njánja ihm die Tür. Ihr Gesicht war ernst und feierlich, leise flüsterte sie ihm zu:
"Weißt du, wer da ist?"
"Wer ist denn da?", fragte Bobik interessiert.
"Denk mal, der Starez Wassílij, der Schüler des heiligen Starez Anatolij, zu dem wir in Óptina Pustýn pilgerten, ist da zu Besuch. Mami ist in die Stadt gefahren und da mußt du ihn empfangen."
Bobik wollte loslaufen und den Starez freudig begrüßen.
"Warte doch, so kannst du nicht gehen. Zieh dich um und kämme dir die Haare und mach dir die Nägel sauber, so kannst du doch nicht vor den Starez treten."
Unwillig befolgte Bobik Njánjas Befehl. Eigentlich wollte er stürmisch die Tür aufreißen, aber Njánja ermahnte ihn zu würdiger Haltung. Durch einen Spalt sah er den hochgewachsenen, bärtigen Starez Wassílij, den er von den Besuchen im Óptina-Kloster kannte. Der Heilige stand vor einem großen Spiegel und bohrte sich mit dem rechten Zeigefinger in der Nase. Dann war da ein langgezogener Ton im Raum, der nur aus dem Starez herauskommen konnte. Bobik war entsetzt.
"Ein Heiliger, ein Starez, und dann so etwas! Warum er bloß den Zeigefinger zum Nasenbohren nimmt?"
Bobik erinnerte sich, daß er den kleinen Finger dazu nahm. Seine ganze Ehrfurcht vor dem heiligen Mann war dahin. Wie konnte man nur so gewöhnlich sein. Eigentlich wollte er sich schnell wieder entfernen und den Mönch gar nicht begrüßen, aber in der Tür stand Njánja und machte ihm Zeichen, doch einzutreten. Er räusperte sich laut, schob die Tür auf und versuchte, ein freundliches Gesicht zu machen. Das Lächeln geriet ihm etwas süßlich. Er verbeugte sich nicht ganz so tief vor dem Starez, wie er es hätte tun müssen, und er küßte ihm auch nicht die Hand. Er machte nur eine entsprechende Bewegung. Der Starez empfing ihn mit großer, strahlender Herzlichkeit, bekreuzigte ihn breit und setzte sich zu ihm. Er erzählte ihm vom Leben in Óptina Pustýn, von der Krankheit seines ehrwürdigen Starez Anatolij, von den vielen Wallfahrern, die kamen, um Trost und

Rat zu empfangen, und von der Bürde, die auf ihm lastete, wenn er als Unwürdiger die Nachfolge des heiligen Starez übernehmen müsse. Bobiks Groll schmolz dahin.

„Es ist doch jetzt Krieg und die Verbindungsmöglichkeiten sind schlecht und viele Männer sind an der Front, können denn immer noch so viele Menschen kommen?"

„Es kommen noch viel mehr. Die Not ist groß, die Ungewißheit. Die einen kommen und bitten um ein Gebet für einen Angehörigen an der Front, andere wollen erfahren, ob der Vermißte noch am Leben sei, andere wieder bestellen eine Seelenmesse für den Verstorbenen. Du ahnst gar nicht, wie viele Fragen sie einem stellen. Oft sind es ganz kleinliche, alltägliche Fragen aus ihrem Bauernleben, und auf alles muß man eine Antwort geben, und jeden muß man so ansehen, als ob er der wichtigste Mensch auf der Welt wäre, als ob es gar nichts Wichtigeres gäbe, und jeder glaubt, daß sein Anliegen einzigartig sei und seine Sünden und seine Schwierigkeiten nur von ihm allein erlebt würden. Und wenn du sie dann alle Tag für Tag und Stunde um Stunde hörst, dann kommt es dir so vor, als ob immer die gleichen Dinge aus der großen Kiste der menschlichen Unzulänglichkeiten hervorgeholt würden. Immer dieselben Dinge, Sorgen, Ängste, Egoismen, Zank und Streit, und wenn sie sich auch der Mühe unterziehen, Hunderte von Werst zu uns zu pilgern, wieviel leichter könnten sie diese Fragen in sich selbst beantworten, wenn sie ein wenig mehr an sich arbeiten würden. Aber sie erwarten alle das Heil von außen."

„Wird es Ihnen denn, Väterchen, nicht über, diese Bürde der Seelsorge zu tragen. Wird es nicht schließlich zur Gewohnheit und zur Routine?"

„Gewiß wird es zur Gewohnheit und auch zur Routine, aber hätten wir nicht die Liebe zu Gott und zu den Menschen und seinen Kreaturen, und würden wir nicht Stunde um Stunde in Fröhlichkeit unseren Dienst an Gott und an den Menschen erneuern, dann könnten wir nicht bestehen. Und sollten wir einmal stolz werden über das, was wir leisten, und über die Ehrfurcht, die die anderen uns entgegenbringen, dann wäre all der Dienst ein nichts, Schall und Rauch. Auch uns reitet der Teufel der Eitelkeit, des Stolzes und der Überheblichkeit; aber wenn wir es untereinander oder unser Starez es merkt, dann ruft er uns wieder zurück und dann besinnen wir uns und demütigen uns, und Gott verzeiht uns die schwere Sünde."

Inzwischen betrat Jadwíga den Salon. Sie kniete vor dem Starez nieder und erbat seinen Segen. Njánjuschka, die sich, um den Gast zu ehren, eine weiße Schürze umgebunden und eine Haube aufgesteckt hatte, brachte den Samowar. Das Gespräch wurde allgemein.

Mit dem Haus ging eine seltsame Verwandlung vor sich. Der übliche Lärm verstummte, die Mädchen, die Kinder und die Besucher lachten und sprachen leiser und traten behutsamer auf, um die Weihe, die vom Starez ausging, nicht zu zerstören.

Njánja saß in ihrem Zimmer. Sie steckte sich kleine Zuckerstückchen zwischen die Zähne und schlürfte den Tee aus der Untertasse. Sie sah ganz verklärt aus.

„Weißt du, Bobik, wenn man bedenkt, wie oft man sich am Tage ärgert und schimpft und poltert, und ab und zu läuft einem auch so ein Fluch über die Lippen, und wie oft denkt man schlecht von Menschen; und wenn dann ein heiliger Mann mitten unter uns im Hause weilt, dann wird einem ganz sonderbar zumute und dann sagt man sich: Was bist du doch für ein sündiger, für ein unvollkommener Mensch. Könntest du denn nicht dem Heiligen nacheifern und auch so heilig werden?"

Bobik hatte eigentlich die gleichen Gedanken, aber doch mußte er der Njánja widersprechen:

„Weißt du, Njánjuschka, dein Heiliger ist genau so ein Mensch wie wir alle. Ich habe gesehen, wie er sich in der Nase gebohrt hat, und einen Ton habe ich gehört!"

Njánja wurde böse. „Schweig, du dummer Bengel, du Großschnauze, was soll der ganze Blödsinn, der bohrt genau so in der Nase wie jeder andere, sonst wird sie verstopft und kann nicht atmen, das sind menschliche Dinge. Da spricht aus dir das Herrensöhnchen! Tut bloß nicht so, als ob ihr das nicht auch tätet, und das ist gar kein Grund, wenn man zufällig so etwas gesehen hat, was gar nicht für deine Augen bestimmt war, daß man einen anderen Menschen deswegen abwertet. Die Heiligkeit liegt nicht darin, ob er sich in der Nase bohrt oder nicht, oder sonst was tut, oder wo hingeht, wo er mal muß, sie liegt ganz woanders. Sie liegt in der Demut und im Dienst und in der Liebe und in der Selbstüberwindung, und das mach du mal einem nach!"

BRUDER PASSENKA

Bruder Pássenka war 4 Jahre alt. Da er eine zwar sehr starke, aber noch eine unausgereifte Persönlichkeit war, konnte man bisher über ihn nicht viel erzählen. Er war ein Nachkömmling, 10 Jahre jünger als Bobik, und wurde von allen geliebt, verwöhnt und von Bobik nicht selten geneckt und gehänselt, wogegen er sich mit großer Lebhaftigkeit und sehr viel Geschrei und Füßetrampeln wehrte. Er bildete aber nicht, wie es sonst bei Nachkömmlingen der Fall ist, den Mittelpunkt des Weißen Hauses. In jenem Haus war jeder Mittelpunkt, und das gerade gestaltete das Leben dort so farbig und manchmal aufregend.

Pássenka war klein und gedrungen, hatte große, von Jadwíga ererbte schwarze Augen und blondes Haar von Karlúscha. Wenn er allzu laut schrie, seinen Willen kund gab, mit den Füßen aufstampfte oder sich in Wut zu Boden warf, meinten die Angehörigen und die Gäste, daß er auch Karlúschas wildes und ungebändigtes Temperament geerbt habe. Wenn er dann aber sich an Bobik oder Wera oder an die Gäste heranschmeichelte und mit den lustigen Kulleraugen ihnen treuherzig ins Gesicht schaute, dann konnten sie nicht anders als ihn lieb haben.

Eines Morgens im Sommer war die Luft voll von Tamburin- und Flötenklängen und langgezogenen gutturalen Gesängen. Das war ein Zeichen, daß endlich einmal wieder Zigeuner im Lande waren. Bobik faßte Pássenka an der Hand und rannte in den Hof. Ein Zigeuner hatte einen großen braunen Bären an der Kette. Er sang ihm etwas vor und der Bär stampfte rhythmisch von einem Bein auf das andere. Bobik war begeistert. Ohne den Mann zu fragen, lief er auf den Bären zu und umarmte ihn. Pássenka wollte dasselbe tun, aber Njánja schrie gellend und befahl ihn zu sich. Der Bär umhalste Bobik mit seiner Pranke und es war atemberaubend und erregend, sich in den kräftigen Armen des Ungeheuers zu fühlen. Bobik fütterte den Bären mit Zuckerstückchen, was ihm offenbar Vergnügen bereitete. Daraufhin forderte der Zigeuner das Tier auf, „Danke schön" zu sagen. Der Bär knickste ein wenig mit den Hinterpfoten und machte Männchen. Bobik war sehr stolz auf diese Bärenfreundschaft.

Zwei Zigeunerkinder spielten mit einem kleinen Affen, der die köstlichsten Sprünge und Bewegungen vollführte. Eine alte Zigeunerin las Jadwíga aus der Hand, bettelte sie um einen Shawl an und faßte entzückt an ihre Ohrringe. Wo man hinsah, waren Zigeuner. Zwei kleine, barfüßige Jungen hatten in der Küche Kupferbratpfannen gestohlen und versuchten, sie zu verbergen. Je nachdem, wie sie den Bewohnern des Weißen Hauses zugewandt waren, hielten sie die Pfannen auf dem Rücken oder seitwärts oder vorn. Bobik hatte den Diebstahl erspäht, aber es machte ihm so viel Vergnügen, daß er nichts sagte. Dann wurde Jadwíga ans Telefon gerufen und die Köchin Fróssja holte Njánja zu einer Beratung ab. Nach und nach verzogen sich die Zigeuner und jeder ging an seine Beschäftigung.

Als das Mittagessen aufgetragen wurde, fehlte Pássenka. Man rief nach ihm, man suchte ihn, nirgendwo fand man ihn. Man versuchte sich zu erinnern, wann man ihn zuletzt gesehen hatte, seine Spur verlor sich offenbar bei dem Abzug der Zigeuner. Tatsächlich hatte ihn seither niemand mehr gesehen. Man telefonierte bei den Nachbarn herum, alle wurden erregt; ältere Damen trösteten einen freundlicherweise und erzählten, daß bei Zigeunern Ritualmorde vorkämen und manchmal weiße Kinder entführt würden, ja, sie würden geblendet und später als Bettler ausgeschickt. Die Erregung im Weißen Haus steigerte sich bis zur Unerträglichkeit. Jeder beschuldigte erregt den anderen der Unachtsamkeit und Nachlässigkeit, alle schrien durcheinander, Njánja heulte hysterisch, bis Jadwíga beschloß, das Lager der Zigeuner aufzusuchen. Man fragte nach der Richtung, die die Zigeuner eingeschlagen hätten.

Jadwíga, Bobik und Wera gingen in Richtung Stároje Giréjewo. Njánja mußte zu Hause bleiben, um bei einer eventuellen Rückkehr Pássenkas zugegen zu sein. Die Köchin Fróssja und der Kutschergehilfe Wanka wurden zur Station gesandt. Andere Freunde und Bekannte liefen in die verschiedensten Richtungen. Von überall hörte man Rufe: „Paaassenka, Paaassenka!"

Jadwíga, Bobik und Wera hörten von einer Wiese Lärm und Kindergeschrei. Sie sahen die Wohnwagen der Zigeuner, sie rochen den würzigen Rauch von Feuer, zahlreiche Pferde weideten friedlich. Als sie sich näherten, kamen schmutzige, lustige Zigeunerkinder angelaufen. Diese faßten sie ohne Scheu an den Händen, hopsten umher und bettelten um Geld. Als man sie fragte, ob sie einen kleinen Jungen Pássenka gesehen hätten, nickten sie freudig, Ja, Pássenka wäre bei ihnen zu Gast. Sie führten sie in die Nähe eines Wohnwagens, dort saß Pássenka und drei andere, etwa gleichalterige Zigeunerkinder, die sich mit zwei lustigen Affen amüsierten. Pássenka war ganz in das Spiel mit den Affen vertieft. Als Jadwíga ihn laut und freudig anrief, hörte er seinen Namen wie von weitem, schaute auf und rief: „Mamenka!", ließ sich aber nicht vom Spiel ablenken. Die erste Reaktion Jadwígas war, sich auf Pássenka zu stürzen und ihn heftig zu verprügeln, eine schwache Entschädigung für all die ausgestandene Angst.

„Was machst du hier, Pássenka, wie kannst du denn weglaufen?"

„Ich bin ja nicht weggelaufen, ich bin nur mit denen da und mit den Affen mitgegangen. Darf ich bei ihnen bleiben, für immer?"

Mami zerrte ihn am Arm und riß ihn hoch. „Nein, du darfst nicht hierbleiben, du böser Junge, du kommst sofort mit!"

„Ja, darf ich denn die beiden Kinder und die Affen mit nach Hause nehmen?"

„Nein, die Affen und die Jungen bleiben hier und du kommst mit, du gehörst zu uns. Du bist unartig."

„Aber, Mami, es ist doch viel lustiger hier, viel lustiger als bei uns zu Hause, und sie sind alle so lieb!"

„Das ist ganz egal."

Bobik wollte auch sehr streng sein und seinen Bruder ermahnen, aber eigentlich fand er auch, daß es hier sehr viel lustiger sei. Wie er so dastand, fühlte er etwas Warmes und Feuchtes an seiner Hand. Er drehte sich um. Da stand die braune Färse Katinka hinter ihm und stieß mit dem Maul gegen seine Hand. Bobik war über die Entwendungskünste der Zigeuner erstaunt.

„Du bist auch hier, dir gefällt es wohl hier auch besser als im Weißen Haus?", und er lachte.

Eine dralle Zigeunerin klopfte dem Kalb auf den Rücken und sagte stolz:

„Gefällt es dir, ist meins, kannst du kaufen!"

Bobik war über diese Frechheit doch empört.

„Es ist nicht deins, es ist meins."

Andere Zigeuner kamen herzu und spielten die Empörten.

„Es ist unser Kalb, unser ganzer Stolz."

Bobik zeigte auf die Brandmarke des Weißen Hauses.

„Kennt ihr das?"

Sie verstummten. Bobik sagte sehr streng, obwohl er innerlich lachen mußte:

„Die Polizei..."

Sie schrien alle laut:

„Nix Polizei, nix Polizei, wir schenken es dir!"
Es war Zeit zur Heimkehr. Bobik führte das Kalb, Jadwíga führte den widerstrebenden Pássenka, so zogen sie heim ins Weiße Haus.

Unterwegs begegneten sie der bösen Fürstin Kutúsowa, der ersten Klatschbase des Ortes.

„Sie sollten den kleinen Wechselbalg ordentlich verbläuen, so ein ungehorsamer, nichtsnutziger Bengel. Als er mit den Zigeunern lief und ich ihn zur Rede stellte, hat er mir die Zunge herausgestreckt."

Jadwíga war empört.

„Haben Sie denn gesehen, wie er mit den Zigeunern ging?"

„Natürlich."

„Warum haben Sie uns denn nicht benachrichtigt? Wir haben uns große Sorgen gemacht und überall nach Pássenka gefragt."

„Ich bin doch schließlich kein Postbote und bin in keiner Weise verpflichtet, Sie zu benachrichtigen. Ich lass' doch den ungezogenen Bengel machen, was er will!"

„Aber es ist doch ein Kind und es wäre, wenn sie ihn auch nicht leiden mögen, die Pflicht eines Christenmenschen, eine besorgte Mutter zu benachrichtigen."

„Pah, besorgte Mutter, dann passen Sie doch besser auf und lassen Sie nicht das ganze Zigeunergesindel auf den Hof kommen! Bei mir kommt keiner herein."

Bobik hätte der Fürstin am liebsten ins Gesicht gespuckt. Er beherrschte sich mühsam.

„Komm, Mami, es hat keinen Zweck, du regst dich nur auf", und sie gingen weiter.

Die Wut über Pássenkas Verschwinden wurde durch den Groll gegen die Kutúsicha ersetzt.

DIE KUTUSICHA

Kurz nach dem mysteriösen Verschwinden Pássenkas und seiner glorreichen Rückkehr befand sich Bobik im Laden der Lukiná. Niemand hatte sein Erscheinen bemerkt. Die dicke, prallbusige Lukiná saß mit offenem Mund vor der Kasse und lauschte. Man merkte, welche Wonne ihr das Zuhören bereitete. In einem kleinen Kreis von Käuferinnen stand die Fürstin Kutúsowa, dürr, hoch aufgerichtet, und erzählte.

„... und was meint ihr bloß, haben die doch schließlich diesen scheußlichen kleinen, frechen Wechselbalg den Zigeunern entrissen. Als ich ihn mit den Zigeunerkindern dahinwatscheln sah, habe ich schon mit Freuden gedacht, Gott sei Dank, ein Balg von dieser Familie weniger. Nun werden sie ihn sicherlich auf einen glühenden Rost legen und ihm die Augen ausbrennen und als Bettler in die Welt schicken. Aber nein, die haben es dann doch spitz gekriegt und ihn entdeckt, und da hat mich doch die schöne Hexe beschimpft und beleidigt, daß ich sie nicht benachrichtigt hätte, daß dieser häßliche Zwerg mit den Zigeunern gelaufen ist."

Die Käuferinnen hörten atemlos zu. Bobik kochte vor Wut. Was sollte er machen, vor die Fürstin treten, sie anspucken, sie beschimpfen? Das würde einen unbeschreiblichen Skandal geben. Aber er konnte unmöglich solche Diffamierungen und solche Beleidigungen seiner Familie und Jadwígas hinnehmen. Er verzog sich unbemerkt aus dem Laden und versteckte sich im Jasmingebüsch. Er wartete ab, bis die Fürstin den Laden verließ. Nach einer Weile ging er ihr nach. Er beschloß, ihr seine Meinung zu sagen. Vor der Datscha war ein großer Kettenhund, der, wie Bobik glaubte, ebenso häßlich und frech war wie die Fürstin und ihr sehr ähnelte. Als er Bobiks ansichtig wurde, sprang er auf und bellte wild. Er riß an der Kette und versuchte, Bobik anzuspringen. Gerne hätte Bobik ihm einen Stein an den Kopf geworfen, aber er machte einen großen Bogen um ihn und betrat die Terrasse. Die Fürstin, die das Gebell des Hundes vernommen hatte, öffnete die Tür. Sie sah Bobik und ahnte sogleich Unheil. Bobik stürmte, ehe sie die Tür wieder zuschlagen konnte, gegen sie, stieß sie vor den Leib und stand, vor Wut bebend, vor ihr.

„Du abscheuliche Hexe, du Teufel in Menschengestalt, was haben wir dir Böses getan, daß du uns auf Schritt und Tritt verfolgst und beleidigst? Ich verachte dich, ich hasse dich! Gott wird dich strafen für deine Taten. Du wirst es sehen. Du sollst keine freudige Minute im Leben haben!" — und er spuckte vor ihr aus.

Am liebsten hätte er sie mit Fäusten bearbeitet. Sie stand zunächst sprachlos da, begann dann unartikuliert und laut zu schreien. Sie wollte sich auf Bobik stürzen und ihn schlagen. Er aber packte sie an ihren mageren Handgelenken und stieß sie von sich. Noch einmal spuckte er aus und lief davon. Der Kettenhund bellte hysterisch.

Eigentlich hätte er bei der Lukiná etwas einkaufen sollen, aber er hatte nicht mehr die Kraft dazu. Er konnte dieses abscheuliche, klatschsüchtige Weib nicht mehr sehen. Vor Jadwíga, Sascha und Bobik war sie immer devot und zerfloß in Freundlichkeiten, und hinter dem Rücken nahm sie jeden Klatsch wie ein Schwamm auf und verbreitete ihn auch bereitwilligst. Was sollte er jetzt tun? Sicherlich würde sein Auftritt sehr bald in Giréjewo bekannt werden und zu Mamis Ohren gelangen. Er war überzeugt, daß Mami seine Handlungsweise nicht billigen würde. Aber konnte er denn diese Diffamierungen wortlos und ohne Widerstand hinnehmen? Konnte er einer solchen Bestie verzeihen? Nein, das konnte er nicht! Christsein hin und her, aber es gab auch Grenzen der Duldsamkeit. Am besten wäre es, er würde Jadwíga alles offen erzählen. Sicher würde sie traurig und böse sein und ihn dafür strafen. Es wäre besser, sie erführe es von ihm, als von dritter Seite. Ein Trost, daß Sascha sicherlich genau so dächte wie er, Bobik. Auch Wera würde seine Handlungsweise gutheißen, denn auch sie konnte die böse Fürstin nicht ausstehen.

„Mami, ich habe soeben ein scheußliches Erlebnis gehabt und du wirst darüber ungehalten sein. Aber du mußt mich anhören!"

Jadwíga sah, daß Bobik in einer großen seelischen Not war.

„Was ist denn um Gottes willen passiert?"

„Ich war bei der Lukiná und mußte zufällig anhören, wie die Kutúsicha dich und Pássenka und uns alle in abscheulichster Weise beleidigte und wie sie erzählte, sie habe sich so gefreut, daß Pássenka von den Zigeunern entführt worden sei, und sie hätte nur eine Hoffnung gehabt, daß er nie wiederkäme und daß sie ihn blendeten und zum Bettler machten."

„Das hast du wirklich alles gehört? Wie entsetzlich! Wie kann sich ein Mensch so tief erniedrigen. Aber wir wollen nicht darüber sprechen, sondern schweigen. Sie muß es ganz alleine mit ihrem Gewissen ausmachen."

„Die Frau hat gar kein Gewissen, sie ist das personifizierte Böse. Nein, Mami, das konnte ich nicht unwidersprochen ertragen."

„Hast du denn etwas getan?"

„Ja, ich habe abgewartet, bis sie nach Hause kam, und bin hingegangen und habe ihr gesagt, was für ein Teufel sie sei, und ich habe ihr gewünscht, daß Gott sie strafe, und ich habe vor ihr ausgespuckt. Sie wollte mich schlagen, aber ich habe sie zurückgestoßen und bin weggelaufen."

Bobik begann hemmungslos zu weinen. Jadwíga streichelte seinen Kopf und versuchte, ihn zu beruhigen.

„Ich verstehe deine Erregung, Bobik, daß du als Kavalier dich verpflichtet fühltest, mich zu verteidigen, aber ist es denn recht, sich so aus der Hand zu geben, in Wut zu geraten und böse Wünsche auszusprechen? Du warst ja selbst ein kleiner böser Dämon!"

„Versteh' doch, Mami, ich konnte nicht anders, und ich hätte mich als Schuft und als Feigling gefühlt, wenn ich nicht etwas unternommen hätte."

„Aber du hast doch gehört, daß der Heiland uns sagte, wir sollten Beleidigungen und Demütigungen hinnehmen und dennoch verzeihen, und wenn einer uns auf die Wange schlägt, sollen wir ihm in Demut die andere hinhalten, und nun stehst du vor solch einer Gelegenheit und dann vergißt du die Lehre."

„Ich konnte es nicht, Mami, es war unmöglich. Ich mußte mich wehren und es war ja gar nicht für mich, es war für euch."

Njánja betrat aufgeregt das Zimmer.

„Hast du schon gehört, Herrin, die Kutúsicha liegt in ihrem Haus und brüllt wie am Spieß und der böse Hund bellt und fletscht die Zähne und läßt keinen herein. Der Fürst ist nach Moskau gefahren und sie ist ganz allein. Es scheint, daß sie sich was gebrochen hat, denn sie kann sich nicht bewegen. Die Leute stehen da und gaffen und keiner will hineingehen, alle haben Angst vor dem Hund, und sie freuen sich auch, daß der bösen Frau etwas Schlimmes zugestoßen ist." Jadwíga schaute Bobik durchdringend an. Bobik dachte mit Schrecken und auch mit einiger Schadenfreude: „Das war mein Wunsch." Das gleiche dachte Jadwíga.

„Ich muß sofort hin und der Frau helfen."

Njánja war empört. „Du wirst nicht hingehen und ihr helfen. Du weißt, daß sie dich haßt und dir immerzu Ungutes antut. Bleib hier, du hast dort nichts zu suchen."

„Njánja, du weißt, wie die Leute sind. Sie stehen da und gaffen und freuen sich, daß etwas passiert ist, und sie helfen nicht. Ich muß ihr helfen, sie ist in Not." Und ohne auf die Warnungen und das Entsetzen der Njánja zu achten, ging sie zur Kutúsowa.

Bobik verzog sich in sein Zimmer. Er mußte mit der Unordnung, die in ihm entstanden war, fertig werden.

„Was macht ihr hier alle", rief Jadwíga, als sie der Menge der Gaffenden ansichtig wurde. „Warum steht ihr hier untätig herum, wenn ein Mensch in Not ist?"

„Wir können doch nicht hinein, der Hund läßt das nicht zu", riefen einige.

„Unsinn, wenn man will, kommt man auch hinein."

Der Hund zerrte an der Kette und bellte hysterisch. Jadwíga ging an ihn heran.

„Kusch, ... setz dich und sei ruhig", herrschte sie ihn an. Der Hund kuschte sich und hörte auf zu bellen. Jadwíga benutzte diese Pause, um die Treppe hinaufzusteigen. Im Haus hörte sie jämmerliches Geschrei. Die Fürstin lag auf dem Treppenabsatz. Als sie Jadwíga erblickte, verzerrte sich ihr Gesicht zu einer bösen Grimasse.

„Was wollen Sie hier, Sie Hexe, Sie sind an allem schuld."

Jadwíga wurde streng. „Jetzt halten Sie einmal ihr böses Mundwerk: Was ist geschehen?"

„Ich bin die Treppe hinuntergefallen, ich kann nicht aufstehen, es muß etwas gebrochen sein. Keiner hilft mir." Und sie begann zu weinen.

Jadwíga beugte sich über sie. „Zeigen Sie, wo es weh tut." Sie rief einige Frauen herbei, die vorsichtig und unwillig kamen. Es gelang ihnen, die Fürstin aufzuheben und auf ein Sofa zu legen. Jadwíga schickte eine Frau zu Doktor Ssorókin, eine andere zur Apotheke, um Schmerzmittel zu holen. Offenbar war das Bein gebrochen. Sie setzte sich neben die Verletzte und hielt ihre Hand, die zuerst wie leblos war, dann fühlte sie einen kleinen Gegendruck.

„Ich danke Ihnen."

Jadwíga fragte, ob sie ihr etwas zubereiten könne. Die Fürstin wehrte ab.

„Sie haben noch nichts gegessen, ich werde Ihnen etwas zubereiten. Wenn Sie Hunger haben, empfinden Sie den Schmerz stärker."

„Ich habe ja nichts Rechtes im Hause. Pétja ist gerade nach Moskau gefahren, um sich etwas Geld zu borgen. Wir haben doch nichts."

„Machen Sie sich keine Sorgen, ich werde das Nötige auslegen."

Die Fürstin bäumte sich auf. „Ich will keinen Arzt, ich kann ihn ja doch nicht bezahlen."

„Regen Sie sich nicht auf, es ist wahrscheinlich etwas gebrochen und ein Laie kann das nicht in Ordnung bringen, und mit dem Bezahlen, das geht schon in Ordnung."

„Aber ich will von Ihnen nichts annehmen."

„Habe ich Ihnen denn so viel Böses angetan, daß Sie von mir nichts annehmen können?"

„Ja, immerzu."

„Aber um Gottes willen, inwiefern denn?"

„Verstehen Sie das nicht? Jahrelang lebe ich neben Ihnen. Sie sind schön, alle drehen sich nach Ihnen um, die Männer und die Frauen, alle lieben Sie, alle sprechen in Ehrfurcht von Ihnen. Sie sind reich, Sie leben in Überfluß, Sie haben Kinder, und was habe ich? Ich bin arm, ich bin häßlich, durch meinen nichtsnutzigen Pétja bin ich vergrämt und alt geworden. Alle spotten nur über mich, mir hat Gott keine Kinder geschenkt und in allem, in allem werde ich zurückgesetzt. Meinen Sie, daß es leicht ist, so zu leben und immer über den Zaun sozusagen das Glück und den Erfolg anderer mitanzusehen? Glauben Sie nicht, daß man dann schließlich bitter und gallig wird?"

Jadwíga schwieg.

„Ich hasse Sie, ich vergehe vor Neid, und ich versuche auch, Sie zu kränken und Sie zu beleidigen, weil ich glaube, daß mir danach leichter wird."

„Es wird Ihnen ja gar nicht leichter davon. Sie belasten nur Ihre Seele mit den schrecklichen Gefühlen und Gedanken und werden noch unglücklicher."

„Aber begreifen Sie doch, für die Leute hier und überall bin ich die Fürstin Kutúsowa, die Verwandte des großen Erretters Rußlands, und ich kann es nicht ertragen, daß die Leute wissen, daß ich bettelarm bin und daß mein Pétja ein Schwächling ist, der nie gearbeitet hat, ein Schmarotzer. Überall ist er verschuldet und ich schäme mich, den Menschen vor die Augen zu treten. Seit Wochen lasse ich bei der Lukiná anschreiben. Glauben Sie, daß sie es bei sich behält und daß nicht alle Leute im Ort davon wissen?"

Inzwischen kam Dr. Ssorókin, besah das Bein und stellte einen Unterschenkelbruch fest. Er und Jadwíga bereiteten einen Gipsverband und legten ihn behutsam an. Von Doktor Ssorókin ging eine wohltuende und beruhigende Sicherheit aus.

„Was wird nun werden", fragte die Fürstin.

„Sie müssen für einige Wochen ins Krankenhaus, es sei denn, daß sie hier eine gute Pflege haben, dann könnte ich es riskieren, Sie zu Hause zu lassen."

Die Fürstin sagte nichts. Doktor Ssorókin verabschiedete sich. Jadwíga faßte einen Entschluß.

„Ich werde gleich Wanka mit dem Planwagen schicken, und Sie kommen zu uns und werden bei uns gepflegt."

Die Fürstin erschrak.

„Das kann ich unter keinen Umständen annehmen."

„Sie werden es annehmen und es wird gleich geschehen."

„Dann bitte nicht gleich, nicht daß alle Leute es sehen, ich könnte es nicht ertragen."

„Gut, dann kommen wir, wenn es dunkel geworden ist."

„Ja, aber mein Mann, was soll mit ihm werden?"

„Ihr Mann wird bei uns verköstigt werden und im übrigen wird er arbeiten."

„Er und arbeiten?"

„Er wird arbeiten, er soll sich bloß nicht einbilden, daß er, weil er ein Fürst ist, nicht zu arbeiten braucht und daß Arbeit den Menschen schändet."

„Er kann ja gar nicht arbeiten."

„Er kann und er wird!"

Fürst Kutúsow trat ins Haus. Bereits auf dem Bahnhof hatte er von dem Unglück erfahren, das seiner Frau zugestoßen war. Er war sehr aufgeregt.

„Was ist los, um Gottes willen, und Sie sind hier, Jadwíga? Wie kommen Sie denn hierher ins Haus?"

„Welch blöde Frage, wie ich hierher komme! Ihre Frau hat sich das Bein gebrochen und bedurfte der Hilfe. Sie wird heute abend ins Weiße Haus übergeführt und von uns gepflegt werden."

„Aber das geht doch nicht."

„Alles geht. Sonst müßte sie ins Krankenhaus und Sie wissen ganz genau, daß Sie es nicht bezahlen können."

„Wieso denn nicht?"

„Reden Sie keinen Unsinn, Pétja, wir wollen nicht Katze und Maus spielen. Ich weiß genau, wie es um Sie bestellt ist, und die Dinge werden grundsätzlich geändert. Sie fahren morgen in Karlúschas Büro. Ich werde dorthin telefonieren und Sie werden ab morgen dort als Buchhalter angestellt, ob Sie es können oder nicht, Sie werden es tun."

Der Fürst sah sehr hilflos drein, aber er wagte nicht zu widersprechen. Abends wurde die Fürstin ins Weiße Haus gebracht und in ein helles, freundliches Gästezimmer gebettet. Njánja ging sehr behutsam und freundlich mit ihr um.

„Siehst du, Mütterchen, nun werden wir für dich sorgen und es soll dir an nichts fehlen und du wirst sehen, du wirst dich wohlfühlen."

Jadwíga sprach lange mit Bobik und bewegte ihn dazu, sich bei der Fürstin zu entschuldigen. Es fehlte ihm der Mut dazu. Schließlich ging sie voraus und trat in das Gästezimmer.

„Natálja Iwánowna, Bobik möchte ihnen unter vier Augen etwas sagen."

Bobik ging zaghaft hinein. Jadwíga ließ ihn mit der Fürstin allein.

„Verzeihen Sie mir, bitte, das von heute morgen. Es tut mir leid."

Mehr konnte er nicht sagen. Er nahm ihre Hand und küßte sie. Sie hielt seine Hand fest und fing an zu weinen.

„Verzeih' du mir auch, Bobik, ich war sehr schlecht und sehr böse und auch sehr unglücklich. Ich will es nicht mehr sein. Kannst du mir verzeihen?"

„Ja", flüsterte Bobik, und schluchzte.

Sie saßen lange im Dunkeln Hand in Hand, ohne miteinander zu sprechen, und der Groll verflog.

RASPUTIN

Bobik wunderte sich immer, daß zwischen den herrlichen Dingen, die in den Geschäften ausgestellt waren, und dem Besitz der gleichen Dinge ein Unterschied bestand. Man besah sich die Sachen mehrmals in den Auslagen, man ging mit sich zu Gericht, ob man diese Dinge auch unbedingt nötig habe, und sie erschienen einem immer begehrenswerter, bis die Ungeduld, sie zu besitzen, so groß wurde, daß man sie unbedingt und sogleich haben mußte. Dann ging man hin, handelte lange und erregt, bezahlte den Preis und trug die ersehnten Kostbarkeiten heim. Eigentlich war der Höhepunkt der Freude bereits in jenem Augenblick überschritten. Wenn es Kleider waren, sahen sie nach wenigen Tagen so aus, als ob man sie immer getragen hätte, und andere Gegenstände standen umher, als ob sie schon seit Jahren zum Hause gehörten, und die Freude sie zu besitzen, die sich manchmal lange Zeit aufgestaut hatte, war bald verflogen. Besonders die Kleider — sie mochten einem sehr lange dienen — bekamen Falten und Flecken. Allerdings liebte man sie, wenn sie sich an den Träger gewöhnt hatten. Dann erst waren sie bequem.

Eines Tages empfand Bobik einen stechenden Schmerz im Fuß, der durch einen Nagel im Schuh verursacht wurde. Mami, Wera, Njánja und Sascha betasteten die innere Schuhsohle und kamen alle zu dem Ergebnis, daß sich dort ein Nagel befand. Man versuchte, mit Zange und Hammer ihn von innen her zu entfernen, aber es gelang nicht. Bobik mußte nach Moskau zum Schuhmacher fahren.

In der Straßenbahn saß er einem riesigen Mönch gegenüber, über dessen Anblick er erschrak. Der ältere Mann mit dunklem Bart und langen, etwas schütteren Mönchshaaren, hatte riesige Augen. Wenn man ihn anblickte, verschwamm die ganze Gestalt und man sah nur die unheimlichen strahlenden, weit offenen Augen. Bobik konnte sich von diesen Augen nicht losreißen. Er wußte nicht, ob der Mönch ihn ansah oder nicht, aber er hatte den Eindruck, daß in dem ganzen Raum der Straßenbahn nichts anderes sei als jene großen Augen. Er wagte kaum zu atmen, er bewegte sich nicht und starrte auf das Gesicht des Mönchs. An einer Haltestelle erhob sich jener, er war sehr groß, lächelte den Anwesenden zu und stieg aus. Der Schaffner, der Bobiks Faszination bemerkt hatte, lachte: „Komm nur zu dir, Kleiner, bist ja wie verzaubert, weißt du wer das war?"

„Nein, wie soll ich das wissen, ich kenne ihn doch nicht."

„Das war Väterchen Raspútin, Grischka Raspútin, der Mönch, du weißt doch!"

„Rasputín!", dachte Bobik. Er stieg aus und ging zum Schuhmacher. Dort roch es nach Leder und Teer. Der Schuster war alt, seine Brille saß ihm auf der Nasenspitze. Er schaute Bobik über die Brille an.

„Was willst du denn, mein Kleiner, ist wieder etwas kaputt?"

„Ja, Stepán Iwánowitsch, mein Schuh hat einen Nagel, den kriegen wir nicht raus."

Der Schuhmacher nahm den Schuh, besah ihn sich, drehte ihn mit der Sohle nach oben. In der Sohle saß eine Reißzwecke. Bobik sah beschämt die Reißzwecke. Der Mann hielt den Schuh dicht vor Bobiks Nase.

„Ech, ech, was seid ihr ungebildet. Konntet ihr nicht selbst das Nägelchen herausreißen? Müßt ihr darum Geld ausgeben und nach Moskau fahren, und dabei wollt ihr doch so gebildet sein!"

Bobik schämte sich sehr.

Bobik erzählte zu Hause von der Begebenheit mit dem Schuh, und alle, die daran beteiligt waren, lachten, aber Bobik fühlte, daß dieses Lachen nur eine Verlegenheit war und sie sich in Wirklichkeit schämten. Da er wußte, daß in seiner Familie Rasputín verachtet wurde, wagte er in Saschas Gegenwart nicht, von seiner Begegnung zu erzählen; aber es war so schwer, das Erlebnis für sich zu behalten, und so erzählte er es denn der Njánja. Njánja war über die Nachricht erregt. „Den heiligen Starez hast du gesehen? Er tut viel Gutes für unser Land und er ist der Freund des Zaren und der Zarin."

„Ja, aber die Unsern mögen ihn nicht leiden und in Tante Ellas Haus darf der Name nicht genannt werden, sonst wird sie richtig böse."

„Laß sie nur, sie sind alle hoch gestochen und sie begreifen das nicht und sie wollen es nicht wahrhaben, daß ein einfacher Bauernsohn eine so große Macht von unserem Herrgott erhalten hat, daß sie höher ist als die Macht des Zaren und der Großfürsten. Weißt du, das ist bloß Neid. Ich habe ihn gerne, weil er ein einfacher Mann ist und weil er auch durch den Umgang mit dem Zaren nicht hochmütig geworden ist. Morgen fahre ich zu meiner Schwester Grúscha, sie dient bei einer Dame und da kehrt Rasputín oft ein. Willst du mitkommen? Vielleicht kannst du ihn dort sehen!"

Bobik war es unheimlich zumute. Er wußte ganz genau, daß er

etwas Verbotenes tat und daß man ihm darüber böse sein würde. Aber die Neugierde und der Reiz, diesen seltsamen Mann wiederzusehen, überwogen die guten Vorsätze.

Am nächsten Tag besuchten Njánja und Bobik Grúscha. Sie aßen in der Küche Warénje und Baranki und tranken Tee. Die Hausherrin, eine junge, üppige, aufgetakelte Dame, kam herein, begrüßte Njánja und erkannte Bobik, das Herrensöhnchen. Sie tätschelte seine Wangen und lachte laut und ausgelassen. Njánja berichtete der Dame, daß Bobik Raspútin in der Straßenbahn gesehen habe und den Wunsch geäußert hätte, ihn kennenzulernen.

„Das kannst du haben, komm mit herein, der heilige Starez ist gerade bei mir."

Njánja äußerte ebenfalls den Wunsch, den Starez zu sehen.

„Na, dann kommt beide und schaut ihn euch an, aber bleibt nicht lange, wir haben noch eine Besprechung", und sie lachte sehr anzüglich.

Im Salon saß Grigórij Raspútin. Er stand auf und reichte Bobik die Hand. Er drückte Bobiks schmale Hand so kräftig, daß er beinahe aufgeschrien hätte. Die Dame stellte ihm Bobik und Njánja vor.

„Na, dich habe ich doch irgendwo gesehen?" Bobik errötete. „Gewiß doch, du saßest mir ja gestern in der Straßenbahn gegenüber und starrtest mich an!"

Bobik wußte vor Verlegenheit nichts zu anworten. Njánja verbeugte sich vor dem Starez und küßte ihm die Hand. Er machte ein Kreuzeszeichen auf ihre Stirn. Dann wurden beide entlassen. Bobik war froh, als die Tür hinter ihm zuschlug.

Auf der Rückfahrt hatte er ein schlechtes Gewissen und beschloß, Jadwíga von der Begegnung zu berichten. Jadwíga machte große und strenge Augen.

„Du weißt, Bobik, wie sehr ich die Starzen verehre, aber dieser Mann ist kein Starez. Er hat dämonische Kräfte und ich glaube, daß er sie in Verblendung ausnutzt und Unglück heraufbeschwört."

In diesem Augenblick betrat Sascha das Zimmer.

„Wovon sprecht ihr?"

Bobik erschrak.

„Bobik war in Moskau mit Njánja und ist Grigórij Raspútin begegnet und hat mit ihm gesprochen."

„Pfui, wie kannst du dich so erniedrigen, mit diesem üblen Subjekt zu sprechen. Hast du ihm die Hand gegeben?"

Bobik nickte.

„Geh sofort und wasch dir die Hände. Ich werde dir so lange nicht die Hand geben, bis die Emanationen jenes unsauberen Menschen nicht mehr an dir haften. Ich hätte dir mehr Feingefühl zugetraut, Bobik."

Bobik war zerknirscht und Sascha war ernstlich böse.

SASCHAS ZIGARREN

An einem Herbstnachmittag saßen Bobik, seine Freunde Aljóscha Golítzin und Wássenka in einem fernen Winkel des Parks, der an die Straße grenzte. Sie langweilten sich. Da fiel Bobik ein, daß es an der Zeit wäre, mit Rauchen zu beginnen.

„Wißt ihr was, wir könnten doch auch einmal rauchen!"

Aljóscha machte große Augen. „Willst du rauchen?"

„Ja, die anderen rauchen doch auch schon, insgeheim natürlich."

„Hat denn einer von euch Zigaretten?", fragte Wássenka.

„In Saschas Kabinett liegen genug Zigarren und Zigaretten. Man könnte sich welche holen", meinte Bobik.

Aljóscha hatte Bedenken. „Das wäre ein Diebstahl, das wollen wir lieber nicht tun."

„Was dann?"

„Man könnte schließlich auch Eichenblätter rauchen, sollen gar nicht so schlecht schmecken."

Sie sammelten einige trockene Eichenblätter und drehten sie zu Zigaretten. Wássenka lief in die Küche und stibitzte eine Schachtel Streichhölzer. Sie steckten die selbstgedrehten Stummel an und rauchten. Ihre Gesichter bekamen die Würde von Erwachsenen. Der Rauch schmeckte scheußlich, er biß in die Augen. Gerne hätte jeder von ihnen aufgehört, aber keiner wollte als erster kapitulieren. Sie rauchten weiter. Plötzlich sahen sie Sascha die Straße entlangkommen. Sie erschraken und duckten sich. Sascha ging mit langen Schritten vorbei. Er war in Gedanken versunken. Gott sei Dank, er hatte sie nicht bemerkt.

Nach einer Weile hörten sie Njánja nach Bobik rufen. Bobik erhob sich und lief zu ihr hin. Unterwegs stieß er die Atemluft aus, damit man nicht merkte, daß er geraucht hatte.

„Aha, da bist du ja, der Herr möchte mit dir sprechen. Geh mal hin, er ist in seinem Kabinett."

„Was mag er bloß wollen", dachte Bobik.

Sascha saß in einem bequemen Clubsessel und hatte die Beine auf einen anderen Sessel gelegt.

„Nun, da bist du ja, Bobik, setze dich nur zu mir."

Er sprach über Belanglosigkeiten mit ihm. Schließlich stand er auf, ging an den Bücherschrank, holte umständlich eine große Kiste mit Zigarren heraus und ging auf Bobik zu. Er nahm sich eine große dicke Zigarre, zog die Bauchbinde behutsam ab, schnitt das eine Ende mit dem Taschenmesser auf, dann schaute er Bobik an.

„Weißt du was, ich denke du bist jetzt erwachsen genug, willst du nicht auch eine probieren?"

Bobik wunderte sich. Er nahm zaghaft die riesige Zigarre und steckte sie sich mit dem falschen Ende in den Mund.

„Nein doch", lachte Sascha, „nicht so, wie unbeholfen du bist! Du mußt es noch lernen. Nimm das andere Ende, dieses hier müssen wir anschneiden, sonst zieht sie nicht."

Sascha entzündete ein Streichholz und hielt es vor Bobiks Zigarre.

„So, nun zieh mal ordentlich."

Bobik zog. Die Zigarre schmeckte noch viel abscheulicher als die Eichenlaubzigarette. Sascha rauchte bedächtig, paffte Ringe in die Luft und beobachtete, wie sie sich auflösten. Bobik versuchte es auch mit den Ringen, es gelang ihm aber nicht. Er verschluckte sich dabei und begann zu husten. Eine Weile hielt er die Zigarre in der Hand, um nicht zu viel Rauch einatmen zu müssen.

„Rauch doch nur weiter", ermunterte ihn Sascha.

Bobik fühlte ein Unbehagen in der Magengrube und im Kopf und begann doppelt zu sehen. Um die Zigarre nicht immer im Mund zu halten, klopfte er die Asche am Aschenbecher ab.

„Zur Kunst des Zigarrenrauchens gehört, daß die Asche möglichst lange an der Zigarre bleibt. Das mußt du noch üben."

Sascha unterhielt sich auffallend lebhaft mit Bobik, was sonst gar nicht seine Gewohnheit war.

„Ob er uns vielleicht doch gesehen hat?" Und ein böser Verdacht stieg in Bobik auf. „Ob er uns..."

„Schmeckt sie dir?"

„O ja, sie ist ausgezeichnet." Bobik wollte lächeln, aber es gelang ihm nicht mehr.

„Du siehst so blaß aus, habt ihr zu wild gespielt?"

„Nein, ich wüßte nicht, das ist nur so."

„Na, dann rauch mal weiter."

Bobik war am Ende seiner Kräfte. Er erhob sich mühsam, legte die Zigarre auf den Aschenbecher. „Verzeih einen Moment," stotterte er, und gemessenen Schrittes verließ er das Kabinett. Mit weichen Knien schleppte er sich, so schnell er konnte, ins Klo. Dort erbrach er sich. Kalter Schweiß trat auf seine Stirn. Er mußte sich setzen. Der

Kopf drohte ihm zu platzen. „So eine Gemeinheit, einen mit diesen scheußlichen Stangen zu vergiften!" Er war ernstlich böse, zugleich aber bewunderte er Saschas pädagogische Fähigkeiten. Dann kam Sascha.

„Nanu, was ist denn mit dir los, ist dir nicht gut?"

„Nein, danke," stammelte Bobik, „danke, ich habe jetzt genug."

„Na, wenn du nicht willst, schade, das war eine teure Zigarre, und was ein erwachsener Mann ist, der raucht sie auch zu Ende." Sascha lächelte anzüglich.

MORD

Die Majorin bewohnte mit ihrer Tochter eine kleine sehr saubere Datscha am nördlichen Rande von Giréjewo. Mit ihren fünfundachtzig Jahren, ihrer fast kugeligen Gestalt und dem rosigen Gesicht sah sie aus wie die beliebten hölzernen Baby-Puppen. Sie hatte ein kindliches Gemüt und freute sich am Leben, sie war nett zu jedermann. Sie redete Bobik mit seinem vollen Vor- und Vaternamen, Wladímir Aleksándrowitsch und „Sie" an, was ihm mächtig gefiel.

Ihre Tochter war das genaue Gegenteil der Mutter; obwohl sie gewiß und obligat um einige Jahre jünger sein mußte, sah sie älter aus. Sie war Hauptmannswitwe und alle nannten sie frei nach Puschkins Kapitänstochter „Kapitanskaja Dotschka". Sie war hager und hielt sich sehr aufrecht. Obwohl sie schon länger als zwanzig Jahre Witwe war, trug sie nur schwarz. Die Kinder hatten etwas Angst vor ihr, weil sie streng aussah und nie lächelte. Beide Damen lebten zurückgezogen von ihren kleinen Pensionen. Weder die Kutúsicha noch die Lukiná, die beiden approbierten Klatschbasen von Giréjewo, hatten Gelegenheit, Klatsch über sie zu verbreiten. Allerdings fanden sie es verdächtig, daß beide sich nie an antideutschen Demonstrationen beteiligten und daß sie in ihren Bücherregalen sogar deutsche Bücher hatten. Man könne natürlich nicht wissen, ob sie, da sie abgelegen wohnten, nicht einen Morseapparat besäßen, mit dessen Hilfe sie mit Kaiser Wilhelm in Verbindung stünden. Aber vor der Fröhlichkeit der alten Dame und vor der Unnahbarkeit der noch älteren Tochter prallte aller Klatsch ab.

Eines Tages klopfte die Kapitanskaja Dotschka an die Tür des Weißen Hauses. Bobik öffnete ihr. Sie schaute ihn von oben herab an. Ohne zu grüßen, fragte sie, ob Mama da sei. Dann schob sie Bobik wie einen lästigen Kläffer zur Seite und stieg die Treppen zu Jadwígas Boudoir hinauf. Bobik wollte ihr folgen, weil er es für sein Recht hielt, überall dabei zu sein, aber er beschloß, doch lieber nicht hinaufzugehen.

Nach langer Zeit schritt die Kapitänstochter majestätisch und undurchdringlich die Treppe hinab. Jadwíga folgte ihr. Gegen die Riesin sah sie ganz klein und schmächtig aus. Das rührte Bobik. Beim Abschied schüttelte sie mit Ausdauer Jadwígas Hand. Bobik warf sie nur einen kurzen Blick zu. Er wollte ihr schon die Hand entgegenstrecken,

aber dann zog er sie wieder zurück. — „Bah!", dachte er, „was brauch'
ich ihre Hand, sie hat eine Kraft wie ein Bierkutscher. Der armen
Mami hat sie bestimmt die Hand zerquetscht."
„Ungezogenes Weib, gar keine Manieren, führt sich auf wie eine
regierende Herzogin. Was ist sie schon! Was hat sie denn gewollt,
Mami?" —
„Kannst du schweigen, Bobik?" —
„Und ob!" — Bobik war stolz darauf, daß er schweigen konnte.
„Ich kann auch schweigen!" —
„Nein, Mami, das ist nicht recht! Du sollst keine Geheimnisse vor
mir haben. Aufs Ehrenwort, ich will, wenn du es verlangst, zu keinem
ein Wort sagen." —
„Gut! Aber zu keinem! Zu Sascha nicht und nicht zu Njánja!"
„Ich verspreche es."
Er setzte sich gemütlich in den großen geblümten Sessel in Jadwígas Salon. „Sie wollte Geld haben. Sie hat eine Idee. Sie will in Giréjewo einen Damenfrisiersalon eröffnen. Sie hat es gelernt. Sie meint,
die Zeiten werden immer schwieriger, man weiß nicht, wie sich die
politischen Verhältnisse ändern, und ob man immer mit der Pension
rechnen kann. Außerdem ist das Geld jetzt schon so entwertet, daß
man dafür nur noch die Hälfte bekommt. So will sie durch das
Friseurgewerbe sich und ihre Mutter ernähren. Ich finde diese Idee
sehr nützlich. In dem Haus neben der Lukiná mietet sie sich die erste
Etage. Der Salon soll »Flora« heißen. Ich fand, man sollte sie in diesem Vorhaben unterstützen, und ich habe ihr geholfen." —
„Wieviel wollte sie den haben?"
„Vierhundert Rubel."
„Hattest du denn so viel Geld im Haus?"
„Ja. Du weißt doch, ich verwahrte es in einem blauen Umschlag,
es waren lauter Zwanzigrubelscheine. Seit Jahren liegen sie da, für
die schwarze Stunde sozusagen. Ich möchte aber wirklich, daß niemand davon erfährt, das geht niemanden etwas an. Die Frau ist, im
Gegensatz zu so vielen Leuten hier, kein Schmarotzer, sie ist nicht
leichtsinnig und ehrlich."
„Hast du eine Quittung von ihr verlangt."
„Wo denkst du hin, Bobik. Solche Dinge regelt man von Mensch
zu Mensch. Wenn sie das Geld zur Verfügung hat, wird sie es mir
bestimmt zurückgeben."
Wenige Tage später kamen Handwerker und begannen am Haus
neben der Lukiná zu arbeiten. Ein großes Fenster wurde in die Wand

eingelassen. Neben der Eingangstür wurden zu beiden Seiten bunte Schilder mit der Aufschrift „Salon Flora" aufgehängt. Die Leute, die vorbeigingen, blieben neugierig stehen und freuten sich, daß sie demnächst nicht mehr nach Moskau oder Kuskowo zum Frisieren fahren müßten.

Am 1. Oktober sollte die feierliche Eröffnung sein. Am Tag zuvor sah man die Kapitänstochter Tannengirlanden, auf denen Papierchrysanthemen befestigt waren, in das Fenster und über die Tür hängen. Ihre Bewegungen waren gemessen und feierlich. Abends um acht, es war schon dunkel, klopfte jemand an die Tür. Die Majorin wurde angemeldet. Alle saßen im Salon. Sie ging von einem zum anderen und gab ihnen die Hand, sie war freudig erregt. Sie schaute in die Runde.

„Ich wollte meine Tochter abholen, sie sagte mir, sie wolle, wenn alles zur morgigen Eröffnung fertig sei, bei Ihnen vorbeikommen und Sie bitten, den Laden anzuschauen, sie ist ja so stolz, daß alles so gut gelungen ist. Da es aber so spät geworden ist, dachte ich, ich hole sie ab."

„Sie ist aber noch gar nicht hier gewesen. Wahrscheinlich hatte sie doch länger zu tun. Bobik, lauf schnell hin und bring sie her, sie soll mit uns eine Tasse Tee trinken", sagte Jadwíga.

Bobik rannte hin. Das Haus war dunkel. — „Wo kann sie bloß hingegangen sein? An mir ist niemand vorbeigekommen, und einen anderen Weg gibt es nicht." Er klopfte wiederholt. Niemand öffnete. Schon wollte er weggehen, da rüttelte er an der Tür. Sie war nicht verschlossen. Er öffnete sie und betrat den Vorraum. Auch die Tür zum Frisiersalon war unverschlossen. Er sah im Raum zwei große Spiegel und zwei Frisiersessel, einen Kleiderständer, an dem einige Zeitschriften an einem Stöckchen hingen. Dort hing auch der Mantel und der Hut der Kapitanskaja Dotschka. — „Also muß sie noch hier sein", dachte Bobik. Er rief nach ihr. Keine Antwort. Es war dunkel und er hatte keine Streichhölzer. Er rannte voll Angst wieder nach Hause. Er bat Njánja, Sascha herauszurufen, möglichst unauffällig. Sascha und Jadwíga kamen heraus.

„Es muß dort etwas passiert sein. Die Türen sind alle offen und ihr Mantel hängt noch dort, aber niemand antwortet, und ich konnte auch keinen sehen. Nehmen wir Kerzen und Streichhölzer mit!" — Sascha, Jadwíga und Bobik machten sich auf den Weg. Im Haus zündeten sie die Kerzen an. Sie riefen. Keine Antwort. Sascha rutschte auf dem Fußboden aus. Er fluchte. — „Was ist das?! Das ist doch

Blut!" — Sie beleuchteten die feuchte Stelle, es war geronnenes Blut. Entsetzen kam über sie. Auf dem Fußboden lag die schwarze Tasche, in die sie seinerzeit den Umschlag mit dem Geld hineingesteckt hatte. Sie suchten weiter. Im Nebenraum fanden sie eine geöffnete Falltür zum Keller. Sie leuchteten hinab. Die Kapitänstochter lag auf dem Ziegelsteinboden, tot, mit gespaltenem Schädel. Ihre Arme und Beine waren, wie bei einer Puppe, die man hinabgeworfen hat, weit auseinandergebreitet. Offenbar war sie im Frisiersalon von jemandem ermordet und dann in den Keller hinabgeworfen worden.

„Das ist ja grauenhaft", rief Jadwíga. „Wir müssen sofort die Polizei rufen!" Draußen hörten sie Stimmen. Wie immer, wenn etwas passiert ist, sind sofort Menschen da, Neugierige, sie wollen dabei sein. Sascha verbot ihnen, das Haus zu betreten. Erst müsse die Polizei kommen, und es dürften keine Spuren verwischt werden. Einige Jungen, die sich wichtig tun wollten, liefen zur Polizei. Jadwíga ging heim, um der Majorin die schreckliche Nachricht zu bringen. Bobik und Sascha blieben im Haus. Bobik fühlte sich elend, er stellte sich vor, wie die alte Dame von einem Eindringling niedergeschlagen worden sei, wie sie um ihr Leben kämpfte. Der zerborstene Schädel mit den weit aufgerissenen, ins Nichts starrenden Augen bedrängte seine Phantasie. Selbst jetzt, oder gerade jetzt wagte er es nicht, Sascha von dem geliehenen Geld zu sagen. Seine Spielgenossen riefen ihm von der Straße zu, er möge ihnen doch alles erzählen. Er schüttelte den Kopf. In der Menge sah er einen blonden jungen Mann von etwa neunzehn Jahren, in dem er den Zimmermann erkannte, der das Fenster eingesetzt hatte. Der stammte nicht aus Giréjewo.

Der Urjádnik kam und brachte einen anderen Beamten, der offenbar zur Kriminalpolizei gehörte, und einen Arzt mit. Sie fühlten sich schrecklich wichtig, sie jagten zunächst die Schaulustigen weg. Dann wurden Bobik und Sascha ausgefragt. Sie berichteten, was sie erlebt hatten. Der Arzt und der Kriminalbeamte suchten alle Zimmer ab, machten sich Zeichnungen und Notizen, untersuchten Gegenstände auf etwaige Fingerabdrücke. Dann stiegen sie in den Keller. Bobik graute es davor, aber er beobachtete doch von oben, wie der Arzt die Leiche abhorchte, ihr den Puls fühlte, ein kleines Spiegelchen vor ihren Mund hielt. Dann betrachtete er eingehend den Schädel.

„Ist die Mordwaffe gefunden worden? Es muß ein Hammer sein, der spitz zuläuft. Der Mörder hat fünf- bis sechsmal zugeschlagen, die Schädeldecke ist an mehreren Stellen eingebrochen. Als er sie in den Keller hinabwarf, muß sie noch gelebt haben, sie hat noch versucht sich zu bewegen, sehen sie, die rechte Hand ist in Krampfhaltung, während die anderen Gliedmaßen schlaff sind, sie versuchte sich anzuheben oder umzudrehen. Aber es gelang ihr nicht mehr. Weiß man, ob es ein Racheakt oder ein Raub ist?"

„In der schwarzen Tasche sind fünfzehn Rubel und dreißig Kopeken, dazu eine Brillantbrosche und ihre Brillantringe, die sie sich sicherlich bei der Arbeit von den Fingern abgezogen hatte. Ein Raubmord scheint es nicht zu sein. Soweit wir wissen, lebte sie zurückgezogen mit ihrer Mutter und hatte keine Feinde und keine Neider", rapportierte der Urjádnik.

Bobik und Sascha wurden entlassen, sie gingen Hand in Hand schweigend heim. „Das sind Menschen", sagte Sascha gedehnt. Bobik sagte nichts. Ihn fröstelte. Er ging ins Bett. Jadwíga kam in sein Zimmer. Sie streichelte seine Wangen. Sie war bedrückt. — „Hast du jemandem, Sascha oder der Polizei, oder irgend jemandem von dem Geld erzählt?"

„Nein, Mami, auf Ehrenwort nicht. Ich behalte es ganz für mich."

„Ich bitte dich darum Bobik. Niemand weiß etwas davon außer uns, auch ihre arme alte Mutter weiß nichts davon."

„Aber Mami, die Tasche lag offen auf dem Boden, es war etwas Geld darin, aber das blaue Kuvert mit den vierhundert Rubeln, mit denen sie sicherlich die Rechnungen bezahlen wollte, das fehlte. Es muß also sicherlich ein Raubmord gewesen sein."

„Weißt du, Bobik, wenn sie erfahren, daß ich ihr das Geld gab, werden sie alle über mich herfallen, Sascha und Njánja, Maman und alle guten Freunde werden mir wie immer meinen Leichtsinn vorwerfen und mir die Schuld am Tode dieser armen Frau zuschieben."

„Aber Mami, sind wir nicht an ihrem Tode schuld? Hättest du ihr das Geld nicht gegeben, so hätte sie keinen Laden aufmachen können und wäre jetzt nicht ermordet worden, und ihre arme alte Mutter wäre jetzt nicht allein. Glaubst du wirklich, daß uns keine Schuld trifft?"

„Ich weiß es nicht, Bobik. Weiß Gott, ich bin doch an dem Mord unschuldig. Aber irgendwie bin ich mittelbar zum Werkzeug dieses Mordes geworden, und ich wollte doch wahrhaftig nur Gutes. Wie so oft verkehrt sich Gutes in Böses oder umgekehrt, als ob sie ganz anderen Gesetzen gehorchten. Mit dem Intellekt sagt man sich, daß man nicht schuldig sei, aber das Herz sagt etwas ganz anderes, es spricht einen schuldig. Wenn jetzt die Mutter erfahren würde, daß ich ihr das Geld geborgt habe, würde sie mir Vorwürfe machen: »Wir haben bisher nicht schlecht gelebt, wozu mußte sie diesen dreimal verfluchten Laden einrichten! Der Teufel sitzt hinter solchen Absichten und macht sie zunichte.« — Sie würde mich schuldig sprechen."

Bobik konnte nicht einschlafen. Immer sah er die Ermordete, dachte an die alte Mutter und an den Räuber. Und immer wieder fragte er sich, wo denn die Grenzen der Schuld seien. Damals, als sie entdeckt hatten, daß das Gesinde sie hemmungslos bestahl, weil sie nicht aufpaßten und nicht streng waren, hatten sie das Gefühl, daß sie an den Diebstählen und der Unehrlichkeit schuldig seien; jetzt fühlten sie sich an dem Mord schuldig.

Wieviele Leben werden durch einen Mord zerstört. Das Leben der Kapitanskaja Dotschka, das Leben der Majorin, die in ihrem hohen Alter sich selbst überlassen wurde, und das Leben des Mörders, wenn sie ihn erwischten und zum Tode oder zu lebenslänglichem Zuchthaus in Sibirien verurteilten. Auch der Mörder hatte Eltern, oder Frau und Kinder. Und wenn sie ihn nicht erwischten? Würde er nicht an dem Mord innerlich zugrunde gehen, würde er nicht aus Angst vergehen und sich auf die Flucht vor sich selbst begeben?

„Gott, Jesus Christus, nimm die unglückliche Seele der Kapitanskaja Dotschka zu Dir, tröste sie, und beschütze ihre Mutter. Was wirst Du aber mit der Seele des Mörders machen? Kannst Du ihm verzeihen? Das ist die schwerste Todsünde, aber Du hast dem Mörder am Kreuz in Deiner letzten Stunde auch verziehen, und jener hatte auch ein Leben gewaltsam ausgelöscht. — In die Hölle mit ihm! Aber ist er nicht jetzt schon in der Hölle, von dem Augenblick an, da er den Vorsatz zum Raub und Mord gefaßt hatte? Sind nicht alle Schrecknisse der Hölle jetzt in ihm los?"

In jener Nacht reifte in Bobik die Idee, auf die Suche nach dem Mörder zu gehen. Er wußte nicht eigentlich, was er damit bezweckte. Sicherlich hatte er nicht die Absicht, ihn der Polizei zu übergeben. Aber er wollte sich den Mörder von außen und innen ansehen. Er versuchte sich einen Plan zurechtzulegen, aber sein Plan war verworren. Vielleicht war es am besten, die Dinge dem Zufall zu überlassen. Er hatte oft gehört und gelesen, daß es den Mörder stets magisch an den Ort des Mordes ziehe. Er beschloß mit seinen Beobachtungen in der Nähe des Tatorts zu beginnen.

Am nächsten Morgen sammelte er etwa zwei dutzend Hammelwirbel, mit denen die Dorfjungen Babki spielen — ein Spiel, das wie das Murmelspiel gehandhabt wird —, in ein Säckchen und begab sich zum Tatort. Njánja fragte ihn interessiert, was er denn mit den Babki machen wolle, er hätte doch schon lange nicht mehr damit gespielt. Er wich der Frage aus und log, er habe mit einem Spielgenossen gewettet, wer genauer zielen könne. Zwischen dem Haus der Lukiná und dem Friseurladen ließ er sich auf einem kleinen Rasenplätzchen neben dem Gehsteig nieder. Von dieser Stelle konnte er alle Passanten genau beobachten. Es sah so aus, als ob er allein in das Babkispiel vertieft sei. Er warf einen Wirbel nach dem anderen und traf, manchmal traf er auch nicht. Ein großer Köter mit buschigem Schwanz kam ihm entgegen. An einem nahen Strauch hob er das rechte Bein hoch und entleerte einige Tropfen, dann ging er um den Strauch langsam herum und beroch ihn gründlich. Nach dieser Prozedur hob er wieder das Bein. Dann beroch er die Hammelwirbel. Bobik wollte ihn gerade verjagen, aber er sah durch Bobik hindurch, als ob es Bobik gar nicht gäbe. Dann schnappte er sich einen Wirbel und lief weg.

Dorfjungen kamen vorbeigeschlendert, blieben stehen, fragten Bobik, warum er allein spiele und ob sie mitspielen dürften. Sie spielten eine Weile. Währenddessen beobachtete Bobik unauffällig die Passanten. Menschen standen in Gruppen umher und unterhielten sich angeregt über das Vorgefallene. Ein Polizist stand vor der Tür und wehrte den Allzuneugierigen, einen kleinen, nur einen ganz kleinen Blick ins Innere der Räume zu tun. Ein Leichenwagen mit einem einfachen schwarzen Sarg fuhr vor. Der Sarg wurde hineingetragen. Nach einer Weile trugen ihn vier Mann wieder heraus. Die umstehenden Männer entblößten ihre Häupter. Danach waren die Gespräche angeregter. Bei den Gruppen erblickte Bobik den jungen Zimmermann, den er gestern gesehen hatte. Bobiks Herz klopfte. Ein undeutliches Gefühl sagte ihm: „Dieser war es!" Aber er beruhigte sich selbst. Wie kann man einfach irgendjemanden verdächtigen! Das ist unchristlich!

Der junge Mann schlenderte umher, er kam einige Male an Bobik vorbei. Bobik warf gerade einen Wirbel nach einem anderen, er traf.

„Babki?" fragte der junge Mann so beiläufig.

„Babki", sagte Bobik trocken. Er schaute sich den Zimmermann genau an. Er war sauber gekleidet, hatte einen kurzen Schafspelz und eine braune Schafspelzmütze an. Sein Gesicht war freundlich und gutmütig. „So sieht kein Mörder aus", dachte Bobik beruhigt. Aber sein Herz klopfte heftig. „Mörder, Mörder, Mörder", sagte etwas in ihm.

„Darf ich?", fragte der junge Mann höflich. Seine Stimme klang angenehm. „Spiel nur", sagte Bobik, „du hast eine schöne Stimme, du singst wohl im Chor?"

„Ja, woher weißt du das? Ich sang bei uns im Rjasanschen im Kirchenchor und jetzt singe ich im Chor der Zimmermannsinnung."
„Ich weiß vieles", meinte Bobik gedehnt.
Der Zimmermann warf eine Babka und traf.
„Gut", sagte Bobik, „du hast einen guten Wurf und eine sichere Hand. Wie das knackt beim Treffen, wie der Hammer auf einen Schädel." — Eigentlich wollte er so etwas gar nicht sagen, die Bemerkung entschlüpfte ihm. Die Pupillen des anderen wurden ganz groß, er wurde blaß, sein Gesicht sah plötzlich aus wie das Antlitz eines erschrockenen Engels.
„Wie meinst du das, mit dem Hammer? Ich verstehe dich nicht."
Bobik zeigte mit dem Kopf in die Richtung des Hauses. — „Du weißt doch!"
„Ach so, ja, ich verstehe, ich habe davon gehört. Weiß man denn schon, wer?"
„Man wird es bald wissen, die finden schnell alles heraus." Bobik beugte sich zum Zimmermann und flüsterte leise: „Weißt du, es heißt, daß man in der Pupille des Ermordeten den Mörder erblicken kann, ganz klein, wie in einer Miniatur. Immer soll, wenn einer plötzlich stirbt, das Letzte, was er erblickte, in der Pupille zu sehen sein. Und die haben jetzt solche Vergrößerungslupen, da kann man alles drin sehen." Der Zimmermann wurde ganz blaß, sein Atem ging stockend, die Hände zitterten.
„Wirf noch einmal!", forderte Bobik ihn auf. Er hatte keine Lust mehr, aber er warf. Der Knochen verfehlte sein Ziel.
„Ich dachte, du könntest es besser", meinte Bobik wegwerfend, „vorhin" — und er schaute wie zufällig aufs Haus, „vorhin, da konntest du es besser. Jetzt zittert deine Hand, vorhin hat sie nicht gezittert."
Der junge Mann vermied es, Bobik anzuschauen.
„Du bist nicht von hier. Du arbeitest nur hier. Du hast sie gekannt. Du warst auch der letzte, der sie gesehen hat. Du müßtest eine Menge wissen."
„Ich weiß gar nichts, rein gar nichts. Ich bin hier fremd. Ich habe da gearbeitet, Fenster eingesetzt, aber gesehen habe ich sie kaum, sie war ja nicht immer dabei."
„War sie freundlich zu dir?"
„Ich weiß nicht, eher nein, so unpersönlich. Sie sprach wenig."
„Konntest du sie nicht leiden? Haßtest du sie?"
„Nein, sie war mir gleichgültig."

„Hat man dich schon verhört?"

„Ja, ganz kurz, heute morgen. Was sollte ich auch sagen, ich habe mit der Sache nichts zu tun."

„Ich mache mir immerzu Gedanken, wie es so in einem Mörder aussehen muß. Wenn er noch in Freiheit ist, er kann doch nicht mehr richtig schlafen, all das Furchtbare, das er tat, steht doch ständig vor seinen Augen. Kann er denn in dieser Welt etwas anderes sehen als den gespaltenen Schädel und die aufgerissenen schrecklichen Augen? Mag man über den Mörder sagen, was man will, aber mir tut er leid. Er ist doch jetzt schon in der Hölle. Und das alles, warum, zu welchem Zweck?"

„Das fragt sich die Polizei auch. Denn ein Raubmord ist es nicht, alles Geld und der Schmuck war da, in der Tasche."

Bobik schaute den Zimmermann forschend an. — „Alles?"

„Ja, so sagten sie."

„Glaubst du das auch?"

„Ich glaub' es."

„Ich nicht. Warum soll er sie denn ermordet haben, und von hinterrücks, mit dem Zimmermannshammer, vielleicht mit deinem Hammer? Knack, knack, knack, so an die siebenmal auf den Schädel drauf. Sie ist ja groß und knochig und zäh, wenn er so groß wäre, wie du, er müßte ordentlich auslegen, um immer den Kopf zu treffen. Sie sackte wohl zusammen, aber sie versuchte sich zu wehren, bloß die Kräfte versagten ihr."

„Woher willst du das aber so genau wissen, du warst doch nicht dabei."

„Weißt du es so genau, daß ich nicht dabei war? Man spielt doch so in der Gegend umher, man interessiert sich, was alles neues geschieht, man guckt doch auch manchmal durch ein Fenster. Auch wenn es drinnen dämmrig ist, manches kann man sehen. Wie sie da in ihrem Blut liegt, im Frisierraum, neben den Sesseln! Die Tasche liegt daneben, sie ist im Fallen aufgegangen. Und da ist ein blauer Umschlag, ein dicker. Und der andere greift danach, öffnet ihn, sieht viele Packen von Zwanzigern, zwanzig Stück, steckt sie eilig in die Rocktasche und will fliehen. Dann schaut er sich aber um, ist einen Augenblick unschlüssig, dann schleift er die Sterbende in den anderen Raum, öffnet die Kellerklappe und stößt sie durch die enge Öffnung hinab.

Dann läuft er weg, wie von Dämonen gejagt, hinaus in die Nacht in der Richtung zum Bahnhof. Den Hammer wirft er unterwegs weg, ins Gelände. Er läuft, was er kann, aber die ermordete Frau und seine böse Tat laufen hinter ihm her und werden ihn nicht mehr verlassen, immer werden sie hinter ihm her sein. Und alles das für lumpige vierhundert Rubel." Bobik seufzte tief.

Der andere lauschte mit angehaltenem Atem. „Es war doch dunkel, das konnte keiner gesehen haben."

„Aber ich erzähle dir doch keine Märchen, es war ganz genau so, wie ich es dir sage."

„Die Polizei hat ausdrücklich gesagt, daß es kein Raubmord sei", beharrte der Zimmermann.

„Und der blaue Umschlag, und die zwanzig Zwanzigrubelscheine? Ist das kein Raubmord? Oder glaubst du, ich phantasiere?"

„Niemand konnte sowas gesehen haben. Und übrigens, sie hat sich gar nicht gewehrt."

„Aber wenn niemand es gesehen hat, wie weißt du denn, daß sie sich nicht gewehrt hat? Oder warst du dabei?"

Er wurde ganz verwirrt und rang nach Atem. Seine Lippen zitterten. Er tat Bobik leid.

„Glaubst du an Gott? Wenn du an Gott glaubst, weißt du doch ganz genau, daß Er alles sieht und alles weiß und daß ihm nicht die geringste Kleinigkeit entgeht. Und wenn Gott das alles sehen kann, wie leicht kann auch ein Mensch mit leiblichen Augen etwas sehen."

„Hältst du mich etwa für den Mörder? Willst du mich gesehen haben?"

„Wen denn sonst?" Bobiks Herz zitterte, als er das sagte.

„Ich war es nicht! So wahr Gott lebt, ich war es nicht!", flüsterte der Zimmermann, er hob die rechte Hand und führte sie zur Stirn, um sich zu bekreuzigen.

„Nein, nein!" schrie Bobik mit Entsetzen. Der Zimmermann begriff, instinktiv senkte er die rechte Hand und bekreuzigte sich mit der linken.

„Deine eigene Hand weiß es besser als du, sie hat nicht gewagt, das Kreuz zu schlagen, dieselbe, die ein Menschenleben ausgelöscht hat, die den Hammer zum Schlag geführt hat."

„Ich habe genug jetzt von all diesem Quatsch. Ich gehe jetzt", er erhob sich, blieb aber unschlüssig stehen.

„Wohin willst du gehen. Du kannst ja gar nicht."

„Und ob ich kann! Ich bin ja ein freier Mann und kann mich entscheiden, wie ich will."

„Du kannst dich nicht mehr entscheiden. Du hast dich durch die Tat entschieden, und die Tat hat dich an diesen Ort zurückgerufen.

Gestern, eine Stunde nach der Tat, warst du schon an diesem Ort, und heute morgen wieder. Und wenn du frei bist, wird es dich immer wieder an diesen Ort ziehen."

Der Zimmermann setzte sich hin. Er stützte den Kopf in die Hände und begann zu weinen.

Bobik ergriff seine linke Hand und streichelte sie. Er wagte nicht, seine Rechte anzufassen. Er hatte sich bisher einen Mörder ganz anders vorgestellt, wie ein wildes Tier, eine beängstigende Erscheinung. Vor ihm saß ein hilfloser Junge, verstrickt in eine schreckliche Tat, und weinte.

Der Zimmermann griff in seine Brusttasche. Er holte den blauen Umschlag heraus und reichte ihn Bobik. Bobik erschauerte. Dieser Umschlag lag jahrelang im Safe des Weißen Hauses. Jadwíga, seine Mutter, nahm ihn heraus, um ihn der Kapitanskaja Dotschka zu geben, und aus ihrer Tasche nahm ihn der Mörder, jetzt kam er zu Bobik wieder zurück.

„Ich kann es nicht anfassen. Nimm es wieder zurück und übergib es der Polizei." Er reichte ihm den Umschlag.

„Polizei?!" erschrak der Zimmermann.

„Ja, was willst du denn sonst tun? Fliehen? Wohin? Du entgehst dir nicht mehr!"

„Ich habe Angst. Ich habe nicht die Kraft dorthin zu gehen. Ich kann es einfach nicht!"

„Weißt du — wie heißt du eigentlich? Ich heiße Bobik."

„Micháíl."

„Weißt du, Micháíl, wenn man Mut zu einer Tat gehabt hat, muß man auch den Mut zu ihren Folgen haben. Wenn ich dir etwas vorschlagen kann: geh erst zum Priester und beichte ihm alles, wasche deine Seele rein von allem, auch von den Gedanken und den Vorsätzen, die zu der Tat führten. Ich gehe mit dir. Vater Spiridon, zu dem gehen wir, ist ein alter, gütiger Mann. Sprich erst mit ihm."

Bobik begleitete Micháíl nach Stároje Giréjewo. Er ließ ihn allein mit dem Priester. Er selbst kniete vor der Ikone des Heiligen Serafim und betete. Er konnte seine Gedanken nicht in Worte fassen. Er flüsterte: „Hilf ihm, lieber, lieber Serafim, du verstehst und verzeihst alle unsere Sünden!"

Er sah, wie der Priester breit ausladend das Kreuz über Micháíl schlug und ihn aus der Beichte entließ.

„Was machen wir jetzt?", fragte Bobik.

„Zur Polizei", sagte Micháíl dumpf.

„Dann wollen wir erst zu dir gehen und deine Sachen packen, die sollen nicht verkommen. Hast du denn heute schon etwas gegessen?"
„Nein, ich hatte keinen Hunger."
„Gut, dann gehen wir heim und essen etwas."
Njánja war zu Hause, Jadwíga war in die Stadt gefahren. Bobik bat Njánja, sie möchte ihm und seinem Kumpan etwas zu essen geben. Sie aßen schweigend. Michaíl aß bedächtig und weihevoll, wußte er doch, daß es für lange Zeit seine letzte Mahlzeit in der Freiheit sein würde. Nach dem Mahl bekreuzigte er sich. Er tat es mit der rechten Hand, wie es sich für einen Christenmenschen gehört. Bobik sah es mit Anerkennung. Michaíl bedankte sich bei Njánja. Sie tätschelte seine Wangen. — „Blaß siehst du aus, Bürschchen, hast wohl keine gute Pflege. Na, dann komm, wenn du magst, und iß dich bei uns satt."

Sie gingen in Michaíls Zimmer und packten seine geringen Habseligkeiten in ein großes Tuch, das sie verknoteten. Michaíl reichte Bobik zaghaft ein kleines Kreuz aus Zypressenholz, wie sie in Klöstern geschnitzt und verkauft werden.

„Magst du von einem, wie ich einer bin, das annehmen, zum Andenken. Und vergiß mich nicht ganz, bete manchmal für mich, zu Ostern und zu Pfingsten und zum Michaílstag."

Bobik nahm aus den Händen des Mörders das Kreuzchen und küßte es. „Ich werde für dich beten, ich vergesse dich nicht, und wenn du zurückkommst von deiner langen Reise, dann besuche mich, du weißt, Bobik im Weißen Haus." Er reichte ihm die Hand und drückte sie fest. Diesmal hatte er keine Scheu, diese Hand anzufassen.

Sie gingen ins Polizeirevier. Der Urjádnik saß breit vor dem Schreibtisch und zwirbelte eitel seinen Schnurrbart. „Was wollt ihr denn hier, trollt euch!", schnauzte er sie an. Bobik stieß Michaíl in den Rücken.

„Michaíl hat Ihnen etwas sehr wichtiges zu sagen."
Michaíl stotterte: „Ich, ich, ich habe gestern die Frau ermordet."
Der Urjádnik sprang auf. „Was, du Hundesohn, du wagst es mit solchen Dingen Spaß zu treiben. Raus!", donnerte er. Michaíl blieb unschlüssig stehen.

„Ich war es wirklich. Ich versichere es Ihnen."
Der Urjádnik wurde immer wütender. „Wo gibt es denn so etwas, daß der Mörder jetzt selbst zur Polizei geht, da hätten wir ja gar nichts mehr zu tun, brauchten nur zu warten, bitte sehr Herr Mörder, kommen Sie nur herein, wir warten schon auf Sie, erzählen Sie mal

alles genau nach der Ordnung. Nein meine Lieben, so einfach ist es nicht, und wenn ihr euch nicht schnell trollt, verhafte ich euch wegen grobem Unfug!"

„Aber es ist wahr, alles ist wahr, was ich Ihnen sage. Und dieser da, er hat alles gesehen, er kann es bezeugen."

„Du willst das auch noch alles gesehen haben. Daß ich nicht lache!"

Bobik geriet in eine Zwickmühle. „Ich habe nichts gesehen, aber es ist alles so, wie er es Ihnen sagt."

Michaíl schaute Bobik ungläubig an. „Du sagtest mir doch, daß du alles gesehen hast, hast du es wirklich nicht gesehen?"

„Doch, doch," bekräftigte Bobik, „mit den Augen meines Herzens habe ich alles mit angesehen."

„Ich glaube, ihr habt euch da einen ganz dummen Scherz mit mir erlaubt", raunzte der Polizist.

Bobik wurde hart. „Solche Späße macht man nicht. Der Michaíl hat es getan, es ist eine furchtbare Tat, aber er hat es schrecklich bereut, und er hat es dem Priester gebeichtet und hat sich selbst der Polizei gestellt. Und Sie brüllen hier herum. Außerdem hat er auch das geraubte Geld bei sich. Michaíl, gib ihm den blauen Umschlag."

Der Polizeiunteroffizier zog umständlich seine Mütze ab und kratzte sich am Kopf, auf seinem Gesicht standen Schweißperlen.

„Was soll denn das nun schon wieder. Im Polizeibericht heißt es doch ausdrücklich, daß es kein Raubmord ist!"

Michaíl zog den Umschlag aus der Brusttasche und reichte ihn stumm dem Urjádnik. Der nahm ihn, öffnete, sah das viele Geld, prustete überrascht.

„Na, Jungchen, das ist ja ein Kapitalverbrechen. Dann muß ich dir die Handschellen anlegen."

„Sie sind wohl ganz von Gott verlassen. Erst werfen Sie ihn hinaus, dann wollen Sie ihm Handschellen anlegen. Er ist doch aus freien Stücken hierher zu Ihnen gekommen. Es werden keine Handschellen angelegt! Basta!"

„Schrei nicht so, du hast hier nicht zu befehlen. Wenn einer befiehlt, dann bin ich es! Gut, mag er ohne Handschellen bleiben. Ich muß den Kommissar anrufen, damit er herkommt. Gott, macht ihr es einem schwer, erst ermorden, dann hierherlaufen, randalieren, da sind wir, bitten höflichst um sofortige Verhaftung. Das ist eine Welt!"

„Was meinen Sie, wird er viel bekommen?"

Der Urjádnik wischte sich mit einem ungeheuren roten Taschentuch den Schweiß vom Gesicht ab. „Wer weiß, darüber haben wir nicht zu bestimmen, das entscheiden die Richter. Die Tat ist ja fürchterlich. Aber er ist noch jung, und er hat sich sofort selbst gestellt, das wird man ihm hoch anrechnen. Aber zehn Jährchen wird er wohl brummen müssen. Nun, er ist noch jung, und Gott ist gnädig."

Bobik reichte dem Urjádnik die Hand. „Seien Sie gut mit ihm, bitte."

Der Urjádnik brummte. Dann umarmte Bobik Michaíl und küßte ihn dreimal auf die Wangen. „Gott wird dir verzeihen". Michaíl weinte. Bobik riß sich los und rannte aus dem Revier. Den ganzen Weg nach Hause weinte er, es war dunkel, es konnte ihn niemand beobachten.

„Wo warst du denn den ganzen Tag, Bobik?" fragte Sascha.

„Wir haben Babki gespielt", sagte Bobik, er konnte Sascha nicht ansehen. Er fühlte, daß Sascha ihn mit einem langen, forschenden Blick ansah. Sascha fragte nicht weiter.

Am nächsten Tag stand es in den Schlagzeilen der Zeitungen: „Mörder stellt sich freiwillig der Polizei."...

DIE TSCHURKINA

Kostjúcha der Bauer hatte ein Anliegen. Er wollte Jadwíga bitten, ihm einige große Eichen im entlegensten Winkel des Parks zu verkaufen. Der Park war durch wucherndes Unterholz so verwildert, daß nur Hasen und Füchse, die dort zahlreich hausten, sich noch hindurchwinden konnten. Jadwíga bat den Bauern in den Salon. So oft brachte Kostjúcha etwas ins Weiße Haus, aber er hatte es noch nie von innen gesehen. Bescheiden fragte er, ob er es sich ansehen könnte, das „Palas", wie er es nannte.

„Komm nur herein, Kostjúcha. Hier, das ist der Salon." Kostjúcha schaute sich schüchtern um, er drehte die Schaffellmütze in der Hand.

„Was macht ihr denn mit solch einem riesigen Raum, der ist ja wie eine Bahnhofshalle, größer noch als unsere Kirche. Da gehen je fünf meiner Hütten hinein!"

„Hier sitzen wir und unterhalten uns, machen Musik, tanzen."

„Dazu braucht doch der Raum nicht so groß zu sein, auch wir unterhalten uns in unserer Hütte und spielen Ziehharmonika oder Balalaika. Meine beiden Töchter können gut spielen. Was ist denn das für ein riesiger Kasten, sieht fast aus, wie ein schwarzer Doppelsarg. Oder bewahrt ihr euren Schatz darin?"

Jadja öffnete den Flügeldeckel und spielte einige Passagen. „Das ist unser Flügel. Damit machen wir Musik."

Kostjúchas Gesicht verzog sich zu einer geringschätzigen Grimasse. „So ein riesiger Kasten, da gehen — schätze ich — acht Sack Hafer hinein, und nur um dieses bißchen Tralala, diesen dünnen Ton herauszulocken, stellt ihr solch ein Ungetüm in den Raum! Bei euch muß wohl alles riesig sein? Meine Anjúta holt aus ihrer Ziehharmonika ganz andere Töne heraus." Als sie in das Bibliothekzimmer traten, blieb er vor den mit Büchern gefüllten Regalen wie angewurzelt stehen.

„Gott o Gott, was ist denn das? Sind das alles Bücher? Was muß das für eine Arbeit sein, all den Staub davon abzuwischen! Nun verstehe ich, daß ihr so viel Gesinde völlig unnütz beschäftigt. Für lauter unnütze Arbeit. Und wo hat man denn gesehen, daß vier Personen in einem Haus das vierfache an Gesinde haben müssen. Das ist doch Gotteslästerung. Oder freßt ihr so viel? Wenn ihr das Vieh wäret, gut, das könnte ich noch verstehen, die können sich nicht helfen, die muß man melken und pflegen, füttern, zur Weide treiben und den Mist ausräumen. Aber ihr seid doch denkende Menschen, ihr müßt euch doch selber helfen?! Und all die Bücher! So viele Buchstaben gibt es doch gar nicht auf dieser Welt! Hast du denn, oder der Herr, oder das Herrchen Bobik das alles gelesen?"

„Vieles haben wir gelesen. Es steht auch in verschiedenen Sprachen, in Französisch, Polnisch, Deutsch, Englisch darin geschrieben. Wir lernen auch immer etwas dazu. Immer neue Erfindungen werden gemacht. Die Menschen haben so ihre Gedanken."

„Ich meine, wenn wir die heilige Schrift und das Gebetbuch lesen, steht da nicht alles drin, was unser Herr und Heiland gesagt und gelehrt hat? Und wie schwer ist es, diesen Lehren zu folgen, wievielmal stolpert man da am Tage und begeht eine Sünde? Ob es denn einen besser oder glücklicher macht, wenn man so viel liest? Wird so einer, der von all dem liest, besser oder klüger?"

„Gott, man muß vieles wissen, wenn man in der Welt lebt."

„Aber wenn ich euch alle so besehe, dich und den Herrn und das Herrchen. Den Kopf möget ihr von all dem Gedrucksel voll haben. Aber im Leben könnt ihr euch gar nicht zurechtfinden. Ich habe mir sagen lassen, daß du keinen Ofen anzuzünden weißt, nicht einmal einen Brei kannst du kochen, und auch keinen Knopf annähen. Was seid ihr denn für Menschen, wenn Not über euch kommt, ihr verkommt ja im Nu. Wenn solch einer wie wir, was Gott verhüten mag, solch eine Frau bekäme, man müßte Tag für Tag alle Klugheit aus dir herausprügeln, daß du vernünftig wirst und lernst mit den Dingen des Alltags richtig umzugehen.

Ich meine, all diese Bücher verderben nur den Menschenverstand. Und glaubt ihr, daß ihr wegen eures Reichtums und der Vornehmheit schneller als wir in den Himmel kommt? Da wird nicht gefragt, ob ihr hochgeboren oder durchläuchtig seid, da wird nach guten Taten und Charakter und Frömmigkeit sortiert. Und eh ihr euch verseht mit all eurer Belesenheit, heißt es — marsch in die Hölle, aber dalli!"

Kostjúcha schüttelte sich. „Nun will ich schnell heim in meine Hütte zu meiner einfachen Frau. Die kann nicht einmal lesen, aber gut ist sie, und wie sie das Haus und das Vieh und das Feld versorgt, da macht ihr keiner was vor. Ich muß mich in meinen engen vier Wänden aufwärmen. Hier, in diesen Bahnhofshallen, kriege ich noch Schüttelfrost. Gar keine Gemütlichkeit ist bei euch, und der Boden glatt wie Eis, wie leicht kann man da ausrutschen. Und nichts als unnütze Dinge überall, reine Staubfänger. Aber die Gottesmutter, die habt ihr ganz klein, ganz oben hoch an die Decke gehängt. Je größer der Palas, desto kleiner der Herrgott. Och, och, ist das eine verkehrte Welt." Er drückte Jadwíga und Bobik die Hand und ging schwerfällig aus dem Haus.

„Weißt du, Bobik, ein einfacher Bauer hat uns heute eine Lektion erteilt. Wie unwichtig und unnütz kommt ihm unser Dasein vor, und wie viel näher ist er mit seiner einfachen, unkomplizierten Philosophie der Erde und Gott als wir. Wie oft denke ich, könnte man nicht auch so leben. Aber der Besitz hängt einem an und macht einen unfrei."

In der Tür stieß Kostjúcha mit Njánja zusammen, die Pássenka am Arm hielt. Sie hatte ihren Sonntagsmantel an. In der linken Hand hielt sie ein zusammengeknotetes Tuch, in dem etwas Schweres lag. Pássenka hatte seinen besten Matrosenanzug an. Beide sahen sehr feierlich und unternehmungslustig aus.

„Was habt ihr denn vor?", fragte Jadwíga erstaunt.

„Nichts besonderes, wir gehen ein Stündchen im Park spazieren", meinte Njánja verlegen.

„Nur in unserm Park, oder auch weiter?", warf Jadwíga schalkhaft ein.

„Vielleicht auch ein wenig weiter."

Jadwíga und Bobik wußten, daß Njánja seit einiger Zeit geheimnisvolle Spaziergänge unternahm. Sie besuchte in der Dependance des Tarlétzkischen Parks, in dem Rokokoschlößchen, das nach dem Tode Sascha Tarlétzkis und dem Weggang seiner Frau Marussja verwaist war, ein geheimnisvolles Wesen, das sich seit einiger Zeit dort eingenistet hatte. Man sah sie nie, aber zahlreiche Gerüchte liefen um. Einige nannten sie Fürstin, andere Generalin, dann wurde behauptet, sie sei Hofdame der Großfürstin Elisabeth gewesen. Ihr Name war Tschúrkina, und Sascha meinte, der Name klänge am ehesten nach einem Räuberhauptmann. Meist bezeichnete man sie als Wohltäterin, weil sie irgendjemandes Stieftochter in einem Waisenhaus untergebracht habe.

Pássenka bekam in dieser Zeit seltsame Gelüste, er hatte ungeheuren Appetit, vor allem gierte er geradezu nach Schweins- und Kalbskoteletts. Sogar während seiner Spaziergänge mußte er einen Happen davon essen. Zu diesem Zwecke packte Njánja stets ein Kotelett, das sie auf eine Untertasse legte, in ihr Tüchlein ein. Jadwíga staunte und war besorgt, ob Pássenka nicht vielleicht einen ausgewachsenen Bandwurm mit durchfüttere. Bobik lachte und witterte, daß der Spaziergangsproviant ganz andere Interessenten fand. Njánja und Pássenka hatten sich verschworen, nichts zu sagen, und sie hielten dicht. Eines Tages sah Bobik die beiden hinter dem Törchen des Tarlétzkischen Parks verschwinden.

„Ich weiß jetzt, wer der Bandwurm ist, das ist die Tschúrkina!"

„Das ist doch nicht möglich, die kann doch nicht so arm sein, daß man ihr Essen bringen muß!"

„Arm vielleicht nicht, aber geizig, Mami!"

Als Njána und Pássenka heimkamen — das Tüchlein war ganz klein zusammengefaltet und ohne Inhalt — fragte Jadwíga die Njána, wo sie denn gewesen seien.

Njánja bekam einen roten Kopf. „Ach Herrin, ich habe ganz zufällig die alte Wohltäterin, die Fürstin Tschúrkina besucht, ich mußte mal nach ihr sehen, sie wohnt doch ganz allein in dem verwahrlosten Haus. Und Pássenka liebt sie innig und verlangt immer, die gute liebe Tante zu sehen, so gehen wir manchmal hin."

„Ich denke, ihr geht jeden Tag hin, oder sogar zweimal am Tag?"

„Nun ja, wir gehen schon öfters hin. Sie ist ja so lieb. Eine wahre Heilige, wie unsere Großfürstin Elisavéta Feódorowna. Sie möchte dich gerne mal kennenlernen, Herrin. Ob du sie nicht einmal besuchen wolltest?"

„Wieso ich, sie kann doch mich besuchen, wenn sie mich kennen lernen will. Jeder weiß doch, wo ich wohne."

„Oh, sie ist wohl schon zu alt, sie geht kaum noch aus."

„Gut, dann sag ihr, daß ich Montag mit Bobik zu ihr kommen werde."

Jadwíga und Bobik gingen hin. Das alte Rokokoschlößchen war zur Zeit der Kaiserin Elisabeth erbaut worden. Es hatte wahrscheinlich als Witwensitz für die Tarlétzkis gedient. Manchen Söhnen erschien es geraten, ihre lebenslustigen Mütter nicht allzu nahe bei sich wohnen zu lassen. Der Park war völlig zugewachsen, kaum ein Sonnenstrahl konnte durch das grüne Dickicht dringen. Die ockergelbe Farbe des hölzernen Gebäudes blätterte überall ab. Fensterläden hingen schief in den Angeln. Abgebrochene Regenrinnen schaukelten im Wind. Mitten auf der Terrasse war eine seltsame Vogelscheuche aufgebaut. Eine in bunten Fetzen gehüllte Stoffpuppe mit enormem Hut, der von einer Straußenfeder gekrönt war, unter dem roten Mantel schauten Schneestiefel hervor; auf dem Schoß dieses Ungeheuers lag ein aufgeschlagenes Buch.

„Mami, warum haben sie denn hier eine so ulkige Vogelscheuche aufgebaut, solch ein Ding habe ich noch nie gesehen."

„Ich weiß es wirklich nicht, Bobik, vielleicht kommen so viele Raben und Krähen hierher."

Die Vogelscheuche bewegte sich, das sah fast so echt aus wie ein lebendes Wesen. Bobik erschauerte.

„Mami, hast du gesehen, sie hat sich bewegt, ich habe es ganz deutlich gesehen. Das ist schrecklich, ob man sie vielleicht aufziehen kann?"

Plötzlich erklang ganz aus der Nähe eine hohe menschliche Stimme. „Was ist ihnen gefällig?" Bobik und Jadwíga drehten sich erschrocken um. Hinter ihnen stand niemand.

„Was wünschen Sie denn, bitte schön?", fragte die Stimme wieder. Da sahen sie voll Entsetzen, daß die Stimme aus der Vogelscheuche herauskam. Sie näherten sich um einige Schritte und gewahrten, daß es eine alte Frau war, die über und über mit Stoffen behängt war. Die Hände staken in dicken Wollhandschuhen. Das Gesicht hatte zahlreiche Runzeln, die Augenlider waren gerötet.

„Sind Sie vielleicht der von der Njánja angekündigte Besuch? Dann bitte setzen Sie sich." Ein brüchiger Stuhl stand in der Nähe. Jadwíga verbeugte sich vor der gespenstischen Erscheinung und setzte sich. Für Bobik gab es keinen Stuhl, er blieb stehen.

„Sie sind ja sündhaft schön, meine Liebe. Wo viel Schönheit ist, ist auch viel Verführung. Sie sind eine wandelnde Versuchung für die Männer. Und der Teufel, der Teufel, der wedelt mit dem Schwanz und freut sich, wenn er durch Sie so und so viele in seine Hölle hineinmarschieren läßt, und Sie zum Schluß mit, meine Liebste, ja, so ist es, ich kenne die Welt, mir kann man nichts vormachen."

„Sie wohnen sehr einsam hier, und das Haus ist recht baufällig. Haben Sie keine Angst?"

„Ich habe keine Angst. Sie müssen wissen, ich und der liebe Gott sind gute Freunde, ich bete immer, jede Minute, und mühe mich, gute Werke zu vollbringen. Was soll mir denn schon passieren?"

„Sind Sie Witwe?"

Die Alte war empört. „Ich und Witwe, das ist geradezu eine Beleidigung. Ich bin noch unbescholtene Jungfrau. Noch nie haben meine Augen in Liebe auf ein Mannsbild geschaut, und noch nie haben Männerlippen meinen unschuldigen Mund berührt!"

Bobik wollte loslachen, aber er beherrschte sich.

„Ich, meine Liebe, bin von Jugend an allen Sünden dieser Welt abhold gewesen, und wo ich bin, da flieht die Sünde. So werde ich rein und strahlend eines Tages vor den Herrn treten, und der Erzengel Michael mit seiner Waage, er wird wiegen und wiegen, aber die Schale, auf die die Sünden gelegt werden, die bleibt oben." Sie schaute Jadwíga triumphierend an. —

„Und denken Sie, neulich im Halbdunkel schlichen sich zwei Einbrecher an das Haus heran. Sie standen schon auf der Terrasse, da schrie ich mit lauter Stimme — »Poschli protsch« — macht, daß ihr fortkommt. Was glauben Sie, wie sie geschrien haben, und gelaufen sind sie, sogar das Brecheisen und die Dietriche haben sie fallen lassen. Da muß doch der liebe Gott meiner Stimme und meinen Augen etwas Schreckenerregendes verliehen haben."

Bobik sah Jadwíga schelmisch an, sie erwiderte seinen Blick. Schreckerregend sah sie wohl aus, wie eine Hexe.

„Darf ich Ihnen irgendwie behilflich sein? Brauchen Sie materielle Hilfe?"

„Iii, wo denken Sie hin", erregte sich die Alte, „ich bin wohlhabend, fast die ganzen Häuser am Woronzowo Pole gehören mir, und viele Liegenschaften und ein rundes Kapitälchen auf der Bank. Aber ich bin immer sparsam gewesen, immer habe ich einen Kopeken zum anderen getan, habe nicht wie andere Leute — und sie schaute Jadwíga anzüglich an — in den Tag hineingelebt und das Geld scheffelweise aus dem Fenster herausgeschmissen. Bei mir herrscht Ordnung!"

Jadwíga und Bobik fanden es an der Zeit, das Gespensterhaus zu verlassen. Sie erhoben sich und verbeugten sich vor der Vogelscheuche, ohne ihr die Hand zu reichen. Njánja erwartete sie ungeduldig vor dem Weißen Haus.

„Na, Herrin, wie findest du sie, ist sie nicht wundervoll, eine Heilige, ach so bescheiden und fromm. Wie gut, daß du zu ihr hingegangen bist."

„Davon habe ich nichts gemerkt, ich würde sie eher für eine Scheinheilige halten, vielleicht sogar für eine Scheintote, sie ist schon lange tot, sie weiß es nur nicht. Gott bewahre uns vor solcher Freundschaft."

Njánja war tief gekränkt, sie spuckte aus. „Mußt du denn mit solch heiligen Sachen deinen Spaß treiben!" —

Die Herbstnächte waren empfindlich kalt. Njánjas und Pássenkas Besuche bei der Tschúrkina häuften sich, immer schleppte Njánja etwas hin, Eßwaren, Brennholz. Von Pássenka erfuhren sie, daß sie dort den Ofen anfachte. Eines Tages kam sie sehr bekümmert heim. „Herrin, wenn du nicht hilfst, die Wohltäterin verhungert und erfriert. Sie tut rein gar nichts für sich selbst. Man kann einen Nachbarn doch nicht verkommen lassen, das wäre unchristlich. Bei uns ist so viel Platz, und Leute genug da, die den Haushalt besorgen. Könnte man denn der alten Frau nicht ein Gastzimmer geben? Wir versündigen uns. Ist doch Gottes Kreatur!"

Jadwíga wurde weich. „Wenn du meinst, Njánja, dann könnte man ihr das kleine Zimmer neben Pássenka einräumen. Aber nur für wenige Wochen, sie soll ihren Ofen reparieren und dann wieder in ihr Haus ziehen. Etwa für drei Wochen. Das sag ihr, und sie darf nur die allernötigsten Sachen mitnehmen, nur was sie für sich braucht."

Njánja warf sich auf die Knie und küßte den Saum von Jadwígas Kleid, Jadwíga hieß sie sofort aufstehen.

An einem frühen Morgen erwachten die Bewohner des Weißen Hauses von einem ungewöhnlichen Lärm. In der Auffahrt stand ein Möbelwagen. Die Tschúrkina stand in ihrem knallroten Mantel mit wehender Pleureuse am Hut und schrie und kommandierte herum. „Meine guten Sachen, all die kostbaren Möbel habt ihr Taugenichtse kaputt gemacht. Ich werde euch dafür verantwortlich machen. Keine Kopeke zahle ich euch Halunken."

Jadwíga schaute durchs Fenster und erblickte die Tschúrkina und Männer, die verschüchtert alte Plüschmöbel aus dem Wagen herausholten. Sie rief Njánja.

„Was soll das, du weißt, ich habe befohlen, daß sie keine Möbel mitbringt. Schau dir das an! Diese Mengen. Sie soll sie sofort zurückbringen lassen."

Njánja ging hinunter. Sie verhandelte lange, aber sie war der Wohltäterin nicht gewachsen. Schließlich erschien die Alte vor Jadja. „Ich flehe Sie an, nur diese wenigen Kleinigkeiten. Man braucht doch seinen Comfort!"

„Gut, meinetwegen, aber nur das. Im Gästezimmer ist genug Comfort. So wird es aussehen wie in einem Möbellager."

Es sah auch danach aus. Das Zimmer verwandelte sich in ein Lagerhaus. Die Möbel wurden aufeinandergeschichtet und die Wohltäterin hatte nur einen schmalen Gang bis zum Bett.

Das war erst der Anfang. Natürlich brachte Njánja ihr jede Mahlzeit hinauf. Die Tschúrkina drang in die Küche ein und hielt fromme Reden mit Fróssja und den Zimmermädchen. Sie hielt sie von der Arbeit ab, sie ermahnte sie zu gottgefälligem Lebenswandel. Sie kümmerte sich um ihren Umgang, sie schimpfte über die Männer, die sie nur verderben wollten. Sie erfuhr Klaschereien von der einen über die andere und spielte sie gegeneinander aus. Es gab Zank unter dem Gesinde. Wenn das Telefon läutete, rannte sie geschwind hin, nahm den Hörer ab und fragte die Leute aus, welches Anliegen sie hätten. In kürzester Zeit wußte sie über alle Intimitäten des Weißen Hauses Bescheid. Eines Tages fand Bobik sie in seinem Zimmer, sie saß mit dem Lorgnon vor seinem Schreibtisch, die Schublade stand offen, sie hatte Briefe in der Hand. Er war empört. „Was machen Sie in meinem Zimmer, und wie kommen Sie dazu, meine Briefe zu lesen? Verschwinden Sie hier sofort, aber schnell!" Er nahm eine drohende Haltung ein.

„Wie benimmst du dich einer Dame gegenüber, einer Hofdame! Was hast du für ein Benehmen. Deine Mutter hätte dich besser erziehen sollen. Ihr seid hier alle außer Rand und Band. Es wird höchste Zeit, daß sich einer um deine Briefe kümmert."

Bobik ergriff die alte Jungfer hart am Arm und zerrte sie aus seinem Zimmer hinaus. Sie schrie wie am Spieß. Wera kam gerannt. Sie stellte sich vor die Wohltäterin. „Sie haben hier nichts zu suchen, weder bei Bobik noch bei mir, verstehen Sie das!", schrie sie sie an.

„Ihr seid undankbare, abscheuliche Kinder, Teufelsbrut seid ihr", kreischte die Tschúrkina.

Wenn Sascha abends Klavier spielte, ergriff sie ihren Stock und klopfte heftig gegen den Fußboden. „Das ist sie wieder", riefen die Kinder und Jadwíga. Sascha rannte hinauf. Er stieß mit dem Absatz gegen ihre Tür. „Wenn Sie noch einmal wagen, in meinem Hause gegen den Boden zu klopfen, fliegen Sie hinaus, und sei es in der Nacht!" brüllte er. — „Diese Frau bringt Unfrieden in unser Haus, man wird aggressiv und böse. Ich schäme mich dessen, aber sie versucht uns alle zu beherrschen." — Sie jammerte laut in ihrem Zimmer! Man hörte nur: „In was für eine Räuberhöhle bin ich hier geraten. Herr, du hörst meine Not, hilf mir!"

An warmen Herbsttagen saß sie in einem Sessel in der Nähe des schmiedeeisernen Tores, sie hatte unentwegt ihren roten Mantel mit Biberkragen und den Pleureusehut, wollene Handschuhe und offene Schneestiefel an. Sie ging in dieser Montur auch zu Bett, wie Wera ausgekundschaftet hatte. Mit ihrem Lorgnon musterte sie die Leute, die vorübergingen, sie rief Damen, die nach ihrer Meinung zu elegant gekleidet waren, anzügliche Bemerkungen zu. Ganz Giréjewo war gegen die Wohltäterin aufgebracht.

Sie winkte einen zehnjährigen Jungen zu sich heran.

„Wie heißt du?"

„Afonka."

„Hier hast du, Afonka, einen Fünfziger, hol mir bei der Lukiná ein Viertel chinesischen Tee, aber sei vorsichtig, verlier das Geld nicht, und wenn du es bringst, dann bekommst du was Schönes von mir."
Der Junge lief hin und brachte ihr den Tee. Sie kramte lange in ihrem Ridicule und holte eine Zweikopekenmünze hervor. „Hier hast du was für Konfekts, aber geh umsichtig damit um, verschwende es nicht."
Der Junge nahm schüchtern die Münze und schaute sie verlegen an.
„Tante, kannst du mir nicht noch einen Zweier geben, ein einziges Konfekt kostet heute vier Kopeken!"
Sie machte ihr Ridicule zu. „Du bist ein undankbarer Junge, geh weiter, du bist es überhaupt nicht wert, daß ich dir etwas gebe. Geh jetzt!"
Der Junge trollte sich. Unterwegs traf er Bobik, er zeigte ihm die zwei Kopeken. „Du machst fortan keine Besorgungen für den Teufel. Hier hast du zehn Kopeken, geh und kauf dir was. Aber laß dich nicht mehr von dem Geizkragen bezirzen."
Jadwíga fragte gelegentlich, wann denn der Ofen im Rokokohaus repariert werde. Sie bekam immer ungenaue und ausweichende Antworten, sie wußte nur zu gut, daß die Tschúrkina nicht daran dachte, daß Weiße Haus zu verlassen. Sascha machte ihr bittere Vorwürfe, daß sie mit ihrer Güte sich wieder mal vergaloppiert habe.
„Was hast du denn wahrhaft Gutes damit getan? Einen üblen, falschen Parasiten, der dazu reich ist und es gar nicht nötig hat, nährst du an deinem Busen. Sie bringt Unfrieden ins Haus. Man müßte sie an die Luft setzen. Aber keiner von uns hat den Mut dazu."
Jadwíga seufzte bekümmert.
An einem stürmischen Regentag entschloß sich die Wohltäterin, nach Moskau zu fahren und die Großfürstin zu besuchen, sie hatte sich bei ihr ein Liebesgabenpaket erbettelt. Da Bobik ebenfalls zur Stadt fuhr, wollte sie mitgenommen werden. Sie fuhren zur Station nach Giréjewo. Vor dem Fahrkartenschalter gab es eine Stauung. Die Wohltäterin wollte den regulären Preis nicht bezahlen. Sie feilschte mit dem Schalterbeamten. „Du bist ein Halsabschneider, Väterchen, wer verlangt denn so einen Preis für eine Fahrt, du tust ja genau so, als ob die Eisenbahn dir gehörte, als ob du die Wagen bis Moskau schieben müßtest!"
„Es gibt hier nur feste Preise, Euer Wohlgeboren!"
„Du Tölpel! Du hast mich Durchlaucht anzureden und nicht Wohlgeboren, du Idiot!"

„Und wenn du der Kaiser persönlich wärest, der Preis bleibt der gleiche!"

Es bildete sich hinter der Wohltäterin eine lange Schlange. Zuerst lachten die Leute, aber dann wurden sie böse. Schließlich löste sie unter Schimpfen und Ächzen eine Karte dritter Klasse.

Auf dem Bahnsteig stand Onkel Iwán, Bobik gesellte sich zu ihm. Die Tschúrkina erblickte ihn und watschelte auf ihn zu. „Ach Iwán Aleksándrowitsch, da sind Sie, mein Erretter. Sie sind noch Kavalier alter Schule. Mit was für Gesindel hat man es jetzt zu tun! Wissen Sie, wie unsere Eltern noch vierspännig fuhren. Wo sind wir hingekommen. Wir müssen jetzt diese plebeische Eisenbahn benützen, die der Teufel höchstpersönlich erfunden hat!"

Der Zug brauste heran. Bobik und Onkel Iwán bestiegen die erste Klasse. Die Tschúrkina drängte sich hinein. Onkel Iwán half ihr in das Abteil. Als sie Platz genommen hatte, sagte Bobik ganz laut, damit alle es hörten: „Sie haben aber ein Billett dritter Klasse, Sie sind hier in der ersten. Das ist nicht recht, das ist Betrug!"

Sie zischte ihn an: „Schweig, das ist nicht deine Sache, das verstehst du nicht. Rußland hat meinen Vorvätern so viel zu verdanken, daß ich selbstverständlich erster Klasse fahre. Es sollte den Tölpeln eine Ehre sein, daß ich überhaupt mit der Eisenbahn fahre!"

Onkel Iwán schmunzelte. Die Mitreisenden hörten sich den Blödsinn skeptisch an. Inzwischen kam der Kontrolleur. Er besah sich die falsche Karte, dann richtete er einen strengen, etwas erstaunten Blick auf deren Besitzerin und hielt die Karte dicht vor ihre Nase. „Du, Frau, mach mal, daß du hinauskommst. Und wenn wir angekommen sind, wirst du in Moskau Strafe zahlen."

Die Wohltäterin flehte Onkel Iwán an, er möge vermitteln, sie fahre doch zur Großfürstin Elisavéta, man könne sie doch nicht behandeln wie den letzten Dreck.

„Was du für mich bist, das kannst du wissen, für mich bist du eine alte verhuschte, geizige Quisel. Und nun verschwindest du in die dritte Klasse, aber marsch!", herrschte der Kontrolleur sie barsch an. Er zog sie vom Sitz und gab ihr einen Schubbs. Unwillig watschelte sie unter ständigem Schreien hinaus.

Onkel Iwán lachte. „Sie verwandelt euer Haus in ein Irrenhaus." —

Es war schon dunkel, als sie draußen Lärm vernahmen. Sie liefen hinaus. Die Tschúrkina stieg aus einer Mietsdroschke. Sie war nicht wiederzuerkennen. Ihr roter Mantel war mit stinkendem Dreck überkrustet. Ein Stiefel war verlorengegangen. Sie schrie und schimpfte den Fuhrmann einen Räuber und Halsabschneider und wollte ihm die ausgemachte Summe nicht bezahlen.

„Mensch", sagte der Kutscher, „hätte ich geahnt, daß du solch eine bist, ich hätte dich noch tiefer in den offenen Gulli hineingesteckt, daß du ganz darin versoffen wärest. Was bist du für eine üble Laus. Erst errettet man dich aus dem Dreck, man fährt dich die ganze Strecke hierher, und nun willst du nicht zahlen, du hast keinen Gott in dir. Pfui, Teufel!"

Nun wurde Sascha streng. „Sie zahlen dem Kutscher sofort den Preis, ohne Widerrede, sonst lasse ich sie nicht ins Haus herein!" Sie zahlte unwillig. „Da nimm, du Halsabschneider, ersticke daran!" Der Fuhrmann nahm das Geld. — „Und das will eine Dame sein, Durchlaucht, Hofdame, — ein Dreck bist du, das bist du!"

Sascha befahl Njánja, ein heißes Bad zu bereiten. Der Pelz und die verschmutzten Kleider wurden der Wohltäterin mit Gewalt abgenommen und in einen Bottich gesteckt. Sie weigerte sich, ins Bad zu gehen, das sei unkeusch. Njánja ergriff sie und beförderte sie in die Badewanne, dann schrubbte sie sie mit aller Macht. Sie hatte genug. Sie bedauerte zutiefst ihre Fürsprache für die Wohltäterin. —

Bábuschka kam zu Besuch. „Was ist denn bei euch los, es ist ja alles verändert, ich erkenne das Haus nicht wieder, und dieser Tartuffe macht sich bei euch breit." Scheinheilig ging sie auf eine lange Unterhaltung mit der Tschúrkina ein. Sie erkundigte sich nach dem Haus, und ob der Ofen schon repariert worden sei. Sie sei doch jetzt schon mehrere Monate im Weißen Haus, und sie könne sich doch hier gar nicht wohl fühlen unter all den lebhaften Menschen. Die Tschúrkina seufzte und bejahte und meinte, die Kinder wären wohl sehr ungezogen und hätten gar keine Ehrfurcht vor dem Alter. Bábuschka stimmte ihr zu. Um so wichtiger wäre es, daß sie wieder in ihre geordneten Verhältnisse ins eigene Heim käme. Sie habe eine ausgezeichnete Idee. Nikífor, ihr Hausmeister, verstünde sich auf alle Reparaturen. Sie werde ihn morgen aus Moskau bestellen, dann werde alles in wenigen Tagen in Ordnung sein. Die Tschúrkina erstarrte.

Nikífor kam am nächsten Tag. Die Tschúrkina gab vor, sie könne den Hausschlüssel nicht finden. Aber Nikífor hatte viele Schlüssel, und einer paßte schon zum Haus. Der Ofen wurde sehr schnell repariert. Bábuschka triumphierte.

„Sehen Sie, mit guten Leuten läßt sich alles ganz schnell machen. Sie hätten gar nicht so lange leiden brauchen unter bösen Menschen. Jetzt können Sie in aller Seelenruhe nach Hause gehen."

„Was denken Sie, das geht doch nicht so einfach, ich habe doch keine Leute, die meine Möbel transportieren", winselte die Wohltäterin.

„O, das lassen Sie meine Sorge sein. Ich habe schon Kostjúcha mit dem Leiterwagen bestellt. Und Nikífor wird alles schön ordentlich verpacken. Und Sie brauchen weder den Ofen, noch den Kostjúcha, noch den Nikífor zu bezahlen. Das schenke ich Ihnen!"

Nikífor packte die Möbel in den Leiterwagen. Die Tschúrkina war ganz still. Njánja kam zu ihr. „Ja, Mütterchen, Durchlaucht, Hochwohlgeboren, meine Wohltäterin. So ist es. Sie haben sich wohl zu breit gemacht. Und ob Ihr Geiz wohl so gottgefällig ist, wer weiß es, darüber wird später der Erzengel Michael befinden."

Bobik und Wera küßten die Großmutter inbrünstig auf die Wangen. „Das hast du wunderbar gemacht Bábuschka, mit welcher Diplomatie! Wir danken dir!"

Geradezu lieb haben konnte man die Großmutter!

SERGEI JESSENIN

Im Frühherbst rief der Dichter Andréi Bjélyi an, er möchte gerne kommen und einen jungen Freund, einen sehr begabten Dichter, mitbringen. Er selbst müsse nach Moskau zurück, aber vielleicht dürfe der junge Mann, der Erholung brauche, einige Zeit im Weißen Haus bleiben. Jadwíga sagte zu. Andréi Bjélyi kam, mit großer Wärme wurde er umarmt. Er war wie ein unschuldiges Kind, von ihm konnte nichts Ungutes ausgehen. Seine blauen Augen strahlten die Welt an wie die Augen eines Säuglings. Seine berühmten Romane „Die silberne Taube" und „Petersburg" waren Bobik zu unverständlich. Gerne hätte er Andréi Bjélyi, den er sehr verehrte, den Gefallen getan und ihm etwas Liebes über seine Romane gesagt, aber soviel er auch darin blätterte, er verstand sie einfach nicht.

Im Gefolge des Dichters war ein großer, schlacksiger, hellblonder junger Mann. Er hatte eine Schiebermütze auf, die er in der Aufregung abzunehmen vergaß.

„Und das ist der begabte Dichter Sergéi Jessénin", stellte Bjélyi ihn vor.

„Jessénin!" schrien alle durcheinander und fielen ihm um den Hals, zuerst Wera, die ein Experte in heftigen Umarmungen war, dann Bobik, Aljóscha und Jadwíga. Sogar Njánja wollte ihn umarmen und küssen. Pássenka schrie wie am Spieß, weil er als Kleinster zurückgedrängt wurde.

„Ihr scheint ihn ja alle zu kennen. Wohl auch die Njánja!", lachte Bjélyi.

„Ja, Väterchen Borís Nikolájewitsch, und ob ich ihn kenne! Immer wenn in der Zeitung ein Gedicht von Väterchen Serjóscha steht, liest es mir Bobik vor. Unsere Kinder kennen alle seine Gedichte auswendig. Sei gegrüßt bei uns, Väterchen. Weil du es bist, will ich dir einen köstlichen Pirog mit Pilzen backen. Du hast doch so viel und so schön über Pilze und überhaupt über die Natur und über die lieben Tiere geschrieben. Erhol dich mal hier, du sollst es gut haben. Der lästigen Kinder mußt du dich schon selbst erwehren!" Sie trottete davon.

Serjóscha strahlte. Auf solch einen heftigen Empfang war er nicht vorbereitet. „Und zieh dir mal die olle Mütze ab, die ist von den Umarmungen ganz auf dein Hinterhaupt gerutscht", lachte Bobik.

Sie zeigten ihm das Haus und führten ihn in sein Zimmer. Er sah sich alles an und fragte in singender rjasanscher Mundart nach dem Woher der Dinge. Bobik erklärte ihm alles.

Zum Essen erschien er in einer hellblauen Russenbluse. Njánja tischte Suppe und dampfende Pirogen auf. Serjóscha sprang aller Etikette zuwider vom Tisch auf und umarmte Njánja stürmisch. „Na, na, na, nicht so stürmisch, du junges Pferd!", brummte Njánja ganz beglückt.

„Weißt du, Njánjuschka, in deinem Pirog, da ist die ganze russische Erde drin, der Duft der Wälder und das Schreien des Uhus, und das Wiederkäuen der Kühe. Alles, alles ist darin. Du bist wirklich eine Zauberin."

Beim Essen schmatzte er wie ein Ferkel. Wera, der das ausgezeichnet gefiel, begann sogleich auch zu schmatzen. Jadwíga sah sie streng an. Sie kaute mit vollen Backen, zeigte aber mit den Augen auf Sergéi. Er wurde aufmerksam. „Was ist denn los? Mache ich etwas falsch? Ihr müßt wissen, ich bin ein Bauernsohn und Palastsitten nicht gewöhnt. Da müßt ihr mir schon sagen, wenn ich etwas falsch mache."

Jadwíga zögerte. Sollte sie es ihm sagen? Sie wollte ihn nicht verletzen. „Weißt du, man hat hier die Gewohnheit, beim Essen den Mund zuzumachen. Und Wera wollte gerade ausprobieren, wie es schmeckt, wenn man mit offenem Mund kaut."

„Ach, das ist es", lachte Sergéi. „Ich will euch etwas sagen. Das sind alte Bauernsitten und die sind auch nicht schlecht. Die sind der Natur abgelauscht. Habt ihr schon ein Tier gesehen, das mit geschlossenem Maul frißt? Nein. Sie schmatzen so recht mit aller Gemütlichkeit. Ich habe es schon verschiedentlich versucht, nach eurer Manier mit geschlossenem Mund zu essen. Aber es macht halb so viel Spaß, das Aroma der Speisen kommt gar nicht recht zur Geltung. Laßt mich schon schmatzen, wenn es euch nicht weh tut." Alle lachten. Bobik fand Serjóschas Mut großartig, und er beschloß bei Gelegenheit sich auch über gesellschaftliche Konventionen hinwegzusetzen.

In der Halle traf Sergéi die Fürstin Tschúrkina. „Warum grüßen Sie mich nicht, junger Mann? Was sind das für Manieren?", empörte sie sich.

„Ich kenne Sie ja nicht!", entschuldigte sich Sergéi.

„Wenn man jemanden in einem Hause trifft, so muß man immer grüßen, ob Sie mich kennen oder nicht! Ich bin die Fürstin Tschúrkina, Hofdame a. D. ihrer Kaiserlichen Hoheit."

„Ach Gott, ach Gott, ach Gott!", jammerte Sergéi. „So viel auf einmal, und das alles sind Sie in einer Person! Wie können Sie das bloß ertragen?" Die Tschúrinka entfernte sich wutschnaubend.

Sie liefen durch den Park. Sergéi streichelte die Pferde und Kühe, sprach mit den Hunden. Die Hunde bellten laut und lustig und wollten mit ihm spielen. Sie ließen ihn nicht mehr los. Im Gras saß ein dicker grüner Frosch. Sergéi hockte sich vor ihn hin und machte „quack, quack, quack". Der Frosch schaute ihn groß und erstaunt an, schließlich hüpfte er davon.

„Hier möchte ich bleiben, hier möchte ich leben, bei euch ist alles wie bei mir im Rjasanschen. Stille und Ruhe und Freude und Einheit von Mensch und Tier in der Natur. Die Blätter und Blumen und Bäume haben mehr Ausdruck als irgendwo, alles duftet hier viel stärker. Die Tiere schauen einen verständnisvoll und ohne Scheu an wie Kameraden, und selbst die Luft, die man atmet, ist hier von einer ungeahnten Kraft. So stelle ich mir eine wirklich heilige Stätte vor, Bobik, wo alles strahlt und eine Spiegelung Gottes ist. Es liegt sicher daran, daß an dieser Stätte gute Menschen leben, die keine bösen Gedanken, keinen Haß und Neid um sich verbreiten. Ich bin sicher, daß Pflanzen und Tiere das spüren, und darum ist auch ihr Wachstum und ihre Entwicklung hier ungehemmter. Und weißt du, hier bei euch spürt man keine Angst. In der Stadt, in den engen Häusern und Straßen habe ich Angst, da kann ich nicht recht atmen, etwas schnürt mir die Brust zu. Aber hier!", und er blähte sich auf wie ein Frosch. Dann lachten sie alle befreiend.

An kühlen Abenden saßen sie am Kamin. Sergéi hatte noch nie am offenen Feuer gesessen, er war von dem Zauber fasziniert. „Ihr lebt hier wie in einem Märchen, und ihr wißt es gar nicht. Ich muß mich mal schnell am Po kneifen, sonst glaube ich, daß ich all das träume. Und plötzlich gibt es einen Zug, und — schschscht — und ich fliege durch den Schornstein in die kalte graue Wirklichkeit zurück. Haltet mich bloß fest, damit ich nicht weggeweht werde!" Alle lachten.

„Jetzt sprich ein Gedicht", bat Jadwíga. Serjóscha stand auf und deklamierte theatralisch.

Herbst

Stille überm Dickicht von Wacholderstämmen.
Herbst. Die rote Stute will die Mähne kämmen.
Überm Ufer zwischen Schilf und Föhren
Ist der Hufe blauer Klang zu hören.

Wind, der Mönch, am Wegesrand zertritt
Gelbes Blätterwerk mit scheuem Schritt.
Und am Beerenzweig der Eberesche küßt
Er das blut'ge Mal des unsichtbaren Christ.

(übersetzt von Jadwíga)

Alle waren tief beeindruckt, Njánja seufzte. „Ganz wie bei uns auf dem Lande, in den Wäldern und Wiesen von Krasnoje Sselo. Wie hast du das schön gesagt, Väterchen, die Beeren als blutige Male Christi. Du bist wirklich ein frommer Mensch!"
Bobik, Jadwíga, Aljóscha, sogar Wera deklamierten ihre Gedichte. Sergéi hörte freundlich und nachsichtig zu.

Serjóscha tollte im Park und Haus wie ein Junge herum, die Hunde waren außer Rand und Band, sie liefen ihm nach, schnappten nach ihm, ohne ihn zu beißen, er zupfte sie am Schwanz. Das Weiße Haus lebte auf, die Menschen, sogar die dürre Fróssja wurden lustig und ausgelassen. Nur die Tschúrkina war über das unmögliche Benehmen des Bauernlümmels, wie sie ihn nannte, empört. Wenn er sie im Hause traf, schaute sie durch ihn hindurch wie durch Luft. Er lachte sie laut aus.

„Man müßte dieser alten sauren Scharteke einen Schabernack spielen", sagte Wera. Bobik und Serjóscha waren von dem Vorschlag begeistert.

„Was könnte man denn tun", fragten sie.

„Nun, weißt du, Bobik, wie wir früher die unliebsamen Gäste als Gespenster vertrieben. Wir könnten doch so etwas wieder versuchen."

„Ja, das ist eine großartige Idee."

„Bobik, du ziehst dir ein Laken über und malst ganz große schwarze Augenhöhlen darauf, dann setzt du dich auf den niederen Schrank in Tschúrkinas Zimmer und schreist wie ein Käuzchen."

„Bravo, bravo", rief Serjóscha, „und ich habe eine mords Faust, die mache ich schwarz und presse die Hand gegen die weiße Wand, ich verstehe das schon, man wird denken, das sei eine Gespensterhand, solch einen großen Handabdruck gibt es gar nicht."

Die Tschúrkina ging mit den Hühnern schlafen. Bobik zog sich das Laken über und bestieg den alten Schrank. Er setzte sich in Yogasitz mit verschränkten Beinen und machte sich ganz niedrig. Serjóscha beschmierte sich die Handfläche mit Asche und versteckte sich hinter der Portiere, die vor der Tür hing. Die Wohltäterin begab sich umständlich ins Bett. Sie ging wahrhaftig mit dem roten Pelzmantel bekleidet hinein. Als sie endlich drin lag, preßte Serjóscha mit kräftigem Druck mehrmals die Hand gegen die Wand, dann öffnete er behutsam die Tür und ließ, während er hinausschlich, einen langgedehnten zischenden Laut ertönen.

Die Tschúrkina erhob sich in ihrem Bett. Sie schaute in der Dunkelheit um sich. „Ist da jemand?", fragte sie mit ängstlicher Stimme. „So antworten Sie doch!" Einen Augenblick war es still. Dann ließ Bobik ganz leise „uuuuuh" Laute vernehmen. In Panik stürzte die Alte aus dem Zimmer, schreiend rannte sie hinaus. „Hilfe, Hilfe, Einbrecher!" schrie sie. Wera stürzte aus ihrem Zimmer, packte die Fürstin an den Händen und zerrte sie in die obere Halle. Inzwischen befreite sich Bobik von dem Laken und schlüpfte aus dem Zimmer heraus. Serjóscha, Njánja, Jadwíga kamen gelaufen.

„Was ist los, um Gottes willen, was ist los?"

„Ich weiß nicht, aber etwas Schreckliches ist passiert. Ich habe eine Gestalt gesehen, und auf dem Schrank saß eine ganz winzige Gestalt, weiß mit furchtbaren schwarzen Augenhöhlen. Ich gehe da nicht mehr hinein, ich habe Angst!"

„Nun, regen Sie sich nicht so auf. Sie haben schlecht geträumt!"

„Ich bin doch nicht blöd. Ich weiß doch, was ich gesehen habe!"

Jadwíga ging ins Zimmer. Die Tschúrkina schaute ängstlich hinein. „Da! Da!", schrie sie. „Eine Gorillahand!"

Tatsächlich waren an der Wand mehrere riesige Handabdrücke, wie kein Mensch sie haben konnte. Serjóscha begutachtete die unheimlichen Abdrücke. „Vielleicht ist ein Gorilla aus dem Zoologischen Garten entwichen. Er müßte dann aber noch im Hause sein. Diese Tiere sind gefährlich, wenn man sie reizt, sie entfalten ungeheure Kräfte."

„Aber, ich versichere Ihnen, mein Herr, da war auf dem Schrank ein ganz winziges weißes Wesen mit Kopf und ohne Arme und ohne Beine und es schrie wie ein kranker Vogel. Es kann sich nur um ein teuflisches Wesen gehandelt haben."

„Wahrscheinlich ziehen Sie solche bösen Geister an", meinte Serjóscha ironisch. Die Tschúrkina weigerte sich, in ihrem Zimmer zu schlafen. Ihr wurde, nachdem man unter alle Sessel und Schränke geschaut hatte, im Salon auf dem Sofa ein Lager errichtet. Nach und nach wurde es wieder ruhig im Weißen Haus.

Beim Gutenachtsagen drückten sich Bobik, Serjóscha und Wera kräftig und zufrieden die Hände. Sie hatten ihre Sache gut gemacht.

Als Serjóscha wieder in die kalte steinerne Stadt, zu dem »Steinernen Gast«, wie er sie mit Entsetzen nannte, zurückkehrte, gaben ihm alle das Geleit. Njánja, Fróssja und Arischa heulten und wischten sich mit den Schürzenzipfeln die Augen.

„Komm bald wieder, Serjóscha, komm wieder!", riefen alle.

„Ich gehe ja gar nicht wirklich weg, einen Teil meiner Seele lasse ich bei euch", winkte er ab. Er war dem Weinen nahe.

NADJA

Die Tschúrkina stand am Telefon und gestikulierte lebhaft, obwohl niemand außer ihr im Raum war. Sie war in höchster Aufregung. Bobik wollte schnell vorbeigehen, aber die Aufregung der alten Dame teilte sich ihm mit. Er blieb stehen und versuchte einen Sinn aus den erlauschten Wortfetzen herauszuholen.

„Das ist ja furchtbar! Was Sie nicht sagen! ... In Flagranti? ! ! ! Im Bett? ... O Gott, steh mir bei! ... In wessen Bett? ... In seinem! ... Solch eine Verderbnis. Aber sie ist natürlich schuld, sie ganz allein! Ich versichere Ihnen, Wássenka ist ein Lamm, ein Lämmchen, und die Schlange hat ihn verführt, verführt, um ihn, den einzigen Erben, zu heiraten, um das ganze Vermögen an sich zu bringen! O ich kenne diese Vampire, sie gehen über Leichen. Sie muß sofort ins Kloster gebracht werden. Unbarmherzig und so schnell wie möglich! Kein Pardon, nicht weich werden, Liebste, ich kenne Ihr weiches Herz, Sie haben auch Wássenka zu weich erzogen. Das sind nun die Früchte! Und er muß sogleich in das allerstrengste Internat! In Zucht und Ordnung! Oh, welch verderbte Jugend! Mir wäre so etwas nie passiert! Wir wurden in der Furcht des Herrn und sittsam erzogen. Aber lassen Sie gleich anspannen, und das Mädel sofort ins Kloster! ..."

Bobik begriff, daß es sich um seinen Freund Wássenka, der einige Jahre älter war als er, handele. Wássenka wurde also in Flagranti ertappt. Was sollte das nur bedeuten, sicherlich etwas Unanständiges. Er lief in das Bibliothekzimmer und las im Lexikon nach. Es bedeutete »auf frischer Tat«. „Aha, also muß ihn die Mutter mit einem Mädchen im Bett ertappt haben, in seinem eigenen Bett. Wie unangenehm." — Bobik mochte Wássenka nicht besonders leiden. Wássenka war groß, breitschultrig und stark. Bei Bobiks Hochzeitszeremonie mit Aljóna hatte er den Popen gespielt. Weil er der Stärkere war, verprügelte er Bobik bei gelegentlichen Meinungsverschiedenheiten. Nun erschien er Bobik als Held. „Welch ein Blödsinn, das Mädchen in ein Kloster zu bringen, das konnte sich nur die überspannte alte Jungfer, die Tschúrkina, ausdenken! Also ist Wássenka schon so weit? Er gab auch immer mächtig an mit seiner Kraft." Aber diese Geschichte imponierte Bobik sehr.

Die Tschúrkina blieb mehr als zwei Stunden am Telefon sitzen. Sie läutete alle ihre Bekannten an und erzählte ihnen den Vorfall. Zuletzt wurde das schändliche Ereignis unter schamhaften Andeutungen auch der Großfürstin Elisavéta berichtet. Von Mal zu Mal wurden die Darstellungen pikanter. Bobik erfuhr auf diese Weise alles. Die Verführerin war ein hübsches junges Dienstmädchen. „Unter diesen Umständen", dachte Bobik, „ist es sogar sehr gut möglich, daß Wássenka der Verführer war."

Einige Tage später traf Bobik Wássenka auf der Straße. Er sah völlig unverändert aus, keck und munter. Keine Spur von Zerknirschung oder Verzweiflung. Bobik begrüßte ihn mit Handschlag. „Was ist nun aus der ganzen Geschichte geworden!? Mußte denn deine Mama unbedingt alles der größten Klatschbase, der Tschúrkina, die außerdem eine moralsaure alte Jungfer ist, erzählen?"

„Was soll schon sein, du weißt doch, wie die Weiber sind, sie können nichts für sich behalten, sofort wird alles breit getreten und eine Sensation daraus gemacht."

„Is sie denn schon im Kloster?"

„Wer?"

„Na, deine, die Malánja?"

„Du bist wohl wahnsinnig, die und im Kloster. Bei uns ist sie und da bleibt sie auch!"

„Ooooh!"

„Ich habe mit meiner Mutter ein paar ernste Worte gesprochen. Und da ist sie weich geworden. Was muß sie auch in meinem Schlafzimmer schnüffeln. Mit siebzehn bin ich erwachsen genug, allein zu bestimmen, was ich tu'. Außerdem habe ich ihr alles Mögliche vorgeschwatzt, von den Gefahren für die Jugend, von gewissen Häusern in der Stadt, weißt du, und so weiter. Und nun ist sie heilsfroh, daß es nicht schlimmer gekommen ist, und läßt mich in Ruhe, sie ist sogar jetzt viel freundlicher zu mir und behandelt mich mit einigem Respekt." Wássenka lachte suffisant. Bobik staunte, was der schon alles wußte!

Seit einiger Zeit war im Weißen Haus ein neues Stubenmädchen, Natálja, sie war jung und keck, hatte lange schwarze Zöpfe und schwarze Augen. Sie kleidete sich im Gegensatz zum anderen Gesinde städtisch, sie hatte hohe Absätze und benutzte kein Kopftuch. Beim Gehen wackelte sie mit dem Hinterteil, das hatte sie im Kino gesehen. Sie war auch nicht ehrerbietig, sie verbeugte sich nicht vor den Herrschaften und schaute ihnen gerade in die Augen. Man respektierte ihre Haltung, aber man war nicht gerade begeistert darüber.

Bobik war es gewöhnt, daß sein Zimmer während seiner Abwesenheit aufgeräumt wurde. Natálja kam ungeniert herein, während Bobik las oder schrieb und begann mit viel Gelaufe und vielen überflüssigen Bewegungen aufzuräumen. Ab und zu warf sie ihm ein Wort hin. Er knurrte und wollte nicht gestört werden. Sie scharwenzelte um ihn herum, bückte sich und wischte mit Vehemenz den Fußboden.

Eines Tages stand er in der Nähe seiner Couch. Sie kam wie unabsichtlich nahe an ihn heran, stieß ihn an, daß er auf das Lager kippte, und warf sich auf ihn, sie bedeckte ihn mit ihrem heißen Körper. Ihr Gesicht war ganz nahe an seinem, er sah, daß ihre Pupillen ganz groß waren. Die Lippen waren üppig und sehr rot. Ihr heißer Atem streifte sein Gesicht. Er wurde übertölpelt, er erschrak und mühte sich, sie von sich zu stoßen, sie klammerte sich an ihn.

„Laß mich los, du!", zischte er, „was soll diese Frechheit! Sofort läßt du mich los!" Er schämte sich fürchterlich, daß sie stärkere Kräfte hatte als er. Schließlich gelang es ihm, sie von sich abzuwälzen. Seine Haare waren zerzaust, die Kleidung in Unordnung. Sie atmete schwer und zupfte ihren Rock zurecht.

„Du bist noch sehr blöd, du, und ich wollte dir doch nur Freude bereiten!"

„Auf deine Freuden möchte ich gerne verzichten", sagte Bobik beleidigt. Eigentlich wollte er sich bei seiner Mutter beschweren. Aber da fiel ihm Wássenka ein und er beschloß, lieber zu schweigen. Wie leicht konnte man sich lächerlich machen.

Am Sonntag nachmittag kam Bobiks Mathematiklehrerin Natálja Boríssowna ins Weiße Haus. Sie hatte ein Anliegen. Sie tuschelte lange mit Jadwíga. Bobik verstand so viel, daß sie sie bat, ihre beiden Nichten für einige Wochen aufzunehmen, da deren Mutter, die auch Lehrerin war, ins Krankenhaus mußte. Der Vater der Kinder war als Politischer zu zehn Jahren Zuchthaus nach Sibirien verbannt worden. Bobik und Wera erwarteten mit Ungeduld die Ankunft der neuen Gäste.

Am nächsten Tag kamen sie an, Katja und Nadja. Katja war ein siebzehnjähriger, etwas ungeschlachter Backfisch. Nadja war eine Schönheit, sie war erst sechzehn, aber eine vollendete, elegante junge Frau. Beide trugen einfache blaue Kattunkleidchen, aber Nadja trug es wie eine Königin. Jadwíga umarmte beide Mädchen, sie fühlte sich zu Nadja besonders hingezogen. „Ich hoffe, ihr werdet euch bei uns wie zu Hause fühlen." — Beide knicksten und küßten Jadwíga die Hand.

Bobik starrte Nadja an. So etwas Schönes hatte er noch nie gesehen. Mit seinem Herzen war etwas nicht in Ordnung, es begann ganz schnell und hörbar zu klopfen, er rang nach Atem, er wurde erst blaß, dann rot. Nadja reichte ihm die Hand, er nahm sie und ließ sie nicht mehr los. Es war wie ein elektrischer Strom, der von Nadja zu ihm strömte. Wera fiel Nadja um den Hals und umklammerte sie fest, sie gab ihr zwei schmatzende Küsse auf die Wangen. Sie war von Nadja fasziniert. Aljóscha verbeugte sich tief vor ihr.

„Das ist Klasse, was?!", flüsterte Aljóscha Bobik ins Ohr.

„Mensch, da bin ich einfach platt, so etwas Wunderbares habe ich noch nie gesehen, das ist eine verzauberte Märchenprinzessin", erwiderte Bobik leise.

„Du bist ja verliebt, das ist wohl Liebe auf den ersten Blick?"

Bobik errötete, daß Aljóscha so schnell seine Gefühle erraten hatte!

„Das bin ich auch, aber mir scheint, du bist es nicht minder!"

Jetzt errötete Aljóscha.

„Aber es geht doch nicht, daß wir beide in dieselbe Person verliebt sind!"

„Wir müssen abwarten, wen von uns beiden sie erwählen wird. Außerdem sehe ich voraus, daß wir nicht die einzigen Liebhaber bleiben werden. Paß auf, die bringt Wind in die Bude!"

Die Mädchen wurden in ihre Zimmer geführt. Nach einer Weile kamen sie herunter und besichtigten das Weiße Haus. Bobik, Wera und Aljóscha führten sie und erklärten ihnen die Gegenstände und Portraits. Nadja war hingerissen, ihre schönen Augen leuchteten wie Sternsaphire. „Es ist bei euch wie im Märchen! Noch nie habe ich so viel Pracht gesehen. Und dein Raum, Bobik, ist der schönste."

Bobik war sehr stolz. „Wenn er dir gefällt, darfst du dich immer, wann du willst, darin aufhalten."

Wera schmollte. „Sie darf es, und ich darf ihn ohne Erlaubnis nicht betreten!"

„Du bist ja auch hier zu Hause und machst mir nur Unordnung, außerdem hast du deinen eigenen Raum, und Nadja ist Gast hier."

„Sie hat auch ihr Zimmer!"

Nach dem Tee saßen sie alle auf dem Teppich in Jadwígas Boudoir. Die großen Kleiderschränke waren weit offen und Jadwíga holte zum Entzücken der beiden Gäste Kleider heraus und probierte sie den Mädchen an, die von dem Zauber so vieler Stoffe berauscht waren. Schließlich ging man ins Nähzimmer und bat die Näherin, sie möge die Kleider für Nadja und Katja zurechtnähen.

Am Abend erschien Nadja in einem crèmefarbigen seidenen Kleid. Sascha und Onkel Iwán saßen bereits am Tisch. „Aaaah!", riefen alle. Onkel Iwáns Augen unter den buschigen Brauen funkelten. Er beugte sich zu Jadwíga: „Welch eine Schönheit, eine gefährliche, eine dämonische Schönheit!"

Dann saßen sie am brennenden Kamin. Jadwíga hielt Nadjas Hand in der ihren. Bobik und Aljóscha saßen ganz nahe bei ihr. Onkel Iwán schaute sie gebannt an. Sascha setzte sich an den Flügel und improvisierte. Dann sang Nadja mit melodischer kleiner Stimme einige sentimentale Romanzen. Bobik deklamierte ein romantisches Gedicht von Balmont. Onkel Iwán erzählte aus seiner Jugend. Wera war eingenickt.

„Ach, Tante Jadja", sagte Nadja mit leiser Stimme, „ich kann es einfach nicht fassen, daß es Wirklichkeit ist, ich dachte, so etwas wären erdachte Märchen. Ich meine immer, es sei alles ein Traum, ich müßte aufwachen und stünde wieder in unserem ärmlichen, prosaischen Alltag. Dann bin ich wieder das Mädchen im blauen Kattunkleid, wische die rohen Fußböden auf und will hoch hinaus."

Jadwíga beugte sich zu ihr und küßte ihre Stirn.

„Nimm es jetzt umgekehrt, mein Kind. Vielleicht war alles Bisherige ein schwerer Traum, und vielleicht ist das jetzt die Wirklichkeit. Faß die blauen Steine des Kamins an, sie sind hart und warm."

„Hier an eurem Kamin wird es einem wieder warm und jung ums Herz", sagte Onkel Iwán. Nadja schaute ihn durchdringend an.

„Was an mir liegt, ich will alles tun, daß Ihr Herz warm und jung bleibt."

Es klang wie ein verborgenes Versprechen. Onkel Iwán stieg das Blut in die Wangen. Bobik und Aljóscha schauten beunruhigt auf, beide wurden eifersüchtig.

Nachts brachten sie Onkel Iwán zu Fuß zum alten Schloß. Nadja hing sich an Jadwígas linken Arm. Onkel Iwán ergriff Nadjas freien Arm. Bobik hängte sich an den rechten Arm seiner Mutter. Bei der riesigen sechshundertjährigen Eiche vor dem Schloß, die der Gründer des Geschlechts der Tarlétzkis, Chan Giréi, gepflanzt hatte, nahmen sie Abschied von Onkel Iwán. Aljóscha war sehr flink. Ehe Bobik, der die gleiche Absicht hegte, sich's versah, ergriff er Nadjas linken Arm. Bobik knurrte empört. Jadwíga drückte ihm besänftigend die Hand. Sie begriff, was in ihm vorging.

Tante Elisavéta sagte sich turnusmäßig zum Tee an. Schnell wurde das Portrait von Onkel Serge aus seiner Verbannung auf dem Speicher heruntergeholt und im Eßzimmer aufgehängt. Der große Raum sah plötzlich offiziell und unfreundlich aus. Nadja und Katja mußten den Hofknicks üben. Sie stolperten und fielen hin. Alle lachten darüber. Jadwíga war aber streng und besorgt, sie würden sich vor der Großfürstin blamieren.

Die Großfürstin kam und brachte eine kühle, höfische Atmosphäre mit. Alle Ungezwungenheit und Lustigkeit waren verschwunden. Sie würdigte die beiden Mädchen keiner Anrede, sie übersah sie. Sie machte Jadwíga eine Menge Vorwürfe, daß sie in dieser ernsten Zeit viel zu viel Gäste habe, daß Bobik und Wera bei jeder passenden Gelegenheit die Schule schwänzten, daß das Gesinde, das viel zu zahlreich sei, sie rechts und links bestehle. Sie war außer Bábuschka der einzige Mensch, der einem offen ins Gesicht Vorwürfe und Verweise erteilte. Man fühlte sich danach wie in der Schule zum Nachsitzen verurteilt.

Schließlich fuhr sie weg. Eine Weile waren sie alle wie verstört. Schließlich rief Bobik: „Ich halte es nicht mehr aus. Immer diese Vorwürfe. Ich bringe sofort Onkel Serge hinauf. Er vergiftet uns den Raum!" Er hängte das schwere Portrait ab und schleppte es auf den Speicher.

„Uff", sagte Nadja, „das war eine Abreibung. Unseren schönen Knicks hat sie gar nicht gewürdigt, als ob es gar nichts wäre. Und angeschaut hat sie uns auch nicht, durch uns hindurch hat sie gesehen, als ob wir Luft oder ein Nebelfetzen wären. Das war schrecklich!"

„Sicherlich hält sie deine Schönheit für eine teuflische Versuchung", meinte Jadwíga. „Wißt ihr Kinder, wir machen die Fenster auf und lassen die muffige Luft hinaus, und ich möchte etwas ganz Verdrehtes tun, Champagner trinken oder Unsinn machen."

„Ja, Mami, Champagner! Und Katja soll Tänze spielen, und wir werden Prissjadka tanzen!", schrien die Kinder.

Njánja brachte brummend eine Flasche Champagner. „Ihr seid wohl von der Tarantel gestochen, ihr Wahnsinnigen. Kaum ist die Großfürstin, die Heilige, Gott bewahre sie uns noch lange, weg, schon seid ihr außer Rand und Band. Wer trinkt denn schon Champagner am Nachmittag!"

Bobik löste den Korken und ließ ihn mit einem Knall hochspringen. Die Gläser wurden gefüllt. Dann spielte Katja Volkstänze und sie wirbelten wild umher, gingen in die Kniebeuge und warfen die Beine hoch, bis sie schwindelig wurden. „So, jetzt ist uns wohler, Gott sei Dank!" Nun waren sie wieder im seelischen Gleichgewicht.

Sascha war der einzige, der von Nadjas Zauberkünsten unberührt blieb. Sie schaute ihn einschmeichelnd mit ihren Samtaugen an, als ob sie bis in die Tiefe seiner Seele loten wollte. Aber sein Herz zerschmolz nicht unter diesen Blicken. Er wurde nur noch unzugänglicher. „Warum glotzt du mich so an, ist an mir etwas nicht in Ordnung? Habe ich Sauce über den Rock verschüttet, oder was ist los?"

Nadja wurde unsicher, sie war es nicht gewöhnt, daß man von ihren Verführungskünsten unberührt blieb. „Nein, ich bewundere Sie nur, wie schön und wie vornehm Sie aussehen. Jeder Zoll ein Fürst!" Sascha winkte nur ab.

Abends versammelten sich alle um den Kamin, jeder versuchte, sich so nah als möglich zu Nadja zu setzen, Bobik verjagte Aljóscha, dessen Absicht er erriet, und setzte sich zu Nadja. Sie war zu jedem gleich liebenswürdig und aufmerksam, so daß jeder sich in der Vorstellung sonnte, er könnte ihr Auserwählter werden. Sascha war diese Drängelei und die verliebten blöden Männergesichter zuwider. Er erhob sich. „Willst du mit mir einen Spaziergang durch den Park machen?" Bobik war in Gewissensnöten, gerade hatte er sich einen Platz neben Nadja erkämpft, und nun sollte er weg. Jetzt würde sich Aljóscha dahin setzen und vielleicht einen Vorsprung in der Liebeswerbung erringen. Er stand auf. Die Chance, mit Sascha ein Gespräch zu führen, war verlockend. Sie gingen Arm in Arm durch den dunklen Park.

„Weißt du, Verliebtheit hin und her, aber das ist mir doch zuwider. Ihr benehmt euch alle, Onkel Iwán eingeschlossen, wie Falter, die an die Flamme fliegen, immer versengen sie sich die Flügel, aber sie fliegen, bis sie tot umfallen. Gut, sie hat ein hübsches Gesicht, aber das ist doch nur Schale, innen ist sie ganz hohl. Sie spielt doch nur mit euch, und glaub mir, sie wird niemanden von euch erhören. Sie hofft, daß sie in diesem Haus die Möglichkeit hat, einen reichen und vornehmen Mann kennen zu lernen und einzufangen. Und denk an meine Worte, ob er jung oder alt, dick oder dünn, klug oder dumm ist, den wird sie sich angeln. Du und Aljóscha, ihr beiden grünen Jungen, seid mir zu schade dafür. Das bringt nur Leid."

„Du hast recht, Sascha. Aber weißt du denn, wie einem zumute ist, wenn man verliebt ist, man brennt innerlich und leidet, und hat nur einen Gedanken, an die geliebte Person, einen Wunsch, sie zu besitzen, sie für sich ganz allein zu haben!"

„Ich weiß es, Bobik, aber wenn ich euch so sehe, dich und Aljóscha und den törichten alten Onkel Iwán. Worin unterscheidet ihr euch eigentlich von einem balzenden Auerhahn oder einem röhrenden

Hirsch? Ihr seid nur noch biologische Männchen und habt euch auch noch eine Gottesanbeterin auserkoren, die euch den Hals herumdrehen wird. Ich muß lachen, wenn ich euch mit euren aufmerksamen Gesichtern, den Glotzaugen sehe, in höchster Spannung, dazu noch eifersüchtig aufeinander, und irgendwie ist es auch ekelhaft. Wo bleibt da der Mensch, das Abbild des Engels?"
„Kann man denn dafür, wenn man verliebt ist, Sascha?"
„Zum Teil ja. Jedenfalls sollte man seinen Verstand nicht gleich verlieren, wie ihr es tut. Und das noch in einer Zeit, die so schwer und schrecklich ist, daß man glaubt, man geht umher und hat einen Mühlstein um den Hals hängen."
„Bist du nicht etwas zu pessimistisch, Saschenka? Es wird doch alles wieder gut."
„Nein Bobik, nichts wird wieder gut. Wir stehen vor furchtbaren Umwälzungen. Du wirst es erfahren. Gegen das, was uns erwartet, werden die Schrecknisse der Zeit Johannes des Grausamen, unter denen unsere Ahnen verfolgt und massakriert wurden, und die Grausamkeiten der französischen Revolution verblassen. Ich möchte dich nicht erschrecken, aber ich habe kein gutes Gefühl. Gestern hatte ich einen furchtbaren Traum, von dem ich fühle, daß er prophetisch ist. Ich spielte Schach. Aber mir gegenüber saß kein Partner, nur eine grausige behaarte Gorillahand mit spitzen Krallen. Nach und nach räumte die Hand die Figuren aus dem Feld, erst einen großen ungeschlachten Bauern, dann den König, danach die Dame. Alle Figuren waren wie lebendig und erstarrt in Furcht und Entsetzen, die Pferde bäumten sich auf, die Türme standen schief und verbogen. Es blieben schließlich nur die Bauern auf den Feldern. Die schob die Hand in den Vordergrund, wo sie nicht hingehörten. Dann ruhte die Hand eine Weile und besann sich, plötzlich fegte sie auch die Bauern hinweg und bewegte sich auf mich zu, sie krallte sich in meinen Hals. Ich erstickte, versuchte zu schreien. Dann wachte ich schweißgebadet auf."
Bobik erschauerte und faßte Sascha an der Hand. „Wie furchtbar!", flüsterte er. —
Der Tanz um das goldene Kalb Nadja ging weiter. Studenten und Offiziere, Künstler kamen, jeder wollte Nadja gefallen. Bobik haßte sie alle. Er war böse und unfreundlich zu ihnen. Es paßte ihm nicht, daß sein Freund und Vetter Aljóscha die meiste Zeit im Weißen Haus zubrachte.
War er mit Nadja allein, so war er glücklich, er durfte ihre Hand streicheln und sie küssen. Er las ihr Dichtungen vor oder erzählte ihr

von seinen Reisen. Sie war gut und freundlich zu ihm, und dann glaubte er, daß sie seine Liebe erwidere.

Njánja haßte Nadja, sie brachte das ganze Haus in Unordnung. Sie brummte beleidigt: „Das Mädel ist eine Hexe. Sie verdreht allen den Kopf. Sogar seine Exzellenz, Iwán Aleksándrowitsch, ist vergafft wie ein Junge, was braucht er jeden Abend bei uns zu hocken! Bobik ist vor Kummer ganz mager geworden, und eine Laune hat er, zum Gotterbarmen. Wera ist außer Rand und Band, will auch große Dame sein, reißt die Augen auf und kokettiert, will jeden Tag Sonntagskleider anziehen, und singt blödsinnige Liebesromanzen, blökt wie ein Kalb. Und die Herrin selbst ist auch in das Mädel verliebt. Das ganze Haus steht Kopf. Wenn bloß ein Reicher käme, der sie hier wegführte, von allein geht die nimmer in ihre Armut zurück. Die hat hier Honig geleckt. Wenn die einmal hier verschwindet, dann räuchere ich das ganze Haus mit Weihrauch aus. Und solch eine Kerze kriegt die Muttergottes von Kasan von mir" ...

Walerián, der Kommunist, den sie seit der Begegnung im Wald nicht mehr gesehen hatten, machte Nadjas Bekanntschaft, auch er wurde häufiger Gast des Hauses. Bobik, der immer in der Nähe Nadjas zu sein versuchte, erlauschte ein Gespräch zwischen Walerián und dem Mädchen. „Nadja, ich liebe Sie, ich vergöttere Sie. Wie könnte ich Ihre Liebe gewinnen? Ich könnte alles für Sie tun, ich könnte für Sie sterben!"

Nadja schaute ihn spöttisch an. „Würden Sie meinetwegen auch aus dem ersten Stock springen?" Walerián sprang auf. „Alles, alles würde ich für Sie tun!" Er rannte aus dem Raum und die Treppe hinauf. Bobik wollte ihm nachlaufen und ihn hindern, vom Balkon herunterzuspringen, aber dann beschloß er, lieber unten auf ihn zu warten. Als Bobik in den Park kam, war Walerián vom Balkon bereits herabgesprungen und in dichten Rhododendronbüschen gelandet. Die Büsche milderten seinen Fall. Seine Kleider waren zerrissen, das Gesicht hatte Schrammen, er hinkte. Bobik half ihm aus den Büschen heraus und stützte ihn. „Du Idiot!", sagte er leise und schadenfroh. „Glaubst du, du kannst damit etwas erreichen?" — „Versteh doch, ich liebe sie abgöttisch!", stotterte Walerián. — „Das tun viele, ich liebe sie auch", bemerkte Bobik.

Sie betraten Nadjas Zimmer. Walerián strahlte. „Hier bin ich, Nadja. Ich habe es vollbracht. Bobik ist Zeuge!", er schaute sie erwartungsvoll an.

Nadja rauchte eine Zigarette. Sie schaute Walerián nicht an.

„Glauben Sie wirklich, ich könnte einen Menschen lieben, der sich wegen eines albernen, launischen Frauenzimmers wegwirft? Baah!"

Walerián hinkte vernichtet aus dem Zimmer. Er kam nicht wieder. Bobik saß in seinem Zimmer auf dem Bärenfell vor dem Kamin und dichtete. Unter dem Leid der unerwiderten Liebe brachen schöpferische Quellen in ihm auf. Alle Gedichte handelten von Liebe, von blonden Mädchen mit saphirblauen Augen, die tief wie südliche Seen waren, von schwellenden Lippen wie Hibiskusblüten. Alle Düfte Arabiens und Blüten des Amazonas und Farben der Tropen schillerten in seinen Dichtungen. Liebe, Sehnsucht, Schmerz, Glück und Tod, diese Worte kehrten sehr häufig wieder. Er war von seinen Dichtungen berauscht. Alles, was er in Wirklichkeit erleben wollte, erlebte er in der Phantasie. Wenn sie allein waren, las er Nadja die Gedichte mit gedämpfter, schmachtender Stimme vor. Er schaute vom Blatt auf, um ihre Wirkung auf Nadja zu beobachten. Bei manchen Gedichten schien Nadja wirklich ergriffen. Sie hielt Bobiks Hand in der ihren und streichelte sie. Bobik war im siebten Himmel.

„Für dieses Gedicht, Bobik, das wirklich sehr schön ist, bekommst du von mir einen Kuß. Einen ganz langen, innigen Kuß."

„Ist das dein Ernst, Nadja, willst du mir einen Kuß geben?", frohlockte er. Er wollte sie sogleich umarmen und küssen, aber sie wehrte sich sanft.

„Nein, nicht gleich, du mußt es lernen zu warten. Ich werde den Zeitpunkt bestimmen."

„Ach, bitte, bitte, küß mich heute noch", bettelte Bobik.

„Nein, heute nicht. Aber morgen, das verspreche ich dir!"

Bobik war selig. Er konnte den nächsten Tag kaum erwarten. Am nächsten Tag ließ er Nadja kaum allein, er sah sie immer erwartungsvoll und fragend an. Sie saßen im Salon. Nadja spielte eine Mazurka von Chopin. Wera ging den beiden nicht von den Fersen, als ob sie etwas ahnte. Nadja stand plötzlich auf und ging zum Fenster. „Was siehst du da?", fragte Wera neugierig.

„Kannst du ihn sehen? Da ist ein ganz bunter Vogel, sieht aus wie ein entflohener Papagei."

„Wo ist er, wo ist er?", schrie Wera aufgeregt.

Nadja machte den inneren Flügel der Fensterscheibe auf. „Komm, ich hebe dich auf das Fensterbrett, da kannst du ihn besser sehen." Wera kletterte hinauf. Nadja preßte sie gegen die äußere Scheibe und schloß den inneren Fensterrahmen. Wera war zwischen beiden Scheiben eingeklemmt und sah aus wie eine gepreßte Blume.

„Komm her", sagte Nadja. Sie umarmte Bobik und gab ihm einen langen Kuß auf die Lippen. Bobik ließ sie nicht aus seiner Umarmung. „Jetzt sterben", dachte er, „oder so ewig leben". Eine unbeschreibliche Seligkeit kam über ihn. „Sie liebt mich, sie liebt mich", frohlockte er. Sie riß sich von ihm los. In seinem Glück übersah er vollkommen die alberne Situation: den inbrünstigen Kuß und dahinter die zwischen den Fenstern eingeklemmte Wera. Nadja ging ans Fenster und öffnete es. Wera tobte. „Ihr Hunde! Ihr habt mich eingesperrt, um euch zu küssen! Ich habe alles im Fenster gesehen. Ich werde es allen erzählen!"

Bobik erwartete neue Küsse, neue Seligkeiten, Zeichen der Liebe. Nichts dergleichen geschah. Nadja war gleichbleibend freundlich zu ihm wie zu allen anderen. Vielleicht küßte sie auch die anderen? Er beobachtete Aljóscha argwöhnisch und mit verhaltenem Haß. Am liebsten hätte er Nadja in einen Turm eingeschlossen. —

Sie saßen in Jadwígas Boudoir. Der Samowar summte, Tee und Warénje waren aufgetischt. Jadwíga las ein Märchen von Oskar Wilde vor. Die Herren bekamen den Tee in hohen Gläsern, die in silbernen Untersätzen steckten. Die Damen hatten breit ausladende Tassen. Es gab zierliche silberne und goldene Löffel. Während Jadwíga las, spielte sich zwischen Nadja und Wera ein stiller Kampf ab. Wera hatte eine eigene alte Tasse, zu der ein goldener Löffel gehörte. Nadja ergriff diese Tasse. Jede zerrte daran, der Tee ergoß sich über den Tisch. Bobik, Katja, Aljoscha schauten dem verbissenen Kampf gespannt zu. Die Tasse klirrte und fiel zu Boden. Sie zerbrach. Jadwíga schaute auf. „Was macht ihr da?" — Wera begann herzzerreissend zu schluchzen. „Sie hat meine schöne alte Tasse zerbrochen! Und nur wegen dem goldenen Löffel, weil sie partout meinen goldenen Löffel haben wollte!"

Jadwíga versuchte die Kampfhähne zu beschwichtigen. Da sagte Nadja mit zynisch verzogenen Mundwinkeln: „Ich kann nicht mit silbernem Löffel Warénje essen."

Das war entschieden zu viel. Bobik entbrannte in Zorn. „So, du Königin, du! Das kannst du nicht. Hast wohl zu Hause auch nur mit goldenem Besteck gegessen! Und dein Vater im Zuchthaus wohl auch!" Im gleichen Augenblick tat es ihm bitter leid, aber plötzlich haßte er sie.

Im Raum wurde es ganz still. Nadja sah ihn haßerfüllt an. Jadwíga erhob sich, trat auf Bobik zu und versetzte ihm eine schallende Ohrfeige. „Du verläßt sofort diesen Raum, du ungezogener Rüpel!"

Bobik schlich sich hinaus, er ging in sein Zimmer und warf sich auf die Couch. Ein Schluchzen kam über ihn. Das Weinen gab ihm einige Erleichterung. Er hatte etwas Scheußliches getan, das wußte er, aber es war ihm in der Wut entschlüpft. Und hatte sie ihn nicht alle die Wochen an der Nase herumgeführt, mit seiner Liebe gespielt! War es da nicht recht, daß er sie demütigte. Und warum mußte sie, die aus ärmlichen Verhältnissen kam, unbedingt mit Weras goldenem Löffel essen! Diese gräßliche Angeberei!
Er hörte leise Schritte. Eine Hoffnung leuchtete in ihm auf. Vielleicht war es Nadja! Vielleicht kam sie, um ihm zu verzeihen. Es war Jadwíga.

„Wie konntest du sie nur so beleidigen, einen Gast so kränken, Bobik. Das ist doch ungehörig. Kann ein Mensch so herzlos sein!"

Bobik drehte sich um. Seine geröteten Augen funkelten.

„Ja, ich wollte ihr weh tun, ich wollte sie beleidigen. Sie tut mir ja auch weh. Ich leide durch sie so sehr, nun sollte sie auch fühlen, was Wehtun heißt!"

„Aber sie ist doch unser Gast, und es ist selbstverständlich, daß der Gast das Allerbeste bekommt."

„Mami, du weißt doch selbst, daß sie sich nicht wie ein Gast benimmt. Sie verdreht allen den Kopf, auch dir, und tut so, als ob sie hier die Herrin wäre. Das ist unerträglich! Außerdem ist sie herzlos!"

„Aber, Bobik, sie ist doch nicht verpflichtet, deine Liebe zu erwidern. Darin liegt doch wohl der Hase im Pfeffer. Mit welchem Recht verlangst du Liebe von ihr? Hat sie dir jemals Versprechungen oder Andeutungen gemacht?"

„Nein, Mami, das nicht, aber sie zieht einen hin und her wie einen Hampelmann. Sie spielt mit uns allen. Ich quäle mich so. Ich bin gar kein Mensch mehr, seit sie hier ist."

„Ich verstehe dich, Bobik. Aber man kann Gegenliebe nicht erzwingen. Und überleg doch, du bist viel zu jung für sie. Sie ist doch schon eine erwachsene Frau und du bist noch ein Junge. Du bist doch noch ein Junge, gib es doch zu!"

Bobik brummte.

„Ihr alle seid in der Liebe rechte Egoisten. Im Grunde liebst du dich und deine Liebe und bist beleidigt, daß deine Gefühle nicht erwidert werden. Liebst du wirklich den anderen Menschen? Du willst doch nur dich selbst bestätigt wissen! Du willst besitzen. Das ist meine Frau oder Geliebte, sie gehört mir wie ein Ding oder ein Hund oder Pferd. Nein, Bobik, in dieser Liebe ist viel Selbstbespiegelung und

Eitelkeit. Solch eine Liebe hat keinen Bestand. Vielleicht wirst du es später erfahren, was wirkliche Liebe ist, die sich auf den anderen Menschen bezieht, die ihn umfaßt, die geduldig ist, rücksichtsvoll, und in der zwei Menschen eine Einheit werden. Diese deine Liebe ist nicht mehr als ein Strohfeuer. Große Flamme, viel Rauch, und wie schnell ist alles verglommen. Nun aber komm und bitte sie behutsam um Vergebung. Du hast ihr sehr weh getan, du hast ihre schmerzlichste Stelle, ihr brüchiges Selbstgefühl getroffen." Sie nahm ihn bei der Hand und führte ihn ins Boudoir. Nadja lag auf dem Divan. Sie hatte verweinte Augen.

„Verzeih mir, Nadja, daß ich dich gekränkt habe. Ich bitte dich sehr, verzeih mir." Er ergriff ihre Hand. Sie sah ihn stumm und traurig an. Ihr Blick schnitt ihm ins Herz. Alles hätte er für sie hingeben können, wenn sie ihm nur wieder gut war.

„Nun seid ihr wieder Freunde, ihr beiden. Und vertragt euch jetzt besser als zuvor!", sagte Jadwíga begütigend. Bobik setzte sich an den Rand des Divans und streichelte Nadjas Hand. Sie ließ es geschehen. Das Feuer im Kamin war am verglimmen, als sie sich gute Nacht sagten. Bobik holte seinen großen lahmen Teddybären aus den Kindertagen ins Bett. „Weißt du, Wássenka, Mami meint, ich sei noch ein grüner Junge, na, dann darfst du auch bei mir schlafen", und er schlief ein.

Onkel Iwán kam und brachte zwei Herren mit, seinen Neffen, Baron Stempel, der anläßlich Bobiks sechstem Geburtstag seine Lokomotive überdreht hatte — Bobik grollte ihm immer noch deswegen —, der zweite war ein reicher baltischer Baron, er hatte ein rotes Gesicht, war nicht mehr ganz jung, etwas dick und suffisant. Er wurde beim Essen zwischen Jadwíga und Nadja gesetzt. Er stocherte im Essen herum und hatte nur Augen für Nadja. Bobik und Aljóscha sahen ihn schadenfroh an. Aljóscha beugte sich zu Bobik: „Endlich ein Goldfischchen. Bald zappelt er an der Angel!"

Nachmittags gingen sie spazieren. Der Baron neben Nadja. Sie verschwanden im Gebüsch. Die beiden Herren waren eigentlich nur für einen Tag ins alte Schloß gekommen. Aber sie blieben. Offenbar hatten sie längere geschäftliche Verhandlungen. Nadja ging oft ins alte Schloß, und der Baron kam zum Tee ins Weiße Haus und begleitete sie auf langen Spaziergängen.

Schließlich verkündeten beide ihre Verlobung. Bobik und Aljóscha gratulierten sauer. Beide waren erleichtert. Ihre Freundschaft, die in Brüche zu gehen drohte, wurde wieder schön und fest. Irgendwie wollte sich aber Bobik doch an dem albernen Bräutigam rächen. Aber wie? Sie kannten die Wege im Park, in denen das verliebte Paar sich erging, und sie beschlossen ihnen einen Schabernak zu spielen. Sie gruben in die linke Seite des Weges alle Paar Schritte kleine Löcher. Es wäre ein Wunder, wenn der verliebte Auerhahn, der nur Augen für Nadja hatte, sie bemerkte. Sie versteckten sich im Gebüsch. Der Baron bemerkte die Fallen tatsächlich nicht, verfing sich mit dem Absatz darin und fiel lang hin. Er wälzte sich im feuchten Boden. Nadja half ihm, sich aufzurichten. Mit seinen Patschehändchen versuchte er den Dreck von seinem Anzug abzustreifen. Alles sah so lächerlich aus. Beinahe hätten die beiden Attentäter laut gelacht, aber sie beherrschten sich. Sie hatten sich gerächt. Es war nur eine harmlose und alberne Rache, aber es war ihnen danach wohler zumute.

Jadwíga hatte die Absicht, dem Paar im Weißen Hause die Hochzeit zu bereiten. Aber Sascha war entschieden dagegen. Er lud den Baron in sein Kabinett ein und empfahl ihm, die Braut so bald wie möglich auf seine Güter zu führen und dort die Hochzeit zu feiern. Nadja machte noch zahlreiche Einkäufe in Moskau. Täglich wurden Haufen von Kartons mit Kleidern und Wäsche gebracht, Wera prüfte alle Dinge fachmännisch und probierte sie an. Dann kamen zwei Equipagen, eine für das Brautpaar, die andere für Nadjas Aussteuer. Unter dem Segen der Einwohner des Weißen Hauses wurden sie verabschiedet. Einen Tag war es leer und traurig im Haus. Njánja ging mit einem silbernen Räuchergefäß umher, schwenkte es in jedem Zimmer und flüsterte Exorzismen.

Dann normalisierte sich das Leben. Jeder ging seiner Beschäftigung nach. Wera war wieder gehorsam und drehte sich nicht immerzu vor dem Spiegel, sie hörte auf, sich die Augenbrauen anzumalen, und probierte nicht mehr Jadwígas Kleider und Hüte an. Bobiks Traurigkeit und tiefes Leid verschwanden, er freute sich wieder am Leben. Walerián kehrte zu seiner Agitation und den Lehren von Karl Marx zurück. Sascha war froh, daß er Jadwíga für sich hatte und daß manche Tage ohne Gäste vergingen, und Njánja dankte dem Herrn, daß der böse Spuk vorbei war.

FROSSJAS GEHEIMNIS

An einem kalten, grauen Dezembermorgen herrschte Aufregung in ganz Rußland. Die Schlagzeilen der Zeitungen berichteten in sensationeller Aufmachung über die Ermordung Grigórij Raspútins und über die mysteriösen Umstände des Mords. Njánja bekreuzigte sich immerfort, schüttelte den Kopf und meinte:

„Nun haben sie unseren Starez umgebracht, die Unnützen, nun ist unser Väterchen Zar ganz allein und ohne Freunde. Gott sei uns gnädig."

Bobik dachte, daß Sascha, der Raspútin verachtete, sich freuen würde. Aber Sascha war noch ernster und besorgter als sonst, er schaute Bobik streng an.

„Man soll sich nie über politischen Mord freuen, Bobik! Auch wenn er dem Feind gilt, er ist kein faires Kampfmittel. Blut erzeugt nur wieder Blut und Haß. Du weißt, ich habe den falschen Propheten gehaßt. Aber ich sehe jetzt mit noch größerer Sorge in die Zukunft. Der Zar wird jetzt ganz und gar den sich bekämpfenden Cliquen ausgeliefert sein, und das nimmt ein böses Ende. Dieser Mord bedeutet das Ende der russischen Monarchie. Gewiß, sie hat sich selbst gerichtet, aber mir graut davor, was dann kommt. Die Macht der Schwätzer und Phantasten, oder eine Wiederholung der Zustände aus der Zeit Johanns des Grausamen oder der französischen Revolution. Das wird unser letztes Weihnachten in friedlicher Gemeinsamkeit sein."

Jadwíga versuchte die erhitzten Gemüter zu beruhigen. „Gott, es hat immer gute und schlechte Zeiten gegeben, wir wollen um die Kraft bitten, hindurchzukommen. Menschen leben schon seit Millionen von Jahren auf dieser Erde, was haben sie alles erdulden müssen, und mitten in der Not haben sie dennoch Freude erlebt. Dennoch, Sascha! Als ich im Ausland war, wo das Leben ganz anders ist und die Bürger viel größere Freiheiten genießen: ich habe sie mir genau angesehen und mich gefragt, ob sie glücklicher und zufriedener seien. Glaub mir, sie sind es nicht. Aber wenn sie unsere Lebensverhältnisse, trotz unseres Reichtums, des großen Besitzes und der verhältnismäßig großen Macht, kennen würden, ich glaube, sie würden alle vorziehen, in ihren kleinen Ländern und ihren beschränkten Verhältnissen zu leben. Ein Regime löst das andere ab, und es gibt Unordnung, die einen werden aus den Zuchthäusern entlassen, andere sperrt man ein, die vorher geehrt und gefürchtet waren. Aber es wird allmählich Zeit, daß das Volk es lernt, sich selbst zu regieren."

„Werden sie uns denn alle umbringen, Mami?", fragte Wera aufgeregt. „Ich will nicht umgebracht werden, ich finde das Leben schön und will leben. Ich habe niemandem etwas Böses getan!" „Sei nur ruhig, niemand bringt dich um. Ich weiß auch nicht, was ihr befürchtet. Klebt ihr so sehr am Besitz? Lernt doch ehrlich arbeiten, euer Brot verdienen wie andere Menschen, dann könnt ihr überall euren Mann stehen. Und wovor habt ihr denn Angst? Meine beiden Brüder Pawlik und Stassiek sitzen in Sibirien im Zuchthaus, weil sie es wagten, revolutionäre Ideen zu äußern. Und sie leben, und sie warten auf das Neue, an das sie glauben. Euer Vorfahr Aleksándr Tschelistscheff war 1825 unter den Dekabristen, und ein anderer wurde unter Johann dem Grausamen massakriert, und Brenko Tschelo fiel im Kampf gegen die Tartaren. Jeder von ihnen lebte und opferte sich für eine Idee. Wir wollen aber das Alte, das Morsche nicht festhalten."

Plötzlich fiel ihr etwas ein. Sie kramte in ihrer Tasche und zog herrliche weiße Tjanutschki (Sahnebonbons), die sie von Lisawéta Petrówna im Pomponhaus geschenkt bekommen hatte, hervor. Alle stürzten sich auf das duftende Konfekt.

„Die hat Lisawéta Petrówna selbst gekocht. Sind sie nicht herrlich? Sie hat mir auch das Rezept gegeben, es ist ganz leicht, sie zu machen."

„Wollen wir es doch versuchen, Mami!", riefen Bobik und Wera.

Sie liefen in die Küche. Vergessen war der ermordete Raspútin und die Politik. Fróssja war ungnädig. „Die Tjanutschki könnt ihr doch bei Filatow kaufen, so arm seid ihr doch nicht, daß ihr sie selbst machen müßt! Daraus wird doch nichts, wie ich euch kenne. Ihr habt keine Ausdauer. Immer nur schnell, schnell, da kann nichts gedeihen."

Ihre Begeisterung wurde durch Fróssjas schlechte Laune sichtlich gedämpft. Dennoch bereiteten sie aus gleichen Mengen Zucker und Sahne, etwas Butter und Vanille eine dicke Masse, die auf ein gefettetes Blech gegossen und auf den Herd gestellt wurde. Die Masse begann zu brodeln. Bobik wollte versuchen, ob die Tjanutschki reif seien, und steckte den Finger in die dickflüssige Masse. „Au, au, au!", schrie er auf und fuchtelte mit dem verbrannten Finger in der Luft, um ihn zu kühlen.

„Du dummer Junge, was mußt du auch den Finger in die siedende Masse tun, du wirst nie vernünftig. Komm, wir tun Kartoffelmehl darauf, das kühlt." Und Fróssja bestreute den Finger, auf dem sich eine Blase bildete, mit Mehl.

Derweilen wurde die Masse verdächtig braun. „Wir müssen sie herunternehmen, sie brennt an!", riefen alle. Aber keiner wußte, wie man das heiße Blech vom Ofen nehmen sollte. Fróssja ergriff ein paar Topflappen und beförderte die Tjanutschki auf den Tisch. Jetzt war es Wera, die sich die Finger verbrannte, weil sie prüfen wollte, ob die Tjanutschki schon erkaltet seien. Sie schmollte und leckte an der beschädigten Hand. „Wie ein Katze", bemerkte Bobik bissig.

„Das geht dich nichts an, du hast dich ja zuerst verbrannt, du Blöder!"

Als die Tjanutschki wirklich erkaltet waren, gab es keine Möglichkeit sie zu zerschneiden, die Masse glich einem zu Basalt gefrorenen Lavastrom. Als das zweite Messer abgebrochen war und Fróssja keine Messer mehr zur Verfügung stellte, beschloß Bobik dem mißlungenen Konfekt mit dem Beil zuleibe zu gehen. Er haute drauflos. Krachend flog das Karamel durch die Küche. Das Backblech sah aus wie ein durchbohrter mittelalterlicher Schild. Fróssja jammerte. „Siebzehn Jahre diente mir das Blech, nun kommt ihr und in fünf Minuten verwandelt ihr meine Küche in einen Trümmerhaufen! Verschwindet jetzt sofort, sonst gibt es was mit dem Kochlöffel!"

Ehe sie das Schlachtfeld räumten, wollten sie noch das, was aus den Tjanutschki geworden war, kosten. „Bah", rief Wera enttäuscht, „das schmeckt ja ganz bitter, das war ja ein ganz abscheuliches Rezept. Hätten wir doch lieber die guten Tjanutschki bei Filatow gekauft." Wie eine geschlagene Armee, mit verbrannten Fingern, das Herz voll Enttäuschung, räumten sie Fróssjas Reich.

Einige Tage später bat Fróssja Bobik, ob er ihr nicht einen Brief an den Kutscher Aleksándr, der als Unteroffizier an der Front stand, schreiben wolle. Fróssja war des Schreibens unkundig. Sie galt weit und breit als die beste Köchin. Onkel Iwán, der ein großer Gourmand war, meinte, man schmecke in jeder Speise, die Fróssja bereitete, eine Prise vom Paradies mit. Fróssja war darüber sehr geschmeichelt, sie schämte sich aber auch, grob stieß sie den mächtigen General gegen die Schulter.

„Immer mußt du einen lächerlich machen, du Gottloser. Warte nur, wenn du alle Prisen vom Paradies hier verzehrt hast, bleibt dir nachher, wenn sie dich abholen kommen, nichts mehr übrig, dann stehst du da!" Onkel Iwán lachte laut.

Bobik saß auf einem hohen Schemel in der Küche. Das Briefschreiben brauchte viel Zeit, denn er mußte Fróssjas ungelenke Sprache ins Schriftrussische übertragen, wogegen Fróssja sich heftig wehrte. Sie meinte, da bliebe ja rein gar nichts von ihren eigenen Worten im Brief drin, und Aleksándr würde gar nicht glauben, daß sie den Brief geschrieben habe. Bobik gab schließlich nach und schrieb Fróssjas Stil, obwohl ihm das zuwider war. Der Brief war nicht sehr umfangreich, aber sie brauchten zwei Stunden zu seiner Niederschrift und waren beide erschöpft.

Fróssja war dankbar und milde gestimmt, und Bobik wagte es, sich in ein Gespräch mit ihr einzulassen.

„Weißt du, Fróssenka, ich wundere mich, wie du das alles schaffst, so schnell und ohne Mühe, und nie brennt dir etwas an, auch fallen dir keine Teller aus der Hand, wie der Mami oder Wera. Hast du vielleicht ein Geheimnis, daß dir alles so gut gelingt?"

Fróssja schmunzelte. „Mein Geheimnis ist, daß ich nichts ohne Gottes Hilfe tue, was ich auch beginne, immer rufe ich Ihn zu Hilfe. Daher allein kommt es, daß mir vieles gut gelingt. Ob es nun die schwierige »Maljutka sifljuschka« (so nannte sie Omlette soufflée), oder »Durno rossijskii« (Tournedos Rossini) oder andere einfachere Speisen sind, alles mache ich mit Umsicht und Bedacht, und mit einem Gebet dazu. Und daß mir keine Teller aus der Hand fallen, wie bei euch, das kommt daher, daß für mich der Teller ein lebendiges Wesen ist, auch er hat seine Seele, auch er ist von Menschen mit Kunst und Andacht gefertigt worden, und er will als ein Wesen behandelt werden. Was macht ihr aber damit? Ihr glaubt nicht an seine Seele, für euch ist er ein totes Ding, und da fällt er euch einfach aus der Hand und zerbricht!

Und was wäre meine ganze Arbeit ohne den Domowói, den Hausgeist, der das Haus behütet, und ohne die Kárliki (Heinzelmännchen). Die helfen mir bei allem Tun, sie sind immer um mich. Glaubst du, Dummer, denn wirklich, daß ein Mensch ganz alleine all die Arbeit schaffen könnte? Aber sie sind immer bereit, der eine zupft mich an der Schürze, wenn ich vergesse den Brei zu rühren, der andere hält den Teller fest, damit er nicht falle, ein dritter ruft ganz leise, daß ich es mit dem Ohr des Herzens höre: »Nicht so viel Salz! Nicht so viel Salz!« So helfen sie mir, und sieh, ich bin dadurch nie allein, und mir ist froh zumute."

Bobik hörte fasziniert zu. „Siehst du sie denn auch, die Kárliki?"

„Wie soll ich dir das sagen, ja und nein. Klein und fein sind sie und flink. Meist sehe ich sie nur wie Schatten daherhuschen, ohne die Gestalt zu unterscheiden. Aber ich fühle ganz genau, wenn sie da sind; sind sie nicht da, dann ist es leer um mich und ich werde traurig."

„Ob das wohl die gleichen Trolle sind, die bei uns kleine Gegenstände stibitzen, man sucht sich tot und findet sie nicht wieder."

„Vielleicht sind es dieselben, verspielt sind sie ja. Aber wenn sie euch etwas entwenden, so nur darum, daß ihr sie nicht recht zu beschäftigen vermögt. Auch sie brauchen Zucht und Ordnung, dann fühlen sie sich wohl, sie bedürfen auch der gütigen Aussprache. Was tut ihr aber, ihr schimpft nur auf die kleinen Kerle. Und ich, jeden Abend bringe ich ihnen warme Grütze mit Zucker, Zimmet und Milch, die haben sie gern. Und jeden Morgen haben sie etwas davon abgegessen."

„Das wird wohl der Kater Mur sein, der daran genascht hat", meinte Bobik ironisch.

„Du Narr, der Mur frißt doch keine Grütze, das waren bestimmt die Kárliki. Aber ihr seid ja gebildet, ihr glaubt gar nicht mehr an so etwas, und daher geht euch auch alles schief, was ihr anfaßt."

„Ich glaube aber daran! Auch wenn es ein Heidenglauben ist!", empörte sich Bobik.

„Heidenglauben, wenn ich das höre! Heidenglauben! Von wem sind die Kárliki denn geschaffen? Vom lieben Gott! Gottes Geschöpfe sind sie! Helfer der Menschen. Jeder hat seinen Schutzengel, und das sind kleine Schutzengel vierter Klasse, sozusagen."

„Aber du sprichst doch mit ihnen, du rufst sie. Woher hast du die Formeln, sie zu rufen?"

„Das ist ein Geheimnis, das man ganz allein für sich behalten soll. Ich habe es von meiner Mutter, und die hat es von ihrer Mutter, und so bis in die graue Vorzeit. Bei euch ist das anders. Ihr lernt viel unnützes Zeugs und stopft euren Kopf voll davon, daß ihr von den natürlichen Dingen, die um euch sind, nichts mehr wahrnehmt. Das Leben läuft an euch vorbei. Eure Hände halten nichts mehr fest." Sie seufzte.

„Wenn du mir aber das Geheimnis schenken würdest, wie man mit den Kárliki umgeht. Ich wäre dir sehr dankbar, denn ich liebe sie sehr."

„Das kann ich doch nicht. Das muß ich bei mir behalten."

„So ein Blödsinn! Wenn deine Mutter es bei sich behalten hätte, wüßtest du es jetzt auch nicht. Sag's mir doch, ich werde es keinem verraten und keinen Unfug damit treiben. Ich verspreche es dir!", und er streckte ihr die Hand hin.

„Also, dann hör zu, aber behalt es für dich. Eine Formel gibt es da gar keine, aber man muß mit ihnen ganz leise sprechen wie mit Katzen, sie hassen jedes laute Wort und jeden Lärm, dann verschwinden sie. Und du mußt dich immer gewählt ausdrücken, denn sie sind sehr wohlerzogen, wie kleine Grafen, aber nicht wie du einer bist, du bist ein Range, mehr wie Aljóscha Golítzin, von dem könntest du viel lernen! Und du mußt nie über sie lachen. Lachen, das verstehen sie nicht, sie meinen, man lacht sie aus. Und immer mußt du für alles dankbar sein. Dann freuen sie sich, daß man sie anerkennt, und sie tun immer mehr und mehr für dich. Schließlich hast du den Eindruck, daß du selbst gar nichts mehr zu tun brauchst, daß sie dir alle Arbeit aus den Händen nehmen, du wirst auch gar nicht müde von der Arbeit oder gehetzt und hast keine Angst vor den vielen Aufgaben.

Aber das Schönste ist, wenn du weißt, daß die lieben kleinen Kerlchen immer um dich sind, sie werden deine besten Freunde, dann bist du nie allein. Du magst in der fernsten Wüste oder im Wald sein, alle Menschen mögen dich verlassen haben. Aber du bist nie allein. Und das ist ein ganz großer Segen, den der Herrgott einem durch die Kárliki sendet. Du lebst in Eintracht mit dir selbst, mit Gott und der Natur, und sogar der Leibhaftige kann dir nicht so viel antun, denn durch den Umgang mit den Kárliki behältst du ein kindliches Gemüt. Und das hat unser Heiland schon gesagt, daß er den Kindern näher ist als den Erwachsenen."

„Du bist aber gar nicht immer im Gleichgewicht, Fróssja. Wenn die Bábuschka in die Küche hereinkommt, dann schlägst du Krach und bist böse wie ein Wolf und wirfst die Kasserollen umher, daß es nur so rappelt!"

„Warum tu' ich das, doch nur weil deine Bábuschka nichts von den Kárliki wissen will. Sobald sie im Haus erscheint und überall herumschnüffelt, sind die armen Kerlchen im Nu verschwunden, und ich habe meine Mühe, daß ich sie nachher wieder zusammenbekomme, so verängstigt sind sie. Das weißt du selbst, sogar der geduldige Kater Mur verzieht sich, wenn sie kommt, auch er kann sie nicht leiden. Siehst du, nur wegen der Kárliki bin ich dann böser Laune. Auf die lasse ich nichts kommen!"

Es wurde dämmrig. Die Schatten unter den Tischen und Stühlen wurden dichter. Fróssja und Bobik waren müde nach dem Briefschreiben und dem langen Gespräch. Bobik war es leicht ums Herz, nun wußte er das Geheimnis der Kárliki, und er würde mit gleicher sanfter Stimme zu ihnen sprechen und gut zu ihnen sein, und sie würden gerne zu ihm kommen und ihm helfen. Und er würde nicht mehr allein sein. Er wußte nicht genau, ob Fróssjas theologische Erwägungen wegen der Schutzengel vierter Klasse wissenschaftlich haltbar waren. Aber diese Auffassung fand er so verlockend, daß er sie sich zu eigen machen wollte. Wenn er den alten Priester von Stároje Giréjewo danach fragen würde, der würde ganz bestimmt anderer Meinung sein. Er war oft anderer Meinung und bezichtigte Jadwíga, Sascha und Bobik der Häresie, weil sie eine etwas abweichende Vorstellung von Gott und den Dingen hatten. Aber Bobik hatte gelernt, daß Gott und der Heiland die Liebe seien. Und wenn sie es waren, so mußten sie mehr lieben und mehr verzeihen, als es die Kirche zu tun gewillt war. Und Bobik ging von diesem Prinzip nicht ab. Alles ist Gottes, vielleicht sogar der Teufel, der abtrünnig geworden war. Und so nahm er sich vor, auch für den Teufel, für den großen Sünder gegen den Herrn, zu beten und ihn ein wenig lieb zu haben. Könnte dann der Teufel wirklich teuflisch bleiben?

REIS GAR KOCHEN

Manche Tage laufen glatt ab wie nach der Uhr. Aber es gibt dann Tage, die aus der Ordnung herausfallen, alles geht schief, nichts gelingt, es ist, als ob ein böser Troll die Uhrzeiger verstellte, man stolpert über den glatten Boden, Gegenstände fallen einem aus der Hand, man bleibt mit den Kleidern an kleinen Unebenheiten der Wand hängen, man schneidet sich in die Hand. Alle sind gegeneinander gereizt, schimpfen gleich los, und keiner weiß, warum das eigentlich geschieht.

An einem solchen Tage hatte Pássenka den ganzen Körper voller roter Flecken. Er selbst fühlte sich gar nicht krank, aber seine Stirn war heiß. Natürlich funktionierte das Thermometer nicht, es wollte einfach nicht steigen, obwohl Pássenkas Temperatur sicher höher war als 35,5. Njánja rannte aufgeregt umher. Es wurde nach Doktor Ssorókin telefoniert. Dessen Pferd hatte etwas am Huf, er bat Jadwíga, ob sie ihn nicht abholen könnte.

Bobik besah sich Pássenka trotz Njánjas Verbot, und fand es könne sich nur um Röteln oder Windpocken handeln. Masern und Scharlach verstand er zu diagnostizieren. — „Hab keine Angst, Pássenka, das ist nichts Schlimmes, bleibst ein paar Tage im Bett, dann ist alles wieder in Ordnung", redete er dem kleinen Bruder gönnerhaft zu.

„Hast du eine Ahnung, was in Ordnung ist, ein paar Tage im Bett! Als ob das nichts wäre! Was mache ich denn mit meinen Verabredungen? Morgen wollten wir doch zur Kolka mit Njánja, da gibt es besonders gute Warénje. Du hast gut reden, du bist nicht krank!" Pássenka war empört und böse auf die Kankheit, die ihm seine Pläne durcheinander brachte.

Wanka, der die Pferde anschirrte, brachte eine neue Hiobsbotschaft. Fróssja und Aríscha waren an einer Halsentzündung erkrankt und konnten nicht zur Arbeit kommen. Was sollte man tun? Bobik erbot sich, für die ganze Familie Reis zu kochen. Jadwíga gab ihm keine Ratschläge, weil sie nicht wußte, wie man Reis kocht. Njánja war viel zu sehr mit der Krankheit Pássenkas beschäftigt, als daß sie einen anderen Gedanken als über die Krankheit erzeugen konnte.

Bobik ging in die Küche. Er war sehr ernst. Ob die Kárliki auch ihm helfen würden, wie sie der Fróssja halfen? Noch nie war ihm die

123

Küche so groß, leer und kalt vorgekommen. Kater Mur lag auf dem großen Tisch, er würdigte Bobik keines Blicks. Bobik hatte keine Zeit, sich mit ihm zu unterhalten. Er merkte sofort, daß die Kárliki nicht anwesend waren, wahrscheinlich standen sie alle um Fróssjas Bett und weinten oder versuchten ihr den Hals zu massieren. Der große gekachelte Herd schaute ihn böse und abwartend an.

Es galt zuerst Feuer anzumachen. Neben dem Herd stand eine große Kiepe mit Papier und kleingehacktem Holz. Bobik stopfte so viel er konnte Papier und Holz ins Feuerloch, bis es prallvoll war. Dann zündete er es an. Dicker gelblicher Qualm strömte aus der Öffnung. Die Küche füllte sich mit ätzenden Wolken. Bobik kniff die Augen zu und mußte hüsteln. In dem Augenblick kam Aljóscha Golítzin in die Küche. Manchmal vergaß Aljóscha, der oft im Weißen Haus zu Besuch war, nach Hause zu fahren und blieb einige Wochen da, er fühlte sich wohl in Bobiks Gesellschaft.

„Der brennt nicht", meinte Bobik, in seiner Stimme klangen Ärger und Verzweiflung.

„Das wäre doch gelacht! Weißt du was, man muß etwas Benzin oder Petroleum hineingießen, dann brennt er bestimmt."

Sie gingen ins Nebengelaß und fanden eine Kanne mit Petroleum. Sie hoben einen der Ringe aus der Herdplatte, der Rauch stieg in Kaskaden auf. Sie gossen eine Menge Petroleum hinein. Einen Augenblick sah es so aus, als ob der Herd erloschen wäre, dann kam es ihnen vor, als ob er tief Atem holte, und dann sprang eine hohe, gräßlich dunkelrote Flamme wie aus dem Maul eines Drachens hervor. —

„Schnell, schnell!", rief Bobik. Sie warfen die Ringe auf die Öffnung in der Herdplatte. Und nun brodelte es im Bauch des Herds. Viele schwarze Flocken fielen herab und bedeckten die Küche mit einer dünnen schmierigen Schicht. Ihre Hände waren schwarz und fettig. Aber der Herd brannte!

Bobik fand eine große kupferne Kasserolle. Er füllte sie zu drei Vierteln mit Reis, goß kaltes Wasser darüber und eine Handvoll Salz. Dann warteten beide, ob der Brei kochen würde. Inzwischen schoben sie Holzstücke in das Maul des Ofens nach.

Soweit war alles prachtvoll gelungen. Nach einer Weile begann der Brei zu brodeln, es gab auf seiner Oberfläche kleine speiende Krater wie bei einem Vulkan. Als ob er von unten her geschoben würde, hob sich der Brei. Alles geschah so schnell. Bobik hatte nicht Zeit, einen anderen Topf herbeizuholen, der Brei ging über Bord und verbrannte auf der glühenden Platte zu einer braunen Masse. Aljóscha rannte und holte eine neue Kasserolle. Mit einem Schöpflöffel füllten sie den neuen Topf, dann gossen sie in beide Töpfe Wasser zu. Voller Bangigkeit warteten sie der kommenden Ereignisse. Der Brei stieg wie durch ein Zauberwort weiter und ging über die Ränder der Kasserollen. Zwei weitere Gefäße wurden geholt.

„Das ist ja einfach unheimlich, als ob ein böser Geist drinnen wäre. Wie kann denn das Zeugs sich so vermehren?!" Bobik war dem Weinen nahe. Aus den Kesseln roch es brenzlich. Aljóscha meinte, der Reis müsse doch endlich gar sein. Bobik nahm einen Löffel und holte sich eine Probe. Er spuckte den heißen Brei sofort aus. Die Lippen, der Gaumen und die Zunge waren verbrannt, schmerzten und fühlten sich an wie Sammet. Er setzte sich hin und schmollte. Nie hatte er geahnt, daß Kochen so schwer und qualvoll war. Bei Fróssja sah alles so spielend leicht aus.

Kater Mur sprang ihm auf die Schulter und rieb seinen Kopf an Bobiks Wange. Das tröstete ihn. Er streichelte behutsam den Kater. — „Gott, du armer, du hast ja auch noch nichts zu essen bekommen! Ich geb dir gleich etwas!" Er bereitete ihm eine Schale mit Milch und schnitt Schinken in kleine Stückchen. Mur sprang auf den Boden, machte einen Buckel, ging in weitem Bogen um die Schüssel, stand etwas unschlüssig davor, oder sprach er sein Katzengebet? Dann fraß er, langsam, mit Pausen, aber er schnurrte dabei. — „Gott sei Dank, sein Essen ist wenigstens nicht mißlungen!"

Nun war der Reisbrei wohl gar, denn er quoll nicht mehr über. Aljóscha, der ihn probierte, ohne sich zu verbrennen, meinte, er sei sogar weich, er schmecke nur etwas brenzlich. Sie gossen Milch dazu, bestreuten das kulinarische Erzeugnis mit Zucker und Zimt und füllten es in Schüsseln. Eine große Schüssel trugen sie zu Fróssja und Arischa. Beide aßen den Reisbrei mit Vergnügen. Fróssja lobte Bobik und gratulierte ihm zu seiner Kochkunst.

„Wieviel Reis tut man denn eigentlich in den Kessel?", fragte Bobik scheinheilig.

„Eine große Handvoll pro Person. Man brät ihn trocken an in der Kasserolle, dann übergießt man ihn mit kochendem Wasser und läßt ihn auf kleinem Feuer zwanzig Minuten ziehen. Aber das weißt du ja selber, du hast ihn doch gekocht."

„Ja, ja", sagte Bobik, „jedenfalls ist noch viel Reis da, ihr könnt alles aufessen, es reicht noch für mindestens vier Tage."

Fróssja staunte. „Soll ich denn so lange krank sein? Ich werde sicherlich morgen schon aufstehen."

„Man kann es nie wissen."

Jadwíga kam mit dem Doktor Ssorókin zurück. Bobik und Wera deckten den Tisch und der Arzt wurde zum Reisessen eingeladen. Es schmeckte ihnen vorzüglich. Sie lobten den jungen Koch sehr eifrig, vielleicht etwas zu eifrig, so daß in Bobik der Verdacht aufkam, daß sie mit einiger Überwindung aßen. Der Reis sah ganz anders aus als bei Fróssja, er war bräunlich und von einzelnen Körnern merkte man nichts, es war eine homogene, etwas klebrige Masse. Der ganze Raum roch nach Zimt.

Nur Pássenka, dessen Krankheit sich als harmlose Windpocken herausstellte, fand die Speise abscheulich, er verzog sein Gesicht zu einer fürchterlichen Grimasse. Er schaute Bobik mit seinen großen braunen Augen an. „Weißt du, Bruder, ich habe noch nie solch einen scheußlichen Fraß zu essen bekommen."

Bobik atmete tief aus. Endlich einer, der die Wahrheit sagte. Das war genau seine Meinung.

DER VERSCHMUTZTE WEIHNACHTSENGEL

Vor Weihnachten versammelte Jadwíga Sascha, Bobik und Wera in ihrem kleinen Salon zu einer gemeinsamen Beratung.
„Laßt mich bitte erst ausreden und schreit nicht gleich dazwischen!"
— „Wir schreien ja gar nicht!", riefen sie. „Doch, immer unterbrecht ihr mich! Hört zu! Durch den Krieg ist unsere Hausgemeinschaft sehr klein geworden, und ich habe mir überlegt, ob es nicht nett und freundlich wäre, am Heiligen Abend ein gemeinsames Mahl mit dem Gesinde im Eßzimmer einzunehmen."
Sascha machte ein undurchdringliches Gesicht. Bobik, der immer das erste Wort haben mußte, meinte:
„Das ist eine prachtvolle Idee, Mami, aber werden sie sich denn auch alle bei uns wohlfühlen? Du weißt doch, daß sie gemeinsam aus einer Schüssel essen, daß sie mit Eßbestecken nicht gut umzugehen verstehen und daß sie keine Silberlöffel in den Mund nehmen und nur von Holzlöffeln zu essen gewohnt sind. Hast du sie auch danach gefragt?"
„Nein, ich wollte die ganze Angelegenheit erst mit euch besprechen und eure Meinung hören."
Alle waren mit diesem Vorschlag einverstanden, wenn sie auch verschiedene Bedenken dagegen hatten. Auch das Gesinde nahm die Einladung mit Freuden an.
Man beschloß, kalte Speisen aufzutischen, damit Fróssja und die Mädchen nicht durch die Essensvorbereitungen von der Weihnachtsfeier abgehalten würden. Sascha schmückte den hohen Weihnachtsbaum und Bobik durfte ihm dabei helfen. Die uralten Glaskugeln und goldenen Tannzapfen, silberne Püppchen, Äpfel und bunte Printen baumelten fröhlich an den immergrünen Ästen. Sie besahen sich den Baum und waren zufrieden. Plötzlich fiel Sascha ein, daß sie die Kerzen vergessen hätten. Mit viel Aufregung wurden überall die Kerzen gesucht. Da sagte Jadwíga:
„Ich habe ja gar keine gekauft, ich habe es total vergessen, verzeiht mir. Bobik, lauf doch schnell zu der Lukiná in den Laden, sie wird sicherlich noch heute Weihnachtskerzen haben."
„Mami, kann denn Sascha nicht mit mir gehen?"
„Gewiß doch, wenn er es tut", sagte Mami.

In schwere Pelze gehüllt, trotteten Sascha und Bobik in die kalte, klare Weihnachtsnacht. Sascha hielt Bobik an der Hand, sie sprachen nicht viel. Bobik war es gewohnt, daß Sascha wortkarg war. Aber sie genossen die Zweisamkeit in der wunderbaren, Heiligkeit ausstrahlenden Weihnachtsnacht.

Die Lukiná packte ihnen geschäftig einige Kartons mit roten und gelben Kerzen ein und entließ sie mit guten Weihnachtswünschen.

Der Schnee knirschte unter ihren Filzstiefeln, manchmal fiel ein Stern vom Himmel und hinterließ eine schmale, goldene Spur. Mit ehrfürchtigem Entzücken betrachteten sie diesen Gruß aus dem Kosmos. Als sie sich der Datscha von Golowins näherten, sahen sie auf der Bank neben dem Tor eine dunkle Masse. Bobik faßte Sascha fester an der Hand.

„Schau mal, Sascha, sieht aus wie ein Mensch."

„Unsinn, Bobik, was soll ein Mensch bei diesem Frost und in der Nacht."

„Ja, aber schau doch genauer hin, es bewegt sich ein wenig und ein Tier kann es doch nicht sein."

Sie gingen auf die Gestalt zu. Es war wirklich ein Mensch, ein zerlumpter Bettler, der zusammengekrümmt unter einem schäbigen Schafpelzmantel auf der Bank lag. Sascha berührte ihn. Ein Grunzen kam aus der Gestalt.

„Hör mal zu, Bruder, was machst du denn hier, du erfrierst ja, es ist doch kalt?"

„Was geht dich denn das an, ob ich erfriere oder nicht", gab der Mann unwirsch zurück.

„Heute ist doch der Heilige Abend!"

„Na und?"

„Da feiern doch die Menschen Christi Geburt in ihren Häusern!"

„Na, dann feiert man. Hat Er denn auch gefeiert?"

„Nein", meinte Sascha gedehnt.

„Das ist es ja gerade, ihr feiert und freßt euch satt und entzündet Kerzen, derweilen liegt Er für euch auf der kalten Erde im Stroh und die Tiere wärmen Ihn, keine Menschen. Geht nur zu euerer Feier und laßt mich in Ruhe, ich habe euch nicht gerufen."

Sascha und Bobik, von dem derben Ton des Landstreichers unangenehm berührt, entfernten sich, aber ihre Schritte waren langsam und unsicher.

„Meinst du ...", fing Bobik an, „vielleicht ist er von Ihm gerade für uns gesandt."

Beide dachten sogleich an die Engelsgeschichte von Onkel Tolstoi. Beide blieben stehen und gingen zurück.

„Was wollt ihr schon wieder", brummte der Mann.

„Weißt du was, Bruder", sagte Sascha, „du kannst natürlich hier auf der Erde im Frost feiern, wenn du willst, aber möchtest du nicht zu uns kommen, wir wohnen ganz in der Nähe, und dann feierst du mit uns bescheiden mit."

Der Mann war unschlüssig. Er stützte sich auf seine Ellenbogen und schaute die beiden lange und nachdenklich an.

„Was seid ihr denn für Leute?"

Sascha lachte. „Na, Räuber sind wir nicht, wir werden dich schon nicht berauben, komm nur mit."

Er erhob sich langsam und stockend. Sascha und Bobik stützten ihn an jeder Seite und gingen langsam zum Weißen Haus. Bei Licht sahen sie, daß es ein alter, weißhaariger, gebeugter Mann mit breitem, gutmütigem Gesicht war.

„Wer seid ihr denn", fragte er, „bist du der Kutscher oder der Knecht? Das ist wohl dein Söhnchen? Aber du hast ja einen Herrenpelz an!"

„Ich bin auch nicht der Kutscher, aber Knecht bin ich wohl, ein Knecht Gottes! Komm nur herein."

Jadwíga kam ihnen entgegen. Sie sah den Landstreicher und erschrak. Aber sie begriff sofort und dann kam ein Strahlen über ihr Gesicht.

„Wie lieb, daß ihr uns einen Weihnachtsgast mitgebracht habt."

Sie streckte dem Mann die Hand hin. Er schaute betreten auf die feierliche Kleidung der Anwesenden und schaute dann an seinen Lumpen herab. Jadwíga begriff seine Gedanken.

„Weißt du was, Väterchen, ehe wir zur Feier gehen, waschen wir dich und kleiden dich um."

Man sah dem Mann an, daß ihm diese Idee gar nicht zusagte, doch was sollte er tun? Njánja wurde gerufen. Sie ließ vor Schreck fast das Tablett, das sie in den Händen hielt, fallen, aber sie fing sich rasch wieder.

„Njánjuschka, wir wollen unserem Freund schnell ein Bad bereiten und dann suchen wir gute Sachen für ihn zusammen."

Njánja packte den Landstreicher vorsichtig an der Hand.

„Komm mit, Väterchen, ich werde dir schon helfen."

„Pfui, was brauchst du mir zu helfen, ich werde wohl Manns genug sein, mich anzukleiden."

„Komm nur, schäm' dich nicht", und sie zog ihn hinunter zum Badezimmer.

Sascha und Bobik rannten in ihre Zimmer und suchten warme Kleider und Schuhe, den Bettler zu bekleiden. Derweilen bereitete Njánja das Bad. Sie forderte den Mann auf, seine Lumpen abzulegen.

„Die werde ich gleich verbrennen. Du bekommst neue Sachen zum Fest, diese brauchst du nicht mehr anzuziehen."

Der Mann ließ alles unwillig mit sich geschehen. Njánja stupste ihn gewaltsam ins heiße Badewasser, er schrie, sie wolle ihn wohl verbrühen, sie nahm Seife und eine harte Bürste und bürstete mit aller Gewalt den jahrealten Dreck von ihm ab. Nach und nach fand er Gefallen an der ungewohnten Betätigung. Sascha und Bobik brachten die warmen Sachen ins Badezimmer, und er durfte sie sich anlegen. Saschas Hosen waren ihm viel zu lang, sie wurden hochgekrempelt, desgleichen die Ärmel. Seine Haare wurden getrocknet und sein Bart wurde gekämmt. Mit erheblicher Verspätung konnte nun das Weihnachtsfest beginnen.

Das Gesinde und die Kinder standen entzückt vor dem leuchtenden Weihnachtsbaum. Sie sangen frohe Weihnachtslieder, sie umarmten sich gegenseitig, freuten sich an den Geschenken. Der fremde Mann bekam vom Weihnachtstisch Leckereien und von Saschas Geschenken Socken, ein warmes Unterhemd und ein Paar Filzschuhe. Er wußte nichts damit anzufangen.

„Gott vergelt's euch", stammelte er, „aber was soll ich damit? Die Pantoffeln sind doch für ein Zimmer und ich habe kein Zimmer. Mein Zimmer ist die weite Welt und die Landstraße. Behaltet es nur."

Beim Mahl wurde der Mann, der Maxim hieß, zwischen Jadwíga und Sascha gesetzt. Zuerst genierte er sich beim Essen und wußte nicht recht, wie er es machen sollte, da er Gabel und Messer nicht zu handhaben verstand. Aber Jadwíga fand eine Lösung. Sie legte ihm die Speisen vor, belegte ihm die Brote, so daß er nur zuzugreifen brauchte, und nach dem dritten Gläschen Schnaps wurde auch er munter und schmunzelte vergnügt, und das Gesinde, das zunächst die Gemeinsamkeit beim Mahl nicht gewohnt war, wurde lustig und fröhlich. Fróssja und die Mädchen waren anfänglich sichtlich verstimmt, daß ein wildfremder, dreckiger Bettler wie ein hoher Gast behandelt und ihnen vorgezogen wurde. Sie fanden das nicht recht von den Herrschaften. Njánja dagegen strahlte über das ganze Gesicht, tuschelte mit ihnen und erzählte, wie sie die Dreckkrusten von ihm geschrubbt habe. Sie war sichtlich stolz darüber.

Nach dem Essen spielten sie gemeinsam Domino und Karten, knackten Nüsse und bissen in die saftigen Printen. Nachts gingen sie alle gemeinsam zur Messe. Maxim ging mit.

Später bereitete Njánja ihm ein Bett im Gästezimmer. Er besah sich die weißen Laken und meinte verschämt, ob er sich denn nicht auf den Fußboden legen dürfe. Sascha lachte: „Wenn schon ein Bett da ist, kannst du dich auch darein legen."

„Nein, Brüderchen, das verstehst du nicht, vom Bett kann einer leicht herunterfallen und unsereiner würde die engelsweißen Laken ja nur verschmutzen und zerknüllen, und so einer wie ich, der liegt besser auf der Erde. Weißt du, niedriger als Mütterchen Erde gibt es nichts, und da kannst du auch nicht herunterfallen."

Sie verabschiedeten sich von dem Fremdling.

Zur Nacht betete Bobik das wunderbare Christusgebet, das er so liebte und aus dem ihm immer Trost und Fröhlichkeit zuströmte:

> „Erfüller alles Guten bist du, mein Christus.
> Erfülle mit Freude und Heiterkeit meine Seele
> und erbarme dich meiner, du viel Erbarmender."

Da kam Jadwíga, um ihm einen Gute-Nacht-Kuß zu geben. Er bedankte sich bei der Mutter für alles Gute des ganzen Jahres und all der vielen Jahre, für ihre Liebe und Freundlichkeit und Fürsorge und dankte ihr, daß er ihr Sohn und sie seine Mutter war.

„Weißt du, Mami, es ist komisch. Man lebt so in den Tag hinein und immer macht man etwas falsch, ohne daß man es will, und ab und zu macht man es richtig, und das fällt noch viel weniger auf, und eigentlich will man doch meistens das Gute, aber dieses Gute bleibt unsichtbar. Und wenn man manchmal glaubt, etwas Gutes zu tun, wie jetzt bei dem Bettler, dann ist es vielleicht gar nichts Gutes. Wer weiß, ob ihm diese ganze Begegnung überhaupt recht war und ob er sich nicht auf der frostigen Erde wohler gefühlt hätte als in einer ihm so fremden Umgebung. Und dann, wenn man denkt, nun hast du etwas Gutes getan, dann müßte man so konsequent sein, daß man diesen Mann sozusagen für ganz aufnehmen sollte oder sein Leben ändern sollte, weil man glaubt, daß er es nicht gut hat. Er aber will es vielleicht gar nicht anders. Wo ist da Recht, wo ist Unrecht. Als wir ihm begegneten, da haben wir wirklich gedacht, vielleicht ist das ein Engel, vielleicht ist es der Erlöser selbst, der uns prüfen will, ob wir ein rechtes Herz haben, aber eigentlich ist es doch ein ganz gewöhnlicher Landstreicher."

„Engel, Bobik, heißt Angelos, heißt auf griechisch Botschafter, und jeder Mensch ist ein Botschafter Gottes und hat in dem oder jenem Augenblick eine Botschaft zu überbringen, und es kommt nur darauf an, daß wir mit den Ohren unseres Herzens dieser Botschaft zu lauschen vermögen, und so ist es auch mit dem, was du den Alltag nennst. Es ist gut und recht, daß der Alltag uns erfüllt. Aber du hast es selber ausgesprochen, daß jenseits des Alltags das andere, das Große, das Göttliche steht, das wir manchmal näher und manchmal ferner wahrnehmen, das aber die eigentliche Wirklichkeit unseres Daseins ausmacht."

Und sie küßte ihn auf die Stirn. Er schloß die Augen und war dankbar und selig.

Als sie am nächsten Morgen zum frohen, gemeinsamen Frühstück versammelt waren, fehlte Maxim, der Bettler. Sein Bett war unberührt, die geschenkten Pantoffeln standen ordentlich neben dem Nachttisch.

ASKESE

Weihnachten war die Zeit des beschaulichen Beisammenseins, der Gemütlichkeit, der Dunkelheit und der warmen Geborgenheit in den Räumen. Die Birkenholzscheite verbrannten mit lustigem Prasseln in den hohen Öfen. Draußen waren Kälte, Schneeverwehungen. Irgendwo — ganz weit weg — war der schreckliche Krieg. In jenen Tagen rückte man näher zueinander. Die morgendlichen und abendlichen Gebete und Andachten waren länger und inbrünstiger. Man spielte gemeinsam harmlose Spiele wie Domino, Karten, Menschärgere-dich-nicht. Zwar nahm man sich vor, sich nicht aus der Ruhe bringen zu lassen, doch ärgerte man sich und bezichtigte den Gewinner schlechter Charaktereigenschaften, obwohl es doch nur das Schicksal war, das einem seine Gunst oder Ungunst erwies. War es einem günstig, dann freute man sich und es kam einem gar nicht in den Sinn, daß der Nachbar dadurch geschädigt wurde.

Es war die Zeit des üppigen Essens. Man nahm zu an äußerem Umfang, ohne dabei innerlich reicher zu werden. Die Leibesfülle trug durchaus nicht zum Wohlgefühl bei, und man nahm sich vor, am nächsten Tag weniger zu essen und sich zu mäßigen. Aber der nächste Tag brachte neue Versuchungen und man erlag ihnen wie zuvor. Bábuschka stöhnte laut, daß ihr Korsett zu eng sei, und Bobik neckte sie: ihr Korsett sei immer das gleiche. Es würde wohl mehr an ihrem vollen Bauch liegen. Sie war sehr böse darüber.

Plötzlich fiel Bobik sein Gespräch mit Tante Ella ein und ihre Frage, ob er schon jemals gehungert habe. Damals kam ihm diese Frage sonderbar vor, doch sollte man es vielleicht an sich selbst ausprobieren.

Bobik dachte eine lange Nacht darüber nach, wie man das anstellen könnte. Wenn er eine solche Absicht zu Hause verkünden würde, würden sie alle, mit Ausnahme von Jadwíga und Sascha, entsetzt sein. Njánja würde aufgeregt wie eine Glucke gackern und ihm Widerstand entgegenbringen. Fróssja würde ihn für verrückt erklären, Wera würde seiner spotten. Er kam zu der Überzeugung, daß er zu Hause unmöglich sich einer solchen strengen Askese unterwerfen könne. So beschloß er, den Tag in Moskau zu verbringen, dort könne ihn niemand kontrollieren.

Er stand sehr früh auf, Njánja bereitete ihm das Frühstück: duftende Kalàtschí aus lockerem Hefeteig mit Butter. Bobik schmierte sich zum Schein die Brote. Wehmütig sah er sie an. Er aß sie jeden Tag, aber an diesem Tag darauf zu verzichten, bedeutete eine heldenhafte Entsagung. Der Hund Scharik, der durch das gute Essen auch dicker war, als es seiner Rasse entsprach, lag zu seinen Füßen. In dem Augenblick, als Njánja ihm den Rücken zudrehte, stopfte er Scharik das Brot ins Maul. Scharik war über solch reiche Gabe entzückt und schluckte sie hastig hinunter. — Bobik verabschiedete sich und fuhr nach Moskau.

Seltsamerweise begann der Hunger nicht etwa nach einer Weile, sondern war schon vom Augenblick des Entschlusses in ihm. Der Schmerz nagte so heftig an den Magenwänden, daß er glaubte, krank zu werden. „Vielleicht habe ich ein Magengeschwür", dachte er besorgt. Eigentlich wollte er auf den Ssucharewka-Markt gehen, wo man köstliche, meist gestohlene Antiquitäten für billiges Geld erstehen konnte. Aber dann dachte er, dieses Vergnügen des Kaufens und Handelns würde nicht zum Ernst der Lage und zur Würde des Hungerns passen. Es würde auch nicht der freiwilligen Askese entsprechen. So begab er sich auf den Ochotnyi Rjad, wo es die herrlichsten Lebensmittel- und Delikateßläden gab. Er ging ganz langsam, besah sich alle Kostbarkeiten, ab und zu übermannte ihn die Versuchung und er griff in die Tasche, um dieses oder jenes zu kaufen, aber dann beherrschte er sich wieder, und wenn ihm ein Bettler begegnete, gab er ihm die Summe, die die Leckerei gekostet hätte. Der Bettler schaute den gebefreudigen Knaben überrascht und zugleich mißtrauisch an, dankte ihm und flehte alle Gnaden Gottes auf ihn herab, verschwand aber sehr schnell in der Menge, ehe der Geber sich eines Besseren besinnen konnte. Trotz beißenden Hungers empfand Bobik Stolz über seine Selbstbeherrschung und Großmütigkeit.

Um die Mittagszeit fühlte sich Bobik so schwach, daß er sich in einer Toreinfahrt gegen einen steinernen Pfosten lehnen mußte. Es wurde ihm schwarz vor den Augen und er befürchtete, ohnmächtig zu werden. Aus manchen Restaurants kam ihm der Duft von Borschtsch und Braten entgegen. Er sog ihn ein als etwas ganz Fernes, fast Vergessenes. Dann läuteten um 12 Uhr alle Kirchenglocken Moskaus auf einmal. Das Geläut erfüllte die Luft, so daß alle anderen Geräusche aufgesogen wurden. Bobik bekreuzigte sich und beschloß, eine der nächsten Kirchen aufzusuchen. Dort kniete er lange vor der Ikone der Mutter Gottes und später vor dem Heiligen Seraphim von Ssarow, der ein großer Asket war.

„Seraphimuschka, lieber guter, du hast so viel in deinem Leben freiwillig gehungert, du hast dein letztes Brot mit dem großen braunen Bären geteilt, hilf mir und laß mich nicht schwach werden."

Er sog den Duft des Weihrauchs ein und schaute lange in das Antlitz des Heiligen. Er wurde ruhiger und der Schmerz im Magen ließ etwas nach. Er fühlte, daß seine Kräfte wiederkehrten. Er wollte so lange wie möglich in der Kirche bleiben. Hier war es still, hier spürte man die Dichte des Gebets, hier war er geborgen. Einige alte Frauen schlurften herein, knieten vor den Ikonen, verbeugten sich, zündeten Kerzen an und murmelten Gebete. Er sah in ihre Gesichter. Eigentlich waren es ganz alltägliche runzelige Bauerngesichter, aber in dem geheiligten Raum der Kirche erschienen sie ihm verklärt, gütig und gesammelt.

„Wie doch die Nähe Gottes diese Menschen verändert und sie aus der Bosheit ihres Alltags, aus der Not und dem Gezänk herausreißt, sobald sie sich Gott gegenüber wissen. Warum müssen sie erst in die Kirche gehen, um solch einen Ausdruck zu bekommen? Könnten sie ihn nicht genau so gut auf der Straße, im Wald oder zu Hause haben? Ob ich auch einen verklärten Ausdruck habe?"

Er ging zu einer großen Ikone, die unter Glas war, und versuchte, sich darin zu spiegeln. Gewohnheitsmäßig zog er, als er vor dem Spiegel stand, seine Nasenflügel ein und machte ein feierliches Gesicht. Aber dieses Gesicht, das sich im Glas spiegelte, war sein, Bobiks Gesicht und unterschied sich in keiner Weise von dem Gesicht, das er in den gewöhnlichen Spiegeln sah. „Sicherlich straft mich der Herrgott, weil er mir kein weihevolles Gesicht schenkt!", dachte er betrübt. Dann fiel ihm seine Ähnlichkeit mit dem Zaren Paul I., mit dem er über Katharina I. verwandt war, ein. Er drückte seine Nase mit dem Mittelfinger hoch und zog mit dem Zeige- und vierten Finger die unteren Augenlider herab, eine bulldoggenähnliche Fratze grinste ihm aus dem Spiegel entgegen. Er steckte diesem anderen Gesicht im Glas die Zunge heraus. Er erschrak über sein sündhaftes Tun und war zerknirscht. Nach einer Weile fand er, daß offenbar das Gefühl der Weihe und der Heiligkeit sich im Menschen nicht allzu lange halten kann. Irgendwie wurde ihm der Kirchenraum zu vertraut und er beschloß, um ihn nicht zu profanieren, hinauszugehen. Er bekreuzigte sich, sank in die Knie, küßte der Reihe nach die heiligen Ikonen und verließ rückwärts gehend die Kirche.

Draußen umfing ihn der Lärm der Straße. „Eigentlich sollte ich beim Hungern der Armen und Notleidenden gedenken und mir vorstellen, wie es ihnen zumute ist. Aber ich fühle immer nur meinen eigenen Hunger." Dann traf er auf eine Gruppe von Jungen seines Alters, die Babki spielten. Eine Weile schaute er interessiert zu, er rief begeistert, wenn ein Wurf gelungen war, und schließlich bat er, mitspielen zu dürfen. Vergessen waren der Hunger und die Magenschmerzen. Bobik ereiferte sich sehr und gewann. Die unbekannten Spielkameraden waren neidisch, aber sie klopften ihm anerkennend auf die Schulter, und das hob sein Selbstbewußtsein. Hernach, als das Spiel zu Ende war, hatte er Gewissensbisse, daß er sich von weltlichen Dingen so leicht ablenken ließ. Inzwischen war es dunkel geworden und er beschloß, heim zu fahren. Er winkte einen Fuhrmann heran und fragte ihn nach dem Fahrpreis zum Bahnhof. Schon wollte er einsteigen, da kam ihm seine Bequemlichkeit als ein Verrat an der Askese vor, und er bedankte sich verlegen. Der Kutscher schimpfte:

„Du Narr, was holst du einen heran, bist wohl übermütig geworden! Hast lange keine Backpfeifen gesehen! Troll dich nur, ehe ich absteige und dir welche verpasse!"

Bobik wollte frech werden, aber an einem solchen Tag mußte er verzeihen.

„Sei nicht böse, Väterchen, ich wollte dich nicht necken, aber so viel Geld habe ich nicht."

„Wieviel hast du denn, ich fahre dich auch billiger."

„Nein, ich danke dir, ich gehe lieber zu Fuß."

Unterwegs schenkte er einem bettelnden Kind einen Rubel. Das Gesicht des Kindes strahlte auf und es schaute ihm lange nach.

Als er zu Hause ankam, saßen sie alle bei Tisch. Jadwíga fragte, wo er so lange gewesen sei, er solle sich dazusetzen. Er erzählte, daß er durch Moskau gebummelt sei. Er dankte, er habe keinen Hunger. Es war eine Tortur zuzusehen, wie die anderen aßen, und sie aßen mit solcher Freude und Appetit. Jadwíga forderte ihn wieder auf etwas zu essen. Da konnte er nicht mehr widerstehen. Sein Wille war gebrochen. Er beschloß, nur eine Kleinigkeit zu essen, ein Stückchen Brot und ein Spiegelei. Eine Seligkeit überkam ihn, als er an dem goldgelben Ei kaute. „Wie schön, wie herrlich sind doch die Gaben Gottes", dachte er, und es tat ihm gar nicht leid, daß er seinem Vorsatz untreu wurde. Erst nachts im Bett bat er den Heiligen Seraphim um Verzeihung, daß er die Askese nicht einmal einen ganzen Tag durchgehalten habe. Er versprach, er würde jetzt jeden Monat einmal hungern, und vielleicht würde er sich daran gewöhnen und mit Hilfe des Heiligen würde es ihm gelingen, einen ganzen Tag lang zu darben, ohne zu leiden.

Wenn er auch über seine Fehlleistung etwas zerknirscht war, so war er zur gleichen Zeit stolz, daß er den anderen gegenüber eine Erfahrung voraus hatte; aber zugleich wurde ihm bewußt, daß der Stolz über diese Leistung alle guten Vorsätze zunichte machte.

KOLKA

Eines Morgens klopfte jemand sehr laut und durchdringend an die Tür. An jeder der Türhälften war ein bronzener Löwenkopf befestigt, der einen Ring im Maul hielt. Die Besucher machten sich bemerkbar, indem sie mit dem Ring gegen die Tür schlugen. Es mußte eine sehr kräftige Hand gewesen sein, die Einlaß begehrte. Njánja öffnete die Tür, Bobik stand hinter ihr. Der gestrenge Urjádnik, der Polizeiwachtmeister, mit martialisch aufgezwirbeltem rotem Schnurrbart grüßte streng militärisch und trat ein. Sein Auftrag war ihm offensichtlich peinlich. Er räusperte sich mehrmals und holte aus der Brusttasche umständlich ein versiegeltes Schreiben hervor, das er Njánja überreichte. Njánja schaute ihn erschrocken an, sie wurde blaß, sie hielt den Brief zuerst ganz nahe vor ihre Augen, dann hielt sie ihn weiter von sich weg, schließlich spuckte sie aus.

„Pfui, so ein Teufelskram, du Narr, du weißt doch, daß ich gar nicht lesen kann."

„Der Brief ist ja auch nicht für dich, ist für die Herrin!"

„Was gibst du ihn denn mir, wenn er nicht für mich ist, was steht denn darin?"

„Das ist nicht deine Sache, aber du wirst es ja doch erfahren, so wie ich dich kenne. Ein Befehl von oben. Euer kleiner Germanez, der Pássenka, der soll nach dem Perm'schen Gouvernement interniert werden." Er kratzte sich verlegen am Ohr.

Njánja und Bobik waren empört. Beide redeten aufgeregt zu gleicher Zeit.

„Was hat denn der Pássenka euch getan? Der ist doch erst 5 Jahre alt, der ist doch nicht schuld, daß Krieg ist!"

„Da kann ich nichts dafür, ich habe ja den Ukas nicht verfügt, ich überbringe ihn nur und soll den kleinen Germanez abholen und nach Sibirien verfrachten."

Njánja ging mit Fäusten auf den Riesen los. „Das wirst du nicht tun, du Schuft, du Herzloser, ein unschuldiges Lämmchen zu verschleppen, du bist wohl wahnsinnig geworden mit deinen Drecks Ukas."

„Befehl ist Befehl, Feona Iwánowna, und es heißt, alle Germanzy, ob sie groß oder klein sind, sind Spione und müssen aus dem Moskauer Gebiet entfernt werden."

Njánja begann zu weinen. „Wo ist bloß die Herrin, Bobik, hol sie doch schnell."

Bobik rannte und suchte Jadwíga. Er berichtete ihr kurz von dem Vorfall. Jadwíga lief die Treppe hinab, sie begrüßte den Urjádnik mit Handschlag und bat ihn in den Salon. Bobik und Njánja durften an dem Gespräch nicht teilnehmen, aber sie standen an der Tür und horchten. Jadwíga versuchte Haltung zu bewahren, aber ihre Stimme zitterte.

„Hören Sie mal, Arkadíj Petrówitsch, sie können doch nicht ein Kind bei der eisigen Kälte allein Tausende von Kilometern transportieren, was soll denn aus ihm werden?"

„Darüber habe ich nicht zu entscheiden, Herrin, ich muß nur den Befehl ausführen."

„Aber Sie haben doch selbst kleine Kinder! Versetzen Sie sich doch in meine Lage, würden Sie denn ein Kind hergeben, das von fremden Menschen auf Grund eines blöden und herzlosen Ukas verschleppt werden soll?"

„Ja, meine Kinder sind aber keine Germanzy."

„Ob Germanez oder Russe, ein Kind ist ein Kind und es kann nichts dafür. Und was ist er denn für ein Germanez, er ist ein russisches Kind wie jedes andere. Wer hat den Ukas ausgestellt?"

„Ich habe ihn aus Moskau bekommen."

„Sind noch mehrere solcher Ukase an andere Familien gekommen?"

„Nein, der Herr Pássenka ist ja auch der einzige Germanez hier weit und breit."

Jadwíga kramte in ihrer Tasche und holte mehrere Papiergeldscheine hervor und steckte sie dem Urjádnik in die Hand. Seine Hand ging automatisch auf und zu. Er räusperte sich.

„Ein Ukas kann auch mal nicht ankommen, verstehen Sie?" Der Urjádnik grunzte. „Im übrigen fahre ich morgen zur Großfürstin und will bewirken, daß dieser blödsinnige Ukas zurückgenommen wird."

„Ob das wohl die richtige Stelle wäre?", meinte der Urjádnik zweifelnd, „sie ist doch selbst Deutsche, und weiß man, ob sie nicht auch Spionin ist?"

„Wie können Sie das sagen, sie ist doch die Schwester der Zarin."

„Die Zarin ist auch eine Deutsche, man kann nie wissen, auch wenn es die Zarin ist."

„Wem wollen Sie dann trauen, wenn Sie schon der Zarin und ihrer Schwester nicht trauen?"

„Gott weiß es!" Er erhob sich, klappte geräuschvoll die Hacken zusammen, legte die Hand an die Mütze und verabschiedete sich.

Jadwíga rief die Großfürstin Elisawéta an und berichtete ihr die Begebenheit und bat sie, sie am nächsten Tage zu empfangen.

Abends, als Sascha heim kam, saßen sie zusammen und hielten Rat. Sascha war empört. Die Idee, zum Generalgouverneur zu fahren, von dem wahrscheinlich der Ukas erlassen wurde, ließ man fallen, da er als Deutschenhasser bekannt war und mit Sascha auf Grund einiger unliebsamer Vorkommnisse verfeindet war. Man beschloß, Pássenka verschwinden zu lassen. Zuerst wollte man ihn nach Moskau zur Großmutter schicken, aber man entschied sich dann, ihn in die Obhut von Akulína zu geben.

Akulína war die Witwe des Gärtners. Sie bewohnte am Ende des Parks ein alleinstehendes Gärtnerhaus. Sie hatte fünf Kinder. Der Park war groß und es geschah sehr selten, daß Menschen sich in jene Gegend verliefen. Akulína hatte genug mit der Pflege ihrer Kinder zu tun und beteiligte sich nicht an dem Dorfklatsch. Pássenka spielte oft mit ihren Kindern und war es zufrieden, eine Weile dort zuzubringen. Sein bester Freund war Kolka, ein dreijähriger, rachitischer Knabe mit einem großen Kopf, der viel zu schwer für den dünnen Hals und den schmächtigen Körper war und der wie ein Edamer Käse aussah. Kolka hatte krumme Beine, die türkischen Säbeln glichen. Beim Gehen wankte er unsicher und setzte einen Fuß vor den anderen. Durch diese seltsame Gangart stolperte er oft über die eigenen Beine und fiel hin. Er weinte nie, er lachte auch nie. Seine Mundwinkel waren traurig herabgezogen, nur wenn Pássenka mit ihm spielte, huschte ein Anflug von Freude über sein trauriges, bleiches Gesicht. Pássenka umarmte ihn und steckte ihm Konfekt oder Obst zu. Kolka nahm es, er dankte nicht, und es sah so aus, als ob er nur aus Freundlichkeit gegen Pássenka die Süßigkeiten verzehrte. Er kaute nicht daran, sondern ließ das Konfekt in der Mundhöhle liegen. Es beulte seine Wange aus, unwillkürlich verglich man ihn mit einem Kinderluftballon, der eine dünne Stelle hatte und eine Blase bildete. Vielleicht liebte Pássenka Kolka darum so sehr, weil er sich ihm gegenüber stets passiv und freundlich verhielt, ihm nicht widersprach und ihn nicht reizte.

Eines Tages wollte Kolka im Bettchen aufstehen, er fiel aber immer wieder hin. Pássenka richtete ihn auf, stützte ihn mit der Hand gegen den Rücken, aber Kolkas Kopf war so schwer, daß er zurückfiel. Akulína rannte erregt ins Weiße Haus und bat, man möge einen Doktor holen. Doktor Schumánow aus dem Lazarett war nicht zugegen, Doktor Ssorókin, den man anläutete, war auf Krankenbesuch. Die Oberschwester vom Lazarett nickte Bobik zu: „Geh du hin, du bist doch fast ein halber Arzt." Bobik war sehr stolz über diese Bemerkung. Er holte sich Doktor Schumánows hölzernes Hörrohr aus dem Behandlungszimmer und ging hin. Kolka lag in seinem verwühlten, unsauberen Bettchen, seine Augen waren geschlossen, er atmete mühsam, die Nasenflügel gingen auf und ab. Bobik betastete seinen Puls, behorchte seine Lunge mit dem Hörrohr, aber er setzte das breite Ende auf die Brust Kolkas und das dünne Ende an sein Ohr, er wußte nicht genau, wie Doktor Schumánow es machte. In der Lunge hörte er rasselnde Geräusche. Akulína, die vier anderen Kinder und Pássenka standen um den Kranken herum und schauten Bobik ernst und erwartungsvoll an. Bobik richtete sich auf.

„Er hat Fieber und wahrscheinlich ist es eine Lungenentzündung."

„Um Gottes willen", sagte Akulína und bekreuzigte sich. Die anderen Kinder und Pássenka folgten ihrem Beispiel.

Am Nachmittag kam Doktor Ssorókin und bestätigte Bobiks Diagnose. Bobik verbeugte sich innerlich vor sich selber.

„Das haben Sie richtig diagnostiziert, Kollega", sagte Doktor Ssorókin und klopfte Bobik auf die Schulter. Der Schlag war so kräftig, daß Bobik einige Schritte nach vorn schoß.

Am nächsten Morgen fand man Kolka tot in seinem Bett. Er sah aus, als ob er schliefe, ohne zu atmen, war kalt und starr und hatte die Augen geschlossen. Akulína weinte laut und hemmungslos, die anderen vier Kinder weinten, Pássenka, der wach geworden war und nichts begriff, weinte mit. Jadwíga, Njánja, Bobik und Wera wurden gerufen. Jadwíga schickte Wanka in die Stadt, einen kleinen Sarg zu besorgen. Pássenka rüttelte an den dünnen Ärmchen von Kolka und bat ihn aufzustehen und mit ihm zu spielen. Jadwíga sagte: „Laß ihn schlafen, er ist jetzt tot, er ist beim lieben Gott."

Pássenka verstand nicht recht. „Ich will nicht, daß er beim lieben Gott ist, er soll mit mir spielen, er ist immer so lieb zu mir, ihr anderen ärgert mich immer, besonders der böse Bobik. Kolka sagt nie etwas und tut immer das, was ich will. Ich will, daß er aufsteht."

„Pássenka, er kann nicht aufstehen, er war sehr sehr krank und hat Schmerzen gehabt und jetzt ist er ganz weit weg."

„Er soll zurückkommen!"

141

„Er kann nicht, Pássenka, der liebe Gott hat ihn zu sich genommen und da bleibt er. Er ist glücklich dort und er wird jetzt mit den Engelchen spielen."

„Er braucht nicht mit den Engelchen spielen, mit mir soll er spielen." — Pássenka weinte vor sich hin, daß ein unbegreiflicher lieber Gott seinen Gespielen Kolka, der hier vor ihm lag, zu sich genommen hatte. Später wurde der kleine, mit Silberbrokat ausgelegte Sarg gebracht. Kolka wurde, mit einem weißen Hemd bekleidet, behutsam in den Sarg gelegt. Seine Hände wurden gefaltet. Ein wunderbarer, überirdischer Ernst und eine Feierlichkeit gingen von seinem Gesicht aus. Pássenka, der dem Tod noch nie begegnet war, bewunderte den schönen Sarg und wünschte sich genau so einen, nur größer müßte er sein. Njánja meinte, einen Sarg bekäme man nicht zum Spielen, sondern nur ein einziges Mal, wenn man tot sei. Aber Pássenka wollte einen Sarg. Schließlich gab Njánja ihm einen Klaps auf das Hinterteil. Er schrie laut und war beleidigt.

Akulína ging mit ihren Kindern zum Priester, um die Beerdigung zu bestellen. Pássenka blieb bei seinem Kolka. Immer wieder ging er an den Sarg, schüttelte an Kolkas Händen, kniff ihn in die Wangen, rief ihn, aber er reagierte nicht. Da holte Pássenka ein Stück Schokolade aus seiner Tasche, wickelte das Staniolpapier ab und steckte sie Kolka in den Mund. Die Lippen gingen nicht auf und Pássenka war böse darüber. Er verschmierte die Schokolade um Kolkas Lippen und es sah plötzlich so aus, als ob Kolka, der nie lächelte, im Tode ein kleines, verschmitztes Lächeln zeigte. Bobik nahm Pássenka bei der Hand und führte ihn hinaus.

GAMAJUN

Jadwíga, Sascha und Bobik begaben sich ins Palais der Großfürstin Elisawéta Feódorowna. Sie war magerer und durchsichtiger als je. Jadwíga schilderte ihr den Besuch des Urjádnik und die Verfügung über die zwangsweise Deportierung von Pássenka. Sie schüttelte bekümmert den Kopf: „Ein unerklärliches Volk, herzlich, gutmütig, liebenswert und zugleich brutal und unberechenbar! In der Organisation sind sie wie die kleinen Kinder, sie können Wichtiges von Unwichtigem nicht unterscheiden. Wie kann man nur solch einen Blödsinn verfügen."

Jadwíga fragte bescheiden: „Können Sie, Kaiserliche Hoheit, helfen, daß der Ukas wegen Pássenka zurückgenommen wird?"

„Ich weiß es nicht, ich werde es versuchen, aber du weißt, daß sie mich als Deutsche verdächtigen. Bitte, erzähle es nicht weiter, aber ich bin einmal von törichten Menschen angespuckt worden. In ihrer Verblendung wissen sie nicht, was sie tun."

Sie tat Bobik sehr leid. Sie verließen niedergeschlagen das großfürstliche Palais.

„Was soll nun geschehen", fragte Bobik bekümmert. Er stellte sich den kleinen dicken Pássenka vor mit Ketten an den Füßen, an denen eine fünf Pfund schwere Kugel hing, und er sah ihn zu Fuß von Moskau bis nach Sibirien torkeln. Er war dem Weinen nahe. „Der arme, kleine Pássenka!"

„Wenn es wirklich soweit kommen sollte, dann gehen wir alle zusammen in die Verbannung", meinte Jadwíga. „Wir bauen uns ein kleines Häuschen, schaffen uns eine Kuh und ein Pferd an und werden das Land bebauen."

Sascha lächelte bitter. „Du und Land bebauen, wir haben doch alle keine Ahnung davon."

„Aber stell dir doch vor, ein Leben mitten in der Wildnis, unter ganz einfachen Menschen, weit weg von aller Politik, vom Krieg, es könnte doch sehr schön sein!"

„Die Politik und der Krieg werden kein Fleckchen Land verschonen, auch nicht Sibirien. Es ist wie eine Krebsgeschwulst, sie durchdringt alles Leben, und was wird aus meiner Musik?"

„Sei nicht traurig, Saschenka, wir werden den Flügel mitnehmen und du wirst spielen, du wirst Zeit haben zum Komponieren und zum Üben. Solange Krieg ist, hast du doch nicht die rechte Sammlung dafür."

„Aber, Mami, wie willst du denn den Flügel mitnehmen, der benötigt doch einen ganzen Waggon für sich, und außerdem nimmt er doch die Hälfte der Bauernstube ein; das ist doch gar nicht denkbar!"

Sie kamen zu keinem Ergebnis. „Seid nicht traurig, es geht im Leben immer besser, als man denkt, und auch dieses Problem wird irgendwie gelöst werden. Wollen wir auf Gott vertrauen! Jedenfalls werden wir Pássenka nicht im Stich lassen."

Jadwíga versuchte zu lächeln, aber es gelang ihr nicht recht.

Einige Tage später stand wieder der Urjádnik vor der Tür. Njánja hatte nicht die Kraft, ihm zu öffnen, so zitterten ihre Knie. „Geh du", sagte sie zu Bobik, „ich kann nicht. Mein armer, armer Pássenka!"

Bobik dachte: „Wenn ich ihn jetzt töten könnte und irgendwo verscharren, dann würde es sicherlich keiner merken und Pássenka wäre gerettet. Aber schließlich ist er ja gar nicht schuld, er ist ja nur ein Befehlsüberbringer." Er öffnete. Sein Herz klopfte laut.

„Da bin ich wieder, Herrchen, aber diesmal in einer viel ernsteren Angelegenheit."

„Was ist denn schon wieder los, um Gottes willen?"

„Requisition", schnarrte er.

„Was soll denn requiriert werden?"

„Die Pferde!"

„Pferde? Wir haben doch nur drei und die brauchen wir!"

„Zwei muß ich wegnehmen, das geht nicht anders. Wir brauchen die Pferde für den Krieg!"

„Das ist doch furchtbar, die Menschen machen Krieg, und die armen Pferde, die nichts damit zu tun haben, werden eingezogen."

„Komm mit in den Stall!" — Bobik fühlte, daß der Urjádnik bekümmert war und daß es ihm leid tat, die Pferde wegzuholen. Er schaute sich die drei Pferde an, beklopfte ihren Hals, besah sich die Zähne und meinte: „Den und den hole ich morgen ab!"

„Aber das ist doch mein Reitpferd, mein Gamajun!"

„Das ist jetzt egal, du reitest zum Vergnügen, nun wird es für das Vaterland reiten."

„Vaterland!" dachte Bobik bitter. Der Urjádnik schüttelte Bobiks Hand und entfernte sich.

Wanka, der von der Requisition erfuhr, heulte laut. Seine Finger waren von der Wagenschmiere schwarz. Er versuchte, mit den schmutzigen Händen die Tränen abzuwischen, sein Gesicht wurde schwarz wie das eines Schornsteinfegers. Seine Nase tropfte und er zog die Tränen, die durch die Nase liefen, mit schlürfendem Geräusch hoch.

Trotz aller Trauer mußte Bobik über den Anblick lächeln. Er beschloß, die letzte Nacht mit Gamajun zu verbringen und von ihm Abschied zu nehmen. Als alle schliefen, nahm er seine Wolldecke und schlich durch ein Kellerfenster aus dem Haus. Ungesehen gelangte er zu den Stallungen. Er versuchte leise die Tür zu öffnen, sie war lange nicht geschmiert worden und gab einen Jammerlaut von sich, aber niemand wurde wach. Gamajun lag im Stroh und erschrak, als er Bobik sah. Bobik machte ihm ein Zeichen, ruhig zu sein. Er faltete die Decke auseinander und legte sich neben das Pferd. Eine wohltuende Wärme umfing ihn. Er mußte lange schluchzen und Gamajun drückte bekümmert seinen großen braunen Kopf an den des Jungen.

„Wir müssen uns trennen, Gamajun, sie holen dich morgen ab. Kein Mensch weiß wohin, an die Front, ein anderer Mensch wird auf dir reiten, wer weiß, ob du einen warmen Stall und gutes Futter haben wirst und ob man dich behutsam pflegen wird. Es ist alles so schrecklich, Gamajun! Diese Menschen, die den Krieg machen, und wie böse sie sind, und sie hassen andere, die sie nicht kennen, und zugleich beten sie zu Gott und beten um Sieg gegen die anderen, und die anderen beten wiederum um den Sieg, und jeder glaubt, daß er ein Gotteskind sei, und für euch betet niemand. Ich danke dir, Gamajuntschik, für deine Treue und Liebe, und wie behutsam warst du immer, wenn wir durch den Wald ritten, und wie hast du dich mit mir an der Natur und an dem schönen Wetter gefreut. Du warst mir ein treuer Freund. Keine Launen, keine Probleme, keinen Neid, auf dich habe ich mich besser verlassen können als auf alle Menschen. Vielleicht mit Ausnahme der Mami ... und wohl auch der Njánja ... und Aljóscha. Aber du bist eben etwas ganz anderes als ein Mensch. Du bist ein Tier und du stehst Gott näher als wir, weil wir immer etwas Böses tun, auch wenn wir es nicht wollen, und du tust nichts Böses", und er fing wieder an zu weinen. Schließlich schlief er ein. Beim Morgengrauen hörte er schwere Schritte und wachte auf. Wanka stand vor ihm.

„Was machst du denn hier, Herrchen? Du hast wohl beim Pferd geschlafen?"

„Sei still, Wanka, und verrat mich nicht! Ich mußte Abschied nehmen von Gamajun, er wird doch heute abgeholt."

Wanka wischte sich die Tränen aus den Augen.

„Ich sage nichts, ich verstehe."

TANTE WARWARA

Elisawéta Petrówna Gagárina saß behäbig am Teetisch im Weißen Haus. Sie ging selten aus ihrem alten, plüschüberwucherten Haus auf dem Arbat heraus. Ihre Beine waren zu dick und es fiel ihr schwer, sie zu bewegen. Aber sie hatte so viele Neuigkeiten, die sie im Weißen Haus und im alten Schloß von Onkel Iwán loswerden wollte! Sascha, der ungern Besuch hatte, und Onkel Iwán Tarlétzki waren zugegen. Sie liebten Tante Lisawéta wegen ihrer Naivität, und sie hatten Grund, sich über sie zu moquieren. Man setzte ihr eine breite, niedrige Teetasse vor, die eher einem Badebassin als einer Tasse glich; denn man wußte, daß sie solche Tassen bevorzugte, da sie glaubte, auf diese Weise in den vollen Genuß des Teearomas zu gelangen. Sie hielt die Tasse mit drei Fingern, der Ringfinger und der kleine Finger waren gespreizt und sahen aus wie ein Schweineschwänzchen. Bobik mußte darüber lachen.

„Worüber lachst du? Du hast bestimmt wieder unnütze Gedanken!"

„Ich lache, weil ich mich frage, wozu du die beiden Finger so spreizt, daß sie wie ein Schweinekringelchen aussehen. Ist das der letzte Schrei der Vornehmheit?"

Sie versuchte daraufhin, die Finger anders zu halten, aber es gelang ihr nicht. Sascha meinte ironisch: „Da läßt sich nichts machen, diese Handhaltung ist der Ausdruck deines Charakters!"

„Willst du damit sagen, daß ich auch gespreizt bin?"

„Na ja, du hängst innerlich voller Kringelchen und Schweineschwänzchen."

Lisawéta Petrówna wurde rot. Da alle lachten, lachte sie mit. „Habt ihr schon das Neueste gehört? Ihr wißt doch, daß ich in Wosnessenskoje ein kleines Schlößchen von meinen Großeltern geerbt hatte. Ich wußte nie, was ich mit diesem Ding anfangen sollte. Meine Matrjóna schimpfte immer darüber, wegen der viel zu vielen Gegenstände und wegen des Staubputzens ..."

„Verstehe ich nicht: wegen des Staubputzens ..." unterbrach sie Onkel Iwán, „bei dir wird doch auf dem Arbat auch kein Staub geputzt!"

„Unterbrich mich nicht immer, Iwán, ich verliere sonst den Faden — also, mit einem Wort, ich war den alten, großen Kasten leid. Kinder habe ich keine, was sollte ich damit? Nun stellt euch vor, habe ich da einen Idioten, den Próchorow, gefunden, dem ich das Ding für 10.000 Rubel angedreht habe. Es gibt doch dumme Menschen auf der Welt! Nur weil es ein Schloß ist und er mit seinem Geld in einem alten Bojarenschloß wohnen wollte, hat er es gekauft. Ich habe ihm natürlich den ganzen alten Schamott, der darinnen war, überlassen." Alle in der Runde lachten belustigt.

„Ich weiß gar nicht, warum ihr so dumm lacht, ihr könntet mir doch gratulieren!"

Onkel Iwán warf sich in die Brust und sprach mit breitem Moskauer Dialekt wie ein Bauer: „Jaaa, Gevatterin, dumm ist der Próchorow nicht, ist einer der klügsten und tüchtigsten Kaufleute, die wir haben. Er hat das Vermögen seiner Väter verzehnfacht und ist vielfacher Millionär. Da kann man schon verstehen, daß er ein verkommenes Adelsschloß kauft, und was glaubst du, was für ein Schmuckkästchen er aus diesem zauberhaften Rokokoschlößchen, das du, Gevatterin, einen alten Kasten nennst, machen wird! Man muß sich nur wundern, daß du so klug warst und ihm das Mobiliar und die Portraits und das ganze Inventar dazugeschenkt und es nicht als unnützen Schamott verbrannt hast, auch das wäre dir zuzutrauen. Damit du aber weißt: Próchorow hat deinen alten Kasten samt seinen Sachen taxieren lassen. Da ist doch im Saal so ein großer Porzellanlüster — da lag viel Staub und Spinngewebe drauf, du wirst das Ding kaum beachtet haben. Aber dein Ururgroßvater hat es zur Zeit Katharina II. in der Meißener Manufaktur als Originalstück anfertigen lassen und es ist Tausende von Werst von Meißen bis nach Wosnessenskoje in Schlittenfuhren gebracht worden. Der Taxator besah sich den Leuchter, schrie »ah« und »oh« und taxierte ihn mit 10.000 Rubel. Du sitzt in deiner Hundegasse auf dem Arbat in deinem Plüsch im elfenbeinernen Turm und weißt gar nicht, daß deine Transaktion das Gespräch von ganz Moskau ist. Alle erzählen sich das und alle lachen."

Lisawéta Petrówna lief rot an, ihre Brust hob und senkte sich. „Dieser Schuft, dieser Dieb, dieser Hundesohn, tritt auf wie ein vollendeter Kavalier und ist ein Halsabschneider. Dem werde ich es geben, dem mache ich einen Prozeß, daß es nur so kracht! Ich werde den Schuft ruinieren!"

„Liebe Lisavéta", sagte Sascha, „gegen seine Millionen kommst du nicht an, außerdem warst du vor zehn Minuten noch davon überzeugt, daß du ihn angeschmiert hättest mit dem alten Kasten. Du hattest Plüsch vor Augen, meine Liebe, nun freu' dich, daß du die 10.000 hast! Wie ich dich kenne, wirst du sie in einem Strumpf auf die Seite legen, unter die Matratze, und warten, bis das Papier entwertet ist, und schließlich wirst du mit einem Aufschrei des Erstaunens dir eine Streichholzschachtel oder fünf Pfund Kartoffeln davon kaufen."

„Ich brauche keine Streichholzschachtel, du weißt, daß ich nicht rauche", erwiderte Lisawéta Petrówna bissig.

„Aber zum Feueranmachen braucht man auch Streichhölzer."

„Das macht Matrjóna, damit habe ich nichts zu tun."

„Wenn die Zeiten sich weiterhin verschlechtern, was ich kommen sehe, dann wirst auch du einmal Feuer im Ofen anmachen müssen."

Onkel Iwán schlug vor, man möge zu ihm ins alte Schloß fahren, er habe aus der Krim herrlichen Wein und von der Wolga frischen kernigen Kaviar geschickt bekommen. Wanka mußte anspannen und sie fuhren alle zu Onkel Iwán.

Tante Lela, Onkel Iwáns dritte Frau, war — wie üblich — in einem Kurort, das Leben in Giréjewo ödete sie an. Die alte Tante Warwára führte ihm die Wirtschaft. Sie trug wallende Kleider, die wie Nachthemden aussahen, ohne jede Fasson. Ihr dicker, mit Wasser gefüllter Bauch wölbte sich unter dem Gewand. Sie hatte spärliche graue Haare, die sie ganz eng um den Kopf legte, und hinten einen erbärmlichen kleinen, dünnen Dutt. Ihre Wangen hingen schlaff und bildeten zwei Backentaschen wie bei einem Hamster. Sie litt an Krebs und wartete geduldig auf ihr Ende. Dieser Krebs und der bevorstehende Tod beschäftigten sie immer, so daß sie den Drang hatte, davon zu sprechen. Alle fürchteten sich vor diesen allzu offenen Gesprächen, auf die sie nichts zu antworten wußten.

Sobald Tante Warwára ein neues Gesicht erblickte, setzte sie sich zu dem Gast und sprach von ihren Problemen. Elisawéta Petrówna war zu erregt und mit dem Ereignis des zu billig verkauften Hauses beschäftigt, als daß sie gerne Tante Warwáras Gesprächen gelauscht hätte. Sie brauchte selbst Zuhörer, um ihrer Wut und Empörung Luft zu machen. Tante Warwáras Augen fielen auf den armen Bobik. Sie hielt ihn mit ihren Blicken fest wie eine Spinne, die einer Fliege ansichtig wird.

„Hast du Wówinka heute schon gesehen, Bobik?"

„Nein, er spielte draußen vor dem Schloß, als wir ankamen."

„Hoffentlich erkältet er sich nicht! Ich habe solche Angst um den Jungen, was wird aus ihm werden?"

„Er ist ja noch klein", meinte Bobik.

„Das ist es ja gerade, was mich bedrückt, und weißt du, mein ganzes Leben bedrückt mich. Ich denke, ich habe vieles schlecht gemacht. Meinem Seligen, Iwán Afanássewitsch, war ich keine gute Frau. Immer war ich kränklich und ich habe ihm stets etwas vorgeklagt. Habe auch den Haushalt nicht recht machen können, alle tanzten mir auf der Nase herum. Mein Alter ist gestorben, und als er tot war, hat er einen so seligen und zufriedenen Ausdruck im Gesicht gehabt wie nie zuvor im Leben. Seither glaube ich, daß er froh war, daß er mich verließ, und mein armer Wowa, mein Einziger — immer hatte ich Angst um ihn, daß er hinfällt, daß er sich etwas antut, daß er überanstrengt wird, immer habe ich alles zu verhindern gesucht, und was ist schließlich aus ihm geworden? Ein ängstlicher Schwächling! Eine dumme Heirat hat er gemacht, die Frau ist ihm weggelaufen, und nun ist der kleine Wowinka mein ein und alles und auch ihm habe ich zu wenig Kraft fürs Dasein mitgegeben. Er ist zu weich, zu zimperlich — und das ist meine Schuld. Ich weiß es, aber ich kann es nicht ändern. Nun lebe ich hier und betreue den armen Iwán Aleksándrowitsch, aber wir wollen uns nichts vormachen, in Wirklichkeit betreut er mich und ich esse nur sein Gnadenbrot. Der Haushalt läuft — wie er immer lief — schlecht und recht von allein und ich bin nichts anderes als ein Parasit.

Nun schau dir doch diesen Bauch an, diesen schrecklichen Bauch, der immer mehr wächst; je weniger ich esse, um so mehr wächst der Bauch. Jeden Tag einen Zentimeter, und wenn das Wasser bis ans Herz kommt, dann ist es aus. Verzeih', daß ich dir das erzähle, du bist noch jung, aber ich bin geschwätzig geworden, ich will auch gar keinen Trost, doch muß ich das immer wieder erzählen, weil es mich bedrückt, das verpfuschte Leben. Keine Kraft zur Gestaltung; allen bin ich eine Last. Nur eins sollst du wissen, und das habe ich mit Iwán ausgemacht. Wenn es ans Letzte geht, soll Wówinka mich nicht sterben sehen. Er ist noch klein und ich bin seine letzte Verwandte. Sein Vater kümmert sich nicht um ihn, und Iwán ist ein guter Mensch, er wird für ihn sorgen. Vielleicht wird er aus ihm einen Menschen machen. Vielleicht erzähle ich es dir, damit du für mich betest und damit du später ein Auge auf Wówinka hast."

Sie schaute ihn aus ihren kleinen farblosen Augen intensiv an. Er wußte nicht, was er ihr antworten sollte. Sie verlangte keinen Trost, sie verlangte keine billigen Worte. Er begriff, daß sie an der Grenze des Lebens stand und daß ihr diese Begegnung mit dem Tod ernst war.

„Ich werde versuchen, mein Bestes zu tun, Tante Warwára, ich werde auch, wenn es soweit ist, nach Wówinka schauen, und wir werden ihn oft zu uns ins Weiße Haus nehmen."

„Das ist lieb von dir und ich danke dir, nun wird es mir leichter werden, von hier fortzugehen. Was dann geschieht, weiß kein Mensch, vielleicht hilft mir mein alter seliger Afanássewitsch, für den ich doch immer bete, vielleicht aber auch kommt der Erzengel Michael mit seiner großen Waage und dann gnade mir Gott!" — sie bekreuzigte sich. „Dann wird es heißen: Und zu leicht befunden, zu leicht." Und sie seufzte.

Onkel Iwán, der Bobiks Verlegenheit sah, rief ihn unter irgendeinem Vorwand. Bobik war ihm dankbar. Er warf einen aufmunternden Blick auf Tante Warwára, streichelte ihr die Hand und lief davon.

Einige Tage später brachte Onkel Iwán Wówinka ins Weiße Haus und bat die Kinder, mit ihm zu spielen. Er selbst müsse Tante Warwára nach Moskau ins Krankenhaus bringen. Sie saß angelehnt im Schlitten, sie war sehr blaß, hatte dicke Säcke unter den Augen, die Augen waren geschlossen. Jadwíga, Bobik und Wera küßten ihr die Hand und die Wangen, sie schlugen das Kreuz über ihr und nahmen von ihr für immer Abschied.

Die Kinder wußten nicht, was sie mit Wówinka spielen sollten. „Wir wollen Beerdigung spielen", meinte Wówinka. „Wir tun ein schwarzes Tuch über eine Kiste und tragen sie in die Kirche." Pássenka war von der Idee begeistert. Bobik und Wera genierten sich.

„Warum willst du denn unbedingt Beerdigung spielen?", fragte Bobik.

Wówinka schaute ihn mit seinen Kalbsaugen groß an. „Weißt du das nicht? Die Großmutter Warwára fährt weg zum Sterben und da werden wir sie bald beerdigen. Wir haben schon ein Plätzchen ausgesucht, ein schönes auf dem Tarlétzkischen Friedhof, unweit von der bösen Tamara. Omi hat so viel für die böse Tamara gebetet, die wird ihr schon nichts tun."

Pássenka fragte: „Wirst du sehr weinen, wenn Omi tot ist?"

„Sehr", meinte Wówinka, „sie ist doch mein ein und alles, ich bleibe doch ganz allein. Aber ich bleibe nicht lange hier, ich gehe mit."

„Das kannst du doch gar nicht", sagte Bobik streng, „das hängt doch nicht von einem selbst ab."

„O doch", erwiderte Wówinka treuherzig, „wenn man will und wenn man inbrünstig darum betet, der liebe Gott wird schon Wege finden."

„Du bist dumm, der liebe Gott tut noch lange nicht, was du willst."
„Vielleicht doch!"
Tante Warwára starb am nächsten Tag im Krankenhaus. Sie war ganz allein, man fand sie schlafend. Ohne Qual hauchte sie ihre gequälte, gläubige Seele aus. Sie wurde nach dem alten Schloß übergeführt. Der offene Sarg, an dessen Kopf- und Fußenden dicke Kerzen brannten, stand in der Halle. Es roch nach Tuja und verwelkten Blumen; die Freunde und Bekannten nahmen schweigend Abschied von ihr. Wówinka saß zu Füßen der Toten und spielte, ab und zu stand er auf, streichelte die wächsernen Hände der Toten, sagte leise „liebe Omi", er weinte nicht.

Nach der Beisetzung nahm Onkel Iwán Wówinka bei der Hand. „So, mein lieber, nun sind wir allein in dem riesigen alten Schloß, du und ich. Dich hat deine Omi verlassen und mich hat meine Lela verlassen, ich denke, wir werden uns gut verstehen."

„Das werden wir, Onkel Iwán", sagte Wówinka und fühlte sich fast wie ein Vertrauter des alten Generals.

Er durfte jeden Tag ins Weiße Haus gehen und mit Pássenka spielen. Er war ein ernster und trauriger Gespiele. Er lachte nie. Pássenka versuchte, ihn mit allen möglichen Clownerien aufzumuntern. Wówinka fand das alles sehr nett, aber er lachte nicht.

„Warum lachst du nicht, Wówinka", fragte ihn Pássenka.

„Ich kann nicht, Pássenka, ich muß immer an Omi denken und versuche mir vorzustellen, wie es ihr dort geht und ob der liebe Engel Michael auch nicht zu streng mit ihr ist."

Dann kam Wówinka nicht mehr ins Weiße Haus. Der Kammerdiener Afanássij rief an, Wówinka sei an Scharlach erkrankt. Jadwíga war in Aufregung. Ihr Gefühl drängte sie, Wówinka unbedingt zu besuchen. Sascha, Bobik und Wera sagten ihr, daß sie das nicht dürfe, sie müsse auch an ihre eigenen Kinder denken, denn sie könne sie anstecken. Der Zustand des Kindes verschlimmerte sich von Tag zu Tag. Der alte Onkel Iwán saß am Krankenbett und hielt Wówinkas fiebernde Hand. Er kramte aus seinem Gedächtnis alte Märchen aus, die ihm seine alte Njánja vor fast 70 Jahren erzählt hatte. Er rief die Njánja im Weißen Haus an und bat, sie möchte sein Gedächtnis auffrischen und ihm einige neuere oder lustigere Märchen erzählen. Njánja seufzte, schneuzte sich ins große Taschentuch und erzählte.

„Du bist so lieb zu mir, Onkel Iwán, ich möchte gern immer bei dir bleiben, aber sei mir nicht böse, daß ich es nicht kann. Weißt du, ich habe den Schutzengel gebeten, er möchte mich auch dorthin holen, wo Omi ist, und ich glaube, er tut es auch."

„Dann bleibe ich ja ganz allein, Wówinka."

„Du bist groß, du bist es gewohnt und du hast so viele Freunde, die dich lieben, aber ich bin wirklich allein. Verzeih', daß ich dir das sage, denn du tust alles, um es mir leichter zu machen."

Onkel Iwán wußte nichts zu antworten und wischte sich die Tränen aus den Augen.

„Weißt du was, Onkel Iwán, geh hinunter und spiele mir etwas, egal was. Laß die Tür auf, ich höre dich so gerne spielen."

Onkel Iwán war froh, das traurige Kind eine Weile verlassen zu können. Er spielte. Als er zu Wówinka zurückkam, lag er mit geschlossenen Augen da und lächelte.

Onkel Iwán stand lange und gerührt vor dem Genossen seiner Einsamkeit. „Wie sanft und fröhlich ist der Tod", dachte er.

WER WILL UNTER DIE SOLDATEN ...

Wássenka, Aljóscha und Bobik hielten in Bobiks Zimmer eine Geheimkonferenz ab. Die Tür wurde sorgfältig verschlossen und Aljóscha daneben postiert, um etwaige Abhörversuche von Wera oder Njánja im Keime zu ersticken. Wássenka rauchte eine Papirosse, er streifte elegant wie ein Erwachsener die Asche am Aschenbecher ab. Aljóscha war gegen das Rauchen. Bobik hätte gerne mitgeraucht, es sah so erwachsen aus, aber er erinnerte sich noch lebhaft der unliebsamen Gefühle, als Sascha ihn aufforderte, eine Zigarre zu rauchen.

„Ich habe es satt, hier unter den feigen Zivilisten zu sitzen, während unsere Soldaten an der Front verbluten. Ich habe beschlossen, an die Front zu gehen. Wenn es mir gelingt, bis zur Front durchzukommen, dann habe ich es geschafft. Wer von euch macht mit?", fragte Wássenka großspurig.

Den beiden Freunden war nicht wohl zumute. Die heldenhaften Argumente von Wássenka duldeten keine Gegenrede.

„Du bist schon siebzehn, aber wir sind erst fünfzehn. Unser Jahrgang wird noch nicht gefragt. Außerdem haben wir alle keine Pässe und Ausweispapiere, außer den Schülerkarten. Es sind überall in den Zügen Kontrollen. Man wird uns verhaften und mit Schimpf und Schande zurückeskortieren", sagte Bobik schüchtern.

Aljóscha warf ein: „Ich mache sowieso nicht mit. Ich halte mich einfach nicht für reif, jetzt schon an die Front zu gehen. So rosig ist das auch nicht dort, und die meisten schreiben gar nicht vergnügt. Außer dem Heldentum gibt es dort auch harte Pflichten, Arbeit, Krankheit, Kälte und Not. Meine Eltern würden es mir nicht erlauben."

„Bah, deine Eltern, die sitzen warm hinterm Ofen und lassen andere für sich sterben. Die Eltern darf man natürlich nicht fragen. Glaubt ihr denn, daß ich meine Mama fragen werde? Das Geschrei und Geheul und die Telefoniererei kann ich mir lebhaft vorstellen. Nein, wenn wir gehen, dann gehen wir insgeheim. Wenn also Aljóscha, der Hasenfuß, zu feige ist, wie ist es dann mit dir, Bobik? Machst du mit?"

Bobik fühlte sich unbehaglich. Er begriff, daß es Patriotenpflicht war, aber wenn das Vaterland ihn nicht zu den Waffen rief, mußte er sich denn unbedingt aufdrängen?

„Ich weiß nicht, ich kann mich noch nicht recht dazu entschließen. Man muß die Angelegenheit richtig überlegen und planen. Und ohne elterliche Erlaubnis? Ich weiß nicht."

„Mein Gott, was seid ihr für Zweifler und Zauderer. Vorbereitungen? Was denn, man verläßt zum ersten Zug nach Moskau das Haus. Man nimmt nichts mit als warme Sachen, und natürlich keine Gymnasiastenuniform, das versteht sich doch. Etwas Geld für die Fahrkarte und für einige Tage Verpflegung, das ist alles. Mein Plan steht fest. Ich ziehe übermorgen los. Letztes Angebot, gehst du mit oder nicht, Bobik?"

Die Haltung Wássenkas imponierte Bobik gewaltig. Konnte man sich einem solchen Angebot entziehen? Er war von Wássenkas großspurigen Worten fasziniert. Unsicher schaute er Aljóscha an. „Ich glaube, ich mach' es. Wenn alle so denken würden, dann wäre der Krieg bald zu ende, und wir würden den Germanez besiegen. Ich mache mit. Wie ist es mit dir, Aljóscha?"

„Nein."

Wássenka schaute ihn geringschätzig an. „Bleib du nur hinter den Rockschössen deiner Mama! Bist du denn Manns genug, uns wenigstens nicht zu verpetzen?"

„Ich verspreche es."

„Schwöre."

„Ich schwöre."

„Gut, also übermorgen um fünf Uhr treffen wir uns am Bahnhof. Wir tun, als ob wir uns nicht kennten, und besteigen verschiedene Wagen. Erst in Moskau können wir uns zusammensetzen." Sie verabschiedeten sich.

Bobik hatte Schmerzen in der Magengrube. Er hatte sein Wort in der ersten Begeisterung verpfändet. Aber war es recht, der Mutter und dem Vater nichts zu sagen? War es nicht Verrat? Mit Wehmut dachte er an seine Familie, an Wera und Pássenka, an Njánja. Wie fern waren sie ihm schon alle, und wie lieb kamen sie ihm vor, fast schon verklärt durch den Schmerz der Trennung.

Abends vor dem Kamin brachte er das Gespräch auf den Krieg. „Glaubt ihr, daß wir genug Soldaten haben? Warum ziehen sie die jüngeren Jahrgänge noch nicht ein? Was lernen wir denn schon jetzt in der Schule, doch gar nichts, wir wären doch an der Front viel wichtiger. Und der Krieg würde bestimmt schneller zu Ende gehen."

Sascha sah ihn durchdringend an. „Red keinen Blödsinn, der Krieg geht mit und ohne euch nicht schneller zu Ende. Und vom Siegen schreiben nur die Zeitungen. Wir werden und wir können nicht siegen. Nicht mit der Führung, die wir haben, und nicht mit der Unordnung und Korruption, die im Innern des Landes herrscht. Werdet erst einmal ehrliche, brauchbare, verantwortungsbewußte Menschen, dann steht ihr auf jedem Posten, auf den man euch stellt, richtig. Aber so, ohne alle Kenntnisse, nur mit jugendlicher Begeisterung, werdet ihr nur ausgezeichnetes Kanonenfutter. Warum, glaubst du, haben wir so viel größere Verluste an Menschen als unsere Feinde? Sind wir schlechtere Soldaten? Nein. Tapfer sind wir auch, aber zu tapfer, zu draufgängerisch und viel zu sehr bereit, unser Leben auf dem Altar des Vaterlandes, wie es so poetisch heißt, zu opfern. Auch Soldat muß man mit Umsicht und Klugheit und Vorsicht sein, und nicht nur mit Mut und Opferwillen. Aber das haben unsere Leute noch nicht gelernt. Bleib du nur zu Hause und warte, bis man dich ruft. Lerne tüchtig und benimm dich anständig, werde mehr erwachsen." Bobik war es unheimlich zumute. „Ob er etwas gemerkt hat", dachte er.

„Weißt du, mein Sohn, es ist wie eine Epidemie, täglich laufen hunderte von Jugendlichen und Kindern an die Front und verursachen nur Verwirrung, niemand will sie haben, sie verstopfen die Transportmittel, und meist werden sie von der Polizei geschnappt und zurückgebracht. Und komisch, die Begeistertsten sind immer die schlechteren Schüler. Weißt du, diese Begeisterung stinkt nach Fahnenflucht, nach Flucht vor der Verantwortung."

Bobik wurde rot. Er konnte Sascha nicht recht in die Augen sehen. Besonders die letzten Worte trafen ihn hart, auch er war kein guter Schüler. Und Wássenka war sogar zweimal sitzen geblieben.

Er nahm besonders umständlich Abschied von Sascha und Jadwíga, er küßte sie mehrmals, sie sah ihn erstaunt an. „Du hast mir doch schon einen Kuß gegeben!"

„Hab' ich das? Ach verzeih, ich war unaufmerksam."

Er umarmte Wera innig, die darüber ganz beglückt war.

Die Nacht verbrachte er schlaflos. Einen alten warmen Mantel und eine Fellmütze, Filzstiefel und warme Unterwäsche legte er auf dem Stuhl zurecht.

Er dachte an die verlassenen Angehörigen, an das schöne Weiße Haus, an sein Zimmer, an Aljóscha. An die Sorge, die er ihnen bereiten mußte. Dann aber dachte er an den Krieg. Vielleicht würde er bald fallen. Er sah, wie sie am runden Tisch zusammen saßen, alle in Schwarz, wie sie um ihn weinten und beteten. Wie der alte Priester in Stároje Giréjewo die Panichida, die Totenmesse, las. Onkel Iwán in Generalsuniform, mit Orden, weinend. Ein General, der um einen einfachen Soldaten weint. Das tat ihm besonders wohl. Sie alle sprachen nur gut von ihm, erinnerten sich vieler Einzelheiten, bei denen er sich gut und manierlich benommen hatte. Leider konnte er sich an allzuviele solcher Einzelheiten gar nicht erinnern. Er fand, der Heldentod wäre doch das Schönste und Wünschenswerteste. Am besten wäre es, er würde gleich bei dem allerersten Einsatz fallen. Er sah, wie man ihn in einer Reihe mit anderen gefallenen Helden im Massengrab beisetzte. Die Kompanie stand stramm. Der Priester sang die Totengesänge und schwenkte das Weihrauchgefäß. Und dann kam ein kurzer Brief vom Kommandeur: „Muß Ihnen tiefbetrübt mitteilen, daß Ihr Sohn, Bobik Krasnosselski, als Held gefallen ist..." Bobik war von dem phantastischen Erlebnis so gerührt, daß er ein paarmal aufschluchzte. Welch ein erhabenes, schönes Ende! Wieviele seiner Vorfahren sind jahrhundertelang diesen gleichen Weg gegangen. Immer wieder las er es in den Chroniken der Familie... auf dem Felde der Ehre gefallen... gegen die Tartaren... gegen die Türken... gegen die Polen... gegen die Franzosen... nun er, gegen die Germanzy... Schließlich schlief er ein.

Er erwachte im letzten Augenblick. Er zog sich an, wie betäubt. Er wollte an nichts mehr denken, vor allem nicht an zu Hause, an seine Lieben. Er schlug den Pelzkragen hoch und die Mütze tief in die Stirn. Er sah jetzt aus wie jeder beliebige Bauer. Niemand würde ihn erkennen. Er öffnete die Doppeltür zum Park und schlich sich hinaus. Er schloß die Tür nicht ab. Was sollte er auch mit dem Schlüssel anfangen, er, für den es kein Zurück mehr gab? Er bekreuzigte sich. Der Schnee knirschte unter seinen weichen Stiefeln. Die kalte Luft schnitt ihm ins Gesicht.

Plötzlich konnte er nicht weitergehen, etwas hemmte ihn. Er wurde von ungeheuer starken Händen von hinten gepackt. Er stolperte. Im gleichen Augenblick lag er mit dem Bauch gegen jemandes Oberschenkel und ein Hagel von Stockschlägen prasselte auf seinen mageren Hintern. Die Schläge hörten gar nicht auf. „Laß mich los", zischte er. Der Unbekannte antwortete nicht, er schlug nur weiter, ohne eigentliche Wut, wie eine Maschine, wie ein Roboter. Dann stellte er ihn plötzlich hart auf den Boden. Bobik sackte ein. Er konnte durch den überraschenden Angriff und vor Schmerz nicht mehr stehen. Der Unbekannte packte ihn in der Taille und schleppte ihn die Treppe hinauf in sein Zimmer.

„Zieh dich aus. Und marsch ins Bett. Und kein Wort, zu keinem!

Auch nicht zu deinen Eltern", sagte er mit tiefer Stimme. Dann ging er zur Tür hinaus und zog den Schlüssel ab. Er verschloß sorgfältig die Tür von außen. Bobik hörte noch seine schweren Schritte.

Sein Herz klopfte zum Zerspringen. Er wollte den Mantel öffnen, aber seine Hände waren von der Kälte erstarrt. Er schleppte sich zum Ofen und wärmte sich auf. Schließlich zog er sich aus, versteckte die Indizien in der Truhe und ging zu Bett, vorher versuchte er sich so weit als möglich umzudrehen, um zu sehen, wie sein Gesäß zugerichtet worden war. Es war knallrot, es blutete aber nicht. Er ging zu Bett. Vorsorglich legte er aber seine „Duschka", das Seelchen, das kleine Kopfkissen, das man unter das Genick legt, auf die Stelle, auf die sein zerschundenes Hinterteil zu liegen kam. Das war angenehm weich und kühlte.

„Wer mag das wohl gewesen sein? Der Polizeiunteroffizier? Der hat solch eine harte Hand. Wer mag uns verraten haben? Ob Wássenka die Flucht gelungen ist, oder ob ihm dasselbe?" ... Wie schön war es im warmen Bett, wenn auch ein gewisser Körperteil schmerzte. Vergessen war die Rührung über den Heldentod. Morgen würde er all seine Lieben wieder sehen. Wie lang war es her? Schließlich schlief er ein. Als er etwas verspätet zum Frühstück kam, saßen sie alle bei Tisch. Sascha fragte: „Hast du gut geschlafen?" — „Ja, danke", sagte Bobik. Er saß sehr steif auf dem Stuhl. „Du sitzt so merkwürdig da, als ob du Ischias hättest", sagte Sascha. — „Nein danke, ich habe keinen Ischias!", meinte Bobik stolz. Die Ereignisse der Nacht fielen ihm in aller Deutlichkeit ein. Alle waren wie sonst.

„Ob wirklich niemand etwas gemerkt hat?", dachte Bobik. Als sie sich erhoben, umfaßte Sascha ihn herzlich und betastete seinen Hintern. Da wußte Bobik, wessen Hand den Stock geführt hatte. Er faßte Saschas Hand und küßte sie. Sascha streichelte seinen Kopf. Bobik war ihm für die nächtliche Begegnung, für die Schläge und für die Anonymität dieser Begegnung so dankbar.

Kurz darauf rief die Mutter Wássenkas an. Sie jammerte über die Flucht ihres Sohnes. Sie bedauerte, daß sie seinerzeit die „Verführerin Malánja" entlassen hatte. — „Und wenn er einen ganzen Harem im Hause unterhielte, wenn er nur zurückkäme!" Bobik war so froh, daß er jetzt nicht irgendwo in Mohilew auf Abenteuerfahrt war.

ARBEIT MACHT SCHWIELEN

Die Zeiten wurden immer schwerer. Lebensmittelkarten wurden eingeführt. Lange Menschenschlangen standen vor den Geschäften. Alle Verbrauchsgüter wurden knapp. Bobik und Jadwíga konnten das nicht verstehen! Fast alle Nahrungsmittel wurden doch im Lande erzeugt. Warum wurden sie jetzt knapp? Man sagte ihnen, es seien sehr viele Männer im Krieg und viele Pferde seien eingezogen. Aber diese Männer aßen doch, weil sie jetzt im Krieg waren, nicht mehr als sonst. Sie begriffen es wirklich nicht. — Es gab eine große Teuerung. Die Einnahmen der Familie aus den Gütern und Fabriken wurden eher kleiner, und das Geld war schon im zweiten Drittel des Monats ausgegeben. Was sollte man tun?

Jadwíga versammelte ihre Garde um sich, Sascha, Bobik, Wera, Njánja und Fróssja. — „Was soll ich tun? Wir müssen sparen, aber ich weiß nicht wie und wo."

„Entlaß doch einige Mädchen, ich habe den Eindruck, daß sie nur herumlungern", meinte Bobik.

„Wo denkst du hin, das kannst du doch gar nicht beurteilen! Stell dir nur vor, zwanzig Räume sind zu säubern! Die Wäsche muß gewaschen, gebügelt und geflickt werden. Allein du, Bobik, kannst eine Flickerin beschäftigen. Immer zerreißt du etwas." — Bobik war empört. Immer er! — „Und dann, seit die Gasmaschine nicht geht, weil keiner sie zu bedienen versteht, seit Aleksándr im Krieg ist, müssen zwanzig Petroleumlampen täglich aufgefüllt und gesäubert werden. Wer soll denn das machen? Wera vielleicht, oder du Bobik? Dann verrußt uns alles! Und die Heizung. Wer soll denn all die Öfen heizen, zwölf Öfen! Dreimal am Tag werden sie ausgeräumt und gefüllt. Ihr könnt euch überlegen, was ihr wollt. Wir brauchen all die Menschen", sagte Njánja. Jadwíga war ganz still.

Sascha meldete sich zu Wort. „Dann müssen wir das Lazarett schließen. Wir können unmöglich dreiundzwanzig Soldaten und die Schwestern und Pfleger ernähren. Und ich will euch etwas sagen, ich habe den Eindruck, daß die Verwundeten viel zu lange hier sind, sie haben Speck angesetzt, und Doktor Schumánow in seiner Güte läßt keinen mehr ins Feld gehen. Keiner von den Soldaten ist gewillt, auch nur sein Bett allein zu machen. Wie gut hätten die kräftigen

Kerle sich im Park oder auch im Haus betätigen können. Aber sie sind verwöhnt und faul. Wir lösen das Lazarett auf. Basta!" Sascha war sehr streng. Niemand konnte ihm etwas erwidern, denn er hatte recht. Wenn man die Mädchen suchte, waren sie oft nicht bei der Arbeit. Man fand sie regelmäßig im Lazarett oder auf den Bänken im Park, in inniger Umarmung mit einem Soldaten. Um den Sitz herum war eine Insel von ausgespuckten Sonnenblumenschalen.

„Könnten wir denn nicht einige Zimmer schließen?", fragte Sascha.

„Wo denkst du hin, wo sollen wir denn die Gäste unterbringen? Du weißt, daß das Weiße Haus für viele eine Oase in der Trostlosigkeit ihres Daseins ist, wir können es ihnen nicht verweigern." Jadwíga war ernstlich besorgt.

„Ich glaube, mit deinen Gästen ist es nicht viel anders als mit den Verwundeten. Du hast dir da einige ganz kräftige Parasiten herangezogen", sagte Sascha bissig. Njánja nickte bestätigend mit dem Kopf.

„Du bist eben zu gut, Mami, du verschenkst alles, und vieles geht weg, ohne daß wir es merken, weil eben keiner auf den Besitz acht gibt. Vielleicht ist das nicht recht, Mami."

Jadwíga errötete. „Versteh doch, ich hänge nicht am Besitz, ich möchte frei davon sein, er beschwert mich, und wir sind wie in einem Zauberkreis von ihm gefangen. Im Grunde haben wir selbst am wenigsten davon. Gott, wäre damals Pássenka abtransportiert worden, wir wären mit ihm ins Permsche Gouvernement gegangen, wir lebten in einer kleinen Hütte. Wie einfach wären dann alle Probleme. Aber so wird man von vielen beneidet, und es ist doch eine schreckliche Last!" Sie seufzte. Sascha streichelte beschwichtigend ihre Hand.

Bobik hatte eine Idee. „Mami, wir können den Holzfäller sparen. Im Park sind so furchtbar viele Bäume, sie stehen sich gegenseitig im Wege. Aljóscha und ich werden sie abholzen. Besonders im Westteil des Parks, wo keine Seele je hinkommt. Ich wette, du bist noch nie dort gewesen. Da ist alles zugewachsen. Wir werden die Bäume zersägen und haben dann genug Vorrat für den Winter und brauchen das Holz gar nicht erst hierher zu transportieren."

Sascha schaute Bobik abwägend an. „Weißt du, Bruder, die Absicht ehrt dich. Aber du hast solche Arbeit noch nie getan. Du wirst es merken, wie schwer sie ist. Und ob du und Aljóscha, ob ihr genügend Ausdauer habt, das ist sehr fraglich."

„Warum? Wenn andere Menschen arbeiten, warum sollten wir es nicht auch können?"

Nach jener Konferenz blieb alles ziemlich beim alten. Immerhin wurde das Lazarett aufgelöst. Die Soldaten waren empört und wütend. Sie gingen ohne Abschied weg, als ob man sie beleidigt und erniedrigt hätte. Die Mädchen weinten und waren übelster Laune. Einige wurden entlassen, ohne daß dadurch den anderen mehr Arbeit aufgebürdet worden wäre.

Bobik und Aljóscha kamen sich sehr wichtig vor. Sie fühlten sich als Retter der Finanzen des Weißen Hauses. Sie bewaffneten sich mit Sägen, Äxten und Fuchsschwänzen, die sie in der Remise fanden. Alle Geräte waren rostig und stumpf. Im entferntesten und dichtesten Winkel des Parks suchten sie sich die geeigneten Eichen aus.

„Was meinst du, Aljóscha. Diese ist nicht ganz so dick und steht schief. Die wäre doch ganz leicht zu fällen."

Sie begannen zu sägen. Aber sie verstanden nicht, im Takt zu arbeiten, sie zogen zugleich an oder sie gaben gleichzeitig nach. Die Säge bog sich gefährlich und gab schreiende, fast menschliche Laute von sich. Der Schweiß rann ihnen von der Stirn. Bald entledigten sie sich der Pelzmützen und Pelzjacken. Sie schrien sich an und beschimpften einander. Immer glaubte der eine, der andere wäre schuld. „Du mußt fester ziehen, du ziehst ja wie ein Säugling!" — „Wenn ich ziehe, solltest du locker lassen, du Depp!" Dann beruhigten sie sich wieder und sägten weiter. Im Baum entstand eine schmale helle Rinne. „Siehst du, es geht voran. Wir müssen einen Augenblick warten. Meine Hände schmerzen mir so", er besah seine Hände. Da waren große Wasserblasen, die vorher nicht vorhanden waren. Aber sie sägten verbissen weiter. Sie verbanden die Hände mit Taschentüchern. Jetzt entstanden durch den Druck des Taschentuchs Blasen an anderen Stellen.

„Donnerwetter, das schien leichter, als es ist. Ich dachte, wir würden so Stücker fünf am Vormittag erledigen."

„Ganz egal, diesen Baum müssen wir heute noch schaffen, das wäre sonst eine gräßliche Blamage. Sie nehmen uns ohnedies nicht ernst."

Plötzlich stöhnte der Baum. er legte sich langsam auf die Seite. Die Säge war eingeklemmt.

Sie standen erschöpft und ratlos da. „Was nun?" — „Warte, wir werden jetzt mit der Axt gegenhauen, dann muß er doch endlich umfallen." Aljóscha holte aus, aber er verfehlte den Baum und stürzte zu Boden. Bobik hob ihn auf. Gott sei Dank, er hatte sich nichts gebrochen. Er schimpfte fürchterlich auf die Axt. — „Du Dummer, die Axt war es doch gar nicht, du warst es." — „Und wenn schon, ich kann doch schließlich nicht auf mich selbst schimpfen, und irgend etwas muß doch schuld daran sein!"

Schließlich gelang es ihnen, einige Kerben in den Baum zu schlagen. Es gab ein gewaltiges Rauschen, entsetzt sprangen sie zur Seite. Der Baum fiel in seiner ganzen Länge zu Boden, viele andere Äste wurden mitgerissen, der Stamm zitterte eine Weile wie in einem Anfall, dann war es still. Bobik und Aljóscha standen andächtig und traurig davor. „Wie ein Lebewesen, das stirbt", sagte Bobik. Beide bekreuzigten sich und senkten den Kopf. „Uch, war das eine Arbeit!"

Inzwischen war es Mittag geworden. Sie gingen heim. Jadwíga kam ihnen in der Halle entgegen. „Na, ihr seht ja recht mitgenommen aus. Habt ihr es geschafft?" — „Ja, eine Eiche", sagten sie kleinlaut. — „Nun, für den Anfang ist es eine ganz schöne Leistung."

Sie hatten einen Bärenhunger. Bobik war bedrückt. „Weißt du, Mami, wenn man das bedenkt. Vierzig Jahre braucht die Eiche, um zu wachsen, was hat sie alles erlebt, wieviele Tiere hat sie beherbergt. Und in zwei Stunden haben wir sie umgesägt. In einigen Stunden werden wir Kleinholz daraus gemacht haben. Und wie schnell wird sie im Ofen verbrannt sein."

„Sei nicht traurig, Bobik. Alles in diesem Dasein bedarf der Reifung und des Wachstums. Wie viele Jahre muß ein Mensch leben, und schließlich kommt ihm nach langer Erfahrung ein guter Gedanke, eine schöne Tat."

Ihre Hände brannten, aus den Blasen kam Wasser, wenn sie sie mit der Nadel aufstachen. Aber nachmittags zersägten sie den Baum. Sascha zum Trotz blieben sie bei der Arbeit. Sie gewöhnten sich einen schweren Gang an, viel schwerer, als es ihren grazilen Körpern entsprach. Sie sprachen mit tiefer Stimme und sie kamen sich sehr wichtig und sehr nützlich vor.

REVOLUTION

Eines Morgens im März 1917 rief Bábuschka aus Moskau an. Ihre Stimme klang erregt. „Habt ihr schon gehört?! Der Zar hat abgedankt! Es ist Revolution! Die Regierung ist gestürzt! Alles ist in Auflösung. Was wird bloß werden? Sicherlich wird Stassiek aus Sibirien zurückkommen dürfen!" Für ihren als Revolutionär nach Sibirien verbannten Sohn freute sie sich. Sie war aber konservativ und jede Umwälzung war ihr zuwider.

Jadwíga und Bobik liefen in aller Eile zur Bahnstation, um nach Moskau zu gelangen. Die Revolution durfte unmöglich ohne sie stattfinden. Schon im Zug waren alle Menschen freudig erregt. Die verhaßte Monarchie mit ihrer Schutzmacht, der gefürchteten geheimen Staatspolizei, der Ochrana, war wie durch einen Zauber in der Versenkung verschwunden. Jetzt würde alles besser werden.

Selbst die Luft war verändert, der Himmel war schwer und bleiern. Man ahnte den Frühling, der Schnee war naß und ballig. Zahlreiche Raben kreisten über den Dächern, als ob sie die Aufregung der Menschen teilten. Alle waren auf der Straße. Die Menschen lachten, sie umarmten sich, sie redeten erregt durcheinander. In allen war die Hoffnung auf etwas Neues und Schönes angebrochen. — „Jetzt wird der verdammte Krieg sicherlich bald zu Ende sein ... Mein Wássenka kommt wieder ... Meiner ist Gott sei Dank im Lazarett, der braucht nicht wieder hinaus ... Wenn das unser Großvater noch erlebt hätte, er hat das Regime so gehaßt ... Ob sie die Lebensmittelmarken wieder abschaffen werden? ... Mal sehen, alles wird anders, alles, das sage ich euch! ..."

Fremde Menschen umarmten sich überschwenglich. Man sah nirgendwo Polizisten, sie versteckten sich vor der Wut des Volkes. Verschiedene Häuser brannten, aus manchen Polizeirevieren flogen Akten und Papiere auf die Straße. Die Demonstranten sangen die Internationale, die bisher verboten war, ein aufreizender, fröhlicher Gesang. Bobik mußte daran denken, daß dieses Revolutionslied schon vor hundertsiebenundzwanzig Jahren von den Franzosen gesungen worden war, daß sie sicherlich auch Arm in Arm als Brüder begeistert durch die Straßen gezogen waren. Rechts hielt er seine geliebte Mutter an der Hand. Sie umfaßte einen Studenten, Bobik ging an der Seite einer Frau, die ihm immer lachend in die Augen schaute. — „Denk daran, das ist ein geschichtlicher Augenblick. So etwas kommt alle paar hundert Jahre vor. Von diesem erhabenen Augenblick wirst du noch deinen Enkeln erzählen!", flüsterte sie ihm zu.

Bobik dachte wehmütig und besorgt an den Zaren und an Tante Elisavéta, ob sie nicht in Gefahr sei. Aber alle Menschen waren so lieb und so freundlich, sie konnten niemandem ein Leid antun. Es war ein paradiesischer Zustand. Man konnte sich gar nicht mehr vorstellen, daß es böse Menschen gebe, daß irgendjemand einen anderen quälen oder einsperren könnte. Die Gefängnisse wurden geöffnet. Die Insassen wurden umarmt und bejubelt. Es war jetzt gleich, ob sie politische oder kriminelle Gefangene waren. Wenn, dann waren sie es doch nur durch Armut und Roheit und Unbildung. Überall hingen rote Fahnen an amtlichen Gebäuden und aus den Fenstern. Bobik staunte. Woher mochten sie so schnell solche Fahnen besorgt haben, sie durften doch gar nicht hergestellt werden.

„Ob man jetzt noch überhaupt zur Schule wird gehen müssen?", überlegte er. „Jetzt, da alle Menschen gleich sind, ist das doch völlig überflüssig! Wie werden die Lehrer jetzt sein? Die meisten waren doch der Gesinnung nach Revolutionäre und mußten sich tarnen; ob sie jetzt anders sein werden?" Viele wirre Gedanken gingen durch Bobiks Kopf, er war gelöst und glücklich. Sie marschierten mit dem Strom den ganzen Tag, sie ließen sich treiben. An Straßenkreuzungen stießen die Demonstranten zusammen, es gab einen Stau. Sonst entstand Zank und Streit und die Menschen gerieten aneinander. Jetzt umarmten sie sich wie alte Freunde, lachten sich an, gaben dem anderen den Vortritt und zogen weiter.

Eine alte verhutzelte Frau gesellte sich zu Bobik. Er führte sie behutsam. „Wie lieb sie aussieht", dachte er. Sie beugte sich zu ihm hin und fragte lachend, warum die Menschen alle so freundlich seien, ob sie denn den verfluchten Germanez besiegt hätten. — „Nein", belehrte sie Bobik, „die Revolution ist ausgebrochen, Großmütterchen, sie haben den Zaren weggejagt, nun werden wir uns allein regieren!" — Die Alte war entsetzt. „Was du nicht sagst, Söhnchen, den Zaren haben sie weggejagt! Wer soll uns denn jetzt regieren, der ist doch vom lieben Gott eingesetzt, das weißt du ja auch, das beten wir in jeder Messe! Selbst regieren, was für ein Unsinn. Sieh sie dir doch an, wer von diesen kann denn das, sind doch alles Tölpel. Nein, das ist nicht gut, und darüber braucht ihr euch gar nicht so zu freuen. Wie ungezogene Kinder seid ihr!" Bobik hielt sie trotzdem an der Hand, er war ihr nicht böse. Sie war schon zu alt, um es zu verstehen. Die neue Zeit gehörte den Jungen, den Wagemutigen.

Es dämmerte schon, als sie zum Kurskij Bahnhof kamen. Sie wurden in Stadtteile verschlagen, die sie bisher noch nie betreten hatten, sie mußten sich mühsam, oft gegen den Strom, zum Bahnhof durchkämpfen. Sie waren müde, aber glücklich.

Zu Hause empfing sie Sascha. Er war beunruhigt. Sie erzählten ihm von den Ereignissen. Er zeigte keine Spur von Freude. „Freust du dich denn gar nicht, Saschenka? Es wird doch jetzt alles anders, ein neues freies Leben beginnt! Allen wird es besser gehen, die Armut und das Elend, die Roheit hören auf, du wirst es sehen, wir haben es heute so deutlich erlebt, was für prachtvolle Menschen unsere Landsleute sind!"

„Ihr seid wie junge Hunde, läßt man sie aus dem Zwinger, schon glauben sie, sie seien frei, und tummeln sich. Das hat mit Freiheit nichts zu tun. Glaubt ihr, daß ein Volk, das eintausend Jahre unter dem Absolutismus gelebt hat, von einem Tag auf den anderen es lernt, frei zu sein und seine Freiheit recht zu verwalten? Nichts davon wird geschehen, heute sind sie nur trunken davon; aber wartet ab, morgen wird der Schweinehund, der in jedem Menschen steckt, sich in ihm ausbreiten, und er wird glauben, das sei die Freiheit. Nichts wird anders. Ein solch ungeheures Gebilde, wie Rußland es ist, kann nur zentralistisch regiert werden. Entweder fällt es in seine vielen Völkerschaften auseinander und Rußland hört auf zu bestehen, oder es kehrt nach einer Weile zu einer straffen Zentralregierung zurück, nur mit dem Unterschied, daß es bisher eine Diktatur einer angestammten Zarenfamilie gab, und nachher wird man es Diktatur des Volkes, Diktatur der Arbeiter und Soldatenräte nennen. Das heißt also — Diktatur des Stiefels. So sehe ich es, und ich kann mich darüber nicht freuen, wenn ich auch mit der Monarchie, oder sagen wir, mit den Methoden, mit denen man bei uns zu regieren gewohnt war, nicht einverstanden bin."

„Du bist immer pessimistisch, Sascha", sagte Bobik streng. „Ich will mich aber freuen und will glauben, daß alles anders und gut wird und daß die Menschen besser werden. Du hast es uns selbst vorgelesen, was Tschechow einmal gesagt hat: daß er glaube, daß sich unsere Welt einmal in einen wunderbaren blühenden Garten verwandeln und daß die Menschen und Tiere in diesem Garten behüteter und glücklicher sein werden. Ich glaube an seine Worte! Ich will daran glauben! Und du wirst sehen, heute haben wir den ersten Schritt auf dieses Neue zu gemacht."

„Dein Wort in Gottes Ohr, Bobik. Aber sei nicht enttäuscht, wenn es anders kommt. Jede politische Umwälzung ist wie eine schwere Krankheit, es geht nicht ohne Krisen und Tod ab. Denk an die Schrecken der französischen Revolution, denk an die Spartakuskämpfe in Rom. Und wenn du an all das Gute und Bessere glaubst, dann steuere von dir aus deinen Anteil dazu bei. Werde erwachsener, lerne dich beherrschen, studiere fleißig und erweise dich als bewußtes Mitglied der Gesellschaft. Bis jetzt hast du das Leben genossen und in den Tag hineingelebt, mit vielen Rechten und fast ohne Pflichten. Wer hat dich dazu ermächtigt? Der Zufall deiner Geburt, der bevorzugten Stellung, des Reichtums? Nichts davon hast du dir selbst erarbeitet oder erworben. Wenn du mal vor den Thron des Herrn gerufen wirst und Er fragt dich:»Wer bist du?«, wirst du antworten:»Ich bin Bobik.« —»Ist das alles?«, wird Er fragen. Ist das wirklich alles? Dann ist es sehr wenig, das heißt, du kommst mit leeren Händen vor Gott."

Bobik verabschiedete sich kleinlaut. Lange saß er in seinem Zimmer, er schaute auf die Ikone des Heilands, auf die ein Licht von der Lampade fiel, und er überdachte die Ereignisse des Tages. Fünfzehn Jahre war er alt, fünfzehn lange Jahre... und dann... mit leeren Händen vor Gott... Aber so viel er auch überlegte, das Wort saß wie ein Stachel in seinem Herzen... mit leeren Händen ...

GRAUER ALLTAG

Saschas Prophezeiungen bewahrheiteten sich. Die Begeisterung und Verbrüderung dauerten nur wenige Tage. Die strammen und gestrengen Polizisten verschwanden von der Straße. Statt ihrer erstand die zivile Miliz. Es waren meist entlassene oder desertierte Soldaten oder Arbeiter, die sich zu diesem Dienst freiwillig gemeldet hatten. Ihre Haltung unterschied sich sehr von der militärischen Strenge der Gendarmen. Sie gaben sich betont ungezwungen. Unter der Mütze quollen gewellte, mächtige Haarbüschel hervor, die fast das Auge beschatteten. Im Mundwinkel hing lässig eine selbstgedrehte Zigarette. Der Hemdkragen und der Mantel waren nicht zugeknöpft, die Stiefel waren schmutzig und hatten keinen Glanz. Wenn sie standen, hatte ihre Gestalt die Form eines lateinischen S. Jadwíga verglich sie mit der Haltung von gotischen Madonnen. Ihre Gewehre trugen sie grundsätzlich mit der Mündung nach unten, oft fuchtelten sie gefährlich damit herum, und da sie sie nicht zu handhaben wußten, ging hier und da ein Schuß los.

Njánja konnte diesen Schießbudenfiguren, wie sie sie nannte, nicht gleichmütig begegnen. Wenn sie nahe an sie heran kam, spuckte sie vor ihnen aus. „Pfui, Väterchen, was bist du für ein verdrehter Trottel, und das will Beschützer der Ordnung sein, man muß Gott bitten, daß Er einen vor euch beschütze!"

„Mach nur, daß du weiter kommst, du alte Reaktionärin, sonst gibt es einen Schlag mit dem Kolben auf deinen dicken Hintern, daß du es bis zum Jüngsten Gericht noch spüren wirst!", bedrohte sie der Milizsoldat. Njánja trollte sich. „Reaktionär" war jetzt ein neues, besonders schlimmes Schimpfwort.

Überall wurden Soldaten- und Arbeiterräte gebildet. In Giréjewo gab es auch eine solche Institution, obwohl im ganzen Ort weder Arbeiter noch Soldaten vorhanden waren. Aber es fanden sich einige Fremdlinge, die in einer verlassenen Datscha ihren Standort errichteten. Eine ihrer ersten Amtshandlungen war, daß sie mit martialischen Bewegungen und lauten Schritten das Weiße Haus betraten. Sie vergaßen die Mützen abzunehmen und zu grüßen, auch bekreuzigten sie sich nicht vor den Ikonen. Njánja wies sie zurecht. „Ihr Unchristen! Betritt man so ein Haus! Nehmt eure dreckigen Mützen ab und benehmt euch wie Christenmenschen!"

„Du, Baba, hast uns überhaupt nicht zu befehlen. Hier befehlen wir; wir haben das Regiment. Wir wollen das Haus durchsuchen!"

„Wo habt ihr denn den Durchsuchungsbefehl, ihr Tölpel!", empörte sich Njánja.

„Das geht dich gar nichts an. Du gehörst zum alten Eisen!" Sie gingen durch alle Räume, sie betasteten Vasen und Skulpturen, die auf Konsolen standen. Dann sahen sie das Grammophon. Sie zogen es auf und legten eine Tanzplatte darauf. Dann bewegten sie sich im Takt, ihre finsteren Mienen hellten sich auf. — „Diesen Apparat requirieren wir im Namen des Volkes, und die Platten dazu!" Jadwíga, die hinzugekommen war, wußte nicht, was sie machen sollte. Sollte sie sich wehren und das Grammophon, das fast nie benutzt wurde, verteidigen, oder sollte sie es ihnen kampflos überlassen?

Bobik flüsterte ihr auf Französisch zu: „Laß den Kasten doch fahren!"

„Nein", sagte Jadwíga. Sie wandte sich den Männern zu. „Meinetwegen nehmt es. Aber ihr könnt uns nichts vormachen. Was ihr jetzt tut, ist reiner Diebstahl. Das Privateigentum ist noch nicht abgeschafft, und ihr habt kein Recht zur Requisition. Ihr wollt das Ding nur haben, weil ihr euch langweilt und die Zeit vertreiben möchtet. Schade, denn es wird in wenigen Stunden kaputt sein. Ihr könnt damit nicht umgehen, weil ihr keine Ahnung von dem Ding habt. Ihr habt überhaupt vor nichts Respekt. Und das ist sehr schlimm. Das ist der Tod jeder Revolution."

Die Männer schauten sich betreten an und drehten ihre Mützen in den Händen. „Dann behaltet mal das Ding da", sagten sie kleinlaut.

„Na, nun nehmt es schon, meinetwegen. Aber das mußte gesagt sein. Und ein andermal benehmt euch wie Menschen!" Jadwíga lächelte.

„Wir sind jetzt alle Bürger, alle sind gleich, da gibt es keine Unterschiede!", sagte einer trotzig.

„Gerade das meinte ich auch, wir sind alle Bürger und es gibt keine Unterschiede, und weil es keine Unterschiede gibt, müssen wir einander zuvorkommend und mit Achtung begegnen!"

„Na, dann danke schön für das Geschenk und für die Belehrung!" Der eine pakte das Grammophon, der andere ergriff den Schalltrichter, und sie trotteten davon.

Die Straßen wurden nicht mehr gefegt, man watete durch Dreck und Abfälle. Die Züge gingen unregelmäßig und kamen mit großen Verspätungen an. Zahllose Soldaten desertierten von der Front und trieben sich herum. Man hörte viel von Diebstählen, Überfällen und Morden. Die heitere Gutmütigkeit verschwand von den Gesichtern der Menschen, sie sahen verschlossen, verkrampft und bekümmert aus. Alte Leute redeten auf den Straßen halblaut mit sich selbst.

Auf den Plätzen wurden Versammlungen abgehalten. Volkstribune redeten zu den Menschen, sie schrien pathetisch lauter Fremdworte, Kooperativ, Kollektiv, Sozialisierung, Aggression, Sabotage. Die Leute blieben stehen, hörten eine Weile zu, sie diskutierten nicht. Vielleicht lag die Zukunft und das Glück in jenen Fremdwörtern? Immerhin wurde den Menschen viel versprochen. Das Leben war grau und trostlos und man brauchte Versprechungen, sie waren Labsal für die geknechtete Seele.

Bobik traf im Park fremde Ziegen und Kühe, die dort gemächlich weideten. Er wollte den Tieren einen Tritt in die Flanke versetzen und sie verjagen, aber dann besann er sich, daß die Tiere doch daran unschuldig seien. Er lauerte den Besitzern der Tiere auf, wenn sie jene abholten, und schimpfte mit ihnen. Manche waren frech und herausfordernd, andere entschuldigten sich demütig. Wo sollten sie die Tiere auch hinführen? Die Weideplätze seien weit, und sie hätten eine große Familie zu versorgen. Bobik brummte und ließ es geschehen. Eines Tages traf er einige Männer im Park, die gerade dabei waren, einen Baum umzuhauen. „Was macht ihr denn hier, das ist doch nicht euer Park und euer Baum. Verschwindet!"

Sie rührten sich nicht und nahmen eine drohende Haltung an. „Verschwinde du hier und störe uns nicht bei der Arbeit!"

„Das ist doch mein Park, und meine Bäume. Ihr dürft hier nichts stehlen."

„Dein, dein, dein, nichts ist mehr dein, du Würstchen. Alles gehört jetzt allen. Merk dir das!" Sie ließen sich nicht stören und setzten ihre Arbeit fort. Bobik stand eine Weile in ohnmächtiger Wut da, dann ging er fort.

Er und Aljóscha fällten jeden Tag Bäume, um einen Vorrat an Brennholz für den nächsten Winter zu haben. Sie zersägten die Stämme und schichteten das Holz sorgsam auf. Eines Morgens fanden sie den Stapelplatz leer. Irgendjemand hatte in der Nacht das ganze Holz, eine Arbeit von mehreren Wochen, gestohlen. Bobik besah sich die Schwielen an seinen Händen, die nicht mehr verschwanden, hockte sich auf den leeren Platz und weinte bitterlich.

Die wenigen Hühner, die übriggeblieben waren, legten keine Eier mehr — vielmehr die Eier, die gelegt wurden, verschwanden. Njánja lauerte dem Dieb in der Frühe auf und ertappte Akulina, die am Rande des Parks mit ihren vielen Kindern wohnte, wie sie, mit einem kleinen Bastkörbchen bewaffnet, die requirierten Eier heimtrug. Akulína heulte und schwor, daß dies das erste und letzte Mal sei, sie sei der teuflischen Versuchung anheimgefallen.

Aber die Eier verschwanden weiter, so daß man beschloß, die Hühner zu schlachten. Bobik sollte das Werk des Henkers übernehmen. Er weigerte sich standhaft. Auch alle anderen wollten mit dem Mord nichts zu tun haben. Schließlich erbot sich Akulína, die Hühner zu schlachten. Niemand wollte zugegen sein. Am nächsten Tage brachte sie fünf gerupfte Hühner ins Weiße Haus. Jadwíga schaute sie erstaunt an. „Es waren doch ein Dutzend Hühner. Wo sind sie denn?" — Akulína tat erstaunt und bekreuzigte sich. „Bei Gott, ich habe nur diese fünf eingefangen, mehr waren nicht da." Jadwíga schaute sie streng und durchdringend an. Sie senkte die Augen und lief heulend davon.

Nachts hörten sie Axtschläge im Park. Sie saßen aufrecht in den Betten. Sollten sie aufstehen und die Diebe verjagen?! Die Menschen waren so rabiat, sie würden vor einem Totschlag nicht zurückschrekken. Sie stellten einige Fußangeln auf. Aber eines Tages gab es ein fürchterliches Geschrei. Die Njánja verfing sich in einer Angel. Bobik und Wera befreiten sie mit großer Mühe. Da befahl Sascha, daß die Angeln wieder entfernt werden sollten.

Sie beschlossen, die besonders wertvollen Dinge zu vergraben, ehe sie den Dieben in die Hände fielen. Jadwíga, Sascha und Bobik arbeiteten fieberhaft die ganze Nacht. Sie hoben eine tiefe Grube in der Nähe der dicksten Eiche aus. Sie rechneten damit, daß diese Eiche wegen ihres Alters und ihres Umfangs am längsten überleben würde. Sie packten silbernes Geschirr, Bestecke, Kandelaber und zahllose kleine Dosen und Becher, die auf den Tischen umherstanden, in eine große Truhe. Sie verschlossen sie und schleppten sie mühsam in das Versteck. Sie warfen die Grube wieder zu und machten den Boden wieder eben. „Das wird uns niemand stehlen", meinte Sascha erleichtert.

Onkel Iwán saß allein im alten Schloß. Lela war zum wievielten Mal durchgebrannt und verschollen. Das Haus war öde und leer. Kein Besuch kam mehr. Der General hatte Wasser in den Beinen und im Bauch, er atmete schwer. Jadwíga und Bobik besuchten ihn. Er streichelte ihnen dankbar die Hände. Er konnte nicht viel sprechen. —
„Seht, so bin ich hier allein in diesem riesigen Haus, in dem seit

Jahrhunderten frohe Stimmen erklangen." Jadwiga tröstete ihn, es würden wieder bessere Zeiten kommen. Er schüttelte den Kopf.

Aljóscha kam nicht mehr aus Golítzino ins Weiße Haus. Ein Deserteur hatte eines Tages versucht, ihn vom Pferd zu werfen und sich des Tieres zu bemächtigen. Er hatte dem Pferd die Sporen gegeben und der Räuber war in den Graben gefallen, so daß es Aljóscha gelang, davonzukommen. Seine Eltern verboten ihm von da an den gefährlichen Ritt.

Kein Besuch kam mehr, die Menschen wurden ungesellig. Man war gewohnt, den Gast zu ehren und ihn zu verwöhnen. Ein altes Sprichwort sagte: „Wen Gott liebt, dem schickt er einen lieben Gast." Jetzt konnte man ihm kaum etwas anbieten.

Njánja brummte bekümmert. „Wie oft war ich böse, daß zu viele Gäste ins Haus kamen. Jetzt gäbe ich etwas darum, wenn sie wieder kämen. Es ist ja öde und leer wie im Grab."

DAS ENDE DER TARLETZKI

Onkel Iwáns Kammerdiener stand bekümmert vor der Tür und bat Njánja, bei der Herrin vorgelassen zu werden, es sei sehr dringend. Njánja wollte erfahren, um was es sich handle, aber er schwieg bedrückt. Jadwíga reichte dem alten treuen Mann die Hand. Sie führte ihn in den Salon. „Was ist denn, Afanássij, was hast du für Kummer?"
„Es ist wegen seiner Exzellenz, unseres Herrn, Herrin. Ich habe den Doktor Ssorókin gesprochen, es ist ja keiner mehr da außer mir, der für ihn sorgt im Schloß. Der meint", und Afanássij fing an zu weinen, er schnaufte und wischte sich die Tränen ab, „es wird nicht mehr lange dauern. Das Herz ist verbraucht. Unser Väterchen bekommt schon gar keine Luft mehr, nachts besonders, immer bittet er mich, ich solle ihn im Bett höher setzen, höher geht es aber gar nicht mehr. Ich kann es nicht mit ansehen! Ich verzehre mich vor Kummer. Könnten Sie, Herrin, und das Herrchen Bobik nicht jeden Tag nach ihm sehen? Es kommt doch sonst niemand mehr, und er freute sich immer über Gäste."
„Hab Dank, Afanássij, daß du zu mir kamst, wir kommen, und wir werden alle unsere Zeit beim General verbringen."
„Aber bitte ihm nichts sagen, daß ich hier war!"
Er verbeugte sich tief und küßte Jadwígas Hand. Jadwíga und Bobik gingen jeden Tag hin. Sie saßen bei dem Kranken und erzählten ihm etwas, er konnte wegen der Kurzatmigkeit nicht lange sprechen. Bobik hielt es nicht aus, so lange bei Onkel Iwán zu sitzen, er lief durch die weiten Räume, besah sich die Portraits der Ahnen. Viele sahen interessant und schön aus. Manche vollbusigen Damen und behäbigen Herren fand er gräßlich, er fragte sich, warum sich so alte und häßliche Leute noch malen ließen.
Von vielen wußte er nicht mehr, wer sie seien, auch Onkel Iwán wußte es nicht mehr genau; aber das eine stammte von der Hand des Malers Borowikowski, ein anderes von Lewitzki oder von Kiprenski oder Ssokolow.
„Weißt du, Bobik, auch die Bilder machen eine Wandlung durch. Zuerst nimmt man sich einen bekannten Maler und läßt sich von ihm malen. Der nimmt den Auftrag an und signiert das Bild. Zunächst ist

der Maler ganz unwichtig, man vergißt oft seinen Namen, wichtig ist nur der Portraitierte. Aber mit der Zeit wird der Abgebildete durch Unachtsamkeit der Nachkommen vergessen. Der Maler aber kommt zu Ruhm, und nun nennt man hundert Jahre später mit Stolz den Namen des Malers. Wer die dargestellten Frauen der Tarlétzkis waren, ob eine Chowánskaja, oder Gagárina, Lopúchina, Uglítzkaja, Tschelistschewa, Chomjákowa oder Golítzina, das hat man vergessen. Aber die Signatur eines Wischnjakow, Kiprenski, Shukowski repräsentieren den Stolz eines Herrenhauses."

Seit dieser Belehrung suchte Bobik nach den Signaturen der Maler auf den Bildern oder auf deren Rückseite. Ganz selten war hinten auch der Portraitierte verzeichnet.

Am liebsten aber kletterte er auf der uralten Eiche vor dem Schloß herum, deren lange, dicke Äste mit ihren Enden die Erde berührten. Wieviele von den Ahnen der Tarlétzkis und von deren Freunden und Verwandten werden in den vielen Jahrhunderten auf ihren Ästen herumgeklettert und -gespielt haben. Er streichelte ehrfürchtig die dunkle, mit Moos bewachsene Rinde.

Jadwíga hielt Onkel Iwáns Hand und streichelte sie. „Wenig tröstlich sind heute unsere Gespräche. Es ist, als ob die Zeit der apokalyptischen Reiter angebrochen wäre. Der schreckliche Engel gießt seine giftigen Schalen des Zorns über unser Land. Und es wird noch schlimmer kommen, es ist, als ob man einem Untergang zusteuere. Ich muß oft daran denken, daß der Beginn und das Ende des Herrscherhauses Romanow sich sehr ähnelten. Als der sechzehnjährige zum Zaren gewählte Michaíl Feódorowitsch Romanow in einem einfachen Fuhrwerk nach Moskau einzog, standen auf dem ganzen Weg verhungerte und abgerissene Bauern und Bojaren und grüßten ihn stumm und ohne rechte Begeisterung. Die herrenlose Zeit und der Einmarsch der Polen hatten das Land an den Abgrund seiner Existenz gebracht. Und der letzte Romanow, der nun abgetreten ist, hinterläßt uns auch nichts anderes als Krieg, Schmach, Hunger, Vernichtung, Anarchie und Armut."

Onkel Iwán seufzte. „Ich bin froh, daß ich das, was noch kommen wird, nicht zu erleben brauche. Ich habe wie meine Vorfahren aus der Fülle gelebt, ich habe nicht nach der Zukunft gefragt und mich nicht um den Fortschritt gekümmert. Ich verbrauchte, was mir geboten wurde, und leider noch darüber hinaus, achtlos, wir taten es alle. Wir haben nichts bewahrt und nichts hinzu erworben. Und das ist unsere große Schuld an allem, was geschah und was noch geschehen wird.

Wir waren Grandseigneurs von Geburt und Namen, aber in einer Hinsicht waren wir geistige Krüppel, nämlich darin, daß wir niemals etwas Brauchbares gelernt hatten und wir das, was uns von den Vorfahren vererbt worden war, nicht bewahrten und nicht mehrten. Sicherlich waren wir Lebenskünstler, aber nur in einem sehr engen, egoistischen Sinn. Wir waren Kinder, die den kostbaren Geschenken ins Innere schauen wollen und sie darum achtlos zerbrechen. Das haben wir unser ganzes Leben lang getan. Ich mit dem Verschleudern meiner Güter, und ihr mit eurer Großzügigkeit, mit dem Traum von Klein-Venedig auf der Basis eines Rohrbruchs. Für den Moment war es schön, aber nachher hinterläßt ein solches Vergnügen einen bitteren Nachgeschmack, Jadja!

Gib mir einige Tropfen von dem Herzmittel", bat Onkel Iwán, „es ist so schwül, es wird wohl ein Gewitter kommen. Vielleicht wird mir dann leichter."

Der Himmel bedeckte sich. Schwalben schossen ganz niedrig über die Wiese vor dem Schloß. Ein Wind kam auf und wirbelte Sand und Heufetzen hoch. Im Hofe bellte der Hund. Alle Laute klangen seltsam nahe. Es wetterleuchtete und man hörte es donnern. Irgendwo im Haus schlug ein Fenster klirrend zu. Jadwíga bekam große Pupillen und bekreuzigte sich, sie hatte Angst vor Gewittern. „Soll ich das Fenster schließen, Onkel Iwán, es wird gleich regnen."

„Nein, Liebste, laß es nur offen, ich liebe Gewitter, sie reinigen die Luft, und es wird mir leichter danach."

Es wurde ganz dunkel, Blitze erleuchteten die Landschaft, es donnerte immer lauter. Sie zählten angstvoll die Sekunden, die zwischen dem Blitz und Donner verstrichen, um die Entfernung des Gewitters festzustellen. Die riesige Eiche zeichnete sich scharf gegen den schwefelgelben, drohenden Horizont ab. Es begann wie aus Eimern zu gießen, Bobik sprang auf und bemühte sich das Fenster zu schließen.

In diesem Augenblick gab es einen hellen Lichtschein und zugleich einen gewaltigen Krach, Jadwíga fiel vom Stuhl, Bobik stürzte wie angeschossen zu Boden, Onkel Iwán stöhnte laut auf. Als sie zu sich kamen, versuchte Bobik sich zu erheben, es war ihm, als ob er im Rücken gelähmt wäre. Jadwíga meinte verängstigt, es habe bestimmt im Hause eingeschlagen, man müsse nachsehen. Aber dann sahen sie, was geschehen war. Die alte Eiche der Tarlétzkis war geborsten, riesige Äste waren abgebrochen und zu Boden gefallen, der Stamm rauchte. Wie ein gefälltes Ungeheuer lag sie da. „Die Eiche, die Eiche!" rief Bobik entsetzt.

Onkel Iwán starrte auf das zerstörte Wahrzeichen seiner Familie. „Das ist das Ende der Tarlétzkis", flüsterte er. „Wie lange hat sie an dieser Stelle gestanden, seit 1360, seit Chan Giréi, mein Vorfahr, sie gepflanzt hatte."

„Das sind fünfhundertsiebenundfünfzig Jahre, Onkel Iwán", sagte Bobik dumpf.

„Eine uralte Sage berichtet, daß unser Geschlecht so lange bestehen wird wie diese Eiche. Und ich, der letzte Tarlétzki, muß es erleben, daß sie gefällt wurde. Erleben — aber nicht überleben", fügte er leise hinzu.

„Sei nicht traurig, Onkel Iwán", tröstete ihn Jadwíga, „denk an das Wort eines deutschen Dichters: »Das alte stürzt, es ändern sich die Zeiten und neues Leben blüht aus den Ruinen.« — Du weißt es selbst. In der Wurzel sind noch so viele Bildekräfte, neue junge Triebe werden aus der alten Eiche sprießen. Alles hat ein Ende und aus jedem Ende entsteht ein neuer Anfang."

„Dann muß Bobik das neue Reis werden, er hat unser Blut. Wirst du aber in diesen Zeiten die Kraft dazu haben, dieses Erbe anzutreten?" Bobik erschauerte. Er hatte sich mit diesem Gedanken noch nie befaßt. Um Onkel Iwán nicht zu enttäuschen, sagte er zaghaft: „Ja, doch, du weißt doch, wie ich das alte Schloß liebe." Aber innerlich war er entschlossen, niemals dieses alte Schloß mit seinen Gespenstern, mit der alten Ahnfrau Tamára und Márja Iwánowna, mit den vielen Räumen und ungezählten alten Dingen und Geheimnissen in Besitz zu nehmen. Er fühlte, wie das alte Erbe ihn mit unsichtbaren Klammern umfassen würde und er, wie Onkel Iwán und alle vor ihm, der Sklave all der Räume, Kellergewölbe, Verließe, unbekannten Portraits, die alle ein Recht auf dieses Haus hatten, sein würde. „Nein, nein, nein!" sagte er sich.

Onkel Iwán sah ihn schalkhaft an. „Seit wann bist du so wohlerzogen, Bobik, du Nonkonformist? Sag doch ehrlich, daß du diesen ganzen riesigen Kasten zum Teufel wünschst. Ich sehe es dir doch an, mich kannst du nicht betrügen. Ich grolle dir auch nicht darüber. Wer weiß, was auf dich wartet! Jedenfalls hast du das Recht, dein Leben selbst zu bestimmen und dich frei zu machen von belastendem Besitz."

„Ich danke dir, Onkel Iwán, ich danke dir!" Bobik ergriff seine Hand und führte sie zu den Lippen. Jadwíga nickte zustimmend.

„Weißt du, Onkel Iwán, so schrecklich alles, was jetzt geschieht und noch geschehen wird, sein mag: ich gebe den Glauben nicht auf.

Das sind Geburtswehen einer neuen Zeit. Die Gebärende glaubt auch vor Schmerzen zu vergehen, zu sterben. Aber dann, wenn sie das Neugeborene in Händen hält, dann strahlt sie und ist glücklich und dankt für die überstandenen Schmerzen. Und kommt nicht nach der furchtbaren Marter der Kreuzigung das Hosianna der Auferstehung? Wir müssen durch diese Kreuzigung und durch den Tod hindurch. Niemand von uns weiß, ob er diese Zeit überleben wird, aber man soll in sie hineingehen in der Gewißheit, daß das Alte überwunden und das Neue anbrechen wird wie ein strahlender Tag, wie eine Auferstehung und eine Himmelfahrt. Ich bin ganz sicher, Onkel Iwán, daß es dieses Weltpfingsten irgendwann auf dieser Welt, unter den Menschen, unter unseren Kindeskindern geben wird. Und ich möchte mich darauf vorbereiten. Weißt du, trotz aller meiner Fehlerhaftigkeit, trotz dem Schlendrian, trotz dem Unvermögen, mit den vielen praktischen Dingen dieser Welt fertig zu werden, geistig möchte ich in Fröhlichkeit und Zuversicht mich auf dieses Kommende vorbereiten!" Jadwígas Augen leuchteten. Onkel Iwán zeigte zum Fenster. Der Sturm hatte aufgehört. Am Himmel stand ein prächtiger Regenbogen.

„Das, Jadja, ist die Bestätigung für deine guten Worte. Der Regenbogen ist ein Pfand der Verheißung, die uns Gott gegeben hat, daß Er nach jedem noch so vernichtenden Sturm Seinen Bund mit dem Menschen erneuern will. Aber auch der Mensch ist aufgerufen, an der Brücke zu Gott, deren Pfeiler er immer wieder mutwillig zerstört, selbst zu bauen. Wißt ihr was, jetzt stützt ihr mich und wir gehen langsam in den Park und erweisen dem ältesten, dem toten Tarlétzki die Ehre."

Er erhob sich keuchend. Sie stützten ihn und stiegen langsam zur Eiche hinab. Alle bekreuzigten sich davor in Ehrfurcht und Trauer. Onkel Iwán bückte sich und sammelte ein Stückchen Holz auf. Er hielt es zärtlich in den Händen und steckte es in die Tasche. Er wandte sich zu Jadwíga: „Versprich mir, Jadja, auch wenn es dir absonderlich erscheint — wenn ich heute oder morgen sterbe, dann laßt mir aus dem Holz der Eiche einen Sarg zimmern. Begrabt mich in der Familiengruft und mauert dann den Eingang zu." Er lächelte verschämt.

„Ich verspreche es dir, Iwán", sagte Jadwíga ernst.

Der alte Afanássij kam entsetzt hinzu, sie führten den General zu seinem Liegestuhl. Er schloß die Augen und schien eingeschlafen zu sein. Sie verließen leise den Raum. Sie blieben die Nacht im Schloß.

Am Morgen klopfte Afanássij an die Tür. „Herrin, unser Herr hat das Zeitliche gesegnet. Ganz still und friedlich ist er eingeschlafen."
„Warum hast du uns denn nicht geweckt, Afanássij?", sagte Jadwíga vorwurfsvoll.
„Durfte ich doch nicht, Herrin. Ich wollte es, auch den Popen wollte ich holen für die letzte Ölung. Aber er hat es mir verboten. »Laß sie alle schlafen, es ist Nacht. Störe sie nicht im Schlaf, sag ihnen, daß ich sie liebe und daß ich ihnen für all ihre Liebe und Freundschaft danke. Und sie sollen nicht traurig sein, wenn ein alter Baum gefällt wird.« Und dann hat er meine Hand gehalten, hat mir zugenickt, gelächelt, und so ist er eingeschlafen. Er lächelt noch." Der Kammerdiener schluchzte ergriffen.

Onkel Iwán schlief den ewigen Schlaf in seinem breiten alten Bett, in dem schon seine Eltern und Voreltern geschlafen und gestorben waren. Im Schlaf lächelte er. Afanássij hatte seine Hände gefaltet und ein altes silbernes Kreuz hineingelegt. Seine beiden kleinen Finger sahen aus wie zwei lustige Steinböcke. Einem Jugendgelübde entsprechend wurden die Nägel dieser Finger nie beschnitten, sie waren mehrere Zentimeter lang und gedreht. Jetzt, da er so ruhig da lag, sahen sie grotesk aus. Sein schalkhaftes Lächeln schien ausdrücken zu wollen: „Nun wollen wir mal sehen, ob ihr es wagen werdet, sie mir im Tode abzunehmen!"

Jadwíga und Bobik küßten den geliebten Freund auf die Stirn. Es wurde wieder geschäftig im alten Schloß, Leute kamen und gingen, bereiteten die Beisetzung vor. Der Tischler sägte die dicksten Äste der gefällten Eiche ab und bereitete daraus Bretter für den Sarg.

Njánja wurde geholt. Ächzend fiel sie vor dem toten Onkel Iwán auf die Knie, dann küßte sie ihn auf die Stirn und begann wie auf Befehl laut zu schluchzen und zu jammern. „Warum hast du mich verlassen, mein lieber, mein goldener, hast uns als Waisen auf dieser kalten Erde zurückgelassen!" Bobik fand diese theatralische Selbstbemitleidung unerträglich. „Sei still, Njánja, und nimm dich zusammen, tust gerade so, als ob er dein Vater oder Geliebter gewesen wäre." — Njánja, die in ihrem Gefühlsüberschwang gestört wurde, war empört. „War er auch, war er auch, mehr als mein Vater war er, der Väterchen General. Wen haben wir denn jetzt, der uns beschirmt und zur Seite steht?" Und sie begann wieder zu jammern. Aber dann fiel ihr Blick auf die unziemlichen Nägel an den kleinen Fingern des Generals.

„Was ist denn das für eine Schweinerei! Wenn man nicht überall dabei ist, wird nur Unfug angerichtet! Ihr könnt doch seine Exzellenz nicht mit diesen Teufelshörnern unter die Erde bringen! Ihr seid wohl von Gott verlassen! Es hieße ja Gott verspotten, wenn er mit diesen Dingern vor den Thron des Allmächtigen treten sollte. Die kommen weg!" Und sie ergriff eine Schere, aber Bobik fiel ihr in die Hand. — „Das wirst du nicht tun, Njánja, du weißt, wie er diese Hörner geliebt und gehegt hat. Das wäre nicht in seinem Sinn. Schau ihn dir an, er lächelt jetzt noch darüber. Wenn du sie ihm abschneidest, wird sein Gesicht grimmig. Tu das nicht!" Er nahm ihr die Schere weg, sie ließ es geschehen. Von da an wich Bobik nicht vom Sarg Onkel Iwáns. Wußte man, wem es noch einfallen würde, ihm seine schönen langen Nägel zu rauben?! —

Bei der Beerdigung war das Schloß voll von Menschen. Jadwíga, Sascha, Bobik und Wera standen in der vordersten Reihe als Leidtragende. Bobik hielt, fast geblendet vom unaufhörlichen Weinen, seine brennende Kerze schief, das Wachs tropfte auf Jadwígas Ärmel, sie stieß ihn an. Er kam zu sich und richtete die Kerze wieder gerade. Nach den Totengesängen und der Weihräucherung trat der Adelsmarschall des Moskauer Gouvernements an den Sarg, an dessen Fußende das hölzerne Schild mit dem Wappen der Tarlétzkis aufgestellt war. Wie es beim Erlöschen eines Geschlechts üblich ist, ergriff er feierlich das Wappenschild und brach es auseinander. Es gab einen scheußlichen Knall. (Das Wappen war vorher von Afanássij von hinten angesägt worden.) Dann warf er beide Teile zu Füßen des Sarges. Jetzt konnte auch der stolze, zurückhaltende Sascha sich des Weinens nicht mehr erwehren. Menschen, die Bobik nie vorher gesehen hatte, schluchzten laut. Dann wurde der offene Sarg, nachdem alle von Onkel Iwán durch einen Kuß Abschied genommen hatten, durch den Park zur Familiengrabstätte getragen. Dort zelebrierten die Geistlichen noch einmal eine Panichída. Nun wurde der Sargdeckel auf den Sarg gelegt und von schwarzen Männern zugenagelt. Die Hammerschläge dröhnten laut und unheimlich.

Nach der Zeremonie versammelte man sich nocheinmal im verwaisten alten Schloß. Man trank Tee und aß Piroschki. Ein pompöses Totenmahl, wie es sonst üblich war, wurde wegen Mangels an Nahrungsmitteln nicht gereicht. Fremde unbeteiligte Menschen schlenderten durch das Schloß, sie drangen in die Schlafräume ein. Bobik beobachtete, wie eine dicke Frau sich eine silberne kleine Tabatière aus der Zeit der Kaiserin Elisabeth zusteckte. Er wollte Lärm schlagen, die Frau zur Rede stellen, aber dann besann er sich. „Wozu? Angesichts der allgemeinen Not und des Verfalls, was bedeutete schon eine Tabatière oder andere Gegenstände, die nutzlos waren?"

Er hob die zerbrochenen Teile des Wappenschildes auf und ging damit zu Afanássij. „Glaubst du, Afanássij, daß wir ihn zusammenleimen können? Ich kann nicht begreifen, daß er zerbrochen wird."

Afanássij begutachtete das Ding. — „Ich werde es für dich ordentlich zusammenleimen, Herrchen, und du nimmst es mit nach Hause, und später, wenn du größer bist und hier ins Haus einziehst, dann hängen wir es wieder an seinen alten Platz. Wollen wir es so halten?" Bobik drückte dankbar Afanássijs Hand.

„Nein, Afanássij, ich werde nicht kommen. Ich will dir nicht weh tun, aber ich mag nicht unter einem Dach mit der Ahnfrau Tamara leben! Das Haus ist mir auch zu groß und zu schrecklich. Schau doch, in jedem einzelnen Raum sind sie, die Ahnen, und alle schauen auf dich herunter und jeder denkt etwas über dich. Man ist ja nie sein eigener Herr. Und niemand wird wagen, diese Portraits aus dem Raum zu entfernen und sie auf den Speicher zu stellen, obwohl dort schon viele stehen. Sie schauen einen dann so herzzerreißend an, daß man den Mut dazu nicht aufbringt, ich wenigstens nicht. Und ich möchte mir einmal meinen Raum nach eigenem Geschmack einrichten können, Afanássjuschka, das kann man aber hier doch nicht."

„Du solltest die Tradition der Väter mehr achten, Herrchen, denn so ist es uns von den Ahnen auferlegt. Wo kommen wir denn hin, wenn jeder nach seiner eigenen Pfeife tanzen wollte! Aber, du bist noch jung und ungebärdig, kommt Zeit, kommt Rat, und ich sehe dich schon als alten Mann vor der Eiche sitzen, wie unser Herr es getan hat, und so habe ich seinen seligen Vater und die Frau Mutter da sitzen sehen, und alle gingen nachher den einen Weg in die Kammern des Familiengrabes."

Afanássij schaute Bobik lang und prüfend an.

EIN BRIEF

Unter der Post war ein etwas schmieriger blauer Umschlag mit unbeholfener, zittriger Schrift. Der Brief war an Sascha adressiert. Der Stempel trug den Aufdruck »Kosjolsk«. Bobik nahm das Schreiben und wollte es aufmachen. „Was machst du denn da, Bobik, er ist doch nicht für dich!", rief Jadwíga entsetzt. — „Aber, Mami, er ist doch aus Krasnoje Sselo, da steht doch sicherlich etwas Wichtiges drin, warum soll ich ihn denn nicht aufmachen?!" — „Weil er an Sascha gerichtet ist, du würdest ihn beleidigen, wenn du in seinen Briefen schnüffeltest!" — „Ich schnüffele ja gar nicht, ich schaue nur, was los ist", brummte Bobik gekränkt.

Als Sascha abends heimkam, lief er ihm mit dem Brief entgegen. „Ein Brief für dich aus Krasnoje Sselo, Saschenka! Was mag darin stehen?"

„Wart doch erst ab, bis ich mich meines Mantels entledigt habe, so viel Zeit wirst du doch wohl haben." Bobik hatte den Eindruck, daß Sascha extra sich Zeit ließ, um ihn zu ärgern, sicherlich war auch er begierig zu erfahren, was für Nachrichten aus dem Heimatgut kamen. Umständlich schnitt Sascha den Brief auf. „Er ist von unserem alten Kammerdiener Gawriíl."

Die Buchstaben waren groß und unebenmäßig, man merkte, daß Gawriíl jede einzelne Letter bedächtig gemalt und überlegt hatte, welche Zeichen er zu einem Wort zusammenfügen sollte. Der Brief war schwer zu entziffern, weil er die Worte nicht grammatikalisch, sondern dem Laut entsprechend aufgezeichnet hatte.

„Aleksándr Sergéjewitsch, durchlauchtiger und gnädiger Herr! Gott möge dich beschützen. Mein lieber guter Saschenka, den ich mit Wonne auf meinen Händen getragen habe! Wie oft denke ich in Sehnsucht an dich und an deine schöne junge Frau und an unser Herrchen Bobik. Mein Herz blutet. Wann kommst du, Väterchen, in deine Heimat, um nach dem Rechten zu sehen! Es wird Zeit, Väterchen, denn die Zeiten haben sich geändert, es ist seit der Refulution keine Ordnung mehr unter den Menschen. Was seine Exzellenz, dein Väterchen, ist, der ist aus dem Krieg verwundet zurückgekehrt. Den linken Arm haben ihm die bösen Germanzy zerschossen, trägt selbigen in einer Schlinge. Du weißt, unser gnädiger Herr hat immer ein schweres Gemüt gehabt, seit dein Mütterchen selig in der Blüte ihrer Jahre das

Zeitliche gesegnet hat. Aber jetzt sitzt er tagelang in seinem Kabinett, rührt sich nicht vom Sessel, ist finsteren Sinnes, spricht mit niemandem, und keiner vermag ihn aufzuheitern. Das drückt auf unser Gemüt, und die Praskówja, was die Köchin ist, die dich bis zur Erde grüßen läßt — du erinnerst dich doch an sie, du hast sie als Junge immer geneckt und ihr die Schürze aufgeknotet und sie hat dich dafür, Gott verzeih ihr, auf deinen durchlauchtigen Allerwertesten geklopft. Oi, warst du ihr böse, damals! — die mag schon gar nicht mehr kochen und meutert, weil unserem Herrn nichts mehr schmeckt.

Die Landwirtschaft liegt darnieder, weil kein Kopf über allem ist, die Bauern saufen und stehlen. Frech sind sie geworden. Gott straft uns für unsere schweren Sünden. Komm, Saschenka, eure Gnaden, mein geliebter Herr, oder schicke uns die Herrin, sie allein kann das Gemüt unseres Herrn aufhellen. Wenn ihr nicht kommt, vergehen wir alle vor Kummer und Leid und es nimmt kein gutes Ende.

Sag aber nichts seiner Exzellenz, daß ich unwürdiger Knecht es gewagt habe, mit diesem schlimmen Schreiben vor deine hellen Augen zu treten. Aber wir wußten uns keinen Rat mehr. Das ganze Gesinde fleht dich an, komm. Und der Chwostik, erinnerst du dich noch, der dich immer auf die Jagd begleitete, der ist jetzt sechzehn Jahre alt, dick und rund, liegt seiner Exzellenz zu Füßen, ein treuer Hund, was meinst du, wie der sich freuen wird, dich zu begrüßen!

Wir verneigen uns alle vor dir bis zur Erde und vor deiner Herrin und dem Herrchen Bobik. Gott gebe euch allen Gesundheit, und zögert nicht lang, kommt!

Dein getreuer Diener Gawriíl Jegórow.

Praskówja hat auch versprochen: wenn du kommst, sie backt dir die schönsten Blintschiki, weißt du noch?"

Sie saßen stumm und bedrückt beieinander. Was sollte man tun? Der Ruf war dringend, ohne Not hätte der alte Diener sich nicht der Strapaze des Schreibens unterzogen. Sascha hatte kein rechtes Verhältnis zu seinem Vater, der nach dem Tode seiner Frau die Kinder in Internaten hatte erziehen lassen. Der schwerblütige, wortkarge und kontaktarme Mann war seinen Kindern ein Fremder geblieben. Sie fürchteten sich vor ihm, obwohl er sie nie strafte oder tadelte.

„Ich weiß, was du denkst, Sascha, du willst nicht fahren. Bleib hier, ich werde mit Bobik reisen. Einer von uns muß unbedingt hin", sagte Jadwíga.

„Wie willst du in diesen schwierigen und erregten Zeiten die lange und beschwerliche Fahrt unternehmen? Ich könnte es nicht verantworten. Alle Eisenbahnen sind überfüllt, es gibt keine Platzkarten, die Züge sind unpünktlich."

„Das ist mir ganz gleich. Wenn die Züge überfüllt sind, so fahren also viele Menschen damit, warum soll ich dann nicht auch fahren. Willst du mit mir kommen, Bobik?"

„Ja, Mami, ich komme mit und ich werde dich schon beschützen, hab keine Sorge!", rief Bobik begeistert.

KRASNOJE SSELO

Entgegen ihrer Gewohnheit reisten sie diesmal mit kleinem Gepäck. Jadwíga wollte große Überseekoffer vollpacken, aber Sascha verwehrte es ihr. Sie reisten allein, ohne Dienerschaft, sie müßten einigemale umsteigen, und es sei ganz unmöglich in dieser unruhigen Zeit mit großem Gepäck zu reisen. Jadwíga fügte sich. Es wurden nur zwei ziemlich große und schwere Koffer mitgenommen.

Sascha, Wera, Pássenka, Njánja und Fróssja brachten sie zur Bahn. Sascha fuhr bis Moskau mit und setzte sie in den Zug, der in Richtung Kaluga fuhr. Der Zug war überfüllt. Die Fahrgäste achteten nicht mehr, ob ihre Fahrkarte der Wagenklasse entsprach, sie stürzten sich auf die Wagen und eroberten mit Gewalt einen Platz. Auf den Gepäcknetzen türmten sich Koffer, Säcke, Kisten, Körbe. Sie wurden unachtsam aufeinandergestellt. Beim Halten oder Anfahren des Zuges fielen sie manchmal mit ungeheurem Lärm auf die Köpfe und Knie der Gäste, es gab ein fürchterliches Geschrei und Geschimpfe. Es kam niemandem in den Sinn, sich zu entschuldigen oder dem Betroffenen zu helfen. Soldaten dominierten. Sie fühlten sich als Herren von Rußland. Sie waren ungepflegt, sprachen und lachten laut, gröhlten, stießen in Gegenwart der Frauen abscheuliche Flüche und Schimpfworte aus. Die Zivilisten betrachteten sie mit Angst und Entsetzen.

— „Das sind unsere Helden, die Erretter des Vaterlands!", flüsterte ein alter Mann resigniert. Jadwíga und Bobik bekamen keinen Platz in einem Abteil, sie stellten ihre Koffer in den Gang und setzten sich darauf. Sie wurden von den Vorbeigehenden bedrängt, gestoßen und beschimpft. Immer wenn Bobik mit einem aufdringlichen Passanten Streit anfangen wollte, schaute Jadwíga ihn sanft und traurig an, dann verstummte er.

Sie schauten zum Fenster hinaus. Unendliche Felder, Wälder, ab und zu ein kleines Dorf, eine alte Kirche mit goldener Kuppel, hier und da ein breites, ausladendes ockerfarbenes Schloß, oder ein Kloster wie eine mittelalterliche Stadt mit Mauern und Zinnen und unzähligen Kirchen und Kapellen. Alle Kleinstädte hatten das gleiche Aussehen, klassizistische, schloßartige Kommunalgebäude, Kirchen, Schulen und niedere, verwahrloste, breit ausladende Häuser. Über allem ein blauer Himmel mit weißen geballten Wolken, die ganz tief zu hängen schienen.

Nach acht Stunden Fahrt näherten sie sich der kleinen unansehnlichen Kreisstadt Kosjolsk. Sie ergriffen ihre Koffer und drängten sich durch die Menschenmenge zum Ausgang. Ein junger angetrunkener Soldat mit roter Binde am Arm versperrte Jadwíga den Durchgang, er umarmte sie frech und versuchte sie zu küssen. „Wo willst du denn hin, du Schöne. Dich laß' ich nicht mehr fort, du bist mein!", gröhlte er. Jadwíga wurde blaß und versuchte ihn von sich zu stoßen, er hielt sie aber fest. Die nachdrängenden Leute schrien, man solle ihnen den Ausgang frei machen. Bobik hatte eine schreckliche Wut auf den Soldaten, der seine Mutter angriff, er wollte ihn schlagen, aber gegen den Riesen konnte er mit seinen geringen Kräften nicht an. Er hielt den schweren eisenbeschlagenen Koffer in der Hand, er gab ihm einen Schwung, daß er gegen das Schienbein des Angreifers prallte. Jener schrie laut auf und ließ Jadwíga los. Der Zug hielt mit einem Ruck, die Leute fielen gegeneinander. Man stieg aus.

Auf dem Bahnhofsplatz stand ein Landauer mit den rot-goldenen Farben im Wappen der Krasnosselski. Ein junger Bursche saß auf dem Bock. Er nahm die Koffer und schnallte sie am Heck des Wagens fest. Dann half er Jadwíga in die Kutsche.

„Wo ist denn Kolka?", fragte Jadwíga.

„Unser Kolka ist gefallen, am gleichen Tag, da Exzellenz am Arm verwundet wurde. Seine Frau weint sich die Augen aus. Ich bin sein Bruder Mitja. Nun versehe ich den Kutscherdienst. Aber die Pferde stehen unnütz im Stall und werden nicht bewegt, unser Väterchen Exzellenz ist noch kein einziges Mal ausgefahren, seit er zurück ist."

„Wie geht es denn meinem Schwiegervater?"

„Ich weiß es nicht, Herrin, man sagt, schlecht. Außer Gawriíl bekommt kein Mensch ihn zu sehen. Und wir brauchten gerade jetzt, da kein Mensch weiß, wie er sich verhalten soll, eine gestrenge Hand und einen guten Rat." Er seufzte.

Sie fuhren auf einer breiten, staubigen, ungepflasterten Schneise durch dichten Birken-, Espen- und Eichenwald. Ihnen entgegen kamen mit Heu beladene Bauernwagen. Die alten Bauern schauten neugierig hinüber und grüßten, indem sie mit den Mützen schwenkten und einige freundliche Worte riefen. In manchen Wagen saßen junge Soldaten, salopp gekleidet, mit roten Armbinden. Sie rauchten eine Papirosse. Sie schauten gleichgültig auf den Landauer und grüßten nicht, manche spuckten ostentativ aus. Manchmal kamen Gruppen von gröhlenden, verwahrlosten Soldaten vorbei, sie machten häßliche Bemerkungen an die Adresse des vornehmen Wagens. Mitja tat, als bemerkte er sie nicht. Bobik ärgerte sich darüber, aber schließlich fand auch er, es wäre unklug diese gefährlichen Menschen zu provozieren.

„Was sind das für Leute, Mitja?", fragte Jadwíga.

„Ach, Herrin, das sind alles Deserteure, sie fressen uns auf. Fremde sind es, keine ansässigen Bauernsöhne, reine Blutsauger. Sie hausen irgendwo in verlassenen Köhlerhütten im Wald, immer kommen sie in Gruppen, sie dringen zu den Bauern ein, stehlen ihnen die Ziegen und Schafe oder auch Kälber und Getreide. Die wahren Heuschrecken sind es. Gott bewahre uns vor ihnen. In die Kirche gehen sie nicht, Gottlose sind es! Unsere Mädchen können nicht mehr allein aufs Feld oder in den Wald gehen, so viele sind schon vergewaltigt und auch ermordet worden. Dem Kusma seine Tochter, die bei dir diente, als du hier warst, die haben die Strolche in einer Waldlichtung ermordet, und wie haben sie sie zugerichtet! Kein Richter, keine Polizei ist mehr da. Die Bauern haben zur Selbsthilfe gegriffen. Wen sie beim Diebstahl erwischen, den schlagen sie unbarmherzig auf der Stelle tot. Aber was hilft das, es schreckt nicht ab! Für einen Toten kommen ein dutzend neue. Tag für Tag werden die Horden größer. Was soll bloß werden?!" Mitja war sichtlich froh, Gesprächspartner gefunden zu haben.

„Wie sind denn die Bauern, sind sie auch durch die Soldaten aufgehetzt?", fragte Bobik.

„Was soll ich dir da sagen, Herrchen, — die Jüngeren, besonders die, welche im Kriege waren, wohl ja. Sie spotten über alles, erklären uns für zurückgeblieben und wissen alles besser, aber nur mit dem Maul; arbeiten tun sie nicht, sie lassen die Alten sich abmühen, sie liegen auf der faulen Haut, schimpfen, trinken und halten wilde Reden. Gott sollen sie schon in Petrograd abgeschafft haben, der sei sowieso nur von den Reichen erfunden worden, um die Armen zu knechten. Von Blutsaugern und Kapitalisten schwätzen sie, von der Befreiung des Proletariats. Was geht uns das an, frage ich sie, wir sind doch Bauern und keine Proletarier. Nun, meinen die, jetzt werden alle Proletarier werden, ob sie wollen oder nicht. Unsere Bauern haben sie mit Dreschflegeln vertrieben. Aber jeden Tag kommen andere und reden.

Die Herrschaften von Cholm waren nach Moskau gezogen. Da haben die Soldaten die Bauern aufgewiegelt. Sie haben das Schloß geplündert und angesteckt und alles ausgeraubt. Die Frauen sollen am schlimmsten gewesen sein. Die Gardinen haben sie von den Fenstern gerissen, um sich Kleider daraus zu nähen. Was sie nicht mitnehmen konnten, das haben sie zertrümmert. Es sieht schrecklich dort aus. Ich habe es mir angesehen. Aber ich habe es nicht gewagt, unserem Väterchen General darüber zu berichten. Er ist sowieso schwermütig, und ich wollte ihn nicht noch mehr aufregen."

„Ist denn Krasnoje Sselo auch gefährdet?", fragte Bobik.

„Gewiß doch. Natürlich, es liegt verborgen und abseits von der großen Straße, aber weiß man, wann sich böse Menschen dahin verirren? Unsere Bauern sind uns, solange der General im Schloß wohnt, ergeben. Aber laß das Schloß mal leer stehen, dann können auch sie leicht auf dumme Gedanken kommen. Man spricht viel von der Aufteilung der Güter, und da sticht einen natürlich der Hafer. Wer will nicht immer mehr haben? Wenn die auf dumme Gedanken kommen, da kann heute keiner etwas machen. Bewachung ist keine da. Außer mir ist nur Gawriíl und der alte Gärtner vorhanden. Und dann die Weiber! Wir haben alle Gewehre, aber die Deserteure haben auch welche, gegen die kommt man nicht an. Man kann nur auf Gott vertrauen" — und er bekreuzigte sich.

„Wie sollten sie auch anders sein, Mitja, sie kommen aus dem Krieg, der so gut wie verloren ist. Was haben sie da gelernt, — andere zu töten. Dafür wurde ihnen als Auszeichnung dann der Heilige Georg an die Uniform geheftet. Das Töten wurde für sie Alltagsarbeit, ihr Handwerk sozusagen. Nun kommen sie in die Heimat zurück und töten einfach weiter, rauben, zerstören, stehlen. Sie haben an der Front viele Jahre keine produktive, aufbauende Arbeit geleistet, nur zerstört, und waren noch stolz darauf, nun machen sie es weiter. Ihnen ist nichts mehr heilig. Man kann sie eigentlich dafür gar nicht schuldig sprechen, schuld sind wir alle, die solche Kriege anzettelten und sie gut hießen. Alle die Patrioten, die im Anfang hurra schrien. Sie haben alle Schuld."

Endlich, nach fünfstündiger Fahrt durch eigenes Gebiet, passierten sie das Gutstor. Die Pferde wieherten fröhlich. Zu beiden Seiten hinter der Toreinfahrt waren langgezogene, ockerfarbene Gebäude, in denen sich die Orangerie und die Wohnungen für den Verwalter und die Bediensteten befanden. Dann fuhren sie durch die alte breite Lindenallee. Die Wege waren verunkrautet. Auf den Marmorstatuen, die griechische Gottheiten und Philosophen darstellten, lag grünes Moos. Die Hecken waren seit Jahren nicht mehr beschnitten worden. Rosensträucher, Jasmin, Flieder wucherten wild. Da wo früher kunstvoll angelegte Beete waren, stritten sich Unkraut und Blumen um den besten Platz.

Sie hielten vor der Hauptauffahrt am langgezogenen Schloßgebäude. Der alte Kammerdiener Gawriíl stand auf der Freitreppe. Mit zitterigen Knien ging er hinunter, um die Gäste zu begrüßen. Er verneigte sich tief vor Jadwíga und küßte ihr die Hand. Er wollte auch Bobiks Hand küssen, aber Bobik ließ es nicht zu. Er umarmte den alten Mann stürmisch.

„Gott segne euren Eingang. Ihr seid unsere letzte Hoffnung", flüsterte Gawriíl. Jadwíga lächelte bedrückt. Mutter und Sohn wurden in ihren Räumen im linken Kavalierflügel einquartiert. Im Schloß hatte sich nichts geändert. Es war nur menschenleer geworden. Niemand begegnete ihnen auf dem langen Weg zu ihren Zimmern. Ihre Schritte hallten laut auf dem Parkett.

„Dieses riesige Schloß für einen einzigen Mann", dachte Bobik, „wie schrecklich ist so etwas! Man ist hier wie in einer Wüste." Ihn schauderte. Er bekam Angst vor all diesen verschlossenen Türen, hinter denen immer neue Zimmer sich verbargen. Sie packten ihre Koffer aus, erfrischten sich und ruhten sich aus. Gawriíl kam und geleitete sie zum General.

Der Großvater saß im Bibliotheksraum. Von den Wänden schauten unzählige Ahnen, deren Portraits in fortlaufender Reihe aufgehängt waren, auf sie herab, in Uniform und Staatsroben sahen sie unnahbar und hochmütig aus. Bobik ließ seinen Blick ängstlich an dieser stattlichen Reihe entlanggleiten. Dann erst richtete er ihn auf den Greis, der tief gebückt in einem hohen Ohrsessel saß. Seine Haare und Bart waren weiß. Er war noch magerer als sonst. Sein Gesicht hatte Ähnlichkeit mit einem traurigen, sinnenden Tier. Er erhob sich mühsam und ging ihnen mit unsicheren Schritten entgegen. Er küßte Jadwíga die Hand und streichelte Bobiks Wange. Dann setzte er sich wieder. Mit lässiger Handbewegung lud er sie ein, sich neben ihn zu setzen.

Seine Stimme war tonlos. „Habt ihr eine gute Fahrt gehabt? Verzeiht mir, daß ich euch nicht entgegengefahren bin. Aber die Verwundung hat mich schwer mitgenommen. Ich war vom ersten Tag an der Front, ohne Urlaub. Mein Kolka, der mich begleitete, ist gefallen, und mich hat es auch erwischt. Aber das ist nicht das Schlimmste. Das Schlimmste ist, daß ich den völligen Zusammenbruch meines Vaterlandes erleben muß. Die Auflösung an der Front, die Morde an den Offizieren, das Abreißen der Achselstücke, die Verhöhnung, die Mißhandlungen, die Gehorsamsverweigerungen, die Desertionen. Und doch ist das alles nur ein Anfang. Es wird noch viel furchtbarer werden. Ich schäme mich für mein Vaterland. Ich weine wie ein Kind und kann den Strom der Tränen nicht aufhalten. Alle bösen Instinkte des Volkes sind wie Raubtiere geweckt worden. Jeder mordet den anderen. Ich bete zu Gott, Er möge mich erlösen. Ich habe meine Pflicht getan, ich bin alt, ich will nicht mehr!" Er begann zu schluchzen. Jadwíga hielt seine Hand. „Vater, wir stehen an einer Zeitenwende, das ist wie eine böse Krankheit, es ist eine Krise. Unser Volk wird nach Leid und Erniedrigung sich wieder erheben, und glaub mir, wenn auch vieles verändert sein wird, das Leben wird weitergehen. Und wir dürfen doch nicht fahnenflüchtig werden! Sieh, dein Großvater war Dekabrist, er träumte von einer konstitutionellen Monarchie. Er mußte es erleben, daß seine Träume zunichte wurden, daß einige seiner Mitverschworenen zum Tode verurteilt oder nach Sibirien in die Zuchthäuser verbannt wurden. Er erlebte die Reaktion unter Nikolaus I. Hat er den Mut sinken lassen? Ich bin sicher, er hat die Hoffnung nicht aufgegeben. Hier saß er in diesem Raum und glaubte an die Freiheit. Vielleicht hat er nicht geahnt, daß die Freiheit mit Rauch und Feuersbrünsten einhergehen werde. Aber er hat sie erhofft. So wollen wir in Würde diese Zeit überstehen. Jede Krankheit ist häßlich, der Eiter und die Verwesungsstoffe stinken, und viele sterben daran, aber wer sie übersteht, geht wie ein Phönix aus der Asche hervor. Ich bin fest davon überzeugt, daß trotz allem, was kommen mag, die lichten Kräfte in unserem Volk, der Gottesglaube, die Demut, die Gastlichkeit, die Einfachheit und die Liebesfähigkeit nicht zu vernichten sind, mögen auch manche Werte der Kultur zugrundegehen."

Der General hörte nicht zu, die Worte fanden keinen Eingang in sein Herz. Er schüttelte den Kopf. „Du, Bobik, wirst ein trauriges Erbe antreten. Ob es dir gelingen wird, all das, was jetzt verfällt und verwest, wieder zu neuem Leben und Blühen zu bringen?" Er schaute Bobik kritisch und abwägend an. Bobik antwortete nicht. Er wollte nicht lügen, er wollte den Großvater nicht kränken und ihm sagen, daß er sich vor diesem schrecklichen Erbe fürchte, daß er es entsetzlich fände, hundert Meter lange Gänge entlang zu gehen und das Hallen seiner Schritte zu hören. Er fühlte sich so schrecklich klein angesichts all des Prunks und der Größe. Hier würde er nie er selbst sein können, immer würde er sich unter den Augen der Ahnen nur als ein winziger Ableger ihres Blutes fühlen. Er aber wollte nicht nur ein Blatt von einem Baume sein, er wollte selber ein Baum werden.

In den Tagen, die folgten, löste sich die Bedrückung, die sie anfänglich beschlichen hatte. Sie gaben sich dem Zauber der Landschaft, des Parks, des Sees und des Schlosses hin. Bobik und Jadwíga streunten überall umher. In den weiten Gewölben des Souterrains stießen sie auf längst verlassene Werkstätten. Dort lagen begonnene Marmorskulpturen, ganze Marmorblöcke, Bücher mit Stichen von griechischen und römischen Bildwerken und Steinmetzwerkzeug herum. Bobik erfuhr, daß fast alle Marmorbildnisse im Park im achtzehnten Jahrhundert von Leibeigenen hergestellt worden waren. Der Hofrat Iwán Petrówitsch Krasnosselskii ließ aus Italien einen Bildhauer kommen, richtete ihm die Werkstätten ein und kommandierte junge Bauernburschen aus seinen Dörfern im Winter ab, um den Marmor, der aus Italien mit Fuhren und Schlitten gebracht wurde, zu bearbeiten.

In anderen Räumen standen Webstühle und Klöppelkissen. Ein Brennofen, in dem Porzellan gebrannt worden war und dessen Tür völlig verrostet war, sah aus, als ob er gähnte. „Wieviel Spannkraft, Mami, war noch damals in den Leuten, daß sie in diesem Land so herrliche Dinge durch ihre Bauern schaffen ließen. Damals war noch Fülle, Reichtum, lachendes Leben. Und man fühlt sogar durch den Verfall hindurch, durch die Moosdecke, die über den Marmorbüsten und Statuen gewachsen ist, die alles besiegende Lebenslust. Wie arm dagegen ist das Leben von heute!"

Sie ruderten in einem lecken Boot über den großen See zum anderen Ufer, sie lockten die stolzen Schwäne, die ohne Scheu ans Boot kamen und sich füttern ließen. Sie pflückten weiße und rosa Wasserrosen und entzückten sich an ihrer strahlenden Pracht. Die Karpfen schwammen am Boot entlang und schauten sie verdutzt an. Wie lange war kein Boot übers Wasser geglitten!

Bobik streichelte die Napoleonischen Lafetten, die sein Ahn Aleksándr Aleksándrowitsch, der mit einer Púschkina verheiratet war, in der Schlacht bei Malo Jaroslawetz 1812 erobert hatte, er hatte dann auch bei Bunzlau und bei Leipzig gegen Napoleon gekämpft, es war derselbe, der später am Dekabristenaufstand teilgenommen hatte.

Im Dickicht des Parks stand ein Sommerpavillon. In ihm wurden in alten Zeiten rauschende Feste gefeiert. Später stellte man Kaleschen und Schlitten, die man nicht mehr brauchte, hinein. Der Zugang zum Pavillon war durch Syringen und Jasminsträucher zugewachsen, darüber wucherte wild das Geißblatt. Bobik mußte mit einem alten Säbel, den er in der Waffensammlung entwendet hatte, sich den Zugang freihauen. In der Mitte des großen, hochgewölbten Raumes stand eine vergoldete Staatskalesche, in der der Wojewoda von

Rostow, Pjotr Alferowitsch, zur Zeit der Kaiserin Elisabeth bis nach Petersburg zu kutschieren pflegte. Die Räder waren mit Eisenreifen beschlagen, aber sie war gut gefedert. Innen waren noch Reste von dem Samtpolster und die Wände waren mit rotem Atlas ausgeschlagen. Bobik saß stundenlang in der Kutsche, man saß sehr bequem darin, fast wie in einem mittelgroßen gemütlichen Zimmer, und träumte von den vergangenen Zeiten.

In der Galerie faszinierte ihn das Portrait eines Mannes in Rokokotracht, der ein ungewöhnlich kluges Gesicht hatte und Sascha auffallend glich. Jadwíga erzählte ihm, daß es Pjotr Iwánowitsch sei, der Freund des ersten Kämpfers für die Aufhebung der Leibeigenschaft, Aleksándr Nikolájewitsch Radischtschew, mit dem zusammen er 1766 von der Kaiserin Katharina nach Deutschland zum Studium geschickt worden war. Unter dem Einfluß westlicher Ideen kämpften nachher beide gegen die absolute Monarchie, gegen die Sklaverei, gegen die Folter. „Du weißt, daß Radischtschew 1790 von Katharina wegen seiner revolutionären Reden zum Tode verurteilt wurde. Man begnadigte ihn dann und verschickte ihn für 10 Jahre nach Sibirien, und schließlich beging er 1802 Selbstmord, weil er in der Unfreiheit nicht mehr zu leben vermochte. Dein Ahne mußte während der Zeit, da die Untersuchungen gegen Radischtschew geführt wurden, in Krasnoje Sselo in Hausarrest bleiben."

Jadwíga zwang ihren Schwiegervater zu Spaziergängen im Park. Er ging langsam und blieb oft stehen, weil er kurzatmig geworden war. Um es nicht zu zeigen, tat er, als ob er einen Schmetterling oder eine schöne Blume betrachtete. Sein Gemüt war finster und es gelang Jadwíga nicht, ihn aufzuheitern. Sie las ihm gelegentlich aus alten Briefen oder Tagebüchern der Vorfahren, die sie in den Schubladen von Nähtischen und Sekretären gefunden hatte, vor, lustige, gelegentlich frivole Begebenheiten; der General hörte artig zu, aber Bobik merkte es ihm an, daß seine Gedanken weit weg waren.

Bobik betrachtete derweilen einen fast zwei Meter breiten Holzschnitt aus dem sechzehnten Jahrhundert, der in einer drastischen Fülle von Bildern den ersten Sieg der Russen über die Tartaren darstellte. Die slavonische Überschrift lautete: „Der Feldzug des Großfürsten Dimitrí Joannowitsch Alleinherrschers von Rußland gegen den bösartigen und gottlosen Zaren der Tartaren Mamai, den er siegreich zu Ende führte." Auf dem Bild waren hunderte von Pferden und Reitern, die miteinander kämpften, Leichen lagen auf der Erde. Links war Moskau abgebildet, in der Mitte das Kloster des Heiligen Sergius, der den Zaren zum Kampf gesegnet hatte, und rechts sah man das Zelt des bösartigen Tartarenzaren. Über den Rand des Holzschnittes hin lief die Chronik über das dramatische Geschehen. Der General erhob sich mühsam und schritt zum Bild. Er stützte sich auf Bobiks Schulter.

„Unser Ahne, Micháíl Brenko Tschelo, hat den Sieg herbeigeführt. Er war Wojewode und durch die Heirat mit der Fürstin Uglitzkaja Vetter des Zaren. Er schlug dem Herrscher vor, dessen Gewänder anzulegen, die Standarte zu tragen und an der Spitze des Heeres gegen die Tartaren zu reiten. Das geschah und Micháíl Brenko wurde natürlich von den Tartaren getötet, die frohlockten, den Zaren getötet und den Kampf siegreich beendet zu haben. Dann aber erschien Zar Dimítri mit seiner Kampfmacht, und so gelang es ihm, nach 200jähriger Knechtschaft das Joch der Tartaren abzuschütteln. Das geschah am 8. September 1380."

„Und wer ist dieser bildschöne Mann im weißen Bojarenrock, der wie ein Pfau aussieht?", fragte Bobik.

Das Gesicht des Generals verfinsterte sich. „Das ist Fürst Iwán Andréjewitsch Chowánski, der im Dorfe Wosdwishenskoje von Sofia, der Schwester Peters des Großen, niedergemetzelt wurde. Du kennst doch das Musikstück »Chowánschtschina« von Mussorgski, das handelt von dieser Zeit."

Bobik dachte: „Immer dasselbe, Ehrgeiz, Macht, Verbannung, Mord, Enthauptung, Intrigen, Liebesgeschichten. Der eine steht in hohen Ehren und Ämtern beim Zaren, der Bruder des gleichen wird gehenkt oder nach Sibirien verbannt, weil er gegen die Mißstände kämpfte." —

Am liebsten ritten sie fünf Werst weit ins Dorf zum uralten Pafnútij. Er wohnte am Rande des Dorfes in einer kleinen niederen Hütte. Er galt als halber Heiliger und als Heilkundiger. Von weitem kamen die Menschen zu ihm, um gegen allerlei Gebrechen behandelt zu werden, und manche holten sich seinen Rat, wenn sie im Leben nicht weiter wußten. Er begrüßte Jadwíga und Bobik mit großer Herzlichkeit und lud sie ein, sich auf der Bank vor der Hütte niederzulassen. Seine Schwiegertochter bot ihnen frische Milch und duftendes Schwarzbrot an. Er lächelte froh und vergnügt, Bobik staunte: „Du bist so froh, Pafnútij, als ob es die besten Zeiten wären."

„Warum sollte ich auch nicht froh sein, Herrchen, wenn ich doch mitten in Gottes Natur und unter Seinen Augen lebe. Was soll es schon Schlimmes geben, und wovor fürchtet ihr euch denn?"

„Ja merkst du denn gar nicht, was alles los ist?"

„Gewiß merke ich es, die Revolution ist ausgebrochen, der Krieg ist verloren, die Soldaten kehren heim, es wird mehr gemordet und gestohlen. Aber einmal ist das Böse sichtbar, einmal das Gute. Und das kann sich morgen oder übermorgen schon wieder umkehren."

„Was meinst du denn", fragte Jadwiga, „werden sie die Güter aufteilen und die Gutsbesitzer verjagen?"

„Sicherlich werden sie es tun, wie ich es sehe. Ich habe nichts gegen euch, Ihr wißt, daß ich euch liebe, wie ich alle Gotteskreatur liebe. Aber es hat zu lange zu große Unterschiede gegeben: die einen waren zu reich und verstanden es nicht, ihren Reichtum zur Ehre Gottes und zum Segen der Mitmenschen zu verwalten, und die anderen waren zu gedrückt und zu dumm, und ertränkten ihr bißchen Verstand im Schnaps, den die Regierung ihnen zur Benebelung der Seele verkaufte.

Und wißt ihr, das geht eine Weile so, ein paar Jährchen oder auch Jahrhunderte, aber dann fängt es an wie in einem brodelnden Kessel überzukochen. Und seht, jetzt kocht es über. Und dann trifft es, wie bei einem Orkan, den Gerechten und Ungerechten. Aber ihr sollt keine Angst haben. Wir alle sterben nur einen einzigen Tod. Der eine stirbt im Bett, der andere am Galgen, der dritte wird im Krieg von einem Geschoß getroffen, der vierte stirbt an Krankheit, ein anderer an Hunger oder Durst. Wer von uns weiß denn, welcher Tod ihm beschieden ist? Und ich sage euch, gleich wie er sterben mag, sogar der Gehenkte kann einen schönen Tod sterben, wenn er nur Gott zum Freund hat.

Alles andere ist Nebensache. Auch die Armut; habt ihr Angst vor ihr? Warum nur? Ihr seht doch, wie solch ein Stück schwarzes Brot und eine Schale Milch euch schmeckt, Bobik hat ganz rote Wangen davon bekommen. Und unser Herr wird uns schon ein Stück Brot schenken, und wenn es nicht jeden Tag geschieht, desto besser wird es uns schmecken. Denkt doch an die heiligen Starzen, die sich einmauern ließen und hungerten, und wie leuchtete ihre Seele zu Gott! Ob die Seele der Reichen und Satten so zu leuchten vermag? Wer weiß es. Gott hat uns nackt in die Welt geschickt, den Fürsten und den Ärmsten der Armen, und wenn wir den letzten Weg antreten, nehmen wir nichts mit hinüber, keinen Titel, kein Geld, kein goldbesticktes Gewand, nicht einmal die Ikone.

Er hat uns als Gäste in diese Welt hineingeschickt, und wenn wir uns als Gäste wissen, auch wenn wir etwas zu verwalten haben, dann kann uns an einem Tage alles genommen werden; wir verneigen uns vor Gott, gehen weiter unseres Wegs und danken Ihm für alles, was Er uns geschenkt hat, und bitten Ihn um Seine Liebe und Seinen Frieden. Seht ihr, wenn ihr so als Christenmenschen lebt, dann braucht ihr vor nichts Angst zu haben. Denn Sein Wille ist überall. Und am Ende eurer Tage, wenn ihr das Leben wie von einem hohen Berge überblickt, dann begreift ihr, wozu manch ein Unglück nötig war, und ihr dankt Ihm und sagt: Dein Wille geschehe! Und wenn ihr Sein verheißenes Himmelreich in Euch lebendig macht, dann kann euch nie und nirgendwo etwas Böses zustoßen, es kommt nur bis zur Haut, es wird aber eure Seele niemals zerstören."

Solch ein Gespräch war wie ein reinigendes Bad. Jadwíga und Bobik gingen gestärkt und getröstet in die verwunschene Wüste von Krasnoje Sselo zurück.

„Manchmal denke ich, Mami, wir seien hier auf dem Mond und wissen es nicht. Es ist alles wunderschön, die Vögel sind da und die Eichhörnchen und Blumen, aber weit und breit keine Menschenseele, wie in einem Märchen, ... aber keinem schönen Märchen", fügte Bobik seufzend hinzu.

Jadwiga

LYNCHJUSTIZ

Der General bat Bobik, ob er nicht zu Pafnútij reiten wolle und ihn bitten, ein gutes Herzmittel aus Kräutern zu bereiten. Bobik freute sich auf die Gelegenheit, den Alten, den er verehrte, wieder zu sehen. Jadwíga wollte beim Schwiegervater bleiben. Mitja wurde Bobik beigeordnet. Gerne wäre er allein geritten, aber der Großvater verbot es ihm. Es war ein heißer Sommertag. Die Pferde waren matt und hatten keine Lust im Trab zu laufen. Bobiks Pferd schüttelte die Mähne, um sich der lästigen Fliegen zu erwehren. Mitja erzählte aus seiner Jugend. Seine Eltern waren schon im Dienste der Krasnosselski gestanden; solange er denken konnte, bewohnten sie das sonnige Häuschen neben den Remisen. Mitja war kein Bauer mehr, obwohl seine Verwandten in den Dörfern der Umgebung lebten. Ehe er durch den Tod seines Bruders Kolka Hauptkutscher wurde, hatte er mit den Pferden gespielt, sie gepflegt, sie in die Koppel getrieben und sie zugeritten. Er war ein großer Pferdekenner. Stundenlang konnte er von ihnen erzählen, er nannte sie bei Namen, und ein Unbeteiligter würde geglaubt haben, daß er von lieben Freunden spreche.

Sie waren nahe an das Dorf herangeritten, sie konnten schon die goldene Kuppel der Kirche sehen, die die Hütten überragte, da hörten sie laute Schreie und sahen einen Haufen erregter Menschen.

„Wir sollten vielleicht lieber heimreiten, Herrchen. Da geschieht etwas Ungutes. Sicherlich werden die Bauern Diebe und Deserteure fertig machen."

„Was heißt fertig machen, sie werden sie doch nicht töten?!", schrie Bobik entsetzt.

„Was glaubst du, du denkst wohl, sie sagen denen Dankeschön für alle Räuberei. Nein, hier herrscht jetzt das Gesetz der Vergeltung."

„Du sagst es so kalt, als ob du vom Essen oder Baden sprächest."

„Nun ja."

Sie ritten dennoch weiter, bis sie nahe an die erregte Menge herankamen. An die dreißig Bauern, Frauen und Kinder standen in einem Haufen dicht beisammen, gestikulierten wild und schrien erregt. Bobik konnte vom Rücken des Pferdes sehen: mitten in die Straße war eine große Grube gegraben worden, in ihr lagen gefesselt, noch lebend, aber schrecklich abgerissen und zerschunden, drei Soldaten.

Sie versuchten etwas zu sagen, offenbar flehten sie um Gnade, aber jedes ihrer Worte wurde mit einem wütenden Geschrei der erhitzten Menge beantwortet. Eine magere ältliche Frau mit verzerrtem Gesicht und unordentlichem Haar keifte laut: „Lügt nicht, ihr Banditen, ihr Gottlosen, ihr wart es und keine anderen, ich habe euch schon seit Tagen hier herumziehen sehen!"

„Seid doch einmal ruhig, was macht ihr denn hier!", brüllte Bobik, so laut er konnte.

Ein Bauer sah ihn scharf an. „Troll dich, du Herrensohn, misch dich nicht in unsere Angelegenheiten. Warte nur, bis du an die Reihe kommst. Die haben der Kuh auf der Weide das Euter abgeschnitten, das Tier brüllt, daß es einem das Herz im Leibe umdreht, es verblutet. Verstehst du das, Bartschuk (Herrensohn). Und nun mach, daß du verschwindest."

„Ihr könnt aber doch nicht die drei Menschen einfach umbringen, sie hier lebendig begraben? Das ist doch unchristlich, wo habt ihr denn euren Gott?!"

„Bah, Gott ist weit und das Väterchen Zar hat abgewirtschaftet, nun müssen wir sehen, wie wir uns unserer Haut wehren. Los Kinder, los! an die Arbeit!"

Die Bauern bückten sich und warfen Klumpen von Erde und Steinen auf die gefesselten Soldaten. Sie schrien und flehten, aber nach wenigen Minuten wurden sie still, man hörte nur das Aufprallen der Klumpen und die Schimpfereien und Flüche der Bauern. Mitja faßte kurzer Hand die Zügel von Bobiks Pferd und wendete, dann gab er seinem Pferd die Sporen. Beide trabten dem Schloß zu.

Bobik war tief erschüttert. „Warum hast du die Pferde gewendet, glaubst du, wir hätten nichts ausrichten können? Wir mußten sie doch retten, auch wenn es Räuber waren, dafür gibt es doch Gerichte. So kann man es doch nicht machen, einfach lebendig begraben, das ist doch furchtbar! Es sind doch Menschen, sie haben doch auch irgendwo eine Mutter, eine Frau und Kinder!"

„Reg dich nicht auf, Herrchen. Du wirst noch viel erleben. Einen Rat gebe ich dir; sag nichts davon dem General, der hat es schwer genug, und helfen kann er auch nicht, er regt sich nur auf."

Bobik behielt das furchtbare Erlebnis für sich. Er sagte auch Jadwíga kein Wort davon. Er entschuldigte sich, daß er die Medizin nicht gebracht habe, sein Pferd habe ein loses Hufeisen gehabt. Mitja würde gegen abend nochmal dorthin reiten.

Am Sonntag standen Jadwíga und Bobik in der Kirche mitten

unter den Bauern. Sie schauten die Herrschaften neugierig an. Die meisten grüßten sie. Bobik sah unter ihnen die Teilnehmer an der Strafexpedition. Die magere Frau hatte ein Tuch auf dem Kopf, sie verneigte sich tief beim Gottesdienst und bekreuzigte sich. Alle waren ehrbare und gottesfürchtige Bauern. Dann fiel Bobik ein, daß die Menschen früher zu Hinrichtungen wie zu Volksfesten gingen, bei allen Hexenverbrennungen gafften, und daß die Guillotine in der französischen Revolution immer ihr Publikum hatte. Sie kamen aus der Messe und gingen zur Hinrichtung. „Was sind das für Menschen", dachte Bobik.

DER ROTE HAHN

Es hatte den ganzen Juli nicht geregnet und war sehr heiß. Das Laub der Bäume und das Gras waren verstaubt und vor der Zeit gelb geworden. In der Luft war brandiger Geruch von den vielen Waldbränden und von sich häufenden Bränden von Gutshäusern und Bauernhöfen. Niemand hatte Lust zum Löschen, es gab auch nicht genug Wasser dazu. Das Vieh brüllte auf den Weiden vor Durst, weil die Brunnen vielerorts versiegten.

Die Horden von herumlungernden desertierten Soldaten wurden immer größer und gefährlicher. Sie lagerten im Park, zertrampelten den Rasen, bespuckten ihn mit Schalen von Sonnenblumenkernen, sie schlugen den Marmorfiguren die Nasen oder die Köpfe und Arme ab oder warfen sie um. Sie kamen ins Schloß und forderten frech Lebensmittel oder Wodka. Auf dem andern Ufer des Sees sah man ihre Lager, nachts loderten Feuer, man hörte ihre lauten zügellosen Gesänge. Man war völlig machtlos gegen sie. Jadwíga und Bobik wagten sich kaum in den Park hinaus. Wenn sie Soldaten begegneten, versuchten sie, sie anzusprechen; aber es gelang ihnen nicht, jene spuckten mit Verachtung vor ihnen aus und oft fiel ein neues Schimpfwort: »Blutsauger« und »Burschúi«. Im eigenen Haus und Park begegnete man unerbittlichen Feinden, die einen nicht eines Grußes oder eines freundlichen Wortes würdigten.

„Was haben wir nur verbrochen, Mami, daß sie uns so hassen und verachten?", fragte Bobik bedrückt und verschüchtert.

„Wir gehören zu einer Kaste, Bobik, die jahrhundertelang geherrscht hat, die ihre Vorrechte in vollen Zügen genoß und oft die Würde des Bauern mißachtete. Irgendwann rächt sich das. Jetzt steht das Volk auf, sicherlich nicht immer die Besten aus dem Volk; in ihrem Wunsch zu herrschen und gleiches Recht zu erhalten, vernichten sie blindlings Menschen und Kulturgüter, die ihnen als Verkörperung des Herrentums erscheinen. An uns wird das biblische Wort von der Strafe bis ins so und so vielte Glied wahr. Du büßt jetzt für deine Ahnfrau Tamara Tarlétzkaja, die, wie man erzählt, ihre Leibeigenen zu Tode prügelte, und für alle die, die leichtsinnig ihr Gut in einer Nacht verspielten oder verzechten, und für jene, die die Familien ihrer Leibeigenen auseinanderrissen und sie nach Sibirien aussiedelten, aus reiner Habgier, weil man ihnen dort billiges Land gab, immer noch mehr Land! Sie konnten ja schon mit dem unermeßlichen Land, das sie besaßen, nicht recht wirtschaften. All das furchtbare Unrecht schreit zum Himmel, Bobik."

„Aber wir, Mami, haben wir denn auch Schuld auf uns geladen? Haben wir nicht als Christen gelebt und eigentlich nur das Gute gewollt?"

„Bobik, wir haben nicht als Christen gelebt. Das ist einfach nicht wahr! Wir waren reich und wir haben gelegentlich einige Krümel von unserem Tisch an den armen Lazarus weitergegeben. Wir blieben aber immer reich, wir lebten in Üppigkeit und Überfluß. Christus aber hat uns ein Leben in Askese und Besitzlosigkeit vorgezeichnet. Und wir waren hochmütig. Schüttle nicht den Kopf, gerade du und Sascha, ihr seid von Hochmut besessen, Hochmut über das Alter und die Vornehmheit eures Geschlechts. Was ist das schon! Gewiß unsere Ahnen waren Generale, Senatoren, Botschafter, Kammerherrn und ähnliche Würdenträger, aber glaubt ihr denn, daß die Familien der Bauern weniger alt sind? Sie sitzen doch auch seit Urzeiten auf ihrer Scholle, und sie sind stolz, daß sie Bauern sind und Jahrhundert auf Jahrhundert den Boden bearbeitet haben, damit er Frucht trägt und uns alle ernährt.

Ich habe oft Angst, Bobik. Wenn ich manchmal nachts wach liege, denke ich, wie stehe ich einmal vor dem Thron Gottes, wenn der Erzengel Michael die Sünden und die Unterlassungen auf die eine, und die guten Taten auf die andere Waagschale legt. Und dann schaut er mich an und fragt mich: »Wie hast du mit dem Pfund, das dir gegeben wurde, gewuchert?« Und ich stehe da mit leeren Händen, und ich weiß, daß ich im Leichtsinn fast alles vertan habe, Gut und Geld, gute Vorsätze und die Zeit, oh, die Zeit, denn auch sie ist ein Geschenk Gottes!"

„Mami, wie kannst du so etwas sagen!", schrie Bobik erregt. „Wenn es einen guten und edlen Menschen gibt, der immer nur an andere denkt und anderen hilft, dann bist du es!"

„Zu wenig, Bobik, zu wenig!" Jadwíga seufzte.

Eines Nachts wachte Bobik auf, er glaubte seltsame Geräusche gehört zu haben. Irgendwo knisterte es und es klang, als ob eine Menge von Vögeln zwitscherten. Die Fenster waren mit weißen Tüllgardinen verhangen. Der Himmel war rot und hell. Es konnte doch noch nicht der Sonnenaufgang sein! Bobik schaute auf die Uhr, es war ein Uhr. Plötzlich durchzuckte ihn der Gedanke: „Es brennt. Das Schloß brennt!" Er sprang aus dem Bett, rannte zum Fenster. Der ganze Himmel war rot. Weit und breit gab es keine andere Behausung. Der Wald stand schwarz und drohend am anderen Ufer. Also konnte es nur das Schloß oder die Wirtschaftsgebäude sein. Er zog sich schnell an und lief zur Mutter. Er weckte sie. Sie liefen durch die Bildergalerie der großen Halle im Haupttrakt zu.

Das Portrait des Zaren Dimitrí Joannowitsch, den man den »Falschen Demetrius« nannte, war hell erleuchtet. Er trug einen eisernen Brustpanzer. Das Feuer spielte auf seinem breiten, gutmütigen Gesicht, er schien zu lächeln. Bobik und Jadwíga blieben unwillkürlich einige Sekunden vor dem Bild stehen, so fasziniert waren sie von der geheimnisvollen Persönlichkeit. Dann faßte Bobik seine Mutter an der Hand und zog sie weiter. Sie rissen die Tür auf. Die Halle stand licherloh in Flammen. Rauch und Feuer schlugen ihnen entgegen. Sie rannten zurück. Bobik ergriff eine schwere bronzene Vase und schlug ein langes, bis zum Boden reichendes Fenster ein. Er sprang ins Freie und half Jadwiga heraus. Sie zwängten sich durch die dichten Sträucher und standen vor dem Schloß. Der ganze Mitteltrakt und der östliche Kavaliersflügel brannten. Rauch und Flammen quollen aus den gesprungenen Fenstern. Funken flogen hoch zum Himmel empor. Ein dröhnendes Rauschen und Knistern war in der Luft. Jadwíga und Bobik sahen sich an. Ihre Gesichter waren rot vom Widerschein des Feuers. Sie hielten sich fest an den Händen.

Immer wenn es früher in der Nähe brannte und die Feuerglocken Alarm läuteten, ließen sie anspannen und fuhren dorthin. Sie halfen den Obdachlosen, bargen ihr Gut und nahmen sie oder ihre Kinder auf. Aber neben der Pflicht zur Hilfe war es auch die ungeheure Faszination, die von der vernichtenden Macht des Feuers ausging, die sie dazu trieb. Es war wie der Ausbruch eines Vulkans. Wie klein und schwach war der Mensch angesichts der entfesselten Gewalten der Natur! — Nun war es ihr Eigentum, das vernichtet wurde.

„Der Großvater!", rief Bobik entsetzt. „Er ist bestimmt in den Flammen!" Er riß sich los und rannte zum Hauptportal, aber aus den Türen züngelten Flammen, es war kein Durchkommen. Er lief um das lange Gebäude herum zum See. Dort saß zusammengekauert der alte Kammerdiener Gawríil und weinte. Bobik berührte ihn an der Schulter, er sah erschrocken und erwartungsvoll auf. „Du bist es Herr?", er nannte Bobik zum ersten Mal „Herr".

„Was ist mit dem Großvater, Gawríil? Hat er sich gerettet? Ist er in den Flammen umgekommen? Weißt du etwas?"

Gawriíl winkte ab mit der Hand. „Umgekommen ist unser Väterchen Exzellenz! Ich habe das Rauschen gehört und stand eiligst auf, da sah ich gleich, was los war. Ich rannte durch die Räume, aber zum Mitteltrakt war kein Durchkommen mehr, alles ein Flammenmeer. Da ist unser Herr sicherlich drinnen erstickt. Das war sein Wille, er wollte nicht mehr leben, diese Welt war ihm zuwider und fremd, er hatte nur eine Sehnsucht, nicht mehr zu leben." — Der junge und der alte Mann bekreuzigten sich. Mittlerweile hatte sich Jadwiga zu ihnen gesellt.

Die Kirche, die durch eine Galerie mit dem Schloß verbunden war, brannte noch nicht, nur aus der Kuppel züngelten Flammen. Bobik lief in die Kirche. Aus dem Altarraum nahm er den Wojwodenstab des Michaíl Brenko, der in Silber gefaßt und mit Edelsteinen reich verziert war. Der Stab war lang und schwer. Das obere Ende bestand aus einer uralten Rosenholzwurzel, die früher ein tartarischer Chan als Stecken benutzt hatte. Er riß den Stock aus seiner Metallumfassung. Dann nahm er eine kleine Ikone der Muttergottes, die an der Zarentür hing und die schon seinen Ahnen, als er vor der Wut Joann des Grausamen nach Polen floh, in die Verbannung begleitet hatte.

Inzwischen kamen die Leute von den Wirtschaftsgebäuden und einige Bauern herbei. Einige schrien und weinten laut, andere standen stumm, wie versteinert vor dem gewaltigen Naturschauspiel. Krachend stürzte der Mittelbau zusammen. Die Seitenflügel brannten noch.

„Der Großvater!", sagte Bobik. Alle bekreuzigten sich. Angst und Entsetzen war in ihren Augen. Nur Kolkas Witwe jammerte laut. „Das geht alles zu Ende! Kolka ist tot, unser Väterchen General ist tot, das Schloß ist hin, was wird noch alles werden!" Man ließ sie lamentieren.

„All die Kunstschätze! Hätte man nicht eine Anzahl von Portraits retten können? Wie gerne hätte ich wenigstens den Demetrius gerettet. Er schaute uns vor der Vernichtung noch lächelnd an. Armer Kerl, den man aus dem Fenster geworfen hatte und dessen Leichnam aus der Zarenkanone gefeuert wurde!"

„Was sollen wir in dieser Zeit mit all den Bildern, Bobik. Jetzt kämpfen Menschen gegen Menschen. Wir wollen uns mit den Dingen nicht belasten. Glaubst du nicht, daß all dieses Sterben und Verderben eine Frage Gottes an uns ist? Ein feuriger Ofen, durch den wir wie weiland unter dem König Belsazar die drei Jünglinge, Sadrach, Mesach und Abednego hindurch müssen. Die einen verbrennen darin wie dein Großvater, und manch einer, dessen Glaube und Gottvertrauen groß genug ist, mag unbehelligt durch die Glut hindurchgehen. Ich möchte, ich hätte den Glauben jener drei Jünglinge, daß ich wie sie sagen könnte: „Wenn unser Gott imstande ist, uns zu befreien, wird er uns aus dem glühenden Brennofen und aus deiner Gewalt, o König, erretten. Tut Er es aber nicht, so sei dir kund, daß wir deinen Gott doch nicht anbeten werden" — und sie bekreuzigte sich.

„Weißt du, Mami, wenn uns einer erzählen würde, was wir hier und jetzt erleben, würden wir es über alle Maßen schrecklich finden. Jetzt aber, da wir in all dem Entsetzlichen mitten drin stehen, ist alles Erlebte viel größer als wir, und wir kommen uns vor wie Zuschauer." Er drückte Jadwíga fest an sich.

„Die Hüllen fallen von uns wie die Eierschalen von einem Küken. Wir waren schlechte Verwalter unseres Besitzes, Bobik, und nun wird er uns Stück für Stück genommen. So genommen, wie einem Sterbenden sein Leib, an den seine Seele jahrzehntelang verhaftet war. Was uns bleibt, ist zu danken, immer zu danken für all die Gnade und Reichtum und Freude, die uns beschert wurde, zu danken, auch wenn wir aller Güter entkleidet werden. Nackt und gebrechlich wie Hiob. Wenn wir dann noch die Demut und die Freude haben, zu danken, dann sind wir vielleicht auf dem rechten Pfad unserer Wanderschaft. Weißt du, so alles Irdische noch im feurigen Ofen preisen zu können, wie es jene drei Jünglinge taten, um diese Kraft bete ich jede Nacht, seit ich weiß, daß die apokalyptischen Zeiten angebrochen sind und den meisten von uns das »Hindurch« nicht erspart wird — niemandem wird es erspart."

Kolkas Frau näherte sich Jadwíga. „Herrin, friert ihr nicht, ihr seid ja nur im Nachthemd, und Herrchen Bobik hat auch nur eine Hose und keine Jacke an. Wo habt ihr denn eure Sachen, ich will sie euch holen!" Jadwíga zeigte traurig auf die Glut, die hinter den Resten der Schloßfassade noch tobte.

„Gott, ach Gott! Es ist ja alles verbrannt! Kommt mit mir, ich werde euch bekleiden und beherbergen. Komm mit Gawríla, du bist ja ganz von Kräften!"

Sie stützte den alten Diener. Bobik und Jadwíga gingen, begleitet von Mitja, zum Wirtschaftstrakt, der unversehrt geblieben war. Malánja bereitete den Samowar. Aus dem Ssunduk (Truhe mit gewölbtem Deckel) kramte sie ein dunkles Kleid für Jadwíga und ein rosa Sonntagsrussenhemd von Kolka für Bobik heraus. Sie zogen sich an und begutachteten sich lächelnd. Jadwíga sah wie eine feine junge Bauernbraut aus, und Bobik war von einem Bauernjungen nicht zu unterscheiden. Es war ein seltsam wohliges und zugleich fremdes Gefühl, von dem Hemd eines gefallenen Dieners bekleidet zu sein. „Wie seltsam Kleider den Menschen verändern, jetzt könnte man uns nicht von Bauern unterscheiden; vielleicht die Hände, die sind anders, weißer und schmäler."

Der alte Pope, Vater Joann, ein kleiner Mann mit strahlenden Augen, weißen Haaren und einem gestutzten Bart, kam. Er bekreuzigte sich zuerst vor den Ikonen in der Ecke, dann segnete er Jadwíga und Bobik und die anderen Anwesenden. Seine geliebte Kirche war verbrannt. Tränen rollten seine Wangen hinab, aber sein Mund lächelte ein kindliches Lächeln. „Nun, Gottes Tempel ist überall, der Himmel ist seine Kuppel. Und so werden wir morgen vor den qualmenden Resten des Schlosses und der Kirche Gottes für unseren Herrn am Grab — das ganze Schloß ist sein Grab — eine feierliche Panichída halten."

Am nächsten Morgen versammelten sich die Bauern der umliegenden Dörfer und die Dienerschaft um das ungeheure, qualmende und glühende Grab. Der Priester, in einem alten, abgetragenen Gewand (seine Gewänder waren in der Sakristei verbrannt), schwenkte das Weihrauchgefäß. In kleinen Wölkchen stieg der Weihrauch hoch und vereinigte sich mit dem Rauch, der aus den Ruinen quoll. Er sang mit dünner, etwas krächzender Stimme.

Die Totenmesse galt dem Großvater, Sergéi Krasnosselski, aber der Priester bezog das alte Schloß wie eine Person in seinen Totengesang mit ein. Bobik schaute umher, er sah in den blauen Himmel, in dem sich der Rauch auflöste, auf die verstaubten und angesengten Bäume, er hörte das Zwitschern der Vögel und sah die Schwalben hoch in der Luft Kreise ziehen. Automatisch bekreuzigte er sich an den Stellen des Gebets, an denen es geboten war. Er horchte erst wieder auf, als die wunderbaren und tröstlichen Worte des Kondakion gesungen wurden: „Laß die Seele deines Knechts Sergéi bei den Heiligen ruhen, o Christe, da es nicht gibt Krankheit, noch Trübsal, noch Seufzer, sondern ewiges Leben!"

„Bei Deinen Heiligen ruhen, ohne Leid und Trauer!", dachte Bobik und eine Wonne erfüllte sein Herz.

Die Bauern erkannten Jadwíga und Bobik in der bäuerlichen Verkleidung zuerst nicht. Aber dann kamen sie auf sie zu und umarmten sie. Einige unter ihnen waren an dem Mord an den jungen Soldaten beteiligt, und es erfaßte Bobik ein Schaudern, als sie ihn umhalsten und auf die Wangen küßten. „Wie schrecklich, mit den gleichen Händen und Herzen morden sie Menschen, und dann bekreuzigen sie sich und umarmen einen in echtem Mitgefühl." Aber dann dachte er an all die Soldaten, die töten, und sich doch für anständige, vielleicht sogar für Christenmenschen halten. Er schüttelte in Gedanken den Kopf.

Kolkas Witwe Malánja bereitete das Totenmahl, die Kutja, eine Reisspeise. Der dicke Samowar stand auf dem Tisch. Die Bauern versammelten sich im großen Raum, es wurde laut geredet. Man sprach über alles, nur nicht über den Verstorbenen. Manche lachten. Die Männer rauchten übelriechende Papirossen aus selbstgezogenem Tabak. Der alte weise Pafnútij verbeugte sich tief vor Jadwíga und lud sie und Bobik ein, die letzten Tage in seiner Hütte zuzubringen. Sie nahmen die Einladung an, sie waren froh, dem lärmenden Betrieb zu entgehen.

Jadwíga und Bobik nahmen Abschied vom alten Gawríil, von Mitja, Malánja und dem übrigen Gesinde. Alle weinten. „Was wird bloß werden, was wird aus uns werden?"

„Ihr bleibt hier und verwaltet alles, wie ihr es bisher tatet. Euch kann nichts geschehen, die Wohnungen wird euch niemand wegnehmen. Und für die Ernährung müßt ihr natürlich selbst sorgen, Erde ist genug da und Vieh. Gott wird euch beschützen."

In der Hütte von Pafnútij schliefen sie auf Bänken, die rund um die Wände standen. Alle schliefen dort, Pafnútij als Ältester bezog den Platz auf dem breiten Ofen, Jadwíga, Bobik, Pafnútijs Schwiegertochter und ihre beiden Kinder placierten sich auf den Bänken. Es gab keine Matratzen und keine Laken. Zum Zudecken bekamen sie Schafspelze. Bobiks Knochen und Gelenke schmerzten, aber er war am Morgen frisch und vergnügt. „Auch so kann man schlafen, ohne weiches Bett, und ohne allein im Zimmer zu sein. Wie unabhängig sind doch die Menschen, die so einfach leben und schlafen!" Zum Frühstück gab es Milch und duftendes Schwarzbrot. Bobik konnte sich nicht erinnern, je eine solch köstliche Mahlzeit gegessen zu haben. „Unser täglich Brot gib uns heute! — wie wunderbar ist dieses tägliche Brot."

Am Nachmittag waren Pafnútij und seine Gäste allein. Die Kinder spielten auf der Dorfstraße. Pafnútij ging langsam zur roten Ecke, wo die Ikonen hingen, ein ewiges rotes Licht brannte davor. Er holte eine alte slavonische Bibel und legte sie auf den Tisch. Zuvor küßte er sie ehrfürchtig. — „Wißt ihr, in diesem Buch ist die Geschichte von Gott und von der ganzen Menschheit drin. Alles war dort schon passiert, was wir erleben. Wie oft denken wir, das war noch nie dagewesen. Wenn du aber darin liest, alles findest du darin! Hochmut, der vor dem Fall kommt, und die Erniedrigung der Reichen und Hochfahrenden, die Freude der Armen und Demütigen, den Sturz der Könige, und alle Brände und Stürme, Kriege und Gefangenschaften, Hungersnot und Üppigkeit, Heuschrecken und Finsternisse. Und doch leben wir noch durch Gottes Gnade, und in Tausenden von Jahren werden unsere Nachkommen noch leben. Immer kommt mir Trost aus diesem Buch. Oft muß ich denken: was bin ich doch für ein schlechter Mensch und für ein Sünder! Wenn ich aber dann von unserem Erzvater Abraham lese, der seine Frau als Hure verkaufte, oder von seinem Sohn Jakob, der sich die Erbschaft erschlich, oder vom König David, der eine fremde Frau begehrte und ihren Mann in den Krieg in die vordersten Reihen zum Sterben schickte, und daran denke, daß alle sich gewandelt haben und wieder hell vor unserem Herrn wurden, dann wird mir leicht ums Herz, und dann denke ich: Er wird auch den dummen, einfältigen, armen Sünder Pafnútij begnadigen. Alles kann man in diesem Buch nicht lesen, aber wenn ich Trost suche, dann stecke ich nach der Art der einfältigen Leute eine Stricknadel zwischen die Seiten, die Stelle schlage ich auf, und immer wird mir Antwort!" Er lächelte verschmitzt, stieß eine Stricknadel in das Buch und schlug es auf.

„Sieh mal an, das Buch Daniel und die Geschichte vom feurigen Ofen und den drei Jünglingen! Als ob wir nicht Feuer genug gehabt hätten und einer durchs Feuer direkt zum Väterchen Gott emporgestiegen wäre, unser Herr Sergéi Michaílowitsch. Aber hört nun zu: »Das Flammenmeer schlug in die Höhe etwa 49 Ellen hoch über den Ofen hinaus. Es griff um sich und verbrannte, wen es im Umkreis des Ofens von den Chaldäern packen konnte. Der Engel des Herrn war zugleich mit den Jünglingen in den Ofen hinabgestiegen ...« — glaubt ihr nicht, daß Er euch aus der Glut errettet hat, wie Er den General hat verbrennen lassen!? Und dann heben sie in der Glut des Ofens an, den Herrn zu preisen, als ob sie nichts anderes zu tun hätten. Hört, wie sie singen! —

»Preiset den Herrn alle Werke des Herrn, lobsingt ihm und erhöht ihn
Preiset Regen und Tau den Herrn,   [in Ewigkeit!
Preiset alle Winde den Herrn,

Preiset Feuer und Hitze den Herrn,
Preiset Kälte und Glutwind den Herrn,
Preiset Tautropfen und Reif den Herrn,
Preiset Eis und Starre den Herrn,
Preiset Reif und Schnee den Herrn,
Preiset Nächte und Tage den Herrn,
Preiset Licht und Dunkel den Herrn,
Preiset Blitze und Wolken den Herrn,
Die Erde preise den Herrn,
Preiset ihr Berge und Hügel den Herrn,
Preiset alles, was wächst auf Erden, den Herrn,
Preiset Meere und Flüsse den Herrn,
Preiset Regengüsse und Quellen den Herrn,
Preiset Seetiere und alles, was im Wasser lebt, den Herrn,
Preiset alle Vögel des Himmels den Herrn,
Preiset alle Wildtiere und Vierfüßler den Herrn,
Preiset ihr Menschensöhne den Herrn ...
Danket dem Herrn, denn Er ist gütig und ewig währet seine Gnade!«

Seht, auch so kann man in einem feurigen Ofen leben und beten, und wer so allerorts, auch am letzten und am schrecklichsten Ort, beten kann, dem kann auch kein Feuer, kein Sturm, kein Wasser, kein Hunger und kein Krieg etwas antun, ob er darin zu Tode kommt, oder überlebt." Er verbeugte sich tief vor dem Buch der Bücher, küßte die Seite, aus der er vorgelesen hatte, und schlug es zu. Jadwíga und Bobik ergriffen in Dankbarkeit und Rührung seine Hände.

Im überfüllten Zug fielen sie in der Menge der Bauern nicht auf. Aber mancher Reisende besah sich aufmerksam ihre weißen Hände. Da stimmte doch etwas nicht.

Auf dem Bahnsteig stand Sascha und hielt Wera an der Hand. Sie hatten sich einige Wochen nicht gesehen. Wera erschien Bobik als eine hübsche junge Dame! War das das gleiche Mädchen, mit dem er sich täglich gezankt hatte?

Sie erkannten Jadwíga und Bobik nicht in ihrer Bauerntracht. Beide schrien erstaunt auf, als jene vor ihnen standen. Sie umarmten sich. Sascha schaute Jadwíga lange und liebevoll an. „Da seid ihr wieder, Gott sei Dank! Ihr habt Fürchterliches erlebt. Wir haben unseren Vater und unsere Heimat verloren. Aber wir sind alle beisammen, und wir bleiben zusammen, wir selbst sind unsere Heimat!"

DAS GROSSE TRALALA

Seit der Gärtner vom Weißen Haus in den Krieg eingezogen worden war, waren die Gemüse- und Obstgärten verwahrlost. Der Boden war von hohem Unkraut überwuchert, dazwischen steckte traurig und verschämt ein Büschel von Petersilie oder Dill, die sich noch eine Weile zwischen den robusteren Verwandten behaupten konnten. Auch die Obstbäume verwilderten und wurden ein Opfer der Raupen, Vögel und Blattläuse. Wenn man über das weite Areal des Gemüsegartens hinschaute, kam man nicht auf die Idee, daß dort unlängst noch prachtvoll schwellende rote Tomaten, Möhren, rote Rüben, Gurken und Melonen, Artischocken und blaue Auberginen gediehen waren.

Der Laden der Lukiná war leer von Waren, aber voll von Menschen. Die Giréjewer standen in langen Reihen, wenn es etwas zu kaufen gab, Fleisch, Petroleum, Zwirn, Sonnenblumenöl, Mehl oder Streichhölzer. Die Menschen standen schweigend und bedrückt hintereinander und warteten geduldig. Manchmal diskutierten sie mit gedämpften Stimmen über die politischen Ereignisse. Niemand wagte es, laut eine eigene Meinung kund zu tun, man wußte nicht, ob man nicht am nächsten Tag als Konterrevolutionär, als Revisionist oder als Bolschewist denunziert wurde. Die Lukiná thronte in einem roten Plüschmantel an der Kasse; ihr Selbstgefühl war stark gestiegen, da niemand mehr verdorbene Waren beanstandete und jeder durch höfliches und schmeichlerisches Benehmen hoffte, ein gutes Stückchen Ware von ihr zu ergattern. Sogar die herbe und stolze Fürstin Kutúsowa flötete wie eine Nachtigall, wenn sie der Lukiná begegnete.

Bobik belauschte einmal ein solches Gespräch und imitierte nachher die beiden Damen zur größten Belustigung seiner Familie.

„Wie geht es Ihnen denn, liebste, verehrteste Sinaída Petrówna? Ich habe gehört, sie hätten gestern Migräne gehabt? Geht es denn heute besser? Sie müssen sich mehr schonen! Was wären wir alle ohne Sie?!" Sie schaute der dicken Kaufmannsfrau liebevoll in die Augen.

„Ach, eure Durchlaucht, was meinen Sie, was für ein schweres Leben ich habe. Ich hätte ja längst das Geschäft aufgegeben, aber wie soll ich denn euch, meine Lieben, im Stich lassen. Wir sind doch alle eine große Familie!"

„Ja, mit der Familie haben Sie wohl recht, auch bei uns geht es manchmal bunt zu, mal sind wir uns gut, mal zanken wir uns, und Sie sind mir doch nicht böse für früher? Wissen Sie, da war ich manchmal etwas hochmütig. Aber Sie sind gut zu uns, wie eine Mutter, und Sie verzeihen!" Sie ergriff ihre Hand und tätschelte sie.

„Na, na, Sie Schäkerin, vonwegen »manchmal« und »etwas«. Sie waren immer hochmütig, und für unsereinen hatten Sie doch nur einen schiefen Blick. Aber das sei vergessen. Jetzt sind wir alle gleich, ob Fürst oder Kaufmann! Und wenn einer jetzt allzulaut »Durchlaucht« oder »Fürst« sagt, schon ruft der andere, »schschschttt, lassen Sie das doch, wofür dieses Zeremoniell!?« — ja sehen Sie, so haben sich die Zeiten geändert. Plötzlich will keiner mehr Fürst oder Graf sein. Und was haben doch manche von euch früher angegeben, wie eine Lore nackter Affen! Dabei waren sie weder klüger noch besser als wir, haben nur das vergeudet, was die Voreltern erworben, und darauf waren sie noch stolz!" Die Lukiná spuckte empört aus und schnitt eine Grimasse, als ob sie etwas Übelriechendes in den Mund bekommen hätte.

Gemüse kaufte man im Nachbardorf, in Kuskowo. Der reiche Bauer Kostjúcha machte gute Geschäfte. Die Bauern nahmen kein Papiergeld mehr an, das wertlos geworden war. Sie verkauften Mehl, Kartoffeln, Gemüse oder Fleisch nur noch gegen Juwelen oder Gegenstände, die für sie von Interesse waren: Kleider, Schuhe, Pelze, Teppiche.

Kostjúcha erschien im Weißen Haus und wollte Jadwíga unter vier Augen sprechen. Er ging jetzt, ohne sich anzumelden, gleich in den Salon, setzte sich breit in den Sessel, streckte die Beine aus und betrachtete seine Stiefelspitzen, die er von irgendeinem vornehmen Städter erhandelt hatte. Als Jadwíga erschien, erhob er sich lässig, er nickte kaum mit dem Kopf. „Ich hab' da allerhand für euch mitgebracht, zwei Sack Kartoffeln, zwei Sack Mehl, Buchweizengrütze, Speck und einen Kanister Sonnenblumenöl. Alles beste und kostbare Ware. Sagt mir bloß nicht, daß ihr mir euer dreckiges Papiergeld geben wollt, das nehme ich nicht an." Er ging an den Flügel und streichelte das schwarze Ebenholz. „Wie wäre es denn mit dem kleinen Tralala, das wäre doch ein Geschäftchen?!" Er schaute Jadwíga verschmitzt aus seinen kleinen schielenden Augen an.

„Du bist sicherlich nicht ganz gescheit, Kostjúcha, gegen fünf Sack Nährmittel einen kostbaren Flügel zu verlangen. Der kostete doch schon in guter alter Zeit viel Geld!"

„Das war einmal, jetzt sind aber Lebensmittel wichtiger. Und sieh mal, meine beiden Töchter sind musikalisch, sie spielen so schön Ziehharmonika, und nun sollen sie wie Fürstinnen auf dem Tralala lernen."

„Aber darauf kann man doch nicht einfach so spielen wie auf der Ziehharmonika, man muß viele Stunden nehmen und Noten lesen können, so einfach geht es nicht. Und schließlich spielt mein Mann und ich und Wera doch auch darauf, und wir haben viel Freude daran. Ich kann es wirklich nicht. Nimm, wenn du willst, einen Pelz oder einen Teppich, oder einen Ring, aber nicht den Flügel!"

Kostjúcha schüttelte bekümmert den Kopf. „Ich wollte doch nun gerade das Tralala haben, darauf habe ich mich versteift. Und weißt du, kein Mensch kann wissen, wie es noch kommt. Deinen Schmuck kannst du in einer Tasche mit dir wegtragen, und Kleider und Pelze gehen in einen Koffer, aber das Tralala schleppst du so leicht nicht weg. Was macht es aus, daß es früher teuer bezahlt worden war, es hat euch auch viele Jahre treu gedient. Wer weiß, wenn du länger wartest, ob nicht der Soldatenrat wieder kommt und es euch abholt, wie er das Grammophon abgeholt hat. Unter uns gesagt, Herrin, — und er dämpfte seine Stimme — das sind rechte Geier, die schauen nur, ob sie etwas erben können. Du mußt dir nur ihre aufgetakelten Weiber ansehen, die reinsten Fregatten. Nun gib den Flügel schon und basta! Du wirst es nicht bereuen, und ich schlage dir noch einen Sack Mehl zu. Also abgemacht?!"

Jadwíga nickte traurig. Er ergriff ihre Hand und schüttelte sie heftig. Sascha war bei der Nachricht über den ungleichen Tausch wortkarg und traurig. Wera weinte bitterlich. Am Nachmittag kam Kostjúcha mit einem Leiterwagen und den Säcken mit Getreide. Einige Bauern halfen ihm den Flügel hinaustragen. Jadwíga bat, sie möchten behutsam damit umgehen, es sei ein empfindliches Instrument. Die Bauern lachten.

Wera hielt sich die Ohren zu und lief auf ihr Zimmer, sie konnte den Auszug des geliebten Flügels nicht ertragen. Bei jedem Stoß gab der riesige schwarze Leib klagende Töne von sich. Mit viel Geschrei und Stöhnen wurde er hochkant auf den Leiterwagen gehoben. Dann knallte Kostjúcha mit der Peitsche, die Pferde zogen an. Jadwíga, Bobik, Njánja und Pássenka gaben dem Gefährt das Geleit. Sie kamen sich vor wie bei einer Beerdigung. Der Flügel auf dem Wagen sah aus wie der Sarg eines Riesen.

Als sie in den Bauernhof einfuhren, kamen die Frau und die musikalischen, pausbackigen Töchter Kostjúchas herausgelaufen. Sie sahen den Flügel zum ersten Mal. Sie entsetzten sich. „Bah, was ist denn das für ein schreckliches Ungetüm, wo willst du denn das aufstellen, der ist doch fast so groß wie die ganze Hütte! Laß mich mal probieren!" Die älteste Tochter öffnete den Deckel und klimperte auf den weißen Tasten. Enttäuscht klappte sie den Deckel wieder zu. „Huu, solch ein Ding, und ein Ton wie ein Säugling. Was die Reichen sich doch alles ausdenken!"

„Steht nicht nur so herum und gafft, ran an die Arbeit!", rief Kostjúscha ungeduldig. „Holt Zangen, Säge und Äxte!" Die Bauern holten das Werkzeug aus dem Schuppen. Kostjúcha hob den schweren Deckel hoch und schaute hinein. Mißbilligend schüttelte er den Kopf und griff in die Saiten, die wie im Schmerz aufheulten. Mit der Zange knipste er eine Saite nach der anderen ab. Sie platzten mit schriller Dissonanz, bäumten sich auf und schlängelten sich wie lebendige Wesen.

Jadwíga ergriff Kostjúchas Arm. „Was machts du, du Barbar! Du zerstörst ja den Flügel!" Sie war dem Weinen nahe. Der Bauer lachte laut und ließ sich nicht in seiner Arbeit beirren. Zu zweit zersägten sie den Resonanzkasten, so daß nur ein schmaler Rand mit der Tastatur übrigblieb. Das verwundete Holz kreischte. Jadwíga und Bobik hielten sich die Ohren zu. Krachend fielen die zersägten Teile auseinander. Kostjúcha begutachtete zufrieden sein Werk.

„Siehst du, Herrin, jetzt kommt der Teil mit dem schwarzen und weißen Gebiß in die Hütte, an die Wand, da nimmt er nicht viel Platz ein, da können meine Musikantinnen nach Herzenslust darauf spielen und üben wie die großen Damen, und es wird niemanden stören. Ich habe schon von dem Gedudel der Ziehharmonika Ohrenschmerzen. Und der andere Kasten kommt in den Stall, da kann ich schätzungsweise fünf Sack Getreide unterbringen. So sind alle zufrieden."

Jadwíga und Bobik gingen bedrückt und wortlos heim. Tagelang vermieden sie es, das Musikzimmer zu betreten.

NACHTWACHEN

Die Fürstin Kutúsowa kam mit einer langen Liste ins Weiße Haus. „Sie wissen, wie unruhig die Zeiten sind. Überall wird eingebrochen und gestohlen. Wir sind den Dieben und Einbrechern völlig preisgegeben. Ich schlage vor, wir organisieren einen Selbstschutz. Ich sehe nicht ein, daß wir unser ererbtes Gut so einfach uns wegnehmen lassen sollen. Ich jedenfalls bin bereit, es wenn nötig mit den Zähnen zu verteidigen!"

Bobik mußte lachen, sie hatte kräftige lange Zähne, die wie die Latten eines Zauns weit auseinanderstanden. Er konnte es sich gut vorstellen, daß sie die Einbrecher in die Hände oder in die Waden biß, oder mit dem Gebiß die gestohlenen Gegenstände wieder zurückeroberte.

„Ich schlage vor, daß wir jede Nacht zu zweit oder zu dritt Rundgänge durch Giréjewo machen und verdächtige Subjekte vertreiben. Außerdem, wenn sie wissen, daß wir uns wehren, werden sie nicht wagen, uns persönlich oder unseren Besitz anzugreifen. Ich habe eine Liste zusammengestellt von denen, die an der Aktion teilnehmen könnten. Wir wechseln uns dreimal in der Nacht ab. Wir werden uns mit Pfeifen, Wächterklappern und schweren Keulen bewaffnen. Außerdem soll an jedem Haus eine Eisenschiene angehängt werden. Wenn etwas los ist, können die Bedrohten gegen die Schiene schlagen, das klingt wie eine Sturmglocke, dann können alle zu Hilfe eilen."

„Die Idee ist wirklich gut", meinte Bobik, „vor allem auch zum Schutz der Einbrecher: wenn sie unser Rasseln hören, wissen sie ganz genau, wo wir sind, und können derweilen das Haus am anderen Ende ausräumen."

„Du hast immer etwas zu meckern", erwiderte die Fürstin bissig. „Mach es doch besser, wenn du kannst."

„Nein, nein, ich mache bestimmt mit. Das war nur so ein Gedanke von mir."

Einige Tage später wurden sie in Wachmannschaften eingeteilt. Die Fürstin übernahm das Kommando, sie fühlte sich sehr wichtig, aber sie versah das selbstgeschaffene Amt mit viel Takt und Umsicht. Alle fügten sich ihr widerstandslos.

Man ging nachts, in warme Shawls und Lederjacken gehüllt, zu zweit langsam und horchend durch den schlafenden Ort. Nirgends brannte ein Licht. Es waren keine Menschen auf den Straßen. Hie und da bellte ein aufgescheuchter Hund. Am Himmel flimmerten die Sterne. Um diese Zeit lag man sonst im Bett und schlief.

Wie verwandelt war die Welt in der Nacht. Das Dunkel verschluckte die Häuser, nur hie und da sah man eine Silhouette, alles wurde unwirklich. Wirklich war nur der kühle Atem der Nacht und die fernen Himmelsleuchten. Auch die Gespräche verloren vor dieser kosmischen Würde an Banalität. Man kam gar nicht auf den Gedanken, über Politik, über die steigenden Preise, über Lebensmittelmangel, über Klatschgeschichten des Alltags zu reden. Unwillkürlich sprach man über die Möglichkeit von Lebewesen auf anderen Planeten, über das Leben nach dem Tode. Viele schöne und erhabene Gedanken strömten einem aus der Unendlichkeit des dunklen Firmaments zu. Bobik fand diese Rundgänge sinnwidrig. „Was verteidigen wir schon das bißchen irdischer Güter, die doch vergänglich sind!"

In der Weihe der Stille wurde ihm der Sinn des Gebets an den Heiligen Geist, das er jeden Tag betete, erst voll verständlich: „Herr des Himmels, Tröster, Geist der Wahrheit, der du überall bist und alles erfüllest, Schatz der Guten und Lebensspender, komm und nimm Wohnung in mir, reinige mich von allem Bösen und errette, du Gütiger, unsere Seelen."

Dieses Gebet kann nur jemand gesprochen haben, der von der Unendlichkeit und Majestät des Firmaments überwältigt war. Nur so konnte er den segenspendenden Hauch des Heiligen Geistes erlebt haben. In den engen Wänden der Zelle wäre ihm die Großartigkeit dieser Anschauung wohl kaum zuteil geworden.

Plötzlich hörten sie undefinierbare Geräusche, es klang, als ob Hühner mit den Flügeln schlügen und in Angst gackerten. Das dauerte nur eine Sekunde, dann rannte ein Fuchs mit einem Huhn in der Schnauze ganz dicht an ihnen vorbei; sie wollten ihm nachsetzen, aber dann besannen sie sich. — „Laß ihn nur, er hat auch Hunger!"

Zwischendurch rasselten sie mit den Holzrasseln, um etwaige Diebe zu verscheuchen und auch um sich selbst Mut zu machen. In einem Park hörten sie Axtschläge, sie rasselten laut und liefen, so schnell sie konnten, dorthin. In jener Nacht war Bobik in Begleitung des alten siebzigjährigen Golowín, der sich unbedingt an der Aktion hatte beteiligen wollen. Er ging mit ganz kleinen Schritten und hatte die Neigung, mit dem Oberkörper nach vorne zu schießen. Seine Hände,

Kopf und Kinn zitterten. Er sprach sehr leise und undeutlich. Natürlich konnte er auch nicht schnell laufen. Bobik befürchtete, er würde stolpern. Sie kamen an die Stelle, von der aus die Axtschläge ertönt waren. Niemand war da, aber sie fanden einen Baum, der frische Einkerbungen trug. Eine Axt und eine Säge daneben. „Ist jemand da?!", rief Bobik laut. Niemand meldete sich. „Wir nehmen die Axt und die Säge als corpus delicti mit." Der Alte Golowín schulterte die Säge wie ein Gewehr. Bobik trug die Axt. Mit jedem Schritt wurde die Axt schwerer. Was sollte man auch damit machen? Man hatte doch zu Hause selbst eine Axt. Bobik taten die Holzdiebe plötzlich leid. — „Was meinen Sie, Pjotr Iwánowitsch, ob wir die Dinge nicht wieder zurücktragen sollten an ihren Platz? Die Diebe haben kein Werkzeug mehr, und das braucht man doch immer. Und außerdem, sie würden nicht spät in der Nacht aufstehen und Bäume fällen, wenn sie es nicht nötig hätten. Sicherlich wollten sie sich Holz zum Heizen verschaffen. Und schließlich, die Bäume wachsen wieder nach, aber Frieren und Hunger tun weh."

Der alte Golowín blieb stehen und machte kehrt. „Na, Kapitän, das ist eine gute, eine menschliche Idee von dir. Wir tragen einfach die Sachen zurück und legen sie an den Baum, mögen sie damit machen, was sie wollen." Bobik war erleichtert. Sie rasselten laut und gingen zum angehauenen Baum. Niemand war zu sehen. Sie legten die Werkzeuge behutsam ab. Dann reckten sie sich. Bobiks Unterarm schmerzte von dem schweren Gewicht. — „So!", sagte Golowín. „Aber Maul halten, verstanden! Die anderen zerreißen uns in der Luft, wenn sie das erfahren!"

Nach einer Weile hörten sie wieder Axtschläge und später das gleichmäßige Singen der Säge. Es war ihnen leicht ums Herz. Am Ende der Wache schüttelten sie sich kräftig und froh wie Verschwörer die Hände.

Am nächsten Morgen, als Bobik mit Wera, Pássenka und Jadwíga beim Frühstück saß, kam Njánja. Sie stemmte die Hände in die Seiten. „Na, ihr seid mir die rechten Helden, taub und blind. Ausgerechnet bei den Golowíns haben sie diese Nacht einen stattlichen Baum umgelegt, und ihr lauft umher und merkt nichts, habt wohl irgendwo auf einer Bank geschlafen und geschnarcht!" — Bobik mußte laut lachen.

Offenbar bekam den wackeren Nachtwächtern die Luft nicht, sie wurden nacheinander krank, der eine hatte die Influenza, der andere ein dickes Bein, der dritte Migräne, einem wurde mindestens der sechste Weisheitszahn gezogen. Sie erschienen einfach nicht zu den angesetzten Zeiten. Schließlich blieben nur einige unentwegte übrig. Die Fürstin mühte sich, die Wachpflichtigen an der Arbeit zu halten, aber alles Zureden half nichts. Sie konnten ihre wertvolle Gesundheit nicht aufs Spiel setzen. Als schließlich keiner mehr kam, gab sie es auf und resignierte, nicht ohne heftig über Verantwortungslosigkeit, Leichtsinn, Schlendrian und politische Unreife zu schimpfen. Man fand, sie gäbe einen ausgezeichneten Volkstribun ab, und empfahl ihr, doch in eine politische Partei einzutreten.

AUSZUG AUS DEM WEISSEN HAUS

Bábuschka kam nach Giréjewo. Sie durchsuchte das Weiße Haus vom Keller bis zum Speicher, sie klopfte an die Wände, sie besah sich den Zustand der Fenster.

„Hör einmal", sagte sie zu Jadwíga, „das Haus ist nach dem Rohrbruch und der jahrelangen Überschwemmung feucht, die Fensterrahmen sind morsch, die Türen schließen nicht dicht. Ihr könnt keinen Winter mehr hier verbringen, zumal ihr nicht genug Heizmaterial und kein Personal zum Heizen habt. Ich schlage euch vor, kommt und wohnt bei mir auf dem Arbat. Platz ist genug da, und wir hätten nur einen Haushalt, das wäre billiger. Außerdem ist das Leben hier in Giréjewo unsicher geworden. In der Stadt ist man geborgener."

Sascha war mit dem Vorschlag einverstanden und fand ihn gut. Jadwíga zögerte. Was sollte sie mit dem Gesinde tun, besonders mit Njánja und Fróssja, die sich mit der Großmutter notorisch nicht vertrugen. Bobik und Wera waren von der Idee begeistert, sie konnten in Moskau wohnen, Theater und Konzerte, Dichterlesungen und Ausstellungen besuchen. Sie hatten eine Menge Kameraden in der Stadt und die Bahnverbindungen dorthin wurden immer beschwerlicher. Sie sagten für sich zu und bestürmten die Mutter, das Angebot anzunehmen.

Jadwíga konferierte stundenlang einzeln mit Njánja, Fróssja, Mademoiselle und dem Gesinde. Sie alle wollten nicht unter einer neuen Herrin dienen, am wenigsten unter Jadwígas Mutter, deren autokratische Gesinnung sie durch viele Jahre erfahren hatten. Jadwíga empfahl ihnen, sich neue Stellen zu suchen.

Sie fanden schnell eine neue Arbeit, Mademoiselle kam durch Vermittlung des französischen Konsulats nach Petrograd, Fróssja und Njánja erhielten Arbeit in Moskau bei Kriegsgewinnlern. Jadwíga beschenkte sie reich, jede bekam zum Dank für lange, treue Dienste ein schönes Juwel und die ganze Einrichtung ihrer Zimmer und vieles mehr, was sie sich aussuchen durften. Sie kamen mit einem kleinen Bündelchen ins Weiße Haus, beim Verlassen des Hauses wurden Möbelwagen vollgepackt.

Bobik sagte vorwurfsvoll: „Du gibst alles weg, als ob wir nie wieder hierherkämen. Wenn aber die Zeiten sich normalisieren und wir wieder dort wohnen und Gesinde benötigen, dann müssen wir uns alles neu anschaffen!"

„Wissen wir, Bobik, ob wir wiederkommen? Und sie waren uns alle sehr nahe, wir waren doch eine große Familie, die nun in alle Winde zerstreut wird. Ist es da nicht recht, das sie die Dinge, in denen sie so viele Jahre gelebt haben, mit sich nehmen und an der neuen Wirkungsstätte sich die alte gute Atmosphäre herrichten?"

Es war ein Kommen und Gehen, ein Packen und Verladen von Sachen, ein Rattern von Fuhrwerken, Schreien und Peitschenknallen! Jadwíga bat, daß alle zu gleicher Zeit das Weiße Haus verlassen möchten. Sie könne es nicht ertragen, in dem großen Haus allein zu bleiben. Zuletzt packten auch sie ihre persönliche Habe, die Wäsche, Kleider, Pelze, Bücher und die liebsten Ikonen.

Der Pope wurde gebeten, einen Abschiedsgottesdienst zu halten. Er kam, ging durch die Räume, beweihräucherte sie und besprengte sie mit Weihwasser. Das Gesinde weinte wie bei einem Begräbnis. Sascha hatte sich in seine Räume verzogen. Pássenka schrie wie am Spieß und Wera stimmte ein. Jadwíga hielt beide an der Hand und versuchte sie zu beruhigen. Bobik rannen die Tränen über die Wangen, er mußte immer wieder aufschluchzen. Schließlich, nachdem er jedem einzelnen den Segen erteilt hatte, verließ der Priester das sterbende Haus.

Nach einer letzten Mahlzeit, die alle gemeinsam einnahmen, setzte man sich in den Salon, der ohne Flügel leer und öde aussah. Man verharrte eine Minute in Schweigen. Eine fürchterliche Minute. Jeder dachte so viele Gedanken, an ein gemeinsam verbrachtes Leben, an gute und böse Tage, an viele unbeherrschte Handlungen und Gedanken, an Zank und Streit und Intrigen, und auch an all das Gute, das sie im Weißen Haus erlebt hatten. Keiner wagte den anderen anzuschauen, manche hatten die Augen geschlossen, andere richteten ihren Blick, wie Blinde, in die Ferne.

Dann erhob sich Jadwíga. „Ihr Lieben, wir nehmen jetzt Abschied voneinander, es steht bei Gott, ob wir uns an diesem Ort nach einer Weile wieder begegnen werden. Geht mit Gottes Segen in die Fremde und möge sie euch zu einer neuen Heimat werden, wie es das Weiße Haus für euch war. Ich danke euch für alle Güte und Treue. Wir werden euch nicht vergessen, was auch kommen mag." Sie konnte nicht weitersprechen, sie schluchzte.

Njánja kam auf sie zu, verneigte sich vor ihr bis zur Erde. Sie wollte ihre Hand küssen, aber Jadwíga fing sie auf und küßte sie auf die Wangen. „Gott beschütze dich, Herrin, und Sascha und Bobik, Wera und Póssenka. Wir danken dir für all deine Güte und Nachsicht. Du warst uns wie eine liebende Mutter. Und ach, waren wir manchmal garstig, launisch und widerspenstig, und vergangen haben wir uns gegen dich, manches haben wir in der Begehrlichkeit mitgenommen, was uns nicht gehörte, und du hast es uns verziehen. Aber geliebt und geachtet haben wir dich immer. Wie wird es uns jetzt ergehen, ohne unsere Beschützerin? Wir werden dich nie vergessen!" — Alle nacheinander verbeugten sich nach alter russischer Sitte vor Jadwíga.

Sogar Mademoiselle wurde von den Kindern und dem Gesinde umarmt und abgeküßt. Sie ließ es geduldig geschehen. Njánja nahm sie fest in die Arme: „Und du Marmasel, sei uns nicht böse, behalt uns in nicht all zu schlechter Erinnerung, auch wenn ich dir damals die Treppe mit Schmierseife bestrichen habe, wir haben dich oft als fremdländische Vogelscheuche behandelt. Aber, du warst uns auch fremd. Nun geh du mit Gott und verzeih uns unsere Unbildung und Ungehobeltheit!" Mamsel streichelte Njánja fast zärtlich die Wange. Bobik überwand sich und flüsterte: „Ich danke Ihnen, danke für alles. Sie waren lieb!" Eigentlich war sie nicht lieb, weil in ihr keine Liebesfähigkeit war, aber zum Abschied wollte er ihr doch einige ganz besonders gute Worte auf den Weg geben und dadurch manche Unart und Bosheit ausmerzen.

Póssenka umklammerte Njánja und brüllte: „Geh nicht weg, geh nicht weg, wie soll ich ohne dich leben! Nimm mich wenigstens mit. Ich will mit dir gehen!" — Njánja weinte und beschwichtigte ihn: „Ich kann es doch nicht, Póssenka, ich gehe doch zu fremden Menschen. Bleib du bei deiner Mami, bei Wera und Bobik!" Póssenka schrie noch lauter: „Nein, der Bobik ärgert mich immer, und niemand hat Zeit für mich, nur du!" Njánja war machtlos und weinte mit. Jadwíga faßte Póssenka behutsam an, aber er stieß sie weg und trampelte mit den Füßen. Bobik konnte es dem Póssenka nachfühlen, er erinnerte sich an seine Trennung von der Njánja. Mami gehörte allen, vielen, viel zu vielen. Njánja aber gehörte einem ganz allein, sie hatte immer Geduld einen anzuhören und auf einen einzugehen. Sie kannte einen besser, als man sich selbst kannte, sie erriet alles, was einen bewegte, und sie sprach es nicht geradezu aus. Es bedurfte keiner weitschweifenden Unterhaltungen, man wußte, daß sie alles verstand, und dieses Verstehen machte einem das Leben so leicht.

Bobik lief schnell in seinen Raum. Er küßte die Schwelle, er streichelte jeden Gegenstand und dankte ihm für das schöne Zusammenleben. Er streichelte die Tür, die ihn herausließ, als er zu den Soldaten entfliehen wollte, und die ihn wieder in die Geborgenheit hereinließ. Hier hatte er den Soldaten Genja nachts hereingelassen und seine Wunden mit einem aufgerissenen Hemd verbunden. Hier buhlte er um die Liebe von Nadja. Hier hatte der liebe Onkel Iwán vor dem Kamin gesessen. Hier saßen sie gemeinsam, als sie Sascha wieder begegnet waren. Er legte sich noch einmal auf seine Couch und weinte. Es wurde ihm leichter. Mit einem Blick umfaßte er den gemütlichen Raum. „Ich danke dir, ich danke euch allen, daß wir so friedfertig miteinander gelebt haben! Ich komme wieder, ich komme bestimmt wieder!"

Dann bestiegen sie die Wagen, die draußen warteten, und fuhren los. „Wann mögen wir, Mami, wieder hierherziehen. Ob es je dazu kommen wird?"

„Wer weiß es, Bobik, es steht alles in Gottes Hand. Vielleicht in einigen Monaten, wenn der Winter vorbei ist, vielleicht auch später. Vielleicht werde ich als alte Frau hier wohnen und du im alten Schloß, oder wird Wera hier wohnen, wenn sie verheiratet ist, und ich ziehe zu dir. Oder — und sie lächelte — ich ziehe mit Sascha nach Rybinsk ins Schloß Solitude."

„Ach, Mami, in die Solitude möchte ich auch, die ist klein, man ist dort geborgen, da kann man ganz nahe mit den wenigen Menschen und den Tieren zusammenleben. Das wäre ein paradiesisches Leben! Ob das je wieder Wirklichkeit wird?"

„Es wird sein, Bobik, es wird ganz bestimmt sein, wir müssen nur fest daran glauben und nicht aufhören zu hoffen. Weißt du, wir müssen das, was wir wirklich wollen, in unserem Herzen aufbauen, daß es dort schon zur Wirklichkeit wird; das kann uns keine Macht der Welt zerstören! Rette alles Gute in dein Herz hinein wie ein Eichhörnchen, daß alle nötigen Wintervorräte in sein kleines Nest einbaut. Dann bist du reich. Dann wird durch alle Trübsal hindurch Licht und Wärme in dir sein, und schäme dich nicht, es aus dir herausstrahlen zu lassen! Und denke noch an eins, wir werden jetzt Gäste sein, Gäste der Großmutter, sie hat eine andere Lebensweise. Sie hat weniger Phantasie, aber dafür mehr Ordnung. Störe ihre Ordnung nicht, und spotte nicht über ihre Sparsamkeit und Pedanterie. Du bist jetzt fast erwachsen. Zanke dich nicht mit Wera um jede Kleinigkeit, und necke nicht Pássenka, er bedarf jetzt besonders der Wärme und des Schutzes. Sei du als älterer Bruder ein Freund und ein Kavalier,

und beherrsche dich, wenn du dich ärgerst." — Bobik drückte Jadwígas Hand. „Ich verspreche es dir, Mami!"
Vor dem Laden der Lukiná machten sie halt und verabschiedeten sich von ihr. Zum erstenmal umarmten sie die dicke, behäbige Kaufmannsfrau. Sie schluchzte laut. „Kommen Sie wieder, kommen Sie bald wieder! Das wird doch kein Leben ohne Sie sein!"
Die Fürstin Kutúsowa stand an ihrem Tor, sie lief ihnen entgegen. Auch sie weinte. „Ich danke Ihnen, Sie haben das Eis meines Herzens gebrochen. Ich bin ein anderer Mensch geworden." Jadwíga streichelte ihre Wangen. Auch Bobik bekam einen Kuß von ihr.
Der Wagen fuhr durch viele Dörfer, über Kopfpflaster und auf lehmigen Landstraßen. Dann erreichten sie die grauen, schmutzigen Vorstädte Moskaus. Der Wagen hielt vor dem langgezogenen Herrenhaus auf dem Arbat. Es war Abend. Am Tor stand der Hausmeister Nikífor und empfing sie mit einem breiten, freundlichen Lächeln. Es war im Spätsommer 1917.
„Eine neue Etappe unseres Lebens beginnt, Mami!", sagte Bobik leise. Jadwíga sah ihn ernst an, sie hielten sich an den Händen. „Ja, Bobik, eine neue Etappe. Wir wollen Gottes Segen erbitten für alles Gute und Böse, das auf uns zukommt."

DAS HAUS IN DER HUNDSGASSE

„Du bewahrst immer deinen Humor, Nikífor!", sagte Jadwíga. Er lachte. „Besser ein lebender Hund als ein toter Löwe, Herrin! Das ist eine Zeit jetzt, es gilt sich ganz klein und unscheinbar zu machen, je unscheinbarer man heute ist, um so besser kommt man durch. Immer gab es solche Zeiten, immer sind Menschen gestorben, mal einzeln, mal in Massen. Wer stirbt, der hat keinen Kummer mehr, wer aber überleben will, der muß heute Mut haben!"

Sein Optimismus teilte sich den Neuankömmlingen mit. Mit frohen Gesichtern betraten sie das verschlafene Haus. Die Großmutter empfing sie in der Halle. Sie hieß sie in ihrem Haus willkommen. Welch eine andere Welt! Das alte Haus war nach dem Brand Moskaus 1812 erbaut worden. Es herrschte die Ordnung und Kühle des Klassizismus, wohlabgewogene Proportionen der Zimmer, eines schloß sich an das andere an. Wenn man alle Türen öffnete, konnte man über den ganzen Trakt hinweg bis zum letzten Raum sehen. Das bereitete den Kindern großes Vergnügen. Die sogenannten Paradezimmer waren meist verschlossen. Über Möbel, Bilder, sogar über Kristallüster waren weiße, leinene Schonbezüge gestülpt. Bobik machte darüber einige bissige Bemerkungen, die Möbel seien doch für die Menschen da und nicht umgekehrt. Bábuschka parierte ihm schlagfertig: „Das verstehst du noch nicht. Ihr habt im Weißen Haus unter diesem Motto alles verwohnt bis zur Unkenntlichkeit. Diese Möbel sind über hundert Jahre alt, ich habe sie von meinen Vorfahren ererbt, jene sind schon lange tot, die Möbel aber leben weiter und dienen anderen Generationen. Es kommt jetzt wenig Besuch, warum sollen sie denn dem Staub und Licht ausgesetzt sein? Es sollen noch viele Menschen nach mir sich daran freuen." Bobik gab sich geschlagen.

An den Wänden hingen ganz andere Portraits als zu Hause, polnische, spanische und portugiesische Ahnen. Auch abgesehen von der Kleidung sahen sie irgendwie anders aus als die Ahnen in Onkel Iwáns Schloß oder in Krasnoje Sselo. Den Gesichtern fehlte die behäbige Gelassenheit und Gutmütigkeit, sie sahen bewußter und dynamischer aus. In Bábuschkas Salon dominierten zwei Portraits, das eines Mannes im Hermelinmantel mit Szepter, der Jadwígas Bruder, Onkel Stassiek, zum Verwechseln ähnlich war. Wera fragte, warum sie Onkel Stassiek so kostümiert hätten. Bábuschka lachte: „Das ist nicht Onkel Stassiek, das ist sein Ahn, Stanislav Leszczinski, und jener ist der größte polnische Nationalheld, der um die Freiheit Polens kämpfte, Tadeusz Kosciuszko, unser aller geliebter Tadeusz Kosciuszko!", und sie verneigte sich vor ihm. — „Du bist aber doch konservativ, Bábuschka, wieso verehrst du denn einen Freiheitshelden?" — „Mein Volk war zu lange von Russen, Preußen und Österreichern unterdrückt und geknechtet worden, ist es da nicht verständlich, daß wir um unsere Freiheit und Selbständigkeit verbissen kämpfen!" — und sie sang mit falscher Stimme: „Jeszcze Polska nie sginela, poki my ziemy."

Im Gegensatz zu Elisawéta Petrównas Haus war hier kein Plüsch. Die Möbel stammten aus der Empirezeit, die Füße der Sessel und Tische endeten in Hufen oder Greifenklauen, an den Stuhllehnen waren Löwenköpfe oder Sphinxe angebracht. Bobik fand, es seien reichlich viel Sphinxe, Löwen und Adler vorhanden, man fühle sich wie in einem Tiergarten; aber es fehlte auch nicht an Gemütlichkeit. Sie wurden in ihre Zimmer geführt und mußten ihre Sachen auspacken und in den Schränken und Kommoden verstauen. Weras Zimmer grenzte an dasjenige Bobiks. Die Tür ging auf, sie trat herein. „Warum klopfst du nicht an, wenn du eintrittst!", fragte Bobik streng. — „Stell dich doch nicht so an, so ein Blödsinn, anklopfen!" — „Ich bitte dich sehr darum, sonst sperre ich die Tür einfach ab." — „Du mit deinen Flausen." — „Was willst du denn überhaupt?" — „Ach ja, fast hätte ich es über dem Zank vergessen. Wer räumt denn meine Sachen ein? Ich rief nach der Köchin Salomóna, aber ich finde sie nicht." — „Die Köchin wird es bestimmt nicht tun, du wirst es jetzt allein tun müssen. Ich habe meine Sachen schon versorgt." Und er öffnete stolz den Schrank. „Na, das fängt ja gut an", brummte Wera.

Abends gab es eine schmackhafte Schtschisuppe (Sauerkraut).

„Kinder", sagte Bábuschka, „wir müssen jetzt so bescheiden wie nur möglich leben. Das Geld ist entwertet, und jeder Einkauf kostet mich Wäsche oder Hausrat oder Juwelen. Ich will auch nicht das Kapital angreifen, denn wenn die Zeiten sich wieder ändern, ist es noch unangetastet, andernfalls verschwindet es in wenigen Monaten. Ich bitte euch also, nicht wegen dem Essen zu mäkeln. Außerdem haben wir hier nur die Salomóna und den Nikífor, und die haben mit dem Haus genug zu tun. Ihr, außer Pássenka, müßt also eure Zimmer allein in Ordnung halten, auch eure Betten machen, Staub wischen und putzen. Arbeit schändet nicht."

Wera ließ ein langgezogenes empörtes „Baaaaahhh" vernehmen. Bábuschka, Jadwíga und Bobik schauten sie strafend an. Unter den vielen tadelnden Blicken wurde sie still.

„Hört zu", sagte Jadwíga, „Bábuschka ist unser Gastgeber, wir sind hier jetzt nur geduldete Gäste und wir müssen uns fügen. Wir wollen zeigen, daß wir durch diese Zeit gereift sind und daß jeder zum Gedeihen und zum Frieden des Hauses sein Bestes beitragen wird, nicht wahr, Wera und Bobik? Und noch etwas, ich habe beschlossen, mir eine Stellung zu suchen, um zu unserem Lebensunterhalt beizutragen."

Alle sahen sie entsetzt an. „Aber Jadja, was denkst du dir, das ist völlig unmöglich!", protestierte Bábuschka. — „Das kannst du doch gar nicht, Mami, was willst du denn tun, willst du als Putzfrau gehen, oder als Trambahnschaffnerin?", schrien Bobik und Wera zugleich.

„Warum auch nicht? Aber das wird nicht nötig sein. Ich kann viele Sprachen sprechen und ich kann stenografieren. Ich könnte als Korrespondentin arbeiten."

„Glaubst du denn, daß du so viel verdienen kannst, daß es eine wirkliche Hilfe wäre?", fragte Bábuschka.

„Wenn man arbeitet, verdient man auch."

„Dann will ich auch arbeiten und etwas verdienen!", rief Wera.

„Du bist noch zu jung, was kannst du denn schon?"

„Ich kann Kreuzstiche sticken, ich werde Deckchen und Taschen besticken!"

„Dann mußt du aber hart arbeiten, das bist du noch gar nicht gewohnt!"

„Bah, Mami, du bist ja auch noch nicht gewohnt zu arbeiten!" Jadwíga errötete.

Sie tollten im großen Park umher, aber der Park war nicht so wie derjenige von Giréjewo, man fühlte, daß hier seit vielen Jahren keine Kinder gespielt hatten. Überall fühlte man Bábuschkas Atmosphäre, obwohl sie nie in den Park ging. Sogar die Bäume und die Sträucher sahen streng und unnahbar aus, und sie spürten, es bedurfte sehr langer Zeit, ehe es ihnen gelingen würde, diesen Park in Besitz zu nehmen.

Sie versuchten sich mit den Kindern in der Nachbarschaft anzufreunden, aber auch die Kinder waren anders, sie waren zivilisierter, artiger, sie bewegten sich gemessen und sprachen leise, ihre Sätze waren gewählt wie aus einem Schulaufsatz. Immer sagten sie „bitte" und „danke". Das klang aus Kindermund ganz unnatürlich! Bobik und Wera waren gewohnt, hemmungslos herumzutoben, zu laufen und zu springen, auf die Bäume und Regenrinnen zu klettern; ihre Kleider waren oft beschmutzt oder zerfetzt. Jene anderen Kinder aus den vornehmen Geschlechtern von Arbat waren Sonntagskinder. Sie hatten offenbar keine Lust, mit den wilden Fremdlingen zu spielen. Schlugen Wera und Bobik ihnen ein Spiel vor, so bedankten sie sich höflich und lehnten unter fadenscheinigen Vorwänden ab, sie müßten gleich in die Stadt, oder sie hätten ihre Aufgaben noch nicht erledigt.

„Sind das Menschen?", brummte Bobik.

„Das sind keine Menschen, das sind geleckte Affen!", maulte Wera.

In überschäumender Wut liefen sie in Bábuschkas Park, spielten Versteck, kletterten auf dicke Äste der alten Eichen und schrien laut. Irgendwo ging ein Fenster auf und die Stimme Bábuschkas oder Salomónas ertönte: „Wollt ihr wohl still sein, ihr Rangen, die ganze Straße ist in Aufruhr wegen euch! Was war es ruhig hier, ehe ihr kamt, und jetzt ist die Hölle los!"

Eine Weile waren sie still, dann packte sie wieder der Übermut.

„Totes Haus, toter Park, tote Leute, die tot sind, und es gar nicht wissen", sagte Wera. Seitdem nannten sie Bábuschkas Besitztum und den ganzen Arbat mit seinen verschlafenen Herrenhäusern das „Totendorf". Das gab ihnen Genugtuung.

221

ULIZA SERGEJA JESSENINA

Am Sonntag nach dem Gottesdienst schlenderte Bobik über den Ssucharewka Markt. Es war der schönste und interessanteste Markt in Moskau. Es war ein langgezogener Platz, in dessen Mitte sich der hohe Ssucharewturm erhob. Auf diesem Markt gab es Lebensmittel, Stoffe, Kleider, Antiquitäten. Man konnte für wenige Kopeken oder Rubel die interessantesten Altertümer kaufen. Bobik erstand dort alte Manuskripte, Ikonen, kupferne Kreuze, Liebesbriefe aus alten Zeiten, alte Waffen.

Noch nie war der Ssucharewkamarkt so voll wie jetzt. Viele alte Menschen, die in Not geraten waren, verkauften dort ihre Habe. Bobik kramte an jedem Stand. So viele alte Dinge gab es, die er gerne erhandelt hätte, aber er hatte nicht genug Geld, und in Bábuschkas Haus gab es auch nicht genug Platz, um die Sachen unterzubringen.

Er blieb wie gebannt vor einer Lampe aus Onyx stehen. „Welche Duplizität der Fälle", dachte er, „genau dieselbe Lampe steht im kleinen Salon in Giréjewo." Es fiel ihm ein, daß ein großer Teil der hier angebotenen Gegenstände aus Diebstählen stammte. Nach dem Einmarsch Napoleons 1812 hatten fast alle Einwohner die Stadt verlassen. Ehe die Häuser beim Brand Moskaus den Flammen zum Opfer fielen, wurden sie ausgeplündert. Die gestohlenen Dinge wanderten meistens auf den Ssucharewkamarkt. Die Ausgeraubten kauften ihre eigenen Sachen von den Hehlern zurück und waren noch froh, daß ihre Habe auf diese Weise vor der völligen Vernichtung verschont blieb.

An einem anderen Stand fielen ihm Sessel aus Ebenholz mit rosa Atlasbezug auf, die aus dem Musiksalon in Giréjewo stammen konnten. Er betrachtete sie mit Interesse und dachte darüber nach, wie uniform doch der Zeitgeschmack sei. Auch ohne industrielle Massenproduktion erzeugten die guten alten Handwerker Serienwaren, ob es im Empirestil, im Louis Seize, im Rokoko oder Barock war. Die Möbel riefen Erinnerungen an das Weiße Haus wach.

Der Händler fragte ihn etwas, er überhörte es. „Mach, daß du weiter kommst, du Schlafmütze, was stehst du hier und glotzt, als ob du noch keine Stühle gesehen hättest. Oder willst du etwas kaufen? Dann mußt du ein dickeres Portemonnaie mitbringen. Verschwinde, du versperrst den anderen nur die Aussicht!" Bobik wurde gewahr, daß er angesprochen wurde. „Verzeihen Sie", stotterte er verlegen, „ich habe gerade an meine Möbel zu Hause gedacht, die sehen genau so aus."

„Red keinen Quatsch — genauso, genauso, sind wohl Vettern und Cousinen deiner Möbel! Du hast dich wohl an Bilsenkraut überfressen und phantasierst! Solche Möbel gibt es gar nicht ein zweites Mal!" Der Mann hatte ein grobes pockennarbiges Gesicht.

„Ein Verbrechergesicht", dachte Bobik. Die Leute, die hinter ihm standen, lachten schadenfroh. Plötzlich schlug ihm einer mit aller Kraft von hinten auf die Schulter. Er zuckte zusammen. Es war Serjóscha Jessénin. Er freute sich, ihm unter all den fremden Menschen zu begegnen. Sie umarmten sich.

„Was machst denn du hier, Serjóscha?" — „Was soll ich schon machen, dasselbe wie du. Ich stöbere hier herum, suche Themen für neue Gedichte, mache Bekanntschaften, kehre ein in eines der interessanten Teehäuser, spreche mit dem Volk. Hier kannst du viel lernen. Hier auf diesem Fleck ist ganz Mütterchen Rußland beisammen. Du, die Möbel sind doch wirklich aus eurem Salon im Weißen Haus!" — „Nicht wahr, sie sehen genau so aus, sie müssen von demselben Meister stammen, denn ich habe solche Möbel noch nirgendwo gesehen." — „Na, meinst du nicht, daß sie aus demselben Ort stammen?" — „Wie meinst du denn das?" — „Ganz einfach, vielleicht hat sie einer gestohlen und hierhergebracht." — „Ah, wo denkst du hin!"

Sie hakten sich ein und schlenderten über den Markt. Serjóscha lud Bobik ein, in den großen Saal des Polytechnikums zu kommen, dort versammelten sich alle Literaten und Maler, jeder las seine neuesten Erzeugnisse. „Komm nur hin, du und deine Mama, ihr werdet sie da alle treffen, den Dawid Burljúk, Kaminski, Goldschmidt, Majakówski, Pasternák, Bjélyi, Búnin, Rémisow. Du kannst dort auch deine Gedichte vordeklamieren." — „Wo denkst du hin! Die sind doch noch gar nicht literaturreif." — „Das macht nichts, wenn sie dem Publikum nicht gefallen, dann schreien sie dich zu Boden. Da geht es lustig zu. Ein Lärm sage ich dir!"

Es ging wirklich lustig zu. Der ganze Saal war voll von Zuhörern. Auf dem Podium stand ein langer Tisch, an dem die Künstler saßen. Sie tranken Tee. Dawíd Burljúk, der Vorkämpfer abstrakter Malerei, präsidierte. Unter dem schwarzen Rock hatte er eine knallrote Weste mit goldenen Knöpfen, „pour épater le bourgeois", wie er es nannte. Über der schwarzen Tafel hingen seine und anderer Maler expressionistische oder abstrakte Gemälde. Das Publikum lachte oder empörte sich darüber. Kaminski rezitierte in wunderbar dichterischer Sprache aus seinem Roman Stenka Rasin. Das Publikum beantwortete die Lesung mit frenetischem Applaus.

Pasternák, der Imaginist, sprach seine Gedichte mit gemessener, leiser Stimme. Aus dem Publikum schrie man „lauter, lauter". Pasternák dachte nicht daran, lauter zu sprechen, er konnte es wohl nicht, seine Gedichte erforderten eine leise Diktion. Jessénin entriß ihm sein Manuskript, sprang auf den Tisch, gestikulierte wild mit den Händen und brüllte ins Publikum. „Seid still, ihr ungehobelten Banausen, ihr Spießer! Jetzt werde ich euch die schönste Dichtung Rußlands vorlesen!" Und er deklamierte fast schreiend die geheimnisvollen Gedichte von Pasternák. Borís Pasternák schüttelte resigniert den Kopf. Das Publikum tobte. „So kann man doch solche Gedichte nicht lesen! Das ist ein Frevel! Außerdem sind sie sowieso nicht zu verstehen!"

Dann sprang der riesige Wladímir Majakówski auf den Tisch, er schrie noch lauter als Sergéi Jessénin, beschimpfte mit unziemlichen Ausdrücken die Zuhörerschaft und deklamierte dann seine futuristischen Gedichte, die wilde Protestrufe entfesselten. Dawíd Burljúk und Kaminski versuchten die Menge zu beruhigen. Nach einer Weile kündigten sie an, daß Sergéi Jessénin seine Gedichte lesen werde. Im Saal wurde es ganz still. Serjóscha stand am Podium, in rotseidenem Russenhemd, die weißblonden Haare fielen ihm unordentlich in die Stirn. Er war das Urbild eines russischen Bauernjungen. Mit leiser Stimme, singend in der rjasanschen Mundart, sprach er seine Gedichte von der geliebten russischen Erde.

> Bin der letzte Dichter der Dörfer,
> schlicht mein Lied, wie ein hölzerner Steg.
> Und ich singe die Abschiedsmesse;
> Weihrauch strömt aus dem Birkengeheg.

> Wenn das goldene letzte Flämmchen
> meiner Wachskerze abgebrannt,
> und des Mondes hölzerne Nachtuhr
> mir die zwölfte Stunde genannt,

> wird erscheinen auf bläulichem Pfade
> auf dem Felde ein eiserner Gast,
> und die leuchtenden Gerstenkörner
> seine schwarze Rechte erfaßt.

Es sind fremde und leblose Hände,
und mein Lied erstirbt in der Fern.
Nur die Ähren, die treuen Rosse,
werden weinen um ihren Herrn.

Doch der Wind reißt fort diese Klage,
saust im Totentanz in die Rund.
Bald, gar bald wird die heisere Nachtuhr
mir verkünden die letzte Stund.

(Übersetzt von Jadwíga)

Es war ganz still im Saal. Sergéi stand da mit gesenktem Haupt, alle Widerspenstigkeit war von ihm abgefallen, ein stiller, unbeholfener, bescheidener Bauernjunge stand da. Und dann brach ein unbeschreiblicher Beifallssturm, ein Schreien und Rufen los, das nicht enden wollte. Die Menschen spürten, daß hier vor ihnen seit Puschkin der größte russische Lyriker, der letzte Sänger des dörflichen Lebens, der letzte Anwalt der Wälder, Felder und Tiere sein demütiges und aufbäumendes Herz vor ihnen entblößte. Danach konnte, durfte niemand mehr sprechen.

Jadwíga und Bobik gingen heim durch schlecht erleuchtete Straßen.

„Wie beglückend ist doch die Begegnung mit einem solchen Menschen wie Serjóscha Jessénin! Inmitten der politischen und wirtschaftlichen Auflösung, in all dem Dunkel, der Brutalität, erblüht plötzlich eine so zarte und wunderbare Blüte aus dem Volke, und weißt du, Bobik, irgendwann später wird niemand mehr wissen, daß wir mitten in einem Krieg, in Hungersnot, in einer Verrohung lebten, aber man wird bewundernd von der Epoche Jessénins sprechen, wie man heute von der Epoche Goethes und Schillers, oder Puschkins und Gogols spricht, von dem letzten Dichter der Dörfer."

„Und doch, Mami, ist der Junge nicht glücklich, all das Laute, das er zur Schau trägt, ist doch nur Selbstbetrug. Er ist innerlich verwundbar und er leidet. Hast du gesehen, wie sein Gesicht zuckte, als er den »eisernen Gast« deklamierte?"

„Wenn er nicht so empfindlich wäre und seine Seele nicht wie ein feinster Seismograph auf alle Erlebnisse reagierte, könnte er nicht der große Dichter sein, der er ist. Was wird man schon von ihm und seinen Leiden und Freuden später wissen, und was wissen denn die Menschen in Moskau oder in der Provinz oder die einfachen Bauern, die seine Gedichte wie etwas Heiliges lesen, vom Menschen Jessénin?

Was bleibt, ist nicht der Mensch, der Schöpfer, sondern seine Schöpfung. Darin ist der Hauch der Unendlichkeit."

An einem der folgenden Abende beschlossen die Dichter und Maler, die sich im Polytechnikum trafen, die Kunst zum Eigentum des Volkes zu erklären Dawíd Burljúk und andere Maler proklamierten, sie würden ihre Kunstwerke auf die Straßen tragen und sie dort aufhängen, damit jeder in den Genuß der Kunstbetrachtung komme. Sie bildeten ein Komitee, das beauftragt wurde, diese Zurschaustellung zu verwirklichen. Es wurde ein Tag festgesetzt. Sie versammelten sich in der Nacht. Sergéi Jessénin führte die Bande an. Unter dem Arm trug er ein schmales Paket. Burljúk, Kaminski, Goldschmidt trugen Bilder, Bobik mußte den Werkzeugkasten schleppen. An der Ecke der Twerskaja und des Kusnetzki Most blieben sie stehen und suchten passende Wände für die Bilder. Sie berieten, in welcher Höhe sie die Gemälde aufhängen sollten. Die Mehrheit war dafür, die Bilder möglichst hoch zu hängen, damit nicht unbefugte Hände sie zerstörten. Andere fanden, man könne ja gar nichts sehen, wenn sie zu hoch hängen, man werde nicht einmal darauf aufmerksam.

Der riesige und kräftige Goldschmidt hob Bobik auf seine Schultern. Bobik begann schon, einen Nagel in die Hauswand zu schlagen. „Das ist viel zu niedrig!", meinte Burljúk. „Wolódja muß her, Wolódja Majakówski, der ist der längste!" Majakówski empörte sich. „Was, ich soll auf die Schultern von Goldschmidt, ihr seid wohl nicht gescheit!" — „Komm nur her, Kleiner, ich schaffe das schon, nur keine Angst!", lachte Goldschmidt. Die Höhe war jetzt richtig. Majakówski schlug die Nägel ein. Die Hammerschläge tönten laut. Die abstrakten Bilder hingen an den Mauern. Sie hingen viel zu hoch. „Es wird sie niemand sehen", meinte Bobik traurig. — „Das ist egal, die meisten Leute sind doch blind, auch wenn sie etwas sehen. Wichtig ist, daß es jetzt und heute geschah, die Verwirklichung der Parole »Kunst dem Volke«!", proklamierte Burljúk pathetisch.

Inzwischen hörten sie harte Schritte. Zwei Militionäre kamen die Straße entlang. „Was ist hier los?! Zerstreut euch, ihr wißt, daß nächtliche Ansammlungen verboten sind! Wir werden euch verhaften! Was seid ihr für Leute?" — „Wir sind Künstler, wir hängen Bilder auf für das Volk, damit alle daran teilhaben! Nicht nur die Großkopfeten und die Reichen! Versteht ihr das, ihr Holzköpfe?"

„Das ist gut. Habt ihr aber die Genehmigung des Arbeiter- und Soldatenrats?" — „Was brauchen wir den, wir sind Revolutionäre, wir sind Künstler- und Dichterrat, versteht ihr das, und das ist viel mehr als euer Soldatenrat! Wir sind I-ma-gi-ni-sten! Wir sind Anarchisten!" — „Und ich bin der Dichter Jessénin!", rief Serjóscha übermütig. — „Jessénin? Den Namen habe ich doch schon gehört! Da gab es doch so schöne Gedichte, die in den Zeitungen abgedruckt wurden.

> Aus ihren Nüstern dampfend wehn die Pferde
> den goldnen Staub des Tages von der Erde.
> Das schwarze Flattern ihrer Mähnen sucht
> sein Spiegelbild im blauen Schein der Bucht.
> Ihr Haupt, das über stillem Wasser träumt,
> hat blank der Mond mit Silberglanz umzäunt.
> Sie wiehern, weil ihr Schatten sie erschreckt,
> und dämmern, bis der neue Tag sie weckt!

— soviel habe ich behalten. Das, Bruder, ist ein Gedicht, da kriegst du Sehnsucht nach dem Dorf und nach den Pferden und nach dem Geruch von Pferdemist. Ja, der hieß Jessénin." —

„Das bin ich, Sergéi Jessénin!", rief Serjóscha und umarmte den Militionär. Der schaute ihn ungläubig an. Aber Jessénin deklamierte das Gedicht weiter. „Jetzt sehe ich, daß du es wahrhaftig bist. Alle Achtung, Bruder!"

„Ihr seid gerade zur rechten Zeit gekommen, Kameraden. Ihr könnt mir behilflich sein. Seht ihr, was hier drauf steht?" — er zeigte auf das Straßenschild.

„Twerskaja steht drauf", sagte der Soldat.

„Nein! Hier steht Uliza Sergéja Jessénina!" Er packte das Paket aus. Es war ein Schild, auf dem diese Worte gemalt waren. — „So und nun helft mir, das Schild da anzumachen." — Die Militionäre lachten über den Spaß. Goldschmidt hob Jessénin auf seine Schultern. Serjóscha befestigte sein Schild über dem Straßenschild. Der Morgen begann zu dämmern. Sie gingen lachend auseinander.

Am nächsten Tag war Bobik auf der Twerskaja. Das Schild hing noch da. Niemand bemerkte es. Er fragte scheinheilig einen Passanten, wie man zur Twerskaja käme.

„Bist du denn blind, kannst du nicht lesen? Hier ist sie doch, die Twerskaja!"

„Blind bin ich nicht, ich kann sogar sehr gut lesen! Blind sind Sie wohl! Da steht doch ganz deutlich »Straße Sergéi Jessénin!«" Der Mann besah sich das Schild. — „Du hast recht, Sergéi Jessénin! Na, weißt du, vorhin hieß sie Twerskaja. Die nennen heutzutage alle

Straßen um. Was die Namen von Zaren oder Großfürsten oder Ministern trug, das wird heruntergerissen, da kommen wieder neue Namen drauf, und warte nur, über kurz oder lang reißen andere diese Schilder wieder herunter. Das ist der Lauf der Welt. Wer ist denn das, Jessénin?"

„Haben Sie nie von ihm gehört? Das ist der größte russische Dichter!"

Ein anderer Mann betrachtete verdutzt die an der Mauer angebrachten Gemälde. „Um sa rasum saschol. — Der Verstand ist über die Vernunft gesprungen", brummte er. Bobik lachte.

DAS WEISSE TRAUMSCHIFF VERSINKT

Einige Wochen nach dem Umzug beschloß Jadwíga, nach Giréjewo zu fahren, um nach dem Rechten zu sehen und bei der Lukiná sowie bei Kostjúcha einige Lebensmittel einzuhandeln. Die Lukiná empfing sie mit offenen Armen.

„Na, wie geht es denn, wir dachten, Sie würden wohl gar nicht mehr herkommen. Sind Sie nun glücklich umgezogen? Das hat ja mächtig lange gedauert, bis sie alle Sachen drüben hatten. Wir hatten uns schon den Kopf zerbrochen, wo Sie denn alles unterbringen würden; wie wir aus Berichten von Nikífor wußten, war doch das Haus der Exzellenz voll möbliert."

„Ich verstehe Sie nicht, was für Sachen, was für ein Umzug?"

„Na, die Möbel aus dem Weißen Haus natürlich!"

„Aber wir hatten doch gar keine Möbel mitgenommen, wozu auch. Außerdem denken wir doch ins Haus wieder zurückzukehren."

„Na, daraus soll einer klug werden. Vierzehn Tage lang sind täglich Leiterwagen hergekommen und haben Ihre Möbel aufgeladen. Die ganzen Giréjewer haben umhergestanden und gegafft und die schönen Sachen bewundert."

Jadwíga wurde blaß. Bobik begann zu ahnen. „Mami! Die Ssucharewka! Das waren ja unsere eigenen Möbel, die ich da gesehen habe!"

Sie gingen zum Weißen Haus. Die Paradetür war nur angelehnt. Sie kreischte wie im Schmerz auf, als sie sie aufstießen. Das Haus war leer. Sogar die schweren Spiegelschränke aus den Schlafzimmern und Gästezimmern waren fort. Wo früher die Bilder gehangen hatten, war noch der ursprüngliche Farbton der Tapeten zu sehen. „Nur noch der Astralleib von den Bildern ist übriggeblieben", meinte Bobik in trauriger Ironie. Dicker Staub lag auf dem Parkett. Im Eßzimmer lagen auf dem Fensterbrett einige Fischkonserven. Bobik nahm sie auf. „Da wird sich Bábuschka aber freuen!" Auf dem Fußboden fanden sie einen Bündel Dietriche. „Das nehmen wir für Pássenka mit, zum Spielen."

Im Schlafzimmer fand Jadwíga ihr Schulabgangsdiplom, das sie nie hatte finden können. „Wahrscheinlich hat es all die Jahre unter

dem Schrank gelegen. Der war so schwer, daß ihn niemand wegrücken konnte. Wie schön, daß ich das Diplom habe! Es hatte mich dazu berechtigt, den Lehrerinnenberuf auszuüben."
„Du willst doch nicht Lehrerin werden, Mami?"
„Warum nicht, vielleicht, es ist ein ehrlicher und guter Beruf!"
Sie suchten auf dem Speicher, ob das Portrait von Onkel Serge und andere abgestellte Bilder und Möbel noch da wären. Auch der Speicher war leer, noch nie zuvor sah er so aufgeräumt aus.
„Sie haben alles radikal evakuiert." Jadwíga schaute Bobik an. „Glaubst du nicht, daß es ein Zeichen Gottes ist, daß wir nicht mehr ins Weiße Haus zurückkehren werden? Es ist wie ein Traumschiff, das ein Leck hat und versinkt. Wieviel Schönes, Erhabenes und Trauriges haben wir hier erlebt! Und immer haben diese Räume uns beschützt und behütet. Jetzt ist die ganze Atmosphäre, die mit uns gewachsen war, dahin, es bleiben nur noch elende, schmutzige, verblichene, abgeschabte Wände mit Stockflecken."
Sie gingen in die Kellerräume. Es roch muffig. Schimmel wuchs an den Wänden. „Das war einst unser geliebtes Venedig. Über ein Jahr lang lebten wir in dieser Traumwelt, wieviele herrliche Stunden verbrachten wir hier. Nun ist nur die Erinnerung geblieben. Nur noch eine Illusion! Maya! Jetzt sind es schmutzige, feuchte Keller."
Ihre Schritte hallten laut und fremd. „Mami, mir ist, als ob wir uns in einem riesigen Skelett befänden. Alles Fleisch und die schöne Oberfläche der Haut sind abgefault, geblieben sind nur noch die Gewölbe der Knochen. Es ist unheimlich! Laß uns hier fortgehen! Es ist nichts mehr vorhanden, was zu uns gehört. Ich hätte Lust, dieses Haus zuzumauern, wie man Onkel Iwáns Gruft zugemauert hat."
„Ich habe oft darüber nachgedacht, daß der Mensch und alle Kreatur und die Pflanzen nicht auf einmal, sondern allmählich sterben. Der Übergang von der Kindheit zur Jugend, zur Reife, zum Alter ist doch nichts anderes als ein unmerkliches Sterben. Aber dann gibt es Zeiten, in denen das Sterben offenbar wird, Naturkatastrophen, Krieg, Völkerwanderungen, Pestilenz, Revolution. Wir erleben solch Sterben jetzt leiblich. Untergang des Besitzes, der Traditionen. Erst Onkel Iwáns Tod, dann Untergang von Krasnoje Sselo, das tragische Erlöschen des Großvaters, nun der Tod des Weißen Hauses. Die materiellen Hüllen fallen von uns ab. Ziehen wir daraus die Lehre, daß wir den Auftrag haben, ohne diese Hüllen zu leben, unbeschirmt, unverwurzelt, leicht, und ganz aus dem Geiste schöpfend. Und möge Gott uns die Kraft geben, immer, auch in scheinbar aus-

sichtlosen Situationen, aus vollem Herzen zu beten: »Dein Reich komme, und Dein Wille geschehe!«"
Sie verließen das Haus, sie ließen die Tür weit offen. Wozu sie noch verschließen, laß den Wind in den verwaisten Räumen spielen und das Zerstörungswerk beschleunigen.
Sie wollten Akulína, die in der Gärtnerwohnung hauste, guten Tag sagen. Von weitem sahen sie, daß die Fenster mit weißen Gardinen behangen waren. Die Kinder spielten auf dem Hof. Sie erschraken, als sie Jadwíga und Bobik erblickten. Jadwíga öffnete die Tür und trat in die Wohnung. Möbel aus dem Weißen Haus standen umher. Auf dem Tisch war ein Meißner Porzellanleuchter mit lustigen Putten, die in dem niederen Zimmer seltsam deplaciert erschienen. Perserteppiche lagen auf dem Fußboden. Es sah recht gemütlich aus. Jadwíga hätte Akulína soviel Geschmack gar nicht zugetraut. Schwer atmend kam sie aus dem Schlafzimmer, sie hatte eine Lederjacke von Bobik und hohe Stiefel von Jadwíga an.
„Akulína, das Haus ist ja vollkommen ausgeräumt! Ich denke, du solltest darauf aufpassen und jeden Tag hingehen?"
Akulína bekreuzigte sich. „Was sagen Sie da, Herrin? Ausgeräumt? Das geht doch nicht mit rechten Dingen zu! Das kann nur der Teufel gemacht haben!"
„Ja, der Teufel", sagte Jadwíga gedehnt. „Und du hast ihm dabei tüchtig geholfen, wie ich sehe." — Sie wollte sich nicht in einen Disput einlassen, wollte keine Vorwürfe machen oder die Dinge zurückfordern. Sie verließ wortlos die Wohnung.
Sie gingen zurück zur Bahnstation. Sie wollten niemanden mehr sehen.
„Es war einmal ein Ort, der hieß Giréjewo, und es lebte dort eine Familie, eine etwas verrückte Familie, die sorglos war und sich am Leben mehr freute, als es üblich war. Und dann kam ein Sturm und wehte diese und viele andere Familien hinweg. Aber die Familie nahm in den Wehen des Sturms Giréjewo und das Weiße Haus mit sich in ihr Herz hinein. Und nun ist Giréjewo und das Weiße Haus überall dort, wo der Wind sie hinträgt. Und so ist Giréjewo gar kein Ort mehr, sondern ein Zustand, ein Zustand von Geborgenheit in Gott, von Freude und Fröhlichkeit."
Sie faßten sich an den Händen und hüpften in Übermut zum Bahnhof. Sie sangen das eine Wort. Gi-ré-je-wo ... Gi-ré-je-wo.
Es war dunkel, die Leute, die vorbeikamen, drehten sich erstaunt nach ihnen um, sie erkannten sie nicht.

DER 7. NOVEMBER 1917

Aus Petrograd kamen beunruhigende Nachrichten. Die Flotte habe gemeutert und sei geschlossen zu den Bolschewiken übergetreten. Sie hätten sich zuerst der Festung Schlüsselburg bemächtigt und dann die Stadt angegriffen. Es liefen Gerüchte um, daß die Stadt nach blutigen Straßenkämpfen in die Hände der Bolschewiki gefallen sei. Andere wollten wissen, daß auch weitere Regimenter gemeutert, ihre Offiziere umgebracht hätten und gegen die bestehende Revolutionsregierung kämpften.

In Moskau herrschte große Aufregung. Auf den Plätzen riefen Volkstribune die Bevölkerung auf, sich gegen die bestehende Macht aufzulehnen und zu den Bolschewiki überzutreten. Sie versprachen alles, vor allem Frieden, den lang ersehnten Frieden, Aufteilung des Landbesitzes, Industrialisierung und Macht des Proletariats. Die Leute gafften und machten sich vage Hoffnungen auf bessere Zeiten und Zustände. Die Revolutionsregierung, unter dem Vorsitz von Ministerpräsident Kerenski, rief die Bevölkerung zum Widerstand gegen die Bolschewiken auf. Alles, was kampffähig war, wurde mobilisiert. Regimenter, die in Moskau stationiert waren, Offiziere, Studenten, Gymnasiasten, Handwerker, jeder der kämpfen konnte, wurde aufgefordert. Man organisierte Straßenkomitees, man verteilte Armeepistolen, Handgranaten und Munition. Jeder Stadtteil, jede Straße sollte sich nach Möglichkeit selbst verteidigen.

In der Stadt wurde der Belagerungszustand ausgerufen. Bobik mußte in Begleitung von Nikífor und anderen Schülern, Studenten und Dienern vom Arbat Nachtwachen übernehmen. Wie anders war das in Giréjewo gewesen. Der bestirnte Himmel sah hier wie ein Kanal aus, der oberhalb der Häuser floß. Man hörte Geräusche, das Quietschen einer Trambahn, das Schreien der Fuhrleute, die unartikulierten Gesänge der Betrunkenen und das Rattern der Lastkraftwagen. In den Haustüren standen verängstigte Frauen und Kinder. Nikífor wurde zum Straßenkommandanten erklärt. Er berief 29 kampffähige alte und junge Männer und unterrichtete sie im Hantieren mit Pistolen und Handgranaten. Alle waren bedrückt, doch zweifelte niemand daran, daß Moskau dem Anprall der Bolschewiki standhalten und die bisher dort stationierten Regimenter fest zur

Regierung stehen würden. Am Tage ging das Leben seinen gewohnten Gang. Die Bauern kamen in die Stadt mit eisenbereiften Leiterwagen, die mit Säcken voll Lebensmittel beladen waren. Es gab ein lautes Feilschen und Zanken. Die Wagen waren schnell leer, stattdessen türmten sich auf ihnen Pelzmäntel, Lederjacken, Stiefel, Perserteppiche und Möbel. Manch eine dicke Bäuerin betrachtete kritisch gegen das Licht ein Juwel, biß darauf, putzte es am Lederärmel ihrer Jacke und steckte es behutsam in die Tasche. Die Käufer schleppten die schweren Säcke heim. Nikífor machte durch seinen drastischen Humor allen Mut.

„Ho ho, laßt die nur kommen, die krummbeinigen Petersburger; wenn wir Moskauer einmal hinpusten, dann fallen sie wie Zinnsoldaten um. Kerls, wir jagen sie in die Flucht!"

Am 31. Oktober hieß es, daß die Vorhut der Bolschewiken sich auf dem Gut Durnowo, in der Nähe von Moskau, verschanzt hätte. In der Nacht zum 1. November — Bobik patroullierte gerade mit dem 17jährigen Schüler Nikolái — stiegen von verschiedenen Seiten Leuchtraketen in die Luft. Es war wie ein großartiges Feuerwerk. Gleichzeitig hörte man von weitem Sturmglocken läuten, und dann gab es schwere Erschütterungen. Das waren die ersten Kanonenschüsse. Die Straßen wurden lebendig. Die Menschen rannten aus ihren Häusern, bleich vor Angst, jeder fragte, was geschehen sei. Niemand wußte eine Antwort. Allen war klar, daß der Kampf begonnen hatte. Nikífor mobilisierte die Einwohner der Straße und forderte sie auf, an den Straßenkreuzungen Barrikaden zu errichten.

Aus den Kellern und Speichern wurden alles unnütze Mobiliar, Gartentore und verrostete eiserne Betten geholt und aufgeschichtet. Die Männer verteilten sich auf den Barrikaden. Inzwischen läuteten hunderte von Kirchenglocken Moskaus. Das Geläut war so laut, daß man seinen Nachbarn, auch wenn er schrie, nicht verstehen konnte.

Der Kanonendonner nahm zu. Man versuchte ihn zu lokalisieren und nahm an, daß er dem Kreml galt. Am Tage war die Stadt wie ausgestorben, überall Barrikaden, auf denen, je nach Dichte der Bevölkerung, viele oder wenige Männer kampfbereit standen. Das Telefon war unterbrochen, es gab auf dem Arbat keine Verständigung mehr mit den anderen Bezirken. Man stand tatenlos herum, man unterhielt sich schreiend über die Straßenecken hinweg mit den anderen.

Am 3. November wurde der Kanonendonner so laut, daß in den Häusern des Arbat viele Scheiben zersprangen. Von den Nachbarbarrikaden erfuhren sie, daß zahlreiche Regimenter den Kämpfenden in den Rücken gefallen und zu den Bolschewiken übergetreten seien. Die Menschen in den Häusern zogen sich nicht mehr aus, sie wohnten in den unteren Stockwerken oder Kellern und schliefen unter den Betten, um nicht von Granatsplittern getroffen zu werden. Am Morgen des 4. November ratterten plötzlich schwere Lastautos mit Soldaten durch die Straßen. Die Soldaten schossen gegen die Häuser. Nikífor gab Befehl zu schießen.

Bobiks Herz pochte laut. Konnte er, sollte er auf Menschen schießen, auf seine eigenen Landsleute? Er hatte sich bisher immer standhaft geweigert, auf Jagd zu gehen, weil er keine Tiere töten wollte. Sascha lachte ihn damals aus: „Wenn du so weitermachst oder wir alle so dächten, dann würde es bald mehr Wölfe als Menschen geben und sie würden uns auffressen." An diesen Satz mußte er gerade in diesem Augenblick denken. Er beschloß, auf die Autoreifen zu schießen. Nikífor brüllte:

„Menschenskinder, seid doch nicht so blöd, duckt euch doch und versteckt euch hinter die Barrikaden. Ihr könnt euch doch nicht so exponieren! Dann immer möglichst auf die Fahrerkabine und auf die Reifen schießen, damit machen wir sie kampfunfähig und versperren die Straße. Bangt nicht um euer Leben, aber gebt's auch nicht umsonst preis!"

Sie befolgten seinen Rat und duckten sich. Auf den Lastwagen waren große rote Fahnen angebracht. Die Soldaten waren bester Laune, hatten gerötete Gesichter und sangen laut. Ab und zu warfen sie eine Handgranate gegen die Barrikaden, so daß sich ein Regen von Metallfetzen über sie ergoß. Da schrie einer. Es war der 15jährige Schüler Walentin. Er war blaß, sein Rock war zerfetzt, er blutete aus der Schulter, der Arm hing ihm schlaff und unnatürlich herab. Er wurde ohnmächtig.

„Der Arm ist hin", stellte Nikífor fachmännisch fest, „los, Kerls, legt ihn auf die Bahre und tragt ihn weg."

Man brachte ihn ins Haus. Jadwíga schnitt ihm die Jacke auf. Aus einer aufgerissenen Ader spritzte das Blut. Bobik wurde übel. Eine andere Frau kam hinzu, und sie legten dem Verwundeten einen Verband an. Ein Arzt war nicht zu bekommen. Der Kampf ging weiter. Immer mehr Lastautos fuhren dröhnend die Straßen entlang. Nachts war der Himmel rot von Bränden.

Bobiks Kamerad Borís griff sich an den Bauch. Er sah aus, als ob ihm übel werde.

„Was ist dir, Borís, hast du Krämpfe? Nimm dich doch zusammen, Mensch!"

Es schüttelte ihn. Da fiel Borís plötzlich nach rückwärts und sagte nichts mehr. Bobik wollte ihn aufrütteln, aber da sah er, daß er tot war. Etwa eine Stunde später sprang Pawel auf, als ob er flüchten wollte. Bobik wollte ihm nach und ihn zurückhalten. Da fiel er auf das Gesicht und rührte sich nicht mehr. Nikífor beugte sich über ihn.

„Der steht nicht mehr auf, der ist tot." Zu den anderen rief er hinüber: „Nur nicht nachlassen, Kerls, mehr als sterben können wir nicht!"

Dem Wánja wurden drei Finger abgerissen. Nikífor verband ihm die Hand. Wánja verzog sein Gesicht.

„Ich kann aber noch mit der linken Hand schießen", sagte er.

„Na, wer weiß wie lange", lachte Nikífor.

Einige Schüler bombardierten die vorbeifahrenden Soldaten, die Maschinengewehrsalven abfeuerten, mit Handgranaten.

„Kinder, Kinder", rief Nikífor, „seid bloß sparsam damit, das sind die letzten."

Handgranaten flogen hinüber und herüber. Wánja, der mit der linken Hand schoß, fiel um, sein Kopf lag zwischen Bobiks Füßen, die Augen waren weit geöffnet. Bobik trat unwillkürlich einen Schritt zurück. „Wie seltsam", dachte er, „daß ich gar kein Grauen vor dem Tod empfinde."

Die Frauen krochen an die Barrikaden heran und brachten den Kämpfenden Brot und Tee. Sie verbanden die Verwundeten und vermittelten Nachrichten vom anderen Straßenende, an dem es ebenso heiß zuging. Am 4. Tag blieben von 29 Mann nur noch 14 kampffähig.

Am 6. November früh hörten der Kanonendonner und das Kampfgetöse in der Nähe auf. Man hörte es nur noch von weitem. Dann fuhren lange Wagenkolonnen die Straßen entlang. Die Soldaten schwenkten rote Fahnen und sangen die Marseillaise. Der Kampf war verloren. Nikífor gab das Kommando zum Abrücken.

„Jeder geht in sein Haus und verhält sich unauffällig. Versteckt die Waffen gut oder vergrabt sie. Keiner verrät den anderen!"

Die Toten wurden in einer Reihe auf das Steinpflaster gelegt und zugedeckt. Frauen legten Tannenzweige um sie herum. Eine Stunde später durchbrachen die gegnerischen Kämpfer die Barrikaden und räumten die Trümmer zur Seite. Patrouillen marschierten durch die menschenleeren Straßen. Die Soldaten schrien: „Jeder, der sich ans

Fenster wagt, wird erschossen. Wenn jemand aus dem Haus schießt, werden alle Hausbewohner liquidiert!" Sie saßen verängstigt in den Zimmern und wagten nicht auf die Straße zu schauen. Nikifor kletterte durch ein Kellerfenster in den Park und verscharrte die Waffen. Er machte allen Mut.

„Wartet, es ist noch nichts verloren, das Spiel ist noch nicht aus. Wenn auch Moskau gefallen ist, die anderen Städte kriegen sie nicht."

BOBIK IM FEUEROFEN

Seit dem Beginn der Kämpfe wußten sie nichts über Saschas Verbleib! Er hatte Dienst beim Stadtkommandanten. Nikífor erbot sich, ihn zu suchen. Als er sich verabschiedete, erkannten sie ihn nicht wieder. Ein alter gebückter Bauer in abgeschabter Kleidung stand vor ihnen. Trotz aller Unruhe und Bedrängnis mußten sie über diese gelungene Metamorphose lachen. „Wartet nur, ich bringe ihn euch lebend heim!" In ihm war immer so viel natürliche Sicherheit und Optimismus, die sich den anderen mitteilten. Jadwíga machte das Kreuz über ihn. „Geh mit Gott, Nikífor, und wenn du ihn findest, grüß ihn und bring ihn her, wenn es nicht gefährlich ist."

Der Himmel war grau, kalter dünner Regen prasselte auf die Dächer. Der Wind wehte durch die zerschlagenen Fenster. Auf den Straßen brannte kein Licht. Die städtischen Elektrizitäts-, Gas- und Wasserwerke standen still. Überall auf den Straßen lagen die Reste der Barrikaden und zersplittertes Glas umher. Vom Arbatplatz hörten sie unaufhörliches Rattern von Lastwagen und ungezügelten, lauten, triumphalen Gesang. Noch durfte sich niemand ohne Selbstgefährdung auf die Straße wagen.

Sie hatten ein Zimmer geheizt und saßen alle beisammen. Niemand sprach ein Wort. Pássenka langweilte sich, er wollte spielen, aber sie waren alle so verängstigt, daß sie ihn unfreundlich abwiesen. Er heulte.

Am Morgen des 12. November rollten mehrere Lastwagen in die Hundsgasse. Sie hielten in Abständen. Soldaten sprangen heraus und marschierten zu den Häusern. Sie schlugen mit den Kolben gegen die Tür. Jadwíga öffnete ihnen: „Haussuchung!", brüllten sie. „Warum macht ihr solchen Lärm? Müßt ihr mit den Kolben gegen die Tür schlagen? Wir sind doch nicht taub. Ihr solltet euch benehmen lernen!", sagte sie streng.

Ein Soldat stieß sie grob vor die Brust, daß sie taumelte. „Halt die Schnauze, du hast hier nichts mehr zu vermelden! Verstanden? Wir haben zu befehlen! Marsch alle in ein Zimmer, und kein Mux mehr!" Er drängte Jadwíga ins Zimmer und ging selbst hinein. Er stellte sich breitbeinig, mit dem Gewehr auf Anschlag, hin. Pássenka wußte nicht, ob er weinen oder lachen sollte. Er ging neugierig an den Rotarmisten heran und wollte sein Gewehr betasten. „Mach dich weg, du Kapitalistenbrut, sonst kriegst du eine blaue Bohne vor den Latz!", herrschte er den Knaben an und stieß ihn mit der Gewehrmündung von sich. Pássenka kroch verängstigt auf seinen Platz zurück. Er wagte nicht einmal zu weinen, er schaute ihn aus weiten Pupillen entsetzt an. Die anderen Soldaten durchsuchten indessen die Räume nach Waffen. Man hörte, wie sie Schränke und Schubladen aufrissen, Möbel umkipten oder zerstörten. Ihre schweren Schritte hallten durch das Haus. Schließlich kamen sie in das Zimmer, in dem sie gemeinsam saßen. „Los! Hierher, alle auf einen Haufen!", kommandierte der Anführer. „Und wer sich muxt, der wird erschossen!" Sie begannen das Zimmer zu durchsuchen. Sie stachen mit dem Bajonett in die Polstermöbel, sie rissen die Gegenstände, die in Schränken, Regalen und Kommoden waren, heraus und warfen sie zu Boden. Sie waren trunken vor Macht und es bereitete ihnen Freude, Dinge zu zerstören. Wera weinte vor sich hin. Bábuschkas Unterlippe zitterte. Jadwíga war blaß geworden. Einer der Soldaten betrachtete Bobik. „Du hast ja Schrammen im Gesicht und an den Händen! Du hast mitgekämpft, du Blutsauger." Er ging auf ihn zu und packte ihn hart am Arm. Jadwíga trat vor. „Laß ihn sofort in Ruhe! Er hat nicht gekämpft. Er war die ganze Zeit krank! Du siehst, wie blaß er ist!" — „Ha, blaß, das seid ihr alle, ihr »Listokraty« (Verballhornung von Aristokraten), vor lauter Nichtstun seid ihr blaß! Er hat gekämpft und basta!"

„Dann hättet ihr auch Waffen finden müssen, ihr habt ja das ganze Haus auf den Kopf gestellt!", sagte Bobik mit verhaltener Wut.

„Du kommst mit!", kommandierte der Anführer. Jadwíga stellte sich vor Bobik, um ihn mit ihrem Körper zu beschützen. „Wenn ich euch doch sage, daß er nicht gekämpft hat!" Der Soldat packte sie und stieß sie zur Seite. Er ergriff Bobiks Arm. „Los, dalli! Einer mehr oder weniger von euch Blutsaugern, das macht gar nichts." Bobik wollte sich losreißen und die Mutter nocheinmal umarmen und sich von Bábuschka, Wera, Pássenka und Salomóna verabschieden, aber er wurde gewaltsam weggeführt. Das Letzte, was er sah, waren Jadwígas beschwörende Augen.

Am Straßenausgang stand ein Lastwagen. Soldaten luden die gefundenen Waffen auf, Pistolen, Gewehre, Handgranaten, Munition. Umringt von Rotarmisten stand ein Häuflein von etwa zehn Zivilisten beisammen. Bobik mußte sich zu ihnen gesellen. Er erkannte vier Kameraden und eine Frau, die mit ihm auf den Barrikaden gekämpft hatten. Die Jungen schauten ihn an, als ob sie ihn nie gesehen hätten. Er wollte sie begrüßen, aber sie wandten sich von ihm ab. „Warum wollen sie nichts von mir wissen?", dachte er gekränkt. „Ich war doch kein Feigling, und wir haben ehrlich zusammen gekämpft!" Der Wagen fuhr in rasendem Tempo durch die Stadt. Er hielt im Hof einer Kaserne. Sie mußten absteigen und wurden von anderen Soldaten in Empfang genommen. Man führte sie durch breite Korridore, eine Treppe hinauf, in einen großen schmutzigen Raum. An der Wand hingen riesige rote Fahnen. Ein langer Tisch war mit rotem Tuch belegt. Davor saßen mehrere Soldaten. Hinter ihnen standen Rotarmisten mit aufgepflanztem Bajonett. Die Neuankömmlinge mußten sich zu einer größeren Gruppe von Gefangenen gesellen.

Jeder wurde einzeln aufgerufen. Sein Name wurde notiert. Als Bobiks Gruppe an die Reihe kam, rief ein Soldat: „Die sind vom Arbat!"

Zuerst kam Nikolái dran, dessen Arm in einer Binde hing. „Nanu!", herrschte ihn der Kommissar an, „hast du dich an den Kämpfen gegen das Volk beteiligt?" — „Nein!" sagte Nikolái fest. — „Kerl, antworte die Wahrheit! Du bist dabei gewesen!", brüllte der Kommissar. — „Nein!", brüllte Nikolái ebenso laut. — „Du bist doch verwundet!" — „Ich war nicht dabei, ich bin durch herausfallende Fensterscherben verwundet worden." — „Hat man Waffen bei ihm gefunden?" — Man verneinte, — „Kennst du jene da?", fragte er und zeigte auf die Kameraden. — „Ja, vom Ansehen, man wohnt auf einer Straße." — „Haben die mitgekämpft?" — „Wie soll ich das wissen, wenn ich nicht dabei war!?" — „Wird weiter untersucht, abführen!", befahl der Kommissar den Soldaten. Nikolái wurde abgeführt.

„Dein Name!", wurde der nächste angeherrscht. — „Michaíl Bodrów." — „Man hat bei ihm einen Revolver gefunden und Munition, im Küchenschrank", berichtete ein Rotarmist. — „Kennst du jenen da?" — „Nein!", sagte Michaíl fest. Er schaute durch Bobik hindurch, als ob er ihn gar nicht sähe. Bobik war wieder gekränkt. — „Was sind das für Manieren! Man kann doch nicht so tun, als ob man einen einfach nicht kennte." Er wollte ihm zunicken und ein Zeichen geben, aber er besann sich. — „Abführen!", befahl der Kommissar. Er sah den Soldaten bedeutungsvoll an, hob die linke Augenbraue und deutete nach links mit dem Kopf. Michaíl wurde durch eine andere Tür hinweggeführt.

Nun kamen Frauen dran. Bei einer hatte man eine Handgranate

gefunden. „Hast du gekämpft?" — „Nein!" — „Woher ist denn die Handgranate?" — „Mein Sohn hat gekämpft, er ist gefallen", sagte sie dumpf. — „So, so, dein Sohn! Und du hast es zugelassen!" — „Lassen Sie mich", schrie die Frau, „ich habe zu Hause noch drei unmündige Kinder!" — „Du willst sie wohl alle zu Konterrevolutionären erziehen", spottete der Kommissar. Er gab ein Zeichen mit der Hand, die Frau wurde von zwei Soldaten gepackt und herausgezerrt. Sie wehrte sich verzweifelt und schrie. Irgendwo hinter den Mauern hörte man dumpfe Gewehrschüsse. Eine Stimme schrie laut auf und verstummte.

Nun kam Bobik an die Reihe. Er nannte seinen Namen. „Hast du gekämpft?" — Wievielmal mochte er die gleiche Frage gestellt haben, Tag für Tag! Bobik wollte antworten: „Ja, aber ich habe keinen getötet, ich habe nur auf die Pneus gezielt, aber ich glaube, ich habe keinen getroffen." Dann sah er in das Gesicht des Kommissars, das weder gut noch böse war, in dem man keine menschliche Regung entdecken konnte. Und plötzlich schob sich vor dieses Gesicht das Gesicht seiner Mutter mit großen beschwörenden Augen, wie er sie im Augenblick des Abschieds gesehen hatte. Er fing sich. Jetzt erst begriff er, daß seine Kameraden vorgaben, ihn nicht zu kennen, um sich gegenseitig nicht zu gefährden. „Nein, ich habe nicht gekämpft", sagte er mit fester Stimme. — „Waffen?", fragte der Kommissar. — „Keine", war die Antwort. — „Abführen!" — Bobik wurde durch die Tür hinausgeführt, durch die Nikolái gegangen war. — „Das ist also noch nicht der sofortige Tod", dachte Bobik. Es geschah alles so automatisch, so programmäßig, wie ein Einkauf in einem Laden oder das Anprobieren von neuen Schuhen. Links der sofortige Tod, rechts ein Hinauszögern, etwas Unbekanntes. Er hatte nie Angst vor dem Tode gehabt, aber angesichts des Todes würde sie doch über ihn kommen, hatte er geglaubt. Aber nein, auch jetzt war keine Angst in ihm. Diese Art Tod war ein unwürdiger, ein billiger, ein Einheitstod. Nicht im ehrlichen Zweikampf, nicht mit feierlichen Vorbereitungen, mit Priester, letzter Ölung, feierlichem Abschied. Hier wurde man erschossen wie ein tollwütiges Tier, nicht mehr und nicht weniger. Das war widerlich.

Er wurde in einen großen, schmutzigen, stinkenden Raum gebracht, der voll von Menschen war. Sie saßen stumpf brütend auf dem Fußboden. Sie sprachen nicht miteinander. Die meisten schauten nicht einmal auf, wenn ein Neuer hereingebracht wurde. Bobik begegnete manchem bekannten Gesicht. Da war Nikolái, er wollte ihm freundlich zunicken und sich zu ihm setzen. Aber Nikolái warf ihm einen schnellen und drohenden Blick zu. Er war traurig. Nicht einmal in solch aussichtsloser Situation durfte man die Nähe eines Menschen spüren. Aber es dämmerte ihm, daß er niemanden verraten dürfe, weil im Raum vielleicht Spitzel oder auch Schwache anwesend waren, die sie verraten könnten. Er setzte sich auf die Erde neben einen alten Mann. Er grüßte höflich. Niemand erwiderte seinen Gruß. Die Stunden verrannen. Soldaten brachten große Emailleschüsseln mit einer dünnen Kohlsuppe. Sie warfen Blechlöffel auf die Erde. Einige der Gefangenen erhoben sich, griffen nach den Löffeln und schlürften laut die Suppe. Bobik sah unbeteiligt zu. Um vier Uhr wurde es dunkel. Die Leute legten sich auf die Seite wie Hunde und schliefen. Manche stöhnten oder knirschten mit den Zähnen. Bobik beneidete die Frau und Michaíl, die sofort erschossen worden waren. Die ganze Nacht wurde geschossen. Frauenstimmen kreischten auf. Man hörte Männer fluchen. Das alles war ganz weit weg und völlig unwirklich, wie in einem Kino. Mehrmals in der Nacht ging die Tür auf und es wurden neue Gefangene hereingestoßen.

Bobik versuchte zu beten. „Erfüller alles Guten, du mein Christe, erfülle mich mit Freude und Heiterkeit und errette meine Seele, du Vielerbarmender." Aber er sprach nur die altbekannten Worte. Immer sonst strömten ihm aus diesem Gebet Fröhlichkeit und Freude zu. Diesmal konnte er sich nicht freuen. Freuen an diesem unmenschlichen, viehischen Ort, an dem man wie im Schlachthaus abgeschossen wurde? Nein, er konnte sich nicht mehr freuen.

Er versuchte an die ersten Christen zu denken, die ähnlich hingemordet wurden. Wofür wurden aber all diese Menschen hier hingemordet? Verteidigten sie wirklich das Christentum? Nein. Was sie verteidigten, wußten sie wohl gar nicht mehr. Die Monarchie? Die war in sich zusammengebrochen und man hatte keine Sehnsucht nach deren Wiederherstellung. Die Demokratie? Sie war noch so jung, nicht mehr als ein halbes Jahr alt, und hatte bisher nur Mangel und Unordnung gebracht. Er wußte, daß er das Neue, das jetzt erkämpft wurde, nicht wollte. Er wollte keine neue Diktatur, von welcher Seite sie auch kommen mochte.

Aber er war nur noch ein Opfer und kein Märtyrer. Ein Märtyrer kann sich freuen. Er stellt seinen Tod zur Schau, er wirkt als Beispiel für andere, er entzündet neuen Glauben, er erzeugt Achtung. Was aber geschieht, wenn man auf irgendeinem dunklen Kasernenhof von hinten abgeknallt wird, von Leuten, die einen weder verachten noch hassen, die einfach aus Befehl und aus Routine schießen? Denen es vielleicht nicht einmal in den Sinn kommt, daß sie Menschen abschießen, ihresgleichen, daß sie damit symbolisch in sich selbst, in ihr brüderliches Ebenbild hineinschießen!

Er versuchte das Gebet des ersten Märtyrers Stephanus zu beten. „Herr, errette und vergib jenen, die mich beleidigen und erniedrigen und mich verfolgen, und laß sie meinetwegen nicht zuschanden werden." Er dachte an den Kommissar und an die Soldaten, die die Haussuchung gemacht, und an die, die ihn abgeführt hatten. Es war in ihm kein Haß gegen sie, keine Verachtung. Sie kamen ihm vor wie seelenlose Marionetten, mit denen etwas getan wird. Es sprang kein Funke Menschlichkeit von ihm zu ihnen und von ihnen zu ihm über. Es konnten genau so Wesen von einem anderen Planeten sein. Konnte er Wesen verzeihen, die er weder liebte noch haßte?

Die Tür wurde geöffnet, es wurden einige Menschen aufgerufen. Sie standen auf und gingen schwankend hinaus, ohne Abschied, ohne sich umzusehen, wie Schemen. Sie kamen nie wieder. Wo blieben sie? Wurden sie alle erschossen? Man konnte sich nicht vorstellen, daß einer aus diesem Ort die Freiheit wieder erlangte. Freiheit wozu, Freiheit wovon? Gesetzt den Fall, er könnte wieder nach draußen gelangen. Jadwíga, Sascha, Wera, Pássenka, Bábuschka wieder sehen. — Sie waren jetzt ganz weit weg! Was Sascha wohl machte, ob er noch lebte? Sie alle kamen ihm vor wie Schemen. „So ist es, wenn man tot ist", dachte er, „alles, was wirklich war, wird schemenhaft und unwirklich."

Die Tür ging auf. Nikolái wurde herausgeholt. Er ging mit unsicheren Schritten, wie ein Trunkener. Er schaute sich nicht um. „Was werden sie mit ihm machen?", dachte Bobik. Bisher kam keiner wieder zurück, der geholt worden war. Lange Zeit verging, waren es Stunden? Bobik wurde geholt. Sein Herz pochte wild, die Knie wurden ihm weich. Er verspürte Übelkeit in der Magengrube. „Jetzt werde ich wie die vielen Hunderte vor mir erschossen. Es ist nur ein kurzer Augenblick! Herr, sei mir gnädig und nimm mich auf in Deinem Reich." Die Totenhymne fiel ihm ein: „wo es weder Krankheit noch Trauer gibt." Keine Krankheit und Trauer! — Korridore, Treppen, wieder Korridore, dröhnende Schritte von Soldatenstiefeln. Schließlich standen sie im gleichen Raum vor demselben Kommissar. An der Seite des Tisches stand Nikolái. Sein Gesicht war verzerrt. Er schaute Bobik nicht an.

„War dieser mit auf den Barrikaden?" Der Kommissar richtete diese Frage an Nikolái.
Nikolái nickte. „Ja".
Bobik sah ihn entsetzt an. Wie konnte er ihn jetzt verraten? Was sollte er jetzt tun? — „Er lügt!", sagte Bobik. Seine Stimme gehorchte ihm nicht. — „Doch, ich lüge nicht, er war dabei." Nikolái sprach wie ein Automat, er schaute Bobik nicht an. Bobik war fassungslos. Woher kam diese Umkehr? Zuerst tat sein Kamerad so, als ob er ihn nicht kennte, jetzt verriet er ihn. Dieser Verrat entsetzte ihn mehr als der Gedanke an den bevorstehenden Tod. Wäre es nicht genug gewesen, allein in den Tod zu gehen, mußte Nikolái noch seine Kameraden mit hineinziehen? Das Bild des Verräterjüngers Judas stand vor ihm.

„Na?!", fragte der Kommissar und richtete seine ausdruckslosen Augen auf Bobik.

„Gut, ich habe mitgekämpft. Es war meine Pflicht, genau so wie Sie es für Ihre Pflicht hielten, für Ihre Idee zu kämpfen. Aber nie, nie würde ich einen verraten!" Er drehte sich zu Nikolái und sah ihn an.

Der Kommissar duckte sich, sein Gesicht hatte den Ausdruck eines lauernden Fuchses. „Auch nicht, Bürschchen, wenn wir dir die Handschuhe ausziehen würden?"

„Auch dann nicht!", schrie Bobik. „Auch nicht um des Schmerzes Willen würde ich meine Brüder verraten. Das würden nicht einmal die Bolschewiken tun. Oder würden Sie Ihre Genossen verraten?!"

Der Kommissar nickte. Das Verhör bereitete ihm offenbar Vergnügen.

„Abführen, beide abführen", kommandierte er.

„Kann ich denn jetzt nach Hause gehen, wie Sie versprochen haben?", fragte Nikolái mit schüchterner Stimme.

„Ach, du Hundsfott, du hast gedacht, du kämst dadurch frei! Falsch kalkuliert, Bürschchen! Von euch kommt keiner hier wieder heraus!"

Die Rotarmisten führten sie andere Korridore entlang, Treppen hinab. Türen wurden geöffnet. Bobik wurde in einen dunklen, muffigen Raum gestoßen. Nikolái kam in einen anderen Raum.

Der Gedanke, mit ihm den gleichen Raum zu teilen, wäre Bobik unerträglich gewesen. Als er sich an die Dunkelheit gewöhnt hatte, sah er, daß in dem Kellergewölbe noch viele andere Männer waren. Sie saßen oder lagen auf dem Zementboden. Sie nahmen von Bobiks Ankunft keine Notiz. In einer Ecke war ein Haufen stinkenden

Unrats. Jemand stöhnte laut: „Gospodi pomilui! — Herr erbarme Dich!"

Bobiks Gedanken beschäftigten sich mit Nikolái. Wie konnte es möglich sein, daß ein Mensch, um sich selbst zu retten, andere verriet und in den Tod schickte? War es Verderbtheit? War es Feigheit? War es Lebensgier? Er sah ihn vor sich stehen, diesen schmalen Knaben mit dem hochaufgerichteten Kopf und dünnen Hals und die somnambul ins Nichts gerichteten Augen. Dann dachte er, wie Christus verraten worden war, und an Seine Worte: „Herr, vergib ihnen, denn sie wissen nicht, was sie tun!"

Wußte Nikolái wirklich nicht, was er tat! Wußte denn Judas, was er tat? Wie würde Jadwíga darüber denken? Sie würde verzeihen und eine entschuldigende Erklärung finden. Sollte auch er dem Nikolái verzeihen? Wenn er ihn nur besser begreifen könnte! Er sah Jadwígas ernstes Gesicht und ihre großen Augen wieder vor sich. Dieses Gesicht gab ihm innere Sicherheit und Trost. „Ich danke dir, danke für alles!", sagte er leise.

Er dachte daran, wie sanft sie immer war, und daß sie immer und alles verzieh und für alles eine Erklärung suchte. Wie war er doch trotz dieses lebendigen Beispiels egoistisch, heftig, hochmütig, ungezogen gewesen. Er hatte Wera und Pássenka geneckt, der Njánja oder der Mamsell einen Schabernack gespielt, er war auch nicht gütig und hilfreich zu jedermann gewesen. „Wenn ich überleben würde — aber das ist ja Unsinn! — wenn ich überleben würde, ich würde mich mühen, so zu sein wie Mami, ich möchte versuchen nur gut zu sein."

Er legte sich auf die Seite. Der Boden war kalt und feucht, aus dem zerbrochenen Fenster kam eisige Luft, der Gestank des Unrats stand wie eine schwere Wolke im niederen Raum. Ihm fielen Menschen ein, die eines langsamen und qualvollen Todes gestorben waren. Tante Warwára mit ihrem Krebs, an dem sie ganz allmählich dahingesiecht war. Dieser hier, dieser Raum, dieser Gestank, diese Menschen, jeder für sich allein, ohne den Wunsch nach gegenseitiger Kommunikation, dieses Warten auf die Erschießung, das ist genau solch ein langsames Sterben wie bei einem Krebs, eine Agonie. Er schlief schließlich ein.

Als er erwachte, schien graues Licht durch die Kellerfenster. Alle waren wach und lauschten auf die Geräusche. Türen wurden aufgerissen, Namen gerufen, dann schwere Schritte und andere, schlürfende, Zuknallen von Türen, Klappern von Schlüsseln. Jeder wartete bange auf seine Stunde. Wieder hörten sie dumpfe Schüsse und manchmal kurze Schreie. Die Tür zu seinem Raum wurde aufgeschlossen. Das schien eine Ewigkeit zu dauern. Soldaten kamen herein, riefen Namen. Einige der Gefangenen erhoben sich schwer und gingen zum Ausgang. Sie schauten sich nicht um, als ob sie sich schämten und nicht beachtet werden wollten.

„Eigentlich sterben wir hier alle hundert Tode, wir sterben mit jedem mit, und vielleicht werden wir unseren eigenen Tod weniger erleben als den der anderen", dachte Bobik. Zum ersten Mal besah er unauffällig seine Zimmergenossen. Niemand merkte es. Sie saßen oder hockten am Boden und lehnten sich gegen die schimmelige Wand. Alt und Jung, es gab unter ihnen kein Gesicht mehr, es waren nur Haare, Glatzen, Bärte, Nasen und Münder. Und schreckliche Augen. Augen, die gespenstisch allein für sich im Raum standen, abgelöst von der Person, Augen, die nichts mehr sahen, die keine Fenster der Seele mehr waren. Sie schauten weder nach außen noch nach innen. Es war in ihnen weder Angst noch Verzweiflung. Sie nahmen den Tod schon vorweg, diese Augen waren Augen von Toten. — „Ob ich auch schon solche Augen habe?", dachte er. Es graute ihm. Er döste wieder ein.

Mittags wurde die Tür wieder aufgeschlossen. Zwei Soldaten erschienen. Einer trug eine Schüssel mit Suppe, der andere warf einige Blechlöffel auf den Fußboden. Der eine von den Soldaten war groß und kräftig. Eine blonde Haarsträhne fiel ihm auf die Stirn. Er kam Bobik bekannt vor, er schaute genauer hin. Er ähnelte dem Kutscher Aleksándr, nur war dieser massiver und älter. Er hüstelte, um die Aufmerksamkeit des Rotarmisten zu erregen. Jener schaute in die Runde. Sein Blik fiel auf Bobik. Einen Augenblick stutzte er, dann sah er gleichgültig weg. Die Tür wurde zugeschlagen.

„Ob es wirklich Aleksándr war? Er sah ihm so ähnlich! Aber dann müßte er ihn, Bobik, erkannt haben, wenn er sich auch sicherlich in den letzten Tagen sehr verändert hatte. Wie schrecklich, war Aleksándr vielleicht bei diesen Mördern? Er war ihnen so treu ergeben gewesen, er hatte so viele Jahre mit ihnen zusammen gelebt, sie hatten ihm, solange es ging, sein Gehalt weiterbezahlt. Sie hatten ihm Briefe geschrieben und ihm Päckchen geschickt, im Urlaub war er immer nach Giréjewo gekommen. Es war so viel Güte und Verstehen von ihm ausgegangen. Sollte er zu den Bolschewiki übergegangen sein? Sollte er, Bobik, von seiner Hand getötet werden?" Diese Vorstellung fand er absurd, aber solch ein Tod erschien ihm weniger anonym.

Es wurde dunkel. Die Exekutionen hörten eine Weile auf. Bobik war vom langen Hungern ermattet, in der Magengrube verspürte er einen ziehenden Schmerz. Er versuchte einzuschlafen. Nur nicht mehr

245

denken, nicht mehr warten! Jemand drehte den Schlüssel in der Tür um. Wieder die Tortur der Erwartung. Wen werden Sie holen? Bobiks Name wurde genannt. Die Stimme kam ihm bekannt vor. Ob es doch Aleksándr war? Wurde er schon wieder zum Verhör geholt? Er schleppte sich zur Tür. Jemand packte ihn schmerzhaft am Genick und schob ihn vor sich her. Einige andere Soldaten lachten rauh. „Was willst du tun?" — „Wartet nur, laßt mich allein, mit dem habe ich eine eigene Rechnung zu begleichen" — „Na, dann helfen wir dir dabei!" — „Nicht doch, das ist eine Privatrechnung, ich brauch' euch nicht, mit dem werde ich allein fertig." Die anderen lachten. „Es kann nur Aleksándr sein", dachte Bobik, „aber was für eine Privatrechnung hat er mit mir abzumachen, ich habe ihm doch nie etwas Böses zugefügt. Nur weil ich »Listokrat« bin, wie sie es nennen? Sollte er schon so verhetzt sein?!"

Eine Tür kreischte. Sie waren in einem Hof, der von Kasernengebäuden umschlossen war. Ein großer Lastwagen stand da, die hintere Ladeklappe hing herunter, unförmige dunkle Gegenstände lagen zuhauf darin. — „Das sind Leichen", blitzte es in Bobik auf. Aleksándr blieb stehen, der harte Druck seiner Hand an Bobiks Nacken löste sich. „Los, marschiere nach vorne!", kommandierte der Soldat. Bobik zögerte. „Los, habe ich gesagt!", brüllte er. Bobik ging schwankend einige Schritte. Dann fielen Schüsse. Schüsse, die ihm galten. Er wurde erschossen.

„Ob ich schon tot bin?", dachte er. „Es ist leichter, als ich dachte." Er spürte keinen Schmerz. Nur eine gewisse Leichtigkeit. Alle Angst und das Ziehen in der Magengrube waren verschwunden. Eigentlich müßte er jetzt fallen. Alle Erschossenen fielen, das wußte er. Vielleicht war er auch gar nicht tot, sondern verblutete langsam? Man hörte, daß viele ihre Verwundung in der ersten Aufregung gar nicht spürten. Das Schießen hörte auf. Schritte kamen hinter ihm her. Wieder spürte er den festen Griff im Nacken. Der Soldat schleppte ihn hinter den Lastwagen. Dort war ein großes und ein kleines Tor. Jener stieß das kleine Tor auf. „Verschwinde, aber schnell!" flüsterte er und gab ihm einen Stoß. Das Tor schloß sich wieder.

„RETTE UNS NACH DEINER WUNDERKRAFT"
(Daniel 3)

Das Tor des Todes schloß sich hinter Bobik. Er lebte. Er schleppte sich zur anderen Straßenseite und ging dann ziellos, nur um aus der Nähe der schrecklichen Gebäude fortzukommen. Es war stockfinster. Keine Laternen brannten. Es war kein Mensch auf der Straße. Er lebte. Also war es doch Aleksándr, und er hatte ihn gerettet. Wie gerne hätte er ihm dafür gedankt. Aber alles war so überstürzt. Und Aleksándr wollte sich selbst wohl nicht gefährden. „Ich danke dir, Aleksándr, ich danke dir!", flüsterte er vor sich hin. Wofür dankte er eigentlich? Er stand so nahe vor der Schwelle, ja eigentlich hatte er jene geheimnisvolle Schwelle schon überschritten. Nun wurde er jäh in dieses unwirsche Leben zurückgeworfen. Er verspürte gar keine Freude darüber. Er hatte nicht mehr die Kraft, den weiten Weg bis zum Arbat zu gehen.

Nach einer Weile stand er vor einer Kirche. Dort übernachten? Er drückte die Türklinke herunter. Die Tür gab nach. In den Wirren hatte man vergessen, sie nachts zu verschließen. Es roch nach Weihrauch. Vor der Ikone der Muttergottes brannte noch das ewige Licht. Jemand muß also Öl in die Lampade gegossen haben. Das Flämmchen flackerte. Einige Fenster waren zerbrochen. Es war kalt im Raum. Nicht kälter als im Keller. Bobik kniete neben die Ikone der Gottesgebärerin und küßte sie.

Er fand einige Stühle, er stellte sie zusammen und kauerte sich darauf. Er schlief bald ein. Er wachte auf von einem starken Windzug. Es war dämmerig. Etwas flatterte über ihm. „Ein Engel", dachte er, „vielleicht mein Schutzengel!" Es war kein Engel, es war eine scheue Fledermaus, die sich durch eine Fensterluke verirrt hatte. Bobik versuchte, sich die Ereignisse der letzten Tage in Erinnerung zu rufen. Er wußte nicht, wieviele Tage er im Inferno zugebracht hatte. Er wußte auch nicht, ob es die Hölle war, die er durchschritten hatte. Für die Hölle war es vielleicht zu wenig dramatisch gewesen. Kein rechtes Heulen und Zähneknirschen. Vielleicht war es nur der Zustand einer Agonie. Schrecklich war, daß er, der durch das Sterben hindurchgegangen war, darin eine völlig passive Rolle gespielt hatte.

Keine einzige Entscheidung war ihm überlassen worden. Es war keine Bewährungsprobe gewesen. Und dennoch war ein Wunder geschehen, das Wunder der Errettung. Auch ganz ohne sein Zutun.
Und da fiel ihm die Geschichte von den drei Jünglingen im feurigen Ofen ein. Er kannte noch genau ihre Namen, weil er diese Geschichte besonders liebte. Sie hießen Sadrach, Mesach und Abednego. Und sie wurden vom König Belsazar wegen ihres Glaubens, dem sie nicht abschwören wollten, in den feurigen Ofen geworfen. Und da sah der König in den Ofen und fragte: „Waren es nicht drei Männer, die wir gefesselt ins Feuer hineinwarfen? ... Da sehe ich aber vier Männer im Feuer ohne Fesseln hin- und herwandeln, ohne daß sie einen Schaden genommen haben, und der vierte gleicht einem Göttersohne."
Der Engel verwandelte die Glut des Feuers in eine kühle Brise. Hatte nicht auch sein Engel, der, ohne daß er es wahrnahm, ihm beistand, die Todesqual gemildert und verwandelt, und hatte er nicht Aleksándr als Retter zu ihm gesandt, um ihn zu befreien? Sicherlich wären jene Jünglinge ohne die Hilfe Gottes elendiglich in dem Ofen verbrannt. Der Engel hatte aber die Glut von ihnen abgewendet. War also seine, Bobiks, Errettung auch kein Zufall, sondern eine weise Fügung, ein Auftrag? Ja, ein Auftrag!
Das Gedicht von Andréi Bjélyi fiel ihm ein, ein wunderbares Ostergedicht, das die Geschehnisse der Revolution, den Tod und die Vernichtung als eine neue Kreuzigung Christi erlebt und den Auftrag enthält zu auferstehen, für jeden Einzelnen zu auferstehen. „Stinkend die Leiche, in Leintücher gewickelt und ins Grab gebettet. Die stinkenden Leichen sind wir, wir tragen sie in uns. Tragt sie hinaus aus euch und nehmet teil an der Auferstehung des erneuerten Leibes!" ...
Das Bild der Auferweckung des Lazarus trat vor seine Augen. In Tücher gewickelt und stinkend. Und doch stand er auf. Und es dämmerte ihm, daß sich auch in ihm eine solche Auferstehung nach dem Vorgang des Sterbens vollziehen sollte. Er stand auf, fiel vor dem Altar nieder und ward erfüllt von unbeschreiblicher Dankbarkeit. Jetzt wußte er, daß er wieder lebte, und er dankte den himmlischen Mächten für dieses neue Lebensgefühl.
Wie mag es aber einem ergehen, der nach einem Scheintod wieder zum Leben erwacht? Ist er noch derselbe Mensch? War Lazarus derselbe Mensch, als er von den Toten auferstanden war? Würde man danach noch genau so an den Freuden und Leiden teilnehmen? Würde man wieder lachen und weinen können wie früher? Oder war man,

auch als leibliches Wesen, hinüber, jenseits der menschlichen Empfindungen? Er schaute lange in die strengen Augen der Gottesgebärerin, die aus dem dunklen Antlitz auf ihn herabsahen. Wie wohltuend war es, wieder menschliche Augen zu sehen. Jene, die im Hades waren, den er durch ein Wunder verlassen hatte, die Töter und die Getöteten, sie hatten keine menschlichen Augen. Er küßte die Füße des Heilands und die Hand der Muttergottes. Tiefe Dankbarkeit erfüllte ihn. „Laß mich Dir gehorchen, laß mich Dein Bote sein, und ich will gehen, wohin Du mich sendest", und er fügte kleinlaut hinzu: „Und sende Du mir ein Stückchen Brot!" — Er hatte Hunger. Wieviele Tage hatte er nichts mehr gegessen? Er wollte noch eine Weile schlafen, bis es ganz hell geworden war. Er schleppte die Stühle in die Nähe der Wand, wo es weniger zog. Auf dem Fensterbrett lag eine alte Kindermütze, abgebröckelter Mörtel, Glasscherben. Neben der Kindermütze fand er die Hälfte einer Prosphore (gesäuertes geweihtes Brot), das ein Kind dort vergessen hatte. Vorsichtig nahm er die himmlische Gabe, pustete den Staub von ihr ab, küßte sie, bekreuzigte sich und biß hinein.

Die Prosphore war steinhart. Er konnte sie nur ganz in den Mund nehmen und durchsetzte sie langsam mit seinem Speichel. Das Brot löste sich auf und er schluckte es in kleinen Bissen herunter. Ein Wort aus dem Psalm Davids fiel ihm ein: „Du deckst vor meinem Antlitz den Tisch, o Herr!" Voll Dankbarkeit betete er: „Jetzt weiß ich genau, daß ich in Deiner Hand bin. Laß mich nie aus Deiner Hand gleiten, und laß mich wissen, daß, was auch weiterhin geschehen mag, es immer Deine Hand ist, die mich führt, sei es in das Leben oder in den Tod, in die Freude oder in den Schmerz."

Es wurde hell. Er stand auf. Sich bekreuzigend ging er rückwärts, immer die Augen der Muttergottes im Blick festhaltend, zur Tür. Dann war er draußen. Es war ein heller Herbstmorgen. Er schritt zum Arbat. Auf dem Morosowschen Haus, das dem seiner Großmutter benachbart war, wehte eine gewaltige rote Fahne. Auch auf dem nächsten und dem großmütterlichen Haus wehten solche Fahnen. Soldaten standen lässig davor.

„Wo willst du hin?!", hielt ihn einer grob an.

„Ich wohne hier, ich möchte hinein."

„Hier wohnt keiner mehr, hier ist jetzt der Proletkult. Das Haus ist beschlagnahmt!"

„Wo wohnen aber die, die hier gewohnt hatten?"

„Weiß ich das? Die wird der Teufel geholt haben." Er kaute weiter an einem großen Stück Schwarzbrot. Bobik erschauerte. Sollten sie sie alle verhaftet und erschossen haben? Er blieb eine Weile unschlüssig stehen. Was sollte er jetzt tun? Er kam auf den Gedanken, den Soldaten auf seine Menschlichkeit zu prüfen.

„Bruder, ich habe großen Hunger, ob du mir wohl in Gottes Namen ein Stück von deinem Brot abgeben würdest?" Der Soldat sah ihn abwägend an. „Du bist wohl von Vorgestern. Bruder, Bruder, — Brüder gibt es nicht mehr, es gibt nur noch Genossen. Und Gott ist auch abgeschafft! Das merk dir! Jetzt wird alles anders!" Er brach sein Brot in zwei Hälften und reichte Bobik eine. „Hier nimm und iß, wenn du Hunger hast. Hunger schmerzt. Aber steh hier nicht herum, hier ist Behörde!"

Bobik dankte und ging einige Schritte weiter. Er setzte sich auf ein Podest am Arbatplatz und aß bedächtig das duftende Schwarzbrot. Lastautos mit Soldaten ratterten vorbei. Einige schäbige Zivilisten huschten geduckt. Er hatte das Gefühl, daß ihn jemand ansehe. Er betrachtete die Leute auf der Straße. Ein Bauer mit rotem Bart, im Schafspelz, stand lässig auf der gegenüberliegenden Seite des Platzes und rauchte eine Papirosse. Nach einer Weile kam es Bobik so vor, als ob er ihm unauffällig Zeichen mit der Hand machte. Er kannte den Bauern doch nicht, das konnte nur ein Irrtum sein! Er sah wieder weg. Aber er mußte doch wieder hinsehen. Der Bauer stand noch da. Wirklich, er machte kleine Zeichen mit der Hand, die nur Bobik gelten konnten. „Sicherlich will er mir schwarze Ware andrehen. Ich habe doch kein Geld." Er wollte ihm abwinken. Er stand auf, um dieser lästigen stummen Sprache zu entgehen. Er schlenderte ziellos durch eine stille Straße. Dann hörte er Schritte hinter sich. Er drehte sich um. Der Bauer war dicht hinter ihm. Er faßte Bobik behutsam an der Schulter.

„Was wollen denn Sie von mir, warum verfolgen Sie mich? Das ist bestimmt ein Irrtum!"

„Das ist kein Irrtum, Bobik!" Diese Stimme kannte er doch! Er schaute genau hin. Das war wahrhaftig Nikífor! „Du bist es!", rief er voll Freude. Jener machte ihm Zeichen, leiser zu sein. „Endlich habe ich dich wieder!" — „Wo sind die Meinen, leben sie noch? Weißt du etwas von ihnen?" Er wollte so vieles fragen, konnte es aber nicht in Worte fassen.

„Alle sind am Leben und wohlauf. Sie bangen um dich. Aber Gott sei Dank, du lebst!" — „Lebt Sascha?" — „Auch Sascha habe ich

gefunden. Er lebt, er verbirgt sich. Ich halte die Verbindungen aufrecht. Nun komm aber mit. Tagelang schon kreise ich um den Arbat. Manche Soldaten schauten mich oft mißtrauisch an. Aber ich sagte mir, wenn ein Wunder geschehen sollte und du zurückkämest, wo solltest du hingehen als auf den Arbat. Und siehst du, das Wunder ist geschehen."
„Wo sind denn die unsrigen?", fragte Bobik ungeduldig.
„Wir gehen ja dahin! Sie sind alle evakuiert worden, gleich am Tage darauf, fast die ganze Straße. Ich habe noch einen Wagen organisiert, so konnten wir noch Möbel und Sachen aufpacken. Nun hat man euch in den vierten Stock eines alten Hauses eingepfercht, in drei Zimmer. Erschrick nicht, das ist nicht mehr die alte Zeit. Aber sei getrost. Es läßt sich überall leben!"
„Ist es weit von hier? Ich bin sehr matt!"
„Ach Gott, daran hab' ich ja gar nicht gedacht, ich alter Schwätzer. Komm, ich stütze dich, dann geht's leichter. — Aber eins mußt du dir jetzt merken, Bobik. Du mußt viel vorsichtiger und schlauer werden. Du kannst nicht allen mit Offenheit und Ehrlichkeit begegnen. Beinahe hättest du jene, die mit dir verhaftet wurden, in tödliche Gefahr gebracht, weil du sie alle wie alte Kampfgenossen begrüßen wolltest. So dumm darf man nicht sein. Jetzt heißt es — seid schlau wie die Schlangen! Du darfst durch Wahrheit nicht dein Leben fortwerfen."
„Aber, Nikífor, ich war doch bisher nicht gewohnt zu lügen. Das kann ich nicht."
„In der Not lernt man nicht nur beten, sondern auch lügen, Bobik. Du siehst, wie ich lüge. Ich tarne mich. Und nur so kann ich mir und euch helfen. Das merk dir. Mit dir und deinem Vater habe ich den gleichen Kummer. Beinahe wäre er in eine Razzia gelaufen. Gleich wollte er die Wahrheit sagen, als ob er den Märtyrertod nicht schnell genug erdulden könnte. Ich habe ihn ordentlich zurechtgestutzt!"
Sie kamen an ein großes rotes Haus aus der Zeit der Kaiserin Katharina. Nikífor öffnete die Tür. Geruch von Kohl und einem billigen Parfum schlug ihnen entgegen. Bobik keuchte mit Mühe die vier Treppen hinauf. Dann standen sie vor der Wohnung. Bobik wollte läuten. Nikífor hielt seine Hand fest. Er klopfte einige Male leise mit dem Fingerknöchel gegen die Tür. Man hörte Schritte. Die Tür ging auf, Jadwíga stand da. Bobik fiel ihr in die Arme. „Mami" —
„Bobik, da bist du, mein Bobik! Gott sei's gedankt!"

DAS HAUS ZUM SINKENDEN STERN

Willenlos ließ er sich von Bábuschka, Wera, Pássenka umarmen. Dann aber war er so schwach, daß sie ihn aufs Bett tragen mußten. Bábuschka bereitete ihm eine Grütze und Tee. Jadwíga saß bei ihm und streichelte seinen Kopf. Er schlief fest ein. Als er erwachte, war heller Tag. Er mußte lange nachdenken, wo er sich befand. Das Zimmer war ihm fremd, die Möbel kannte er, auch die Bilder der mütterlichen Großeltern, die über einem anderen Bett hingen. Ein grüner Wandschirm stand zusammengefaltet am Bettende. In der Ecke hing seine geliebte Muttergottes von Wladímir und darunter der Heiland aus Giréjewo. In der roten Lampade brannte kein Licht. „Sicherlich haben sie kein Öl mehr", dachte er. In der Mitte des Raumes stand Bábuschkas Eßtisch mit einigen Stühlen, am Fenster ein kleiner Empireschreibtisch und einige Regale mit Büchern. Bobik lag in einem eisernen Bett.

„Wo bin ich nur?", dachte er. „Ich träume, daß ich träume." Er versuchte sich an die vergangenen Tage zu erinnern. In Gedanken fand er sich immer in Giréjewo. Aber dann war doch noch einiges andere passiert? Ja, Moskau, Bábuschkas Haus, und dann, ganz unwirklich, abgetrennt von seiner Persönlichkeit, standen plötzlich alle Erlebnisse der letzten Tage vor ihm. Jetzt wußte er, er war in dem neuen Zuhause. Das Zimmer war ihm fremd, aber gar nicht ungemütlich. Eine Tür stand einen Spalt weit auf. In dem Spalt erblickte er Pássenkas rundes Gesicht mit den schwarzen Kulleraugen. Offenbar hatte Pássenka schon eine Weile dort gestanden und ihn beobachtet. Er kniff sehr komisch ein Auge zu. Bobik antwortete ihm mit dem gleichen Zeichen. Pássenka lief mit einem Freudenschrei zu ihm und umarmte ihn heftig. „Er ist da! Er ist da!", schrie er. Bábuschka antwortete von irgendwoher: „Wer ist da, um Gottes Willen?" — „Bobik!" — Bábuschka und Jadwíga kamen herein, Wera kam hinterher. Sie setzten sich um ihn und sahen ihn erwartungsvoll an. Er konnte ihnen nichts erzählen, er wollte all die schrecklichen Dinge nicht wieder in sich lebendig machen, das überstieg seine Kräfte.

„Bitte, fragt nichts, bitte! Ihr könnt euch alles denken. Nur eines sollt ihr wissen: es war Aleksándr, der mich errettete, unser Aleksándr! Sonst wäre ich nie herausgekommen. Dort kommt niemand heraus!"

„Wie fühlst du dich jetzt, Bobik? Hast du wieder Kräfte?", fragte Jadwíga.

„Ich glaube, ich brauche etwas Zeit. Ich bin noch nicht ganz da, weißt du, es ist wie nach einer langen Reise. Man muß sich mit sich selbst und mit den Dingen wieder vertraut machen."

„Laß dir Zeit, Bobik. Sieh dich in der Wohnung um. Wir haben sie eingerichtet, so gut wie wir konnten."

„In dem roten Haus zum sinkenden Stern!", ergänzte Wera.

„Wieso zum sinkenden Stern?", fragte Bobik befremdet.

„Was denn anders, oder glaubst du, daß unser Stern im Aufsteigen ist? Es ist ein sinkender Stern, das laß dir gesagt sein!"

„Wo ist Sascha, lebt er, hat er sich gerettet? Was wird aus ihm werden? Was wird aus uns allen werden?"

„Wenn du morgen wieder wohlauf bist, wirst du ihn sehen. Ich sehe ihn heute. Er wird morgen von dir Abschied nehmen. Hier kann er nicht bleiben, das ist zu gefährlich. Du wirst ihn am Wladímirtor treffen. Was aus uns wird? Wir bleiben in Gottes Hand, Bobik. Wir werden bescheiden leben und arbeiten. Arbeiten wie alle anderen Menschen. Wir werden unseren Lebensunterhalt verdienen, sobald die Zustände sich normalisiert haben.

Vorläufig herrscht Chaos. Es sind Proklamationen da, die alle auffordern, an ihre Arbeit zurückzukehren. Aber die Bürgerlichen haben sich geweigert, mit den Bolschewiken zusammenzuarbeiten. Ich fürchte, das wird die Lage unnötig verschärfen, denn wenn nun alle Ämter von Fachleuten entblößt werden, wird die Katastrophe ins Unermeßliche gesteigert. Licht brennt nicht, Wasser holen wir von den Pferdepumpen auf der Straße. Es geht keine Eisenbahn und keine Trambahn. Alle Fabriken stehen still.

Es soll bei den Kämpfen zwölftausend Tote gegeben haben, davon entfallen auf die Bolschewiki dreitausend. Die Toten sollen an der Kremlmauer in den nächsten Tagen beigesetzt werden, dort wo schon die Strelitzen und die Opfer Joann des Grausamen beerdigt wurden. Unsere Leute liegen in der Morgue und in unzähligen Fabrikhallen am Rande der Stadt. Sie sind noch nicht freigegeben. Jeder sucht jetzt die Seinigen. Wir werden, wenn du willst, hingehen, ob wir einen von unseren Freunden finden.

Die meisten Familien sind ganz plötzlich aus ihren Wohnungen in ganz andere Stadtbezirke evakuiert worden, so daß niemand mehr etwas von dem anderen weiß. Hier kennen wir niemanden. Es ist aber gut, daß auch uns hier keiner kennt. Bitte seid vorsichtig im

Gespräch mit Fremden und erzählt nicht gleich von eurer Vergangenheit und nennt nicht gleich euren Namen. Das ist absolut unnötig!"

„Warum findest du es unrichtig, daß die Bürgerlichen sich weigern, mit den Bolschewiken zusammenzuarbeiten? Dann wird das System doch schneller zusammenbrechen!"

„Nein, Bobik, es wird nicht schnell zusammenbrechen. Nur das Elend und die Not werden unermeßlich sein. Jetzt schon haben sie alle Ämter mit Soldaten besetzt, die von der Sache nichts verstehen. Bis sie sich eingearbeitet haben, vergeht sehr lange Zeit, und unser armes Land und die Menschen haben darunter zu leiden. Außerdem werden sie aus Rache fürchterliche Repressalien gegen die Bürgerlichen, die sich dadurch selbst abseits stellen, ergreifen.

Verstehst du, Bobik, es ist doch in erster Linie unser Land. Unter der Monarchie waren wir alle unfrei und haben darunter gelitten. Deine Ahnen haben gegen sie gekämpft, die einen als Dekabristen, oder dein Großonkel Ogarew als Revolutionär, meine als Kämpfer um die Freiheit Polens. Dann kam die Revolution. Sie hatten die besten Ideen, Freiheit, Gleichheit, Demokratie. Aber sie hatten keine Erfahrung und sie konnten die Ordnung nicht aufrecht erhalten. Was jetzt kommen wird, wissen wir nicht. Was auch kommen mag, es ist unser Vaterland und es sind unsere russischen Menschen, und ich bete darum, daß sie endlich zur Ruhe kommen mögen, daß ihnen ein Leben in Glück vergönnt sein möge!"

„Glaubst du daran, Mami?"

„Ich möchte daran glauben, mit meinem Herzen möchte ich daran glauben. Aber ich kenne auch die Maßlosigkeit unseres Volkes, die Maßlosigkeit, die auch in Sascha, in dir, in mir drinsteckt, und darum fürchte ich, daß jetzt der Pendel wieder nach der anderen Seite ausschlagen wird und daß dann eine noch schrecklichere Diktatur von unten, unter dem Vorwand der Volksbeglückung, erstehen wird. Und davor graut mir, wenn ich mir das vorstelle!"

Sie schwiegen bedrückt.

„Mein Gott, ich sitze hier herum! Ihr wollt doch frühstücken!"

„Na und?"

„Ich muß es doch bereiten. Es ist ja niemand mehr da, der uns bedient."

Bobik mußte sich am Küchenausguß waschen. Es gab nur Wasser für Katzenwäsche, weil das Wasser von Jadwíga und Bábuschka von der Straße die vier Stockwerke heraufgeholt werden mußte.

Sie hatten einen Petroleumkocher. Jadwíga versuchte ihn anzuzünden. Er brannte nicht. Ein Streichholz nach dem anderen verglimmte. „Du, wir müssen sparsam damit umgehen, es gibt keine Streichhölzer mehr zu kaufen!"

Bobik betrachtete sich das Ding von allen Seiten. Da war seitlich eine Schraube angebracht. „Warte, Mami, hier ist ein Ding, ich versuche daran zu drehen!" Tatsächlich, das Ding drehte sich und ein Docht kam hoch. Jetzt brannte der Docht, aber er rußte fürchterlich. Schließlich fanden sie heraus, daß man die Höhe des Dochtes regulieren konnte. Jadwíga lachte beglückt: „Siehst du, wir lernen es noch. Und was wir einmal können, den Fehler machen wir kein zweites Mal." Alle lachten und freuten sich. Die Küche war voll Ruß und stank nach Petroleum, aber das Wasser kochte.

Dann erschien Bábuschka, die die Funktion der Köchin übernommen hatte. Sie mengte aus grauem, klebrigem Mehl, Wasser und Salz einen Brei. Sie bestrich eine Bratpfanne mit Sonnenblumenöl und buk häßliche braune Fladen. „So, kommt, das Frühstück ist fertig!" Alle setzten sich an den Tisch. Pássenka ergriff einen Fladen und biß gierig hinein. „Erst wird gebetet und für das tägliche Brot gedankt!", ermahnte ihn Jadwíga. — „Bah", empörte sich Pássenka, „doch nicht für diesen Fraß!" — „Doch gerade, jetzt in der Hungersnot ist jeder Bissen eine Kostbarkeit!" Bobik kaute mit Rührung an dem zähen Pfannkuchen. Wieviele Tage hatte er nichts gegessen! Jetzt war er unter den Seinen, geborgen, wie verwandelt kamen sie ihm vor. Er legte innerlich ein Gelübde ab, sich nicht mit Wera zu zanken und Pássenka nicht zu necken, und an Bábuschka nicht immerzu etwas auszusetzen. Unter dem beglückenden Eindruck seiner unverhofften Wiederkehr erschien ihm der Vorsatz ganz leicht. Sie waren ja alle lieb zu ihm und bestaunten ihn wie jemanden, der von einem anderen Planeten herabgefallen ist.

„So, und zum Mittag mache ich euch eine schmackhafte Kohlsuppe", sagte Bábuschka in einem Ton, als ob sie das köstlichste Menü mit schwarzem Kaviar, Langusten, Champagner und Chalva zubereiten würde. Alle lachten. Bobik lachte mit. Er erschrak darüber. „Wie ist es nur möglich? Vor wenigen Stunden war ich noch in der Vorhölle, an der Schwelle des Todes. Ich habe gedacht, daß ich nach alledem nie wieder lachen würde, und nun lache ich wieder", dachte er.

„Ihr müßt bescheiden sein", hörte er Bábuschkas Stimme, „wir haben nur noch ganz geringe Vorräte, einen Sack Roggenmehl, acht Kohlköpfe, zehn Pfund Reis, ein Pfund Speck, einen Liter Sonnenblumenöl und zwei Liter Petroleum. Das ist alles. Niemand kann sagen, wann wir wieder etwas bekommen, denn auf Schwarzhandel ist die Erschießungsstrafe angedroht worden. Und zieht euch warm an, denn heizen können wir nicht, das bißchen Holz reicht vielleicht gelegentlich noch für den Küchenherd, mehr ist nicht da und auch nicht zu bekommen."

„Haben wir denn eine Säge?", fragte Bobik.

„Ja, in der Küche ist ein Werkzeugkasten. Was willst du denn mit der Säge, du willst doch nicht meine schönen Möbel zersägen?", fragte Bábuschka argwöhnisch.

„Nein, nein, ich rühre deine Möbel nicht an. Ich weiß was anderes, fragt nicht so viel!"

Nach dem Frühstück und nach einer dürftigen Geschirrwäsche in wenigen Tropfen kalten Wassers suchte er die Säge. Er zog damit auf den Speicher, der direkt über der Wohnung war. Er war sehr hoch und lang. Überall waren für jede Wohnung mit Holz verkleidete Abteile, die mit alten Sachen vollgestopft waren. Bobik besah sich alles genau. Wenn man vorsichtig jedes zweite Brett von den Verschlägen abmontierte, würde man eine Masse Brennholz ernten können. Außerdem hatte das Dach viele dicke Balken, auf denen es ruhte, da waren eine Menge von Querverstrebungen. Wenn man sie absägte, würde das Dach noch lange nicht einstürzen.

Er ging behutsam an die Arbeit. Er riß vorsichtig einige Bretter von den Verschlägen ab und sägte ganz gemächlich, mit vielen Pausen, denn er war noch sehr schwach, zwei Balken von den Dachstützen ab. „Wie gut, daß wir so hoch wohnen!", dachte er, „für das Wasserholen ist das natürlich sehr ungünstig, aber das Holz können wir heruntertragen, ohne daß es jemand merkt, auch das Sägen wird kaum jemand hören." Er sägte das Holz auf dem Dachboden in kleine Stückchen und trug es in die Wohnung. Bábuschka staunte. Sie wollte wissen, wo er es her hätte, aber er verriet ihr das Geheimnis nicht. Pássenka fand, man könne doch das Holz sehr gut gegen etwas anderes eintauschen. Bobik protestierte. „Wogegen willst du es schon eintauschen, die Bauern haben Holz genug, und andere haben doch keine Lebensmittel zum Tauschen!" Pássenka lächelte überlegen. „Hast du eine Ahnung, was man alles kann. Man könnte zum Beispiel Holz gegen Zigaretten tauschen. Und wenn du den Bauern Zigaretten anbietest, bekommst du auch Lebensmittel!" — „Du bist mir ein Schlauer!", sagte Bobik mit Hochachtung.

Sie heizten mit einem Teil des Holzes den Kachelofen. Das Zimmer wurde gemütlich warm. Um vier Uhr nachmittags wurde es dunkel. Das elektrische Licht brannte nicht. Kerzen waren keine vorhanden, Petroleum durfte nur zum Kochen verbraucht werden. Sie bereiteten ihre Betten und legten sich schlafen. Bobik hatte sein eigenes Bett. Jadwíga schlief mit Pássenka im Bett gegenüber. Der grüne Paravent wurde ausgezogen und davor gestellt. Wera schlief im anschließenden Zimmer, dahinter hatte Bábuschka ihr Schlafgemach. Eine Tapetentür mündete von dort in ein dunkles, feuchtes Badezimmer.

Bábuschka meinte: „Wenn man viel schläft, braucht man weniger zu essen. Wir können uns nur zwei Mahlzeiten am Tage leisten. Wenn wir mehr Vorräte hätten, würden wir natürlich auch abends eine Mahlzeit einnehmen. Und wißt ihr, die indischen und die buddhistischen Mönche essen auch nur einmal am Tage. Das hat noch niemandem geschadet. Die meisten Menschen sterben und werden krank von zu vielem Essen."

„Ja, ja, natürlich. Es ist sehr gesund. Aber ich habe von einem Bauern gehört, der sehr geizig war und sein Pferd hat hungern lassen. Das Pferd hatte sich schon ganz gut daran gewöhnt, aber leider war es, ehe es sich ganz daran gewöhnte, gestorben", erwiderte Bobik bissig. Das Gespräch verstummte.

ABSCHIED VON SASCHA

Am Vormittag ging Bobik weg, um Sascha an dem Wladímirtor zu treffen. Er zog sich einen Schafspelz und eine braune Baraschka (Lammfellmütze) an. Er sah aus wie ein beliebiger Bauernjunge. Den Pelz hatte Nikífor vorsorglich erhandelt. Er kam auf die Ssadowaja. Auf dem Ssucharewkamarkt war großer Lärm. Jeder pries schreiend seine Ware an. Von den Gebäuden wehten rote Fahnen. Soldaten mit roten Armbinden und mit rotem Pentagramm auf den Mützen, dessen Spitze nach unten gerichtet war, patrouillierten auf den Straßen. Bobik bog in die Srétenka ein, dann in die Lubjánka. Das Hotel Bristol war stark zerschossen, ebenso das ehrwürdige alte Wladímirtor. Große Steinstücke waren aus dem massiven runden Tor herausgebrochen. Ringsumher lag Unrat, zersplittertes Glas und Schutt. Bobik ging unauffällig auf und ab. Dann sah er einen großen bärtigen Bauern im Schafspelz auf sich zukommen. Er erkannte Sascha. Sie gaben sich fest die Hand und schauten sich ernst an.

„Ich muß weg, Bobik. Hier kann ich unmöglich bleiben, das wäre sicheres Verderben. Ich werde versuchen, mich nach der Ukráine durchzuschlagen. Gott allein weiß, ob wir uns je wieder sehen werden, aber wir wollen es von Ihm erbitten. Du bleibst als Beschützer deiner Familie da, vertrete mich würdig. Du bist jetzt fast erwachsen" — er blieb stehen und musterte seinen Sohn. — „Nein, du mußt jetzt, ob du willst oder nicht, ganz erwachsen werden. Bleib tapfer und ehrlich und halte den Kopf hoch, mein Sohn. Sei klug und besonnen und gefährde dich und die anderen nicht durch Unvorsichtigkeit!"

Bobik ergriff Saschas Hand und drückte sie. „Ich verspreche es dir, Sascha. Ich werde mich zusammennehmen."

Sie betraten den Kreml durch das Nikólskojetor. Inmitten der zerschossenen Mauern war die in das Tor eingelassene Ikone des Heiligen Nikolaus unversehrt geblieben. Sogar das Glas, das die Ikone bedeckte, war nicht gesprungen. Sie bekreuzigten sich in Ehrfurcht. — Das Volk stand in Haufen davor und staunte. Ein Wunder war geschehen, inmitten all der Zerstörung hat der Heilige Nikolaus, der Beschützer Rußlands, nicht zugelassen, daß seinem Bild ein Schaden geschah.

Der Kreml war am stärksten zerstört. Überall lagen Haufen von

Steinen, Brettern, Mörtel und Glasscherben. In der Nähe des Tschúdowklosters lag das überlebensgroße Kruzifix, von einer Granate abgerissen, am Boden. Die Arme des Heilands waren vom Körper abgebrochen. Der Körper war gelb, über ihn war Öl von der Lampade geflossen, zerfetzte Lumpen bedeckten ihn und rubinrote Scherben der Lampe, die wie frisches Blut leuchteten. Von Grauen gepackt, blieben Sascha und Bobik stehen. Der Anblick des Gekreuzigten, sein schmerzverzerrtes Antlitz, das glitzernde Rot auf dem Körper waren so bezwingend echt, daß sie sich einem Toten gegenüber glaubten.

„Als ob sie ihn jetzt gekreuzigt hätten, Sascha!", flüsterte Bobik.

„Sie haben ihn auch jetzt wieder gekreuzigt, und sie kreuzigen ihn immer und immer wieder, Bobik!"

Sie knieten vor dem Kruzifix nieder und versuchten es aufzurichten, aber es war viel zu schwer und fiel ihnen mit einem dumpfen Knall aus den Händen.

„Wie oft bin ich während meines Lebens an Ihm vorbeigegangen, immer habe ich mich vor Ihm bekreuzigt, aber es war mir nie aufgefallen, wie schmerzverzerrt Er aussieht."

„Was werden sie mit Ihm tun, sie werden Spott mit ihm treiben, ihn beschmutzen, zerbrechen oder verbrennen", jammerte Bobik in ohnmächtiger Wut.

„Das haben sie doch immer mit Ihm getan, Bobik!", sagte Sascha bitter. „Nicht nur die anderen, auch wir haben ihn jede Stunde gekreuzigt mit unseren Unarten, Egoismus, Stolz, Jähzorn, Lieblosigkeit. Wir selbst haben es getan und tun es immer wieder."

„Könnten wir denn nicht versuchen, Ihn hier fortzuschaffen, Ihn zu bergen?"

„O du zweiter Josef von Arimathia", lächelte Sascha, „wohin denn? Die Hohenpriester gaben seinen Leichnam für die Beerdigung frei. Das war damals. Heute schert sich niemand mehr darum. Wir würden doch sofort verhaftet werden, wenn wir Ihn fortschleppten."

Im gleichen Augenblick hörten sie schwere Schritte. Ein Rotarmist, mit dem Gewehrlauf nach unten, näherte sich ihnen.

„Na, Ihr Götzenanbeter, wollt Ihr wohl weitergehen! Dem da könnt Ihr nicht mehr helfen, und Er wird euch wohl auch nicht mehr helfen können." Er lachte laut und versetzte dem Leichnam einen Fußtritt. Sascha bäumte sich auf im Zorn.

„Hast du nie gebetet, Kerl, hast du es vergessen? Hast keine Ehrfurcht mehr vor dem Heiland?!"

Der Soldat grinste. „Mit diesen Mätzchen könnt Ihr mir nicht mehr kommen, ihr dummes Bauernpack! Dafür haben wir den Krieg durchgemacht, um zu wissen, daß euer Gott bloß von den Popen und Kapitalisten erfunden worden ist, um das Volk zu knechten. Mir kann keiner mehr mit solchen Ammenmärchen kommen. Das Proletariat ist jetzt erwacht. Jetzt sind wir die Herren und nehmen Rache an den Blutsaugern!"

Während er noch seine Tiraden ableierte, faßte Sascha Bobik am Arm und zog ihn fort. „Siehst du, Bobik, ich mache dir Vorschriften, wie vorsichtig du sein sollst, und ich kann mich nicht bezähmen. Ich könnte solch ein Lästermaul glatt erwürgen! Dabei ist das jetzt nur einer von Millionen. Wie schnell haben sie die Religion der Väter von sich geworfen!"

Sie betraten die Uspénskikathedrale, um von der Ikone der Muttergottes von Wladímir, der Mutter der russischen Erde, Abschied zu nehmen. Beide knieten vor dem schwarzen Antlitz, aus dem undeutlich das Weiß der Augen auf sie herabschaute.

Bobik wollte beten, aber er fand keine Worte, er schaute nur ehrfurchtsvoll auf die Ikone. Seit achthundert Jahren hatten seine Ahnen und Verwandten und Millionen von Russen vor diesem wundertätigen Heiligtum gekniet. Er fühlte sich als ein winziges Teilchen dieses unermeßlichen Volkes. Um was sollte er bitten? So viele vor ihm hatten davor gekniet und waren längst vergangen, wie klein waren alle menschlichen Wünsche, wie ichbezogen! Es genügte ihm, daß er Sie, die Gottesgebärerin, ansah und daß sie seinen Blick erwiderte. Sie bekreuzigten sich, verneigten sich bis zur Erde und gingen stumm hinaus.

Sascha lenkte seine Schritte zur Archangelskikathedrale, in der alle russischen Zaren und Großfürsten bis zu Peter dem Großen in kupfernen Särgen beigesetzt waren. Beim Sarg des Dimitri Donskoi, dem Besieger der Tartaren, und bei ihrem Ahnen Michaíl blieben sie stehen. Sascha legte seine Stirn auf die kupferne Grabplatte. Dann löste er von seinem Hals ein kleines kupfernes Kreuz, dasjenige, mit dem der Heilige Sergius von Radonesch 1380 den Woiwoden Michaíl Brenko gesegnet hatte, und hing es Bobik um. — Beide bekreuzigten sich und verneigten sich voreinander.

„Halte es in Ehren Bobik. Es hat alle unsere Ahnen durchs Leben begleitet, und immer hat es der Vater dem Sohn, der an der Schwelle zum Erwachsensein stand, übergeben. Dieses Kreuz verbindet uns wie eine Kette geistig miteinander und gibt uns Kraft, unbeirrt und ehrlich durchs Leben zu gehen. Wir wollen uns hier am Sarkophag unseres großen Ahnen verabschieden, Bobik. Es steht in Gottes Hand, ob wir uns wiedersehen. Wo ich auch sein werde, ich werde euch in meinem Herzen tragen, und tut ihr desgleichen!"

Bobik fühlte, daß Tränen in seine Augen stiegen, aber er beherrschte sich. Sie falteten die Hände über dem Grabdeckel und küßten sich. „Dreh dich nicht um und winke nicht, wir wollen ganz still auseinandergehen", bat Sascha. Er ließ Bobik den Vortritt. An der Tür drehte sich Bobik doch um. Er sah Saschas hohe Gestalt als Silhouette im Halbdunkel der Kirche. Er winkte nicht. „Er sieht ganz unwirklich aus", dachte Bobik. „Ich werde ihn auf dieser Erde nie wiedersehen. Aber ich bin ein Teil von ihm und er ist in mir, und ich werde das, was von ihm in mir ist, ganz fest halten."

Er schlenderte durch viele Straßen. Er wollte mit sich ins Reine kommen. In der Enge der neuen Behausung gab es kein Alleinsein.

OPFERGANG

Am nächsten Tag war die feierliche Beisetzung der gefallenen Helden der Revolution. Unter den Klängen der Marseillaise bewegte sich ein unermeßlicher Zug durch Straßen, die von roten Fahnen überquollen. Auf großen rollenden Plattformen standen viele Särge, die mit rotem Tuch zugedeckt waren. Bobik und Jadwíga gingen derweilen zu den Außenbezirken in die Fabrikhallen, wo die Toten der Konterrevolution lagen. Viel Volk war dorthin unterwegs. Die einen marschierten in nichtendenwollenden Kolonnen hinter den fahrenden Särgen, ihre Gesichter waren erhitzt von Freude und Stolz. Die anderen schlichen mit gesenkten Häuptern, um ihre Toten zu suchen.

Die Leichen waren in riesigen Fabrikhallen nebeneinander in mehreren Reihen aufgebahrt. Jadwíga faßte Bobiks Hand. Da lagen Offiziere, alte und junge, Kadetten, Gymnasiasten, Arbeiter. Ihre Kleidung war beschmutzt und zerfetzt. Manche sahen aus, als ob sie schliefen. Andere waren schlimm zugerichtet, daß man ihre Gesichter kaum mehr erkannte.

Da lag ein Junge im Matrosenanzug, der höchstens vierzehn Jahre alt war. Die Augen waren offen, er lächelte. Seine Fingernägelränder waren schwarz. Er sah aus, als ob er von einem lustigen Spiel abberufen worden wäre. Dort lag ein schönes junges Mädchen mit zerzaustem Haar und weinerlich verzogenem Mund. Manches Gesicht drückte Angst und Schrecken aus, andere waren friedlich und unbekümmert und sahen aus, als ob sie schliefen. Und andere waren wie ausgelöscht, so unwirklich, als wenn sie gar nicht gelebt hätten, so in sich zusammengezogen war alles an ihnen, ohne Ausdruck, nur Hülle.

Da lagen Kinder, behäbige Frauen und Greise. Manche Leichen waren bis zur Unkenntlichkeit verkohlt. Hier und dort standen Angehörige, die ihre Kinder oder Väter gefunden hatten. Eine Mutter kniete vor ihrem Sohn und kämmte sein unordentliches Haar. Eine wischte das Blut aus dem Gesicht ihres Mannes. Eine andere versuchte die Hände ihres Sohnes zusammenzufalten, was ihr nicht gelang. Dort weinte leise eine Braut oder Schwester vor ihrem Toten. Über allem stand ein heller Wintertag. Miriaden von Stäubchen tanzten in den Sonnenstrahlen, die durch die Fenster hereinkamen. Eine würdige Stille herrschte in den Hallen, manchmal unterbrochen von einem überraschten Aufschrei, wenn jemand den Seinigen fand und

Gewißheit erhielt, daß er nie wieder heimkehren werde. Nun erblickten sie die Toten vom Arbat, die Kameraden, die zu fein waren, um mit ihnen zu spielen, die mit Bobik gemeinsam auf den Barrikaden gestanden hatten. Walentins Mutter hielt seinen Kopf in beiden Händen und küßte seine Stirn. Borís lag daneben und lächelte verschmitzt, als ob er ein Geheimnis bewahrte. Wássja lag mit dem Kopf zur Seite und schlief. Jadwíga und Bobik gesellten sich zu Walentins Mutter. Sie wagten es nicht, ihr Worte des Mitleids zu sagen. Sie drehte ihr verweintes Gesicht ihnen zu. „Wissen Sie, ich bin so dankbar, daß es mir noch vergönnt war, meinen kleinen Helden, den lieben Walentin, wiederzusehen. Ich suche schon seit sechs Tagen in allen Hallen. Überall dasselbe Bild. Man denkt, ganz Rußland liegt hier, und wir Lebenden sind nur noch die traurigen Überreste. Heute hatte ich das Gefühl, ich werde ihn finden. Nun kann ich heimgehen, oder dorthin, wo ich untergekommen bin — ein Heim ist es ja nicht mehr — aber jetzt habe ich sein Bild, und das werde ich in meinem Herzen behalten. Als er in den Kampf ging, war solch eine Aufregung, er hat sich nicht einmal von mir verabschiedet, er lief einfach weg, so wie er zum Indianerspielen weglief."

Jadwíga schaute mit tiefer Bewunderung auf die tapfere Frau. Sie hatte sie früher für eitel und oberflächlich gehalten. Sie wandte sich zu Bobik. „Wieviel Kraft strömt den Menschen aus Not und Unglück zu. Ich wünschte, ich könnte mit gleicher Seelengröße dem Schicksal begegnen wie diese Frau."

Sie gingen weiter. Da lag Wánja, der an der Hand verwundet worden war. Er hatte noch den Verband, den Nikífor ihm angelegt hatte. Neben ihm lag seine Mutter, die beim Proviantverteilen getötet worden war. Jadwíga kämmte Wánjas wirres Haar. Bobik mußte lächeln. Wánja hatte nie im Leben solch ordentlich gekämmtes Haar gehabt. Er sah sehr artig aus. — Nahe am Ausgang lag ein Priester mit langen weißen Haaren und Bart. Sie verneigten sich vor dem Priester.

Draußen war kalter Sonnenschein. Sie holten tief Luft und atmeten sie aus. „Kannst du das verstehen, Bobik, daß mir trotz dieses Anblicks gar nicht so beklommen zumute ist wie sonst bei Beerdigungen. Es muß wohl daher kommen, daß die tausendfache Wiederholung das Grauen zunichte macht. Fast möchte man sie alle beneiden, die den Wendepunkt der Geschichte ihres Lebens überschritten haben. Sie haben zuendegelebt und sind all der erniedrigenden Sorgen eines grauen Alltags enthoben. Sie haben einen heroischen Abschluß gefunden.

Und dennoch, Bobik, wenn ich mich ehrlich prüfe, bin ich froh, daß ich lebe. Ich lebe so gern, Bobik! Ich bin immer neugierig aufs Leben! Trotz Not und Hunger, Kälte und Erniedrigung, trotz allem Schweren, das uns noch erwartet! Und ich möchte mich freuen, und wenn es nur noch Staubkörnchen von Freude wären! Ich kann die Hoffnung nicht aufgeben, daß es noch einmal licht und schön um uns sein wird. Daß wir in einer anderen, besseren Umgebung Sascha wieder begegnen werden und daß es uns vergönnt sein wird, unser Leben wieder zu gestalten, vielleicht bewußter, aktiver, klüger als früher. Trotz allem, Bobik, das Leben ist schön!"

Bobik sah seine Mutter erstaunt an. „Kannst du das wirklich jetzt und heute so aus vollem Herzen sagen? Kannst du dich wirklich noch freuen? Wie glücklich bist du, und wie beneide ich dich darum, Mami! Ich beneide nur all die, die dort liegen und die hinüber sind. Sie starben aus der Fülle. Dort, in den Kellern, da war es anders, das war ein Hinschlachten wie in einem Schlachthof. Das war fürchterlich, und von jenen hat niemand gelächelt. Weißt du, mir ist, als ob ein Teil meiner Seele dort in den schrecklichen Kellern geblieben wäre. Ein anderer Teil lebt und reagiert, und der andere, der Erschossene läßt sich vom Lebenden mitschleppen. Verstehst du das?" — „Ich verstehe es, Bobik. Warte nur, der andere, der Tote wird von dir abfallen. Und dann wirst du dich dem Leben wieder ganz zuwenden. Auch das muß sein, daß wir das Tote in uns abwerfen. Es geschieht immer mit uns, aber selten gibt es Zeiten, da es so offenkundig wird wie jetzt. Zeiten der Zerstörung und der Erneuerung!"

„Ich höre alles, was du sagst, Mami, und ich glaube dir, aber mein Herz ist voll von Bitternis und Haß. Ich kann nicht sagen, wen ich hasse. Es wäre dumm, die Rotarmisten zu hassen, die die Exekutionen durchführten, nicht einmal den Kommissar könnte ich richtig hassen. Aber ich hasse all die Initiatoren, die diese furchtbare Vernichtung entfesselt haben. Kannst du mich verstehen?"

„Ja und nein, Bobik. Dein Haß ist emotional. Du hast aber nicht Recht, niemand hat Recht, der haßt. Dann müßtest du dich selbst und unsere Gesellschaft hassen, denn sie hat ja all die Ungleichheit, Dummheit, Elend, Versklavung von Menschen geduldet. Was jetzt vor sich geht, ist eine Krise. Jede Krankheit hat ihre Krise, es gibt Entzündungen, es gibt Tod; aber wer übersteht, ist ein anderer, ein Neuer. Das muß nicht heißen, daß er darum ein besserer wäre.

Und weißt du, Bobik, wenn du so dumm von Haß sprichst. Du gibst doch vor, ein Christ zu sein. Dann dürftest du überhaupt nicht hassen. Ich denke da an eine Begebenheit, die dem Schüler des Apostels Paulus zugeschrieben wird. Einem Heiden gelang es, einen Christen und Schüler des Heiligen Karp von der Kirche abtrünnig zu machen. Keine Argumente des Heiligen nutzten, den Abtrünnigen wieder heimzuführen. Da entbrannte der Heilige Karp in Empörung und betete zum Heiland, er möge ein Feuer auf die beiden herabschicken und sie vernichten. Während er noch betete, erfüllte ein helles Licht seine Zelle. Er erblickte Christus in der Aureole, umringt von Engeln und Heiligen. Unten aber war die Erde gespalten und ein schrecklicher Drache hob aus der Höhle sein Haupt, bereit, die beiden Ungläubigen, die in Angst davor standen, zu verschlingen. Karp freute sich des Anblicks und wollte schon Gott danken, daß Er sein Gebet so schnell erfüllt habe. Aber da sah er Christus herabsteigen und sich ihm nähern. Der Heiland streckte seine Arme aus und sagte: »Hier, schlage mich, kreuzige mich! Ich bin bereit, mich wieder und wieder für die Sünden der Menschen kreuzigen zu lassen. Willst du, daß jene für ihren Unglauben vernichtet werden, dann vernichte stellvertretend mich, der ich für die Errettung aller hergekommen bin.«

Karp fiel zur Erde und weinte bitterlich.

Immer wenn ich böse, ungeduldig oder unduldsam bin, dann fällt mir zur rechten Zeit diese Geschichte ein, Bobik, und ich bitte unseren Herrn um Verzeihung für meine Sünden."

„Ich will Ihn nicht wieder kreuzigen, Mami, ich will es wirklich nicht. Und ich werde mich zusammennehmen und nicht hassen."

DER TOD HERRSCHT AUF DEN STRASSEN

Allmählich normalisierte sich das Leben. Die Laternen und die Lampen im Hause begannen wieder dumpf und flackernd zu brennen. In jedem Haus wurden Hauskomitees gebildet. Ein Genosse wurde zum Aufpasser bestimmt. Leute wurden abkommandiert, die Straßen vom Schutt freizukehren. Die Fenster der Häuser waren zersplittert, kein Sonnenstrahl konnte sich in ihnen spiegeln, sie sahen aus wie blinde Riesen. Die ersten Trambahnen fuhren, sie waren überfüllt, die Leute hingen in gefährlichen Trauben an den Trittbrettern. Sie wurden oft von vorbeifahrenden Lastwagen erfaßt und zu Boden gerissen. Diebe, die man ertappte, wurden an Ort und Stelle von erregten Menschen totgeschlagen.

Es gab nur eine Strafe für alle Delikte, das war die Todesstrafe. Tag und Nacht hörte man Schüsse. Die Kugeln saßen locker in den Gewehrläufen der Rotarmisten. Alle Privatläden wurden liquidiert, es gab nur noch Kooperative, es gab aber keine Waren. Wenn irgendetwas angeliefert wurde, standen kilometerlange Menschenschlangen, die geduldig und geduckt auf das Glück warteten, etwas zu erstehen. Es wurden Lebensmittelkarten in drei Gruppen ausgegeben. Die Bolschewiki und die Arbeiter bekamen die besten, die Angestellten und Kopfarbeiter schlechtere, die »Burschúi«, die Saboteure und die Aristokraten, die Blutsauger, bekamen so gut wie nichts, da sie als Volksschädlinge keine Berechtigung an der Volksgemeinschaft hatten. Der Freihandel wurde verboten und mit dem Tode bedroht.

Über den Häusern hingen riesige Plakate mit Aufschriften: „Alle Macht dem Proletariat!" — „Friede den Hütten, Krieg den Palästen!" — „Religion ist Opium für das Volk!" Diejenigen, die nicht selbst lesen konnten, ließen sich's vorlesen. Die Frauen jammerten: „Wir haben seit Jahren nichts anzuziehen, kein Hemd am Leib, und hier wird so viel Stoff verschwendet! Und wofür nur! Wieviele Hemdchen könnte man für die Kinder daraus nähen!"

Jadwíga, Wera und Bobik waren viel auf der Straße, sie suchten nach ihren Freunden. Alle Burschúi waren auf der Straße, denn alle waren aus ihren Wohnungen verwiesen worden, um sie voneinander zu isolieren. Nun suchten sie nach ihren Angehörigen. Jeder, den man traf, war irgendjemandem begegnet, und so konnte man manche

Adressen erfahren. Auf der Ssucharewka stand ein alter Mann und verkaufte die Zeitung. „Praawda, Praawda" (Wahrheit) rief er singend aus. Er kam ihnen bekannt vor. Das war doch General Nabokin. Jadwíga ging freudig auf ihn zu. „Guten Tag, General!" Er sah sie brummig an. „Nix General, jetzt Iwán Pjatkow, Kleinbürger". Er hatte einen langen weißen Bart, in seinen Augen leuchtete der Schalk. „Den du da meinst, Genossin, den haben die Hunde geholt, der ist tot, aber Pjatkow, der lebt und ist quietschfidel. Allem zum Trotz! Immerhin habe ich als Kleinbürger mein achtel Pfund Brot, und ab und zu fällt noch etwas ab."

„Wie schaffst du denn die Arbeit, Iwán?", fragte Jadwíga, die auf seinen Ton einging. — „Arbeit ist Arbeit, immer noch besser als nichtstun und hungern." Sobald sie sich unbeobachtet wußten, erzählten sie, was sie erlebt hatten, und berichteten von den Schicksalen gemeinsamer Freunde. Auf diese Weise fand man den einen oder anderen, der überlebt hatte, wieder.

Jadwíga fand Arbeit in einer amerikanischen Firma als Korrespondentin. Sie mußte um sieben Uhr aufstehen. Bábuschka versorgte den Haushalt. Wera putzte die Zimmer, flickte die schadhafte Wäsche und unterrichtete Pássenka im Lesen, Schreiben und Rechnen. Bobik machte Einkäufe, und jeden Tag ging er ins Dachgeschoß und sägte die Verstrebungsbalken ab. Er rechnete sich aus, daß er, wenn kein anderer auf diesen lukrativen Gedanken kam, etwa zwei Winter den Ofen damit in Gang halten könnte. Erst dann würde er die Haupttragepfeiler angreifen müssen. Manchmal, wenn starker Wind war oder Schnee gefallen war, ächzte das Dach wie ein alter kranker Mann mit Asthma. Es wurde Bobik bange, aber er hatte dennoch guten Mut, daß das Dach noch halten werde.

Schule gab es keine und sie hofften, daß damit endgültig ein Ende gemacht worden sei. Was brauchten sie die Schule, das Leben war zu einer harten Schule geworden. Inmitten der Unruhe las er Werke der Geschichte, russische, französische, englische Literatur und Lyrik. Er verglich die Zeit, die sie jetzt erlebten, mit der Verfallszeit Roms. Aber wenn er nachrechnete, wie lange jene Zeit gedauert hatte, dann graute es ihm.

Am Nachmittag holte er seine Mutter im Geschäft ab. Sie gingen durch die grauen, zerstörten Straßen und erzählten sich die Erlebnisse des Tages. Inmitten der Misere waren sie vergnügt. Sie kehrten in jede offene Kirche ein und beteten, und dankten für die spärlichen Gaben, die ihnen zuteil wurden. „Weißt du, Mami, solange es uns gut ging, waren wir vielleicht etwas blasiert, wir hatten doch alles, aber jetzt freuen wir uns auf jeden Bissen klumpigen Brots und auf das Sauerkraut und auf den lauwarmen Ofen. Wie schön ist das; die Lebensempfindung ist gesteigert. Ist das nicht seltsam?" — „Ich möchte nur wissen, wo du das Brennholz herzauberst", murmelte Jadwíga. — „Du hast mir versprochen, nicht danach zu forschen, nicht neugierig zu sein. Es ist eben ein Zauber und es geht auch nicht ganz mit rechten Dingen zu", lachte er.

Abends oder nachts gab es wiederholt Haussuchungen. Schwere Tritte stiegen die Treppe herauf. Alle hielten den Atem an und lauschten. Sie hatten Routine im Deuten der Schritte. Sie konnten erraten, wieviele Menschen heraufstiegen, ob es Rotarmisten waren, oder Schwarzhändler, die auf Filzsohlen wie Pumas leise und vorsichtig emporschlichen. Harmlosere Menschen unterhielten sich sogar auf der Treppe. Die Rotarmisten suchten immer nur eine Wohnung im Hause auf, denn die anderen Bewohner hätten Zeit gehabt, versteckte Personen oder Waffen oder andere Dinge in Sicherheit zu bringen.

Die Schritte kamen näher, dann wurde mit den Gewehrkolben gegen die Tür getrommelt, man öffnete. Die Menschen wurden in ein Zimmer zusammengepfercht, dann ging die Sucherei los. Inzwischen waren die Rotarmisten geschult, Geheimfächer in alten Sekretärs und Kommoden ausfindig zu machen. Bábuschka verlor einen Teil ihrer Juwelen, da sie sie in Geheimfächern versteckt hatte. Danach wurde sie schlauer und erfand unfehlbare Verstecke. Sie buk die Juwelen in kleine, klumpige Roggenbrote ein und legte sie auf den Tisch oder in den Eßschrank. An den häßlichen Broten vergriffen sich die Häscher nicht. Polternd und drohend zogen die Rotarmisten ab. Solange sie in der Wohnung waren, verhielt man sich ruhig und gefaßt, sobald sie aber weg waren, gaben die Nerven nach. Bábuschka begann hemmungslos und laut zu weinen. Wera und Pássenka weinten zur Gesellschaft mit. Bobik zitterte vor Wut. Jadwíga tröstete sie, sie war die einzige, die ruhig und gelassen blieb.

DER IDIOTENKÄFIG

„La cage des idiots", Idiotenkäfig, nannte Wera die große Wohnung, in die sie einquartiert worden waren. Sie waren es nicht gewohnt, so dicht, auf Tuchfühlung, zusammen zu sein, fremde Gerüche, Geräusche, Gespräche, nächtliches Schnarchen, Liebesgeflüster, Schimpfereien, Klosettrauschen, fremde Lebensordnung und Küchenbräuche aus nächster Nähe, durch dünne Wände, Türschlitze und halbgeöffnete Türen mitzuerleben. Hier in der großen Wohnung waren ihrer viele Personen zusammengepfercht.

Bábuschka, die zuerst eingewiesen worden war, war die Inhaberin der Wohnung, die anderen wurden bald darauf als gleichberechtigte Mieter vom Hauswart oder Gott weiß welcher Behörde einquartiert. Dank Nikífors Tüchtigkeit war die ganze Wohnung mit Bábuschkas schönen Möbeln ausgestattet. Nikífor nahm in weiser Voraussicht nur die kostbaren Möbel mit, Bábuschka sträubte sich dagegen, sie wollte nur die ältesten und schäbigsten Sachen mitnehmen, und es kostete Nikífor und Jadwíga einige Überredungskunst, ihr klar zu machen, daß die Evakuierung aus dem Herrenhaus im Arbat nicht nur einige Tage, sondern wahrscheinlich eine sehr lange Zeit dauern werde. In dieser Zeit würden die guten Möbel längst vernichtet oder gestohlen sein. Bábuschka konnte es nicht verwinden, daß fremde Menschen, „Kreti und Pleti", wie sie es nannte, ihre guten Sachen bewohnten und natürlich verwohnten.

Bábuschka hatte nie früher Zimmer vermietet. Aber jetzt entwickelte sie die typischen Eigenschaften der gewerblichen Zimmervermieterinnen. Sie schikanierte die Mieter, sie paßte auf, ob die Sofalehnen nicht fettig wurden, ob die Leute auch artig auf den Stühlen saßen und nicht darin schaukelten oder die Beine auf die Lehnen legten, und ob auch die Tische nicht zerkratzt würden. Sie schimpfte, wenn sie nachts spät kamen, und sie steckte den Kopf durch den Türspalt, wenn sie Besuch mitbrachten.

Sie ließ sich sogar herab, sich mit dem Trompeter und seiner Frau freundlich zu unterhalten. Mit der Kommunistin Elvira, die im Agitprop arbeitete, stand sie auf Kriegsfuß. Den Chinesen und seine Familie würdigte sie aus rassischen Gründen keines Blicks! Sehr freundlich war sie mit dem vierschrötigen Kulák, dem Spekulanten, der ihr gelegentlich ein kleines Säckchen mit Lebensmitteln zusteckte. Die kleine schüchterne Privatprostituierte Páscha behandelte sie wie eine Lepröse. Wenn Páscha an ihr vorbeikam, wurde Bábuschka einen halben Meter größer und ganz große Dame, das Bild einer Herzogin! Sie grüßte steif und eisig von einer unermeßlichen Höhe herab und sagte kein Wort. Ihre Lippen wurden ganz dünn. Sie empfand die Existenz von Páscha als eine persönliche Beleidigung.

Die Eingangstür zum roten Haus war sicherlich seit den Zeiten der großen Katharina nicht mehr geschmiert worden. Sie ging schwer auf und schrie „Piiii" in hohem Diskant, als ob sie bei dieser Bewegung in den rheumatischen Scharnieren schneidende Schmerzen empfände. Jadwíga tröstete sie immer, wenn sie sie öffnete, und sagte beschwichtigend „nu nu nu nu nu!"

Im Parterre befand sich eine Eckkneipe, die wie alle Kneipen in Rußland »Tscháinaja« (Teestube) hieß. Das hatte mit den englischen und schweizerischen Tearooms nichts gemein. Hier wurde hauptsächlich Wodka ausgeschenkt, und nur wenige tranken aus Teekannen einen goldgelben dünnen Tee, der nach nichts schmeckte. Bobik meinte ironisch, daß sie seit der Existenz der Teestube immer denselben Aufguß servierten. — Sie mußten an der Hintertür der Schenke vorbei. Es roch dort nach abgestandenem Schnaps, nach Machorkarauch und nach einem ungepflegten Pissoir, das in der Nähe war. Man hörte das Raunen von vielen Stimmen. Manchmal wurden Betrunkene oder Zusammengeschlagene durch diese Hintertür auf den Hof befördert, dann war es ratsam, ihnen nicht in den Weg zu kommen.

Im ersten Stock war ein Schneideratelier. So stand es in großen geschwungenen Lettern an der Tür. »Haute Couture. Madame Eudoxie de Paris«. Diese Schneiderei beschäftigte eine Anzahl sehr junger Mädchen, die dort offenbar auch wohnten und die Nacht durcharbeiteten, denn die Fenster waren bis spät in die Nacht erleuchtet. Die Mädchen waren sehr wohlerzogen, sie knicksten artig, wenn Bobik mit seiner Mutter an ihnen vorbeiging. Wenn er allein war, kniffen sie sehr lustig ein Auge zu. Er tat dasselbe und freute sich, ihnen mit gleichem Zeichen zu antworten. Sie kicherten, er aber genierte sich, sie anzusprechen. Auffallenderweise kamen sehr selten Damen, dagegen aber viele Männer in das Atelier der Madame Eudoxie. Wahrscheinlich holten sie die Kleider für ihre Frauen ab. Die Inhaberin mit dem wohlklingenden französischen Namen war eine dralle Urmoskowiterin. Das hörte man am besten, wenn sie erregt war und mit den Mädchen schimpfte. Dann kamen alle Ausdrücke, die Bobik von den berühmten Moskauer Droschkenkutschern kannte, aus ihrem rotgefärbten Munde. Und dann wußte man, daß sie einfach Jewdokíja war und aus irgendeinem Moskauer Vorort, Reútowo oder Kuskówo, stammte.

Oberhalb des interessanten Salons wohnte eine hübsche, junge, von Geburt blinde Frau mit ihrem Mann. Ältere Insassen des Hauses berichteten, daß sie aus sehr reichem Haus stammte und daß der Mann sie wegen ihres Geldes geheiratet habe. Sie war immer heiter und bescheiden. Bobik freundete sich mit ihr an, er machte ihr verschiedene Besorgungen, und sie revanchierte sich, indem sie ihm ein Stück Schokolade oder ein Butterbrot schenkte. Ihr Mann verbrachte seine Tage im Salon Eudoxie, und Nikífor behauptete ganz offen, daß er dort als Zuhälter angestellt sei. Die junge Blinde war von seiner bedingungslosen Treue überzeugt und liebte ihn. Wenn sie Hilfe brauchte, klopfte sie mit einem Besenstiel dreimal gegen die Decke. Bobik kam dann herunter. „Ach, Bobik, würden Sie bitte meinen Mann holen, er ist gerade unten bei den lieben Mädchen und hilft Madame Eudoxie zuschneiden. Wissen Sie, er ist so geschickt, er kann alles, und er ist ein Kavalier, wo er kann, da hilft er auch." Bobik war froh, daß die Frau blind war und seinen Gesichtsausdruck nicht sehen konnte.

Die profilierteste Erscheinung unter Bábuschkas Mietern war Elvira die Propagandistin. Sie hatte ein betont forsches Auftreten. Sie musterte Bábuschka sehr kritisch und klassifizierte sie sofort unter die Kategorie der Ausbeuter. „Haben Sie kein besseres Zimmer, das nicht auf den stinkigen Hof seine Fenster hat?" Sie rümpfte ostentativ die Nase. Bábuschka war empört. „Das wird für Sie gut genug sein. Ich habe nichts anderes." — „Sie vergessen wohl, wer ich bin. Und daß Sie als nichtorganisierte Saboteurin von mir abhängig sind! Ich bin beauftragt, über Sie und Ihre Denkungsart Bericht zu erstatten, und davon wird abhängen, ob Sie später der proletarischen Klasse zugerechnet werden sollen oder nicht."

„Ich verzichte gerne auf diese Auszeichnung, Madame, und auf Ihr Wohlwollen. Ich hoffe, ich werde es nicht nötig haben, so Gott will!"

„Genossin bitte und nicht Madame. Das ist ein bürgerlicher Ausdruck! Und Sie operieren noch immer mit solchen Geschmacklosigkeiten wie Gott! Sie sind ja von vorvorgestern. Von unseren neuen Ideen haben Sie wohl gar keine Ahnung?"

„Nein, gar keine, und ich bitte Sie, mich damit zu verschonen!"

Die Agitatorin schüttelte ihr wirres Haar. „Typisches Beispiel einer bourgeoisen Versumpfung. Unbelehrbar!"

Sie blieb da und machte sich breit. Wann und wo man durch die Wohnung ging, man traf sie, sie war in der Küche und briet sich gute Sachen, sie saß stundenlang im Klo, was alle ärgerte. Und sie redete, redete, redete, abgedroschene Parolen aus dem neuen Vokabular, Schlagworte und Verunglimpfungen der Kapitalisten. Sie sah, daß sie nur einmal am Tage ein Mahl zu sich nahmen, daß sie eine Handvoll Gerste oder Buchweizen oder Roggenmehl in die Kasserolle warfen, sie sah Bobiks, Weras, Pássenkas begehrliche Augen, die auf ihre vollen Töpfe gerichtet waren. Sie tat, als ob sie nichts sähe, und fand es in Ordnung, daß sie hungerten, sie redete.

Der Trompeter bewohnte mit seiner blassen Frau und einem noch blasseren zweijährigen Knaben ein größeres Zimmer. Er war bei einem Blasorchester beschäftigt, das früher Märsche und die Zarenhymne gespielt hatte, jetzt bliesen sie die Marseillaise. Er war ein stiller Mann. Seine Frau hielt sich meist in ihrem Zimmer auf, sie hatte fürchterliche Angst vor Propaganda-Elvira, die auch sie sofort mit Parolen berieselte. Sie war offenbar eine Bürgerliche und wollte sich nicht verraten. Sie kochte in ihrem Zimmer, weil sie keinen Neid erwecken wollte.

Pássenka spielte mit dem blassen Jungen, der einen Wasserkopf hatte und schielte. In der Familie nannten sie ihn den „Marsbewohner", weil sie sich vorstellten, daß die Leute auf dem Mars so aussehen könnten. Wenn Pássenka den Marsbewohner ein Viertelstündchen auf die Straße ausführte, bekam er dafür eine Scheibe Brot oder einen Bückling. Manchmal spielte der Marsbewohner in Bábuschkas Zimmer. Er hatte ein großes Butterbrot mit Weißkäse, in das er hineinbiß. Pássenka erfand ein spezielles Spiel für ihn. Er band ihn mit einem Fuß an das Tischbein fest und neckte ihn; der Knabe begann zu weinen und ließ das Butterbrot fallen. Pássenka ergriff es schnell und flüchtete in ein anderes Zimmer. Der Knabe flennte. Pássenka kam noch kauend, mit dicken Backen herein und befreite den Beraubten aus seiner Notlage. Danach waren beide wieder gute Freunde, der Marsbewohner trug es ihm nicht nach.

Der Kulák war ein vierschrötiger Kleinbürger. Er trug eine rote Binde um den Arm und ließ sich Genosse nennen. Er hatte auch irgendeine Funktion. Aber sein wahrer Beruf war der Handel, war Spekulation, eine lebensgefährliche Tätigkeit. Die Parteizugehörigkeit war nur vorgeschoben. Er fabrizierte keine Parolen. Wenn Elvira in ihrem Drang nach politischer Belehrung sich auf ihn stürzte, schob er sie wie ein Bär zur Seite und lachte. „Na, Genossin, wem erzählst du das, das habe ich doch schon mit der Muttermilch eingesogen. Mir brauchst du da nichts vorzumachen!" und er ging in sein Zimmer. Er kam oft mit Koffern. In seinen Schränken standen große Marmeladeeimer, Kartons mit Zigaretten, Kistchen mit Bücklingen und andere Lebensmittel. Er war gutmütig, er hatte immer ein fröhliches Wort für Bábuschka, Jadwíga und die Kinder und steckte ihnen manchmal etwas Konfekt oder einen Zwieback zu. Sie waren dankbar und fühlten sich in seiner Gegenwart beschützt.

Als letzte zog Páscha ein, ein rotbackiges Bauernmädchen aus dem Twerschen Gouvernement. Sie war sehr scheu und konnte keinen Beruf angeben. Die Genossin hatte es sofort herausbekommen, daß Páscha eine unorganisierte Prostituierte war. Sie sah mit Verachtung auf sie herab. „Ein gefallenes Geschöpf!", sagte sie mit verächtlich herabgezogenen Mundwinkeln. „Das wird es in unserem Regime bald nicht mehr geben, wenn jede Frau es als ihre Pflicht erachten wird, den geschlechtlichen Nöten des Mannes zu dienen. Dann hört diese unwürdige käufliche Liebe von selbst auf, eine Ausgeburt bürgerlicher Denkungsart!"

Jadwíga, Bobik, Wera, Pássenka fanden Páscha einfach reizend und liebten sie. Bábuschka aber verbot ihnen den Umgang mit einem so verdorbenen Geschöpf. Wenn Bábuschka nicht zu Hause war, nahm Pássenka Páscha an der Hand und bat sie, sie möchte ihm Märchen erzählen. Und sie konnte Märchen erzählen wie die Njánja, mit singender, langgezogener Stimme, und an den unheimlichen Stellen verstellte sie sich so, daß man das Gruseln bekam. Sie brachte nie Männer in die Wohnung und hielt sich adrett und sauber. Wenn Jadwíga sie freundlich begrüßte und sie nach ihrem Befinden fragte, errötete sie und sagte leise: „Nicht doch! Das bin ich ja gar nicht wert. Ich bin doch so eine, eine Spazierende! Sie sind zu gütig zu mir!" — Jadwíga ergriff ihre Hand. „Du bist ein Mensch wie wir alle, Páscha, und darum brauchst du dich nicht zu schämen."

Ein sehr kleines Zimmer blieb noch frei. Aber dann kam ein Chinese, in blauem wattiertem Anzug, aber ohne Zopf. Er konnte nur einige Worte russisch. Er zeigte einen Einweisungsschein vom Hauswart. Bábuschka zeigte ihm stumm das kleine dunkle Zimmer. Er nickte erfreut mehrmals mit dem Kopf und ging fort. Am Abend kam er wieder. In seinem Gefolge war seine Frau und sechs kleine Chinesenkinder. Bábuschka entrüstete sich und wollte die Familie nicht hereinlassen. Die Chinesen machten ein trauriges Gesicht. Wera und Pássenka begannen zu weinen, so taten ihnen die süßen kleinen

Chinesen leid. Jadwíga mischte sich in die Verhandlung. „Lassen Sie sie doch herein, Maman, Sie werden sie doch nicht in der Nacht auf die Straße setzen!" — Bábuschka protestierte verzweifelt. „Das geht doch nicht, ich war der Meinung, er kommt ganz allein, nun bringt er aber ein ganzes Dorf mit. Was wird aus meiner Wohnung werden?!" Aber sie gab nach.

Beglückt zogen die Chinesen mit ihrer Habe, die sie in Säcken auf den Schultern trugen, ein. Sie schliefen nebeneinander auf dünnen Decken auf dem Boden. Es stank sehr im Zimmer, weil es zu wenig gelüftet wurde. Es hätte auch wohl wenig Zweck gehabt, es zu lüften. Denn seit Wochen wurde der Müll nicht mehr abgefahren und häufte sich über den ersten Stock hinaus auf dem Hof. Es stank pestilenzialisch. Würde man also die Fenster, die zum Hof hinausgingen, geöffnet haben, so wäre der Gestank von draußen in die Wohnung geflutet.

Bábuschkas Befürchtungen bewahrheiteten sich nicht. Die Chinesen waren die stillsten und zurückhaltendsten im Hause. Man hörte sie überhaupt nicht. Sie waren immer freundlich und zuvorkommend. Der Chinese ging jeden Morgen um sechs Uhr fort und kam abends wieder. Sie erfuhren, daß er einen schrecklichen Beruf hatte. Er mußte die Leichen der Exekutierten verscharren. Früher war er Seidenhändler gewesen und hatte einen langen Zopf getragen. Als es keine Seide mehr zu verkaufen gab, wurde er zu dieser Arbeit beordert. „Arbeit ist Arbeit", sagte er sich. An den Tagen, die er frei hatte, spielte er still mit seinen Kindern. Sie saßen im Halbkreis um ihn und balancierten mit Bällen, Untertassen und Messern. Sie mußten auf langen Stäben Teller tanzen lassen. Pássenka, der dies Spiel einmal durch den Türspalt beobachtet hatte, war entzückt, er rannte einfach, ohne sich anzumelden, ins Zimmer und bat aufgeregt, ob er daran teilnehmen dürfe. Es wurde ihm höflichst gewährt. Mit Passion saß er bei den Chinesenkindern und lernte balancieren. Er lernte noch mehr von ihnen. Sie machten alles schweigend, er wußte nicht, ob sie sich je ärgerten, aber auch ihre Freude war höflich und leise, und etwas von dieser Verhaltenheit übertrug sich auch auf ihn, ausgenommen wenn er sich über Bábuschka ärgerte.

So hausten sie zu neunzehn Personen in einer Wohnung wie in einem Schiff. Sie waren aufeinander angewiesen und nahmen je nach Temperament Rücksicht aufeinander. Mit Ausnahme der lauten und sich in den Vordergrund schiebenden Elvira, deren Stimme man immer hörte, die in allem, was sie tat, laut und betont war, fühlten sie sich allmählich als eine große Familie.

HUNGER, DUNKELHEIT, RATTEN UND HASS

Durch die drastischen Todesurteile kam der Schwarzhandel fast ganz zum Erliegen. Die Bauern wagten es nicht mehr, mit ihren Wagen in die Stadt zu kommen. Nur ab und zu stieß man in dunklen Hauseingängen auf eine Gestalt, die einem Zeichen machte. Man war sehr vorsichtig, denn es konnte auch ein Provokateur sein. Die Schwarzhändler hatten Säckchen mit Mehl, Grütze oder anderen Lebensmitteln um ihren Leib gebunden, und wenn sie einem vertrauenswürdig erschienen, begab man sich mit ihnen in den dunkelsten Winkel eines Hinterhofes und handelte.

„Was hast du?", flüsterte man.

„Zehn Pfund Mehl", sagte er.

„Wo hast du es?"

„Hier unter meiner Weste sind fünf Säckchen."

„Was willst du dafür, einen Goldring mit Brillanten oder einem anderen Stein, oder einen Pelz oder einen Rock?"

„Was willst du denn geben?"

Bábuschka, die mit Bobik unterwegs war, zog einen Ring mit einem Saphir und Brillanten hervor. Der Bauer betrachtete den Ring kritisch und hauchte ihn an.

„Ist der auch echt?"

„Gewiß doch."

„Na, dann gut, der Handel ist abgemacht."

Er knöpfte umständlich seinen Rock und seine Weste auf und löste die mit Sicherheitsnadeln befestigten Säckchen ab. Bobik steckte zwei in seine Pelztaschen, Bábuschka versteckte die anderen in ihrer Einkaufstasche und im Mantel.

„Kommst du wieder?"

„Weiß nicht, ist zu unsicher, schließlich hängt doch jeder an seinem Leben."

„Wenn du kommst, merk dir dieses Tor oder geh hinauf zum vierten Stockwerk und kratze leise an der Tür wie eine Katze."

Am Ausgang schauten sie sich sorgfältig um, ob niemand sie gesehen hatte, und gingen in Abständen hinaus auf die Straße. Nun hatte man wieder Nahrung für einige Tage.

Verhungerte Pferde verendeten auf den Straßen, man schleppte sie an den Rinnstein, Metzger erschienen und zerlegten das magere

Fleisch. Die Gerippe blieben liegen. Sie wurden von streunenden Katzen, Hunden und Ratten in kürzester Zeit blank gefressen. Das Fleisch war sofort ausverkauft, denn es galt als Leckerbissen. Gelegentlich konnte man Sauerkraut frei kaufen. Das war aber selten genug.

Bábuschka lief den ganzen Vormittag durch die Stadt, um nach Lebensmitteln Ausschau zu halten. Meistens kam sie mit leeren Händen zurück. Bobik, Wera und Pássenka warteten hungrig auf ihre Rückkehr. Sie waren böse und machten ihr Vorwürfe, wenn sie nichts mitbrachte. Sie beschimpften sie, daß sie unfähig sei, und benahmen sich wie böse, hungrige Wölfe. Bábuschka, die selbst hungrig und verzweifelt war, weinte hysterisch, warf ihre leere Tasche auf den Boden und schimpfte auf die ungezogenen, undankbaren Kinder.

Wenn Jadwíga heimkam, wurde etwas Roggenmehl mit Wasser angerührt, in Ermangelung von Fett wurde die Bratpfanne mit Petroleum eingerieben und die Pfannkuchen gebraten. Das Petroleum ging zu Ende und man wußte nicht, wann man das Glück haben würde, sich neues zu beschaffen. Die Pfannkuchen waren nicht durchgebacken und sie kauten den klumpigen, feuchten Teig. Ab und zu gab es Pferdefleisch mit Sauerkraut, das war ein Festessen! Der Herd war alt, er rauchte und erzeugte keine Hitze mehr. Bobik heizte ihn mit den gestohlenen Balken, aber er wurde kaum warm und das Wasser kochte nicht.

Sie aßen an den Tagen, an denen es nichts gab, eine symbolische Suppe, in der einige alte Pferdeknochen umherschwammen, die niemals gekocht hatten. Eines Tages ergriff Bobik ergrimmt die Knochen und warf sie zum Fenster hinaus. Unten schrie jemand und schimpfte. Bábuschka war erbost und machte ihm Vorwürfe.

Die Kinder waren durch den Hunger böse geworden. Ihr Haß richtete sich vorwiegend gegen die Großmutter, die den Haushalt führte. Sie wollten nicht begreifen, daß es nicht ihre Schuld war, wenn sie keine Nahrung heimbringen konnte. Sie nahmen es ihr persönlich übel. Es ging ihnen wie hungrigen Wölfen, die ihre eigenen Genossen fressen. Wenn Bábuschka mit schäbigen Knochen und Pferdefleischstücken heimkam, schloß sie sich in der Küche ein. Bobik, Wera und Pássenka standen dann zitternd vor dem Schlüsselloch und schauten hindurch. Sie sahen, wie sie gierig das rohe Fleisch vom Knochen abbiß, und Pássenka heulte laut auf wie ein Indianer:

„Ich hab's gesehen, ich hab's gesehen, sie hat gefressen, sie frißt uns alles weg, die Hexe!"

Sie riß die Tür auf und schrie hysterisch. Es war ein langgedehnter Schrei wie das schrille Pfeifen einer Lokomotive. Sie sah völlig verändert aus. Die Augen waren weit aufgerissen. Sie erschraken vor diesem Wahnsinnsanfall und duckten sich. Nach einer Weile hörte der Anfall auf, die Großmutter sank erschöpft in den Sessel und die Kinder standen in einer Ecke herum. Keiner bemühte sich, ihr zu helfen.

„Ihr Undankbaren, ihr Teufelsbrut, ich koche für euch, ich renne mich für euch ab, um etwas zu finden, und ihr wagt es, mich so zu beschimpfen!"

Pássenka brummte mit verbissenem Gesicht:

„Du Hexe, du verdammte, du haßt uns und du läßt uns verhungern!"

Vor Wut stürzte sie sich auf ihn und schleppte ihn in das gefürchtete Badezimmer, in dem die Ratten hausten. Vor den Ratten hatten sie alle Angst. Pássenka schrie, schlug mit den Füßen gegen ihre Schienbeine und wehrte sich. Aber sie hatte ihn fest im Griff. Schließlich verlegte er sich aufs Bitten.

„Großmütterchen, meine Liebe, mein Engelchen, meine Beste! Ich tue es nie wieder, ich verzeihe dir, meine einzige."

Da wurde sie weich. Wie lange hatte sie kein freundliches Wort mehr gehört. Sie ließ ihn los und streichelte seinen Kopf. Er verkroch sich in eine Ecke, wo er sie mit haßerfüllten Augen anstarrte und vor sich hinmurmelte:

„Du Hexe, du Böse, du alte Großmutter du."

Wenn Jadwíga zu Hause war, hörte der Krach auf, aber die dicke Luft blieb. Jadwíga spürte, daß zwischen ihrer Mutter und den Kindern eine verhaltene, zähe Feindschaft ausgebrochen war. Sie bemühte sich, beide Parteien zu versöhnen. Es gelang ihr nicht. Bobik beteiligte sich nicht an den Zänkereien, aber es war wie eine Erstarrung in ihm. Er konnte seiner Großmutter kein freundliches Wort mehr sagen, er sprach nicht mit ihr. Jadwíga sprach ernst und eindringlich mit ihm.

„Ich kann euch nicht verstehen. Ihr tötet sie mit eurem Haß. Diese dicke Luft hier in der Wohnung ist unerträglich. Begreift ihr denn nicht, wie schwer sie es hat? Sie ist doch nicht mehr jung und sie ist dieses Elend nicht gewöhnt. Sie reibt sich völlig auf in der Suche nach Nahrungsmitteln und in dem schweren Kampf ums Dasein."

„Aber, Mami, wie kann sie es denn fertig bringen, sich in der Küche einzuschließen und sich an den besten Stücken satt zu essen?"

„Sei doch vernünftig, Bobik, sie ist doch ebenso wenig satt wie ihr und sie ißt sich nie satt. Es ist der Hunger, der sie treibt, daß sie ein kleines Stück Fleisch oder sonst etwas zu sich nimmt. Das ist doch kein Verbrechen."
Sie hörten die Worte, aber sie gingen ihnen nicht ins Herz. Am schrecklichsten haßten sie die Agitprop Elvira. Sie konnten ihre Phrasen nicht hören. Wenn Bobik ihre Stimme vernahm, hielt er sich die Ohren mit den Fingern zu. Sie mußten ansehen, wie sie für sie unerreichbare Lebensmittel zubereitete und völlig unbeteiligt zusah, wie sie hungerten.

Wenn der Kulák aus dem Haus ging — er schloß sein Zimmer immer sorgfältig ab, denn es war üblich, daß die Mieter ihre Zimmer abschlossen —, ging Bábuschka leise und scheinbar unbemerkt in sein Zimmer, denn sie hatte einen Nachschlüssel. Bobik, Wera und Pássenka stürzten an die Tür in Weras Zimmer und guckten durch das Schlüsselloch. Bábuschka öffnete behutsam mit einem passenden Schlüssel die Schranktür. Ihr Gesicht hatte den Ausdruck eines Tieres. Sie holte den Marmeladeeimer heraus, steckte die Finger hinein und leckte die Marmelade von den Fingern. Ihre Unterlippe stand weit vor. Es war unheimlich, einem Menschen, der sich allein glaubte, zuzusehen. Wera stieß Bobik vom Schlüsselloch, und Pássenka wollte auch unbedingt zusehen.

Pássenka hatte sich in der kalten Wohnung die Blase erkältet. Nachts wachte Jadwíga auf und fühlte etwas Warmes und Feuchtes im Bett. Sie weckte das Kind, er weinte bitterlich vor Scham. Die Matratze war naß und konnte nicht trocknen. Gummiunterlagen gab es nicht. Sie schliefen auf der nassen, kalten und stinkenden Matratze. Oder er wachte nachts auf und jammerte:

„Mami, mich hungert, mir tut der Magen so weh. Hast du denn gar nichts für mich zu essen?", und er weinte ununterbrochen.

„Sei still, Pássenka, ich habe doch nichts."

Bobik hatte sich insgeheim einen zweiten Schlüssel zum Büfett verschafft. Darin war noch etwas klebriges Roggenmehl. Auf Zehenspitzen tastete er sich zum Schrank und öffnete ihn. Jadwíga und Bobik gingen vorsichtig in die Küche, machten den Petroleumkocher an und buken das Mehl. Sie bissen gierig hinein und brachten auch Wera ein Stückchen. Sie hatten ein schlechtes Gewissen, daß sie Bábuschka bestahlen. Aber sie betrachteten es als eine Revanche, denn sie bestahl ihrerseits den Kulák.

Zu der Kälte, der anhaltenden Dunkelheit in den Wintermonaten und dem Hunger gesellte sich eine neue Plage: Ratten durchstöberten frech und ungehemmt die ganze Wohnung. Sie kamen aus dem Badezimmer und liefen überall umher auf der Suche nach Nahrung. Auch sie hatten Hunger. Sie hatten vor den Menschen keine Angst mehr. Sie versuchten, sich durch die Schränke zu fressen, um an die wenigen Vorräte zu gelangen. Schließlich entschloß sich Jadwíga, kleine Kuchen zu backen und Gift hineinzutun. Sie legte die Kuchen in der Wohnung aus. In der Dämmerung kamen die Ratten, stürzten sich auf die Mehlklumpen, bissen sich gegenseitig, kämpften um die Nahrung und fraßen sie gierig auf. Die Menschen sahen fasziniert hin in der Erwartung, daß das Gift seine Wirkung tun werde. Sie hatten das Gefühl, daß die Ratten sie mit Dankbarkeit anschauten. Aber keine starb. Sie weinten vor Verzweiflung. Am nächsten Tag waren noch mehr Ratten da in Erwartung der Fütterung. Sie hüllten sich nachts mit Decken bis über den Kopf ein, und es geschah, daß die Ratten über ihre Gesichter liefen. Sie schrien vor Schreck auf und verjagten die Tiere.

Alle paar Tage mußte Bobik den vollen Mülleimer im Hof entleeren. Der ganze Hof war mit Abfällen bedeckt. Es stank fürchterlich. Er mußte an der Schnapsschenke vorbei. Als er die glitschige Hintertreppe hinabstieg, hörte er im Stockfinstern Stimmen. An der Wand sah er die Silhouetten einiger Gestalten. Dann hallten Schüsse, ein schwerer Körper fiel. Einen Augenblick war es still, dann hörte er schwere Schritte. Bobik verhielt sich auf der Treppe, dann lief er, so schnell er konnte, und entleerte den Eimer. Als er die Treppe wieder hinaufstieg, wurden Türen geöffnet. Verängstigte Leute schauten heraus und flüsterten:

„Was war das, man hat geschossen!"

Bobik flüsterte zurück: „Es war so finster, ich konnte nichts sehen. Sicher haben sie wieder einen Schwarzhändler erwischt."

Um sechs Uhr lag man in den Betten. Der Magen schmerzte.

„Mami, schläfst du?"

„Nein, Bobik, ich kann nicht."

„Ob es jemals wieder anders wird?"

„Ich hoffe es, Bobik, es kann doch so nicht bleiben."

„Stell dir vor, erst wenige Monate ist es her, da existierten noch Giréjewo und das alte Schloß, Wälder, Wiesen, Felder, Kühe, Hunde, Pferde, freundliche Bauern! Wo ist das alles geblieben? Wie schnell ist das alles dahin! Manchmal stelle ich mir ein kleines Zimmer irgendwo in der Landschaft vor, einen Sack Mehl, einen Sack Reis, ein paar Eier, etwas Petroleum. Man kann sich so etwas überhaupt nicht mehr denken. Weißt du noch, wie ein Ei schmeckt?"

„Ach, Bobik, einmal wird alles wieder sein. Und es werden keine Ratten mehr sein und kein Hunger und keine Kälte, und es wird uns vorkommen wie ein böser, böser Traum."

Dann kamen die Ratten. Sie saßen auf Bábuschkas Schreibtisch, und man fühlte, wie sie einen anschauten. Das Gespräch verstummte. Eines Tages fanden sie eine Ratte, die in der Badewanne ersoffen war. Niemand wollte das scheußliche Tier hinaustragen. Bábuschka versprach Pássenka, sie würde ihm einen Pfannkuchen extra geben, wenn er die tote Ratte mit einer Schaufel auf den Abfallhaufen trage. Pássenka ging auf das verlockende Angebot ein. Er holte sich eine langstielige Kohlenschaufel und fischte damit die Ratte aus der Badewanne. Er trug das Werkzeug mit ausgestreckter Hand. Hinter ihm gingen Wera, Bobik und Bábuschka. Auf dem ersten Treppenabsatz verließen Pássenka die Kräfte. Er riß das Fenster auf und schleuderte die Ratte auf den Hof. Im gleichen Augenblick entstand ein furchtbares Geschrei und Gezeter. Pássenka kletterte auf den Fenstersims und sah, daß die Ratte der Madame Eudoxie aus Paris auf den Hut gefallen war. Die Pariserin schrie und schimpfte in den vulgärsten Ausdrücken und wollte wissen, wer ihr diese Schmach angetan habe. Bobik und Wera rissen Pássenka vom Fenstersims und verschwanden schleunigst in ihrer Wohnung. Bábuschka wollte ihm den Lohn vorenthalten, weil er den Befehl nicht ordnungsgemäß ausgeführt habe, er war darüber sehr empört. Schließlich bekam er doch seinen Roggenpfannkuchen. Er teilte ihn mit Wera und Bobik. Bábuschka war beleidigt, weil er ihr davon nichts abgeben wollte.

„Da, nimm und beiß auch ab", sagte er barsch zu ihr.

Eines Tages war Pássenka verschwunden. Man suchte ihn beim Marsbewohner und bei den Chinesenkindern. Er war nirgendwo zu finden. Bobik und Wera liefen zu der Blinden, auch dort war er nicht. Sie suchten ihn auf der Straße. Mittags klingelte es, vor der Tür stand Pássenka, vergnügt, mit geröteten Wangen, in der Hand hielt er drei Stockfische. Er lachte. Bábuschka bekam leuchtende Augen.

„Wo hast du denn die her?", fragte sie erschreckt.

„Von der Ssucharewka, eingetauscht!"

„Was heißt hier eingetauscht, wogegen denn?"

„Na, gegen Zigaretten!"

„Wo hast du denn die Zigaretten her?"

„Die habe ich aus dem Koffer vom Kulák genommen, sechs Stück,

und da bin ich hinuntergelaufen, zu der Ssucharewka. Da war ein Mann, dem habe ich ganz vorsichtig die Zigaretten gezeigt. Dann hat er genickt und gab mir die Fische dafür. Ist das nicht fein?"
„Ja, ja, das ist schon fein. Aber du hast doch die Zigaretten gestohlen und du darfst doch nicht stehlen."
„Ach", sagte Pássenka, „alle stehlen. Der Bo ..., alle stehlen. Du stiehlst ja auch. Ich sehe doch immer, wie du die Marmelade aus dem Eimer vom Kulák stiehlst. Das ist doch auch Diebstahl, Bábuschka."
Sie wurde rot und schwieg. Sie freute sich über die Stockfische.

PASCHA

Bobik lag im Bett und hatte Magenkrämpfe vor Hunger. Bábuschka band ihm ein Wolltuch um den Bauch und fand einige Baldriantropfen im Schrank, die sie ihm einflößte. Die Familie saß um den Tisch und trank lauwarmen hellgelben Tee. Die Tür zum Korridor stand einen Spalt weit offen. Páscha kam von ihrer nächtlichen Beschäftigung heim. Sie trug ein Brot und ein Päckchen Tee in der Hand. Sie blickte durch die offene Tür ins Zimmer.

„Ist Herr Bobik krank?", rief sie erschrocken. Sie schämte sich ihres Ausrufs und wollte schnell davonlaufen, aber Jadwíga öffnete die Tür. „Ja, der arme hat Leibkrämpfe." Páscha sah Bobik mitleidig an. Ihr Blick fiel auf den karg gedeckten Tisch, und ihr Gesicht verfinsterte sich. „Sie trinken ja Tee ohne nichts. Wie ist denn das möglich?" Jadwíga lächelte: „Es ist eben nichts anderes da, Páscha, da kann man nichts ändern. Wir bekommen doch keine Lebensmittelkarten. Und auf dem schwarzen Markt gibt es auch nichts zu kaufen!"

Páscha sah Jadwíga entsetzt an: „Das ist also immer so, all die Monate, und kein Zufall?"

„Nein, das ist kein Zufall. Manchmal gelingt es uns, etwas zu tauschen. Aber es wird immer gefährlicher und es kommen immer seltener Bauern in die Stadt. Und wie schnell ist dann alles aufgezehrt!"

Bábuschka versuchte Jadwíga Zeichen zu machen, sie möge das Gespräch abbrechen, ein Fremder brauche das nicht zu wissen, und vor allem nicht solch ein verdorbenes Geschöpf. Doch Jadwíga merkte nichts davon.

„Aber, um Gottes Willen, warum haben Sie denn nie etwas gesagt? Wir wohnen doch in der gleichen Wohnung und wir müssen uns doch gegenseitig helfen. Und ich gehe jeden Tag an Ihrer Tür vorbei und merke nichts! Bitte, bitte, seien Sie mir nicht böse und nehmen Sie das an!" Sie reichte Jadwíga das Brot und das Päckchen Tee.

„Nein, Páscha, ich kann es nicht annehmen. Sie sind zu gut. Ich danke Ihnen sehr dafür, aber es geht nicht. Sie haben doch selbst nichts, und ich weiß, wie schwer Sie es verdienen."

Páscha schaute traurig zu Boden. „Ich weiß schon", sagte sie leise, „Sie können es nicht annehmen, weil ich eine »solche« bin. Verzeihen

Sie mir! Aber es kam aus offenem Herzen." Jadwíga ergriff ihre Hand. „Nicht doch, Páschenka! Daran denken wir gar nicht! Glauben Sie mir das bitte. Ich wollte sie nur nicht schädigen und Ihre Güte ausnützen. Damit Sie aber wissen, daß es nicht so ist, nehme ich Ihr Geschenk dankend an."

Páscha errötete. „Also verachten Sie mich nicht, Sie, die eine Vornehme sind?!" Sie ergriff Jadwígas Hand und küßte sie. Sie betrat das Zimmer und legte das Brot und den Tee auf den Tisch.

„Ich nehme es aber nur unter der Bedingung an, Páscha, daß Sie sich zu uns setzen und mit uns essen." Páscha genierte sich sehr. Sie verbeugte sich tief nach Bauernart vor Bábuschka, Bobik, Wera. Pássenka zwinkerte sie zu, er erwiderte den Gruß in gleicher Weise. Páscha setzte sich an den äußersten Rand des Stuhls. Sie bewunderte die schöne Tasse, die man ihr vorsetzte. Sie nahm einen Schluck und entsetzte sich. „Der Tee ist ja ganz kalt!" — „Ja, er ist wohl nicht recht heiß", verbesserte Bábuschka sie, „wissen Sie, wir haben doch schon fast kein Petroleum mehr, und da können wir das Wasser nur leicht anwärmen."

„Ist das möglich, daß Sie in einem solchen Elend leben? Und ich habe nichts bemerkt! Da ist es kein Wunder, daß Herr Bobik Magenkrämpfe hat. Sie sind doch zu allen Menschen und sogar zu mir immer nett gewesen. Warten Sie einen Augenblick! Ich komme gleich wieder!" Sie sprang auf und lief in ihr Zimmer. Bábuschka meinte: „Gott, wenn man sie so sieht, ist es ein ganz adrettes Mädchen, und so hilfsbereit!"

Páscha kam nach einer Weile mit einem kleinen, dampfenden Samowar herein. Sie stellte ihn auf den Tisch. Neuer Tee aus Páschas Päckchen wurde aufgebrüht. Jadwíga schnitt das Brot auf. Zum ersten Mal seit fast zwei Monaten aßen sie weißes Brot und tranken richtigen heißen Tee. Pássenka und Wera frohlockten. Bobiks Magenkrämpfe beruhigten sich. Páscha strahlte: „Ich bin ja so glücklich, daß Sie mir die Gnade erwiesen haben, es anzunehmen. Daß ich auch einmal gut zu jemand sein darf! Darf ich mich wieder melden, wenn ich etwas im Überfluß habe?"

Bábuschka stand auf und küßte Páscha auf die Stirn. Jadwíga und die Kinder dankten ihr. „Aber Sie sollen wirklich nicht teilen, Páscha, Sie sind zu gut. Und jeder hat es doch heute schwer!" — „Lassen Sie mich doch Ihnen helfen! Ich fühle mich dann wie ein nützlicher Mensch und nicht wie ein Ausgestoßener, wie Fräulein Elvira zu mir sagt. Und ich sehe, daß Sie mich nicht verachten."

„Gut, Páscha, wenn Sie es durchaus wollen, Gott wird es Ihnen lohnen. Sie haben nun gesehen, in welchem Elend wir leben. Ich allein hielte es aus, aber die Kinder. Es zerreißt mir jeden Tag das Herz, wenn ich zusehen muß, wie sie hungern. Heute dachte ich noch, wenn nicht bald ein Wunder geschieht, dann sind wir verloren. Und nun ist ein Wunder geschehen. Gott hat Sie uns geschickt!"

Als Páscha gegangen war, sagte Bábuschka, deren Gesicht entspannt und freundlich war: „Man lernt doch die Menschen ganz anders beurteilen. Was habe ich immer für Vorurteile gegen solche gefallenen Geschöpfe gehabt! In Wirklichkeit ist sie ein guter Mensch, viel besser als diese schnatternde Kommunistin, diese Propagandamaschine Elvira."

Es klopfte sehr leise an der Tür. Der Trompeter kam schüchtern herein und wendete sich an Bobik. „Bobik, ich habe gehört, du willst Doktor werden. Du verstehst doch sicherlich etwas von Krankheiten. Mein süßer Kleiner ist krank, er weint, hat Fieber und ist rot am Körper. Ob du ihn dir ansehen willst?"

Bobik war sehr stolz, daß man ihn für einen halben Doktor hielt. Er stand auf und zog sich an. In Bábuschkas Regalen war ein Buch »Die Mutter als Hausärztin«. Er blätterte darin. Es enthielt bunte Bilder und Beschreibungen von Krankheiten. Roter Ausschlag konnte Masern, Scharlach, Windpocken, Röteln oder Nesselfieber sein. Er sah sich alle Bilder genau an. Trotz Bábuschkas Protest und Angst vor möglicher Ansteckung ging er zum Marsbewohner. Die unerwartete Aufgabe und das Vertrauen der Trompeterfamilie gab ihm Sicherheit. Er streichelte die Wange des Marsbewohners und betrachtete ihn genau. Es mußten wohl Masern sein. Sie waren von seiner Diagnose beruhigt. Die Frau schickte den Trompeter aus, er möchte versuchen, irgendwo etwas Eßbares für das Kind zu besorgen.

Nach einigen Stunden ging die Wohnungstür. Jemand klopfte leise an der Tür zum Eßzimmer. Es war der Trompeter. Er sah niedergeschlagen aus. Jadwíga bot ihm einen Stuhl an. „Was ist geschehen? Wie sehen Sie aus? Ist ihnen etwas Schlimmes zugestoßen?"

„Denken Sie, es war mir gelungen, etwas Brot und Speck einzuhandeln, was habe ich mich gefreut, meinem Kleinen etwas Ordentliches mitzubringen. Und da kommt doch eine »Spazierende« an mich heran, eine Alte, ganz mager und elend war sie, nicht mit der Feuerzange würde man sie anfassen. Und bettelt und bettelt, sie habe seit Tagen nichts mehr gegessen, ich möchte mich doch ihrer erbarmen, und schaut immer mit fürchterlichen Augen auf das Brot. Ich konnte diesen Augen nicht mehr widerstehen. Ich habe meinen Kleinen und meine Frau vergessen in jenem Augenblick, und habe ihr das Brot und den Speck zugeschoben und bin gerannt. Erst als ich so rannte, fiel mir ein, was für ein Rabenvater ich bin. Ich kann doch meiner Frau und dem Jungen nicht mehr vor die Augen treten. Was soll ich bloß tun?" Er weinte.

Jadwíga ging an den Schrank, in dem noch ein Rest von Páschas Brot verwahrt wurde. Sie holte es heraus und gab es dem Trompeter. Bobik und Wera riefen entsetzt: „Aber Mami!" Sie schaute sie streng an. „Seid ruhig! Wir haben gehabt, jetzt ist er dran!" — und zum Trompeter gewandt: „Hier, nehmen Sie das Stück und sagen Sie Ihrer Frau, daß Sie nichts anderes bekommen haben, und, bitte, kein Wort von dem Vorfall! Sie würde es nicht verstehen." — „Ich verstehe es selbst nicht. Können Sie das verstehen?" — „Ja, sie sind ein Mensch und Sie haben einem anderen Menschen in höchster Not und Verzweiflung geholfen. Nun gehen Sie."

ALJOSCHA

Eines Nachts im Winter hörten sie die Haustür kreischen. Schritte stiegen langsam die Treppen herauf. Es waren keine Soldatenschritte, es waren auch nicht solche von Schwarzhändlern; so spät kamen die nicht. Die Besucher von Madame Eudoxie gingen anders, forscher. Diese aber verweilten an jeder Wohnung. Jetzt passierten sie die Wohnung der Stepánows. — „Zu denen, Mami, kommt keiner, es muß zu uns sein. Hörst du, jetzt flüstern sie miteinander. Der eine Schritt ist leicht, der andere ist schwer, es muß ein junger und ein alter Mensch sein." Die Schritte blieben jetzt vor ihrer Tür stehen. Man hörte, daß einer ein Streichholz anzündete. Jemand drehte ganz leise an der Drehklingel. Bobik und Jadwíga sprangen aus den Betten. „Ich gehe, Mami!" — „Nein, laß mich, es ist besser, man kann nie wissen!" Beide gingen leise zur Tür, sie atmeten aufgeregt. Auch hinter der Tür hörten sie jemanden keuchen. Sie öffneten einen Spalt breit und fragten leise. „Wer ist denn da so spät?" Eine bekannte Stimme antwortete: „Ich bin es, Aljóscha."

Aljóscha und sein alter Diener Iwán kamen leise herein. Jadwíga horchte, ob von den Mietern jemand wach geworden wäre. Es war nämlich streng verboten, nicht zum Hause gehörige Personen zu beherbergen. Am meisten hatten sie vor Propaganda Elvira Angst, die sie ohne Zögern den Henkern ausgeliefert hätte.

Nach der ersten Freude der Begrüßung setzte man sich auf die Bettkanten und erzählte. „Wie kommt ihr hierher, wie habt ihr unsere Adresse erfahren? Was machen die Eltern?" Aljóscha, der in den Monaten, die sie sich nicht gesehen hatten, sehr gewachsen war, winkte mit der Hand ab. „Sie leben nicht mehr. Nur Iwán und ich sind übrig geblieben. Golítzino ist ein Schutthaufen. Unser guter alter Iwán hat mich im rechten Augenblick gepackt und ins Dorf zu den Seinen geschleppt. Dadurch bin ich am Leben geblieben. So lange haben sie mich im Dorf versteckt, aber nun wird es gefährlich dort, denn im Dorf sind nun auch Kommissare, die jeden einzelnen registrieren. Iwán und ich wollten euch suchen. Aber wir kannten doch eure Adresse nicht, und auf dem Arbat ist jetzt der Proletkult. Da trafen wir auf der Ssucharewka einen Zeitungsverkäufer, in dem wir den General Nabókin erkannten. Er wußte von euch und gab uns eure Adresse. Wir haben die Dunkelheit abgewartet, um Euch nicht zu gefährden. Nun sind wir da. Iwán will morgen nach Golítzino zu den Seinen zurück." — „Und was willst du tun?", fragten Jadwíga und Bobik zugleich. „Ich muß weg. Ich versuche mich nach der Ukraine durchzuschlagen. Hier kann ich nicht mehr leben und nicht atmen."

„Zuerst bleibt ihr hier, aber seid bitte vorsichtig, wir haben auch eine Aufpasserin unter uns, und es darf niemand beherbergt werden. Nur ist es schlecht mit dem Essen bestellt, wir haben so gut wie gar nichts." — „Daran haben wir gedacht, Herrin. Wir haben etwas Proviant mitgenommen. Der Herr Aljóscha braucht es auch auf der Wanderung." Iwán zeigte einige Säckchen und Brottaschen, die sie bei sich hatten. „Du bist ein treuer Mensch, Iwán!", sagte Jadwíga. „Was wäre aus Aljóscha geworden, wenn du nicht wärest. Und wie treu hast du den Herrschaften immer gedient. Gott wird dich belohnen dafür." — „Was sprichst du da, Herrin. Habe ich es denn mein ganzes Leben nicht gut gehabt bei den Herrschaften? Alle Sorgen und Nöte haben wir gemeinsam getragen, ich die ihren und sie die meinen. Wir waren doch alle wie eine große Familie. Wenn einer dankbar sein muß, dann bin ich es." Aljóscha umarmte dankbar den Alten. Jadwíga breitete Decken und Pelze auf dem Boden aus, und sie legten sich hin.

Am nächsten Morgen verabschiedete sich der alte Diener. Man wartete, bis Propaganda Elvira, der Trompeter und der Chinese das Haus verlassen hatten. Jadwíga schlug das Kreuz über Iwán. Aljóscha umarmte ihn schluchzend. „Auf Wiedersehen, Iwán, auf ein besseres und glücklicheres Wiedersehen! Und hab Dank für alles!" Iwán wischte sich die Tränen ab, er bekreuzigte seinen jungen Herrn. „Gott behüte dich, mein Falke. Such dir ein neues Leben und ein neues Dach. Wir werden uns nicht wiedersehen. Aber ich werde dich und deine Eltern nie vergessen und immer für euch beten." Er stieg langsam und unsicher die Treppen hinunter. Jadwíga ging zur Arbeit. Die beiden Freunde blieben beieinander. Sie erzählten sich ihre Erlebnisse in allen Einzelheiten.

„Solltest du nicht auch versuchen, hier wegzugehen, Bobik? Du weißt doch nicht, was alles noch geschehen kann. Denk doch an die Französische Revolution. Jene, die der Guillotine entkommen konnten und emigrierten, kehrten nach Jahren wieder in ihre Heimat zurück. So werden wir es auch machen. Ich baue Golítzino wieder auf, aber diesmal ganz klein, gemütlich, und du ziehst ins alte Schloß oder ins Weiße Haus. Und dann sind wir wieder Nachbarn wie früher und werden uns mit unseren Familien immer sehen. Ich glaube, nach all den Geschehnissen und Erlebnissen werden wir alles anders und besser machen. Wir werden nicht mehr in den Tag hinein leben. Wir werden arbeiten und uns nützlich erweisen. Und glaube mir, wir werden all das Entsetzliche vergessen und wieder froh und glücklich sein!"

„Ich kann es mir nicht mehr vorstellen, Aljóscha, daß man nach alledem noch die Empfindung von Glück haben könnte. Ich glaube, daß der Hunger und das Elend, der Tod und die Erniedrigung uns allmählich abstumpfen wird und wir zu keinem Glücksgefühl mehr fähig sein werden."

„Hast du eine Ahnung, Bobik! Wir wollen einfach überleben und wir wollen wieder glücklich und froh werden. Trotz allem, verstehst du das? Trotz allem!"

Bobik sah seinen Freund erstaunt an. Hatte er so viel Widerstandskraft? „Was ich möchte, Aljóscha, ist, wieder ohne Angst leben. Wir haben doch ohne Angst gelebt. Nun leben wir in permanenter Angst. Angst wovor? Der Tod ist kurz. Er schreckt mich nicht. Vielleicht ist es das Leben mit seiner Aussichtslosigkeit, mit den Menschen, die wie gefährliche hungrige Wölfe alle gegeneinander sind und rücksichtslos einander vernichten, wovor wir Angst haben. Die einzige, die dieser Angst nicht anheimgefallen ist, ist Mami, sie ist im Gleichgewicht und sie kann sich heute noch freuen. Das bewundere ich."

„Wenn sie es aber kann, und sie hat es doch noch schwerer als ihr alle, dann nimm sie dir doch zum Vorbild. Versuch es doch!"

„Ich möchte es schon, Aljóscha, aber es gelingt mir nicht."

Sie schlenderten über den Ssucharewkamarkt. Sie hörten durch den Lärm hindurch den monotonen Gesang eines Bylínasängers. Er sang alte russische Heldensagen. Sie blieben stehen und lauschten. Dann gingen sie der Stimme nach. Gegen ein Haus gelehnt, saß ein alter Mann in Lumpen gehüllt. Sein Gesicht und seine Hände waren von der Lepra zerfressen. Die Haut war weiß, die Nase war eingesunken, die Lippen geschwollen. — „Aussätziger!", sagten die Vorübergehenden und warfen kleine Münzen in die Holzschale, die er in der Hand hielt. Neben ihm saß ein Junge in blauem Stoffmantel. Er begleitete den Baß des Großvaters mit seinem unsicheren Diskant. Sie sangen die Sagen von dem Helden Dobrýnja Nikítytsch. Bobik und Aljóscha blieben stehen und lauschten den altbekannten ehrwürdigen Gesängen. Sie warfen einige Münzen in die Holzschale. Bobik fragte den Alten: „Woher kommt ihr?" — „Wo der Wind her weht, mein Falke", war die Antwort. „Wir sind Aussätzige, und unsere Heimat ist der Wind. Keiner will uns haben, keiner beherbergt uns. Alle ehren uns, aber sie haben Angst, uns anzurühren. Und so sind wir Gottes Boten, wandern umher und singen in schlechter Zeit von anderen schlechten Zeiten, die vergangen sind. Andere werden in hundert Jahren von dieser Zeit singen. So ist es, mein Falke."

„Ihr habt ein schweres Leben. Und jetzt in dieser Zeit wohl noch schwerer?"

„Was willst du, Söhnchen, es war immer schwer und ist für uns nicht anders geworden. Zu Väterchen Zars Zeiten haben wir Wasser getrunken und Schwarzbrot gegessen. Und Wasser gibt es auch heute noch, und ab und zu fällt auch ein Stück Schwarzbrot für uns ab. Was soll es für einen Sohn des Windes anderes geben? Andere Herren im Kreml, andere Uniformen, andere Anreden, das ist alles. Wer so wenig braucht wie wir, dem ist das alles gleich. Es ist eben eine menschliche Zeit, eine Teufelszeit ist es!"

„Warum sagst du denn — menschliche Zeit?", fragte Bobik befremdet.

„Na, darum. Wer hat denn den Menschen geschaffen?"

„Gott natürlich, wer denn sonst?"

„Ach nein, mein Falke, Gott wohl, aber Gott nicht allein. Der Teufel hat daran mitgeschaffen."

„Wie kommst du denn darauf, wieso denn der Teufel?", fragte Bobik erstaunt.

„Ach weißt du, was ihr Gebildeten da erzählt, das stimmt ja gar nicht. Das Volk weiß es besser. Bei uns im Norden, im Archangelskschen, da sagt man, nicht Gott, sondern der Teufel habe den Menschen erschaffen, und das dünkt mich richtiger."

„Was erzählt man sich denn bei euch im Archangelskschen, sag es uns doch!"

„Gut! Das war also folgendermaßen. Gott lebte im Paradies, und der Teufel lebte in seinem Bereich, den die Kirche die Hölle nennt. Das ist nämlich der Bereich der Begierden, des Neids, des Hasses, der Unersättlichkeit, der Habsucht und der Traurigkeit. Und da wollte der Teufel sich einen Diener für sein Reich beschaffen. Aber er mußte Gott ähnlich sehen. Also schuf er ein Wesen aus Lehm und Erde mit Rumpf, Beinen und Armen und Kopf. Aber das Antlitz wollte ihm nicht recht gelingen.

Da kam die fliegende Maus und lachte ihn aus. »So sieht doch Gott nicht aus, das ist doch reine Stümperei!« Der Teufel war verzweifelt. »Was mache ich da bloß, ich bekomme doch das Antlitz Gottes nie zu sehen!« — »Warte, ich kann dir helfen. Ich sehe Seine Majestät oft. Ich werde mich in sein Handtuch einnisten. Er wird sein Anlitz darin abwischen, und dann bringe ich dir das Handtuch und du kannst deinen Diener danach abbilden.«

Gesagt getan. Nach einer Weile fiel das Handtuch mit der Abbildung des Antlitzes Gottes schnurstracks dem Teufel vor die Füße. Er freute sich, nun konnte er das Antlitz seines Dieners vollenden. Er legte das Tuch auf den Kopf der leblosen Gestalt, und siehe, durch den Odem Gottes gewann sie Leben und bewegte sich.

Aber Gott, dem nichts verborgen blieb, sah den Betrug und forderte Rechenschaft vom Teufel. Der Herr der Hölle sagte untertänigst und unter vielen Verbeugungen: »Herr, es ist mein Werk, ich habe ihn allein geformt.« Aber Gott erwiderte: »Du hast ihn wohl geformt, aber durch einen Betrug der fliegenden Maus hast du ihn mit meinem heiligen Odem versehen, denn was von dir stammt, ist des Todes! Und dieses Geschöpf trägt nicht dein, sondern mein Antlitz!« Der Teufel wußte nicht mehr ein noch aus, auch wollte er sein wohlgelungenes Werk nicht zerstören. Er bat also: »Dann laß es uns redlich teilen. Dir gehört das, was ihn lebendig gemacht hat, dein Geist und Dein Antlitz, und mir gehört der Rest.«

Gott ging auf den Handel ein. »Gut«, sagte er, »dann wird der Anteil an ihm, der von mir stammt, sich immer zu mir hingezogen fühlen und sich nach mir sehnen und gegen das, was du geschaffen hast, auflehnen. Und in hartem Kampf wird es ihm gelingen, die Erde und die Begierden in sich zunichte zu machen, daß er leuchten wird wie ein Engel. Das sei sein Weg. Wer aber den niederen Weg, den der Erde und des Fleisches und der Begierden wählt, der sei dein.«

Siehst du, sie wurden über den Handel einig. Und nun kämpfen beide um den Menschen, der eine weist ihm den Weg nach oben, und der andere zieht ihn mit aller Gewalt zu sich in sein höllisches Reich."

Er verstummte. Bobik und Aljóscha waren von der uralten Sage aus dem Norden tief beeindruckt.

„Was aber geschah mit der fliegenden Maus?", fragte er, vollständigkeitshalber. „Ach ja, die Dumme! Der wurden zur Strafe die Flügel abgenommen, und sie mußte in der Nähe der Menschen leben; wie eine Diebin, die sie war, sollte sie nachts ihre Nahrung zusammensuchen. Seither hat sie auch Angst vor dem Menschen, um dessentwegen sie ihre Flügel verlor. Aber auch der Mensch, der mit ihrer Hilfe zu einem zwiespältigen Wesen wurde, erinnert sich dunkel an das Vorkommnis und hat seinerseits Angst vor ihr. Seht ihr, so hat sich die Geschichte in Wirklichkeit zugetragen." Er raffte sich unvermittelt auf und begann in schleppender Stimme eine neue Bylína zu singen. Bobik und Aljóscha setzten ihren Weg fort. „Ob er recht hat? Das klingt so einfach. Ein rechter Dualismus. Aber werden wir nicht alle hin- und hergezerrt zwischen Gut und Böse? Und nur die ganz Guten und die ganz Bösen haben ein gutes Gewissen, weil sie schon ganz oben oder ganz unten sind."

Einige Tage später entschloß sich Aljóscha fortzugehen. Sie gaben ihm das Geleit. Bobik nestelte an seinem Taufkreuz, das er immer auf seiner Brust trug, und überreichte es Aljóscha. Jener nahm es in Ehrfurcht an, küßte es und hängte es sich an die Brust. Sein Kreuz schenkte er Bobik. Dann verabschiedeten sie sich mit Segenswünschen. „Wir kommen wieder zusammen!", sagte Aljóscha lächelnd. Bobik und Jadwíga winkten. „Wir werden ihn nie wieder sehen, Mami. Das sagt mir mein Herz."

NJANJA

Bobik holte seine Mutter von der Arbeitsstelle ab. Sie erzählten sich die kleinen Vorkommnisse des Tages. Als sie in die Ulanskigasse einbogen, hörten sie hinter sich schnelle Schritte und keuchenden Atem. Sie hatten Angst, sich umzudrehen. "Bárynja, Bárynja!" (Herrin), rief eine bekannte Stimme. Sie blieben stehen. Es war Njánja, ihre geliebte Njánja. — "Njánjuschka, du bist es!", rief Jadwíga, und sie umarmten sich.

Njánja berichtete, daß sie sie immer gesucht habe, aber sie begegnete niemandem, der ihr die Adresse hätte sagen können. Sie war bei Leuten beschäftigt, die sich umgestellt hatten und unersetzliche Arbeit leisteten, sie litten keine Not. Sie entsetzte sich, als sie erfuhr, daß ihr lieber Pássenka und die Kinder hungerten. Sie versprach, an ihrem freien Nachmittag zu kommen.

Sie kam. Sie weinte laut und ließ Pássenka nicht aus ihren Armen. Pássenka war toll vor Freude. Dann setzte sie sich und begann sich aufzuknöpfen. Sie war recht dick geworden. Unter ihrem Mantel und unter der Jacke hatte sie Butterbrote, eine Seite Speck, eine Flasche mit Kakao, Äpfel, Fleischkoteletten und Fischkonserven versteckt. Sie häufte all die seltenen Dinge auf den Tisch. Bábuschka, Jadwíga und die Kinder hatten leuchtende Augen. So viele Köstlichkeiten hatten sie seit Monaten nicht mehr gesehen. Sie konnten sich kaum noch vorstellen, daß es so etwas gab. Der Tisch wurde feierlich gedeckt. Bábuschka holte ihr kostbarstes Porzellan und ein weißes Tischtuch. Und sie aßen gemeinsam, wie in alten Zeiten. Njánja war glücklich, daß sie ihren lieben Herrschaften helfen konnte. "Wißt ihr, bei uns werden Lebensmittel noch weggeworfen, wenn welche übrigbleiben. Nun werde ich alles sammeln, und an jedem freien Nachmittag komme ich zu euch und bringe euch etwas. Ich würde ja keinen Bissen herunterbekommen, wenn ich weiß, daß ihr hungern müßt, ihr meine Lieben!"

Und sie kam fortan jede Woche und rettete sie vor dem Verhungern. Es war nicht genug, aber es gab doch Tage, an denen sie zweimal essen durften, und an den Tagen, an denen Njánja wie ein rettender Engel erschien, aßen sie sich satt. Ihr Verhältnis zu Bábuschka wandelte sich, sie wurden wieder freundlich zu ihr und verfolgten sie nicht mehr mit ihrem Argwohn. Pássenka lag mit vollem Bauch im Bett, sah aus wie Max und Moritz, nachdem sie das Huhn der Witwe Bolte gestohlen hatten, und schnarchte.

Jadwíga unterhielt sich mit Bobik, es waren die einzigen Minuten, da die Insassen des unruhigen Hauses ruhig waren, weil sie schliefen oder bei Madame Eudoxie Liebesspielen nachgingen. Niemand spionierte ihnen nach oder lauschte.

„Bei allem Elend, Bobik, müssen wir dankbar sein. Es wird uns offenbar, daß wir nicht aus eigener Kraft und durch eigenes Verdienst leben, sondern daß wir fest in Gottes Hand sind. Und diese Seine Hand dürfen wir fast bei jedem Schritt, bei jeder wunderbaren Begegnung spüren. Denk an den tapferen General Nabókin, an unseren Nikífor, an Aleksándr, an Páscha, die kleine Prostituierte, und an unsere liebe alte Njánja. Als es uns gut ging und wir im Überfluß lebten, war Gott uns ferner. Jetzt ist er uns ganz nahe. Mag kommen, was will, Gutes oder Böses. Aber diese Seine Nähe sollten wir immer spüren und darum wissen. Dann kann uns nichts geschehen, was nicht aus Seiner Hand kommt."

MAHNUNG

Die Theater spielten wieder. Man suchte Stücke aus, die antikapitalistisch waren. Solcher Stücke gab es wenige, da sie in der Monarchie verboten wurden. Im Ballett sahen sie eine Apotheose der Revolution. Ein Weib mit phrygischer Mütze, in langem, faltigem Rock schwenkte eine enorme rote Fahne hin und her und erinnerte peinlich an die berühmten schweizerischen Fahnenschwinger. Die Kulisse bildeten grau gekleidete Arbeiter-Revolutionäre, deren vornehmliche Aufgabe es war, die Körper mit erhobenen geballten Fäusten bald nach rechts, bald nach links oder nach vorne und hinten zu beugen. Unter den Klängen der Marseillaise dauerte diese Kunstdarbietung über eine Stunde.

Bobik hielt es nicht mehr aus. Er stand auf und zog seine Mutter mit sich. Das Publikum zischte. Sie zwängten sich durch die Reihe und verließen das Theater. „Wie entsetzlich, Mami! Was haben sie aus unserer großartigen Theaterkunst und aus dem Ballett gemacht! Eine wildgewordene Mänade, die eine rote Fahne schwenkt! Das ist furchtbar!" Jadwíga nickte: „Das sind Verfallserscheinungen. Sie suchen nach neuen Kunstformen, weil sie glauben, daß die alten Formen der Ausdruck eines feudalen Systems seien. Das hat es immer bei allen Umwälzungen gegeben, Bobik. Auch die frühen Christen haben alles alte als heidnisch abgelehnt und schönste Bildwerke zerstört. Denk doch nur an den Niedergang der Kultur nach dem Einfall der Goten in Rom. Glaub mir, Bobik, das wird sich ändern, sie werden die alte traditionelle Kunst des Balletts und des Theaters in alter Glorie auferstehen lassen. Jetzt müssen sie alles Alte, Hergebrachte als Ballast über Bord werfen. Kein Volk kann ohne Tradition und ohne Geschichte, auch nicht ohne Symbole leben. Das ist nicht denkbar; sie schneiden sich die Adern ab, die sie mit dem Quell ihres Blutes und ihres Geistes verbinden. Dem Versuch der Erzeugung eines neuen Symbols hast du soeben beigewohnt. Es war kläglich. Allmählich werden sie die alten Symbole des Christentums ihrem Atheismus dienstbar machen. Dasselbe haben die Christen getan, als die Heiden zu ihren Kirchen hinströmten. Alles wiederholt sich in der Geschichte."

„Du findest aber auch immer eine Entschuldigung und einen Trost, Mami!", sagte Bobik ehrfürchtig.

Im Polytechnikum tagten nach kurzer Unterbrechung wieder die Dichter und Künstler. Wladímir Majakówski hatte sich umgestellt und deklamierte mit wildem Pathos kommunistisch und atheistisch anmutende Dichtungen. Auch Sergéi Jessénin hatte sich verändert. Das Knabenhafte, Scheue hatte er verloren. Er trug ein rotes Hemd, sein blondes Haar war ungekämmt, und eine störrische Locke fiel ihm auf die Stirn. Er war der Hooligan, den er oft in seinen Dichtungen verherrlichte. Laut und ungebärdig schrie er seine Dichtungen, aus denen Gott und die Heiligen und Christus verschwunden waren. Jetzt war es die Stadt, die Technik, der Fortschritt, die Revolution, das Volk, die immer darin vorkamen. Seine Seele war nicht mehr darin. Man spürte das Unechte, das Gequälte. Er war völlig verändert. Bobik und Jadwíga gingen in der Pause zu ihm. Er sprach lebhaft gestikulierend mit jemandem. Er roch nach Schnaps, seine Augen waren entzündet und ohne Glanz. „Wir wollen gehen, Mami, das ist nicht mehr unser Serjóscha Jessénin, es hat gar keinen Zweck, daß wir mit diesem fremden Mann sprechen." Er zog seine Mutter fort, Serjóscha hatte ihre Nähe gar nicht bemerkt.

Unverändert in seiner verhaltenen Bescheidenheit und Stille blieb Borís Pasternák. Mit leiser Stimme las er seine Gedichte, die fast niemand verstand. Man applaudierte ihm sehr heftig mit vielen begeisterten Zurufen, aus Dank, daß er derselbe geblieben war.

Einer der Wenigen, die Nonkonformisten blieben, war der geliebte, der verehrte Aleksándr Block, dessen Gedicht »Die Zwölf« alle Schrecknisse jener Zeit schilderte, aber mit einem Lichtstrahl der Verheißung endete. Bobik deklamierte das ganze Gedicht zu Hause beim Sägen der Balken auf dem Speicher, und auf den Straßen, und es verlieh ihm und vielen Millionen seiner Volksgenossen neue Kraft.

Auf dem Heimwege sprachen Jadwíga und Bobik die letzte Strophe:

„Sie marschieren mit festem Schritt.
Hinter ihnen ein hungriger Köter.
Ihnen voran, die blutige Fahne tragend,
von Stürmen verhüllt,
von Geschossen unversehrt,
schreitet über dem Wind
in perlendem Schneegestöber,
umkränzt von weißen Rosen
voran — der Heiland Jesus Christ."

Eine öffentliche Rede Leo Trotzkis im Polytechnikum wurde angekündigt. Jadwíga meinte, man solle sich nicht verschließen und hingehen. Sie besorgten sich Karten. Jadwíga wollte direkt von der Arbeit hinkommen. Bobik ging schon früher, da er hoffte, einige seiner Bekannten, Andréi Bjélyj, Pasternák, Goldschmidt oder Burljúk in dem kleinen Saal, wo die Dichter tagten, anzutreffen. Es war aber niemand dort. Er unterhielt sich mit dem alten Platzanweiser, und da es noch zu früh war, setzte er sich ins kleine Künstlerzimmer und las in einer Zeitschrift. Eine schöne Dame gesellte sich zu ihm. Sie trug einen modischen Hut mit bunten Federn und lange schwarze Handschuhe. Er hatte sofort Vertrauen zu ihr. Sie sprachen über die schlechten Zeiten. Es schien der Dame gar nicht schlecht zu gehen, sie war bester Laune, sie klagte nicht über Hunger, sie war sehr gepflegt und duftete nach französischem Parfum.

Bobik wunderte sich, daß er ihr nie begegnet war. Sie sprach mit größter Ehrfurcht von der Großmutter der russischen Revolution Breschko Breschkowskaja, mit der sie kürzlich zusammengetroffen war. Bobik erzählte ihr, daß sein Onkel Stassiek mit der alten Dame Jahre der Verbannung in Sibirien zugebracht habe und vor einem Jahr wieder die Freiheit erlangt habe. Von Onkel Stassiek hatte sie auch gehört. Bobik war stolz darauf. Vielleicht war sie auch Revolutionärin? Er genierte sich, sie direkt zu fragen. Sie war so damenhaft, daß er sich doch für eine Aristokratin entschloß. Bobik schaute auf die Uhr. Die Zeit für den angesagten Vortrag war schon lange überschritten.

„Das sind so die neuen Herrschaften. Nicht einmal pünktlich können sie sein!", brummte er. „Ich wünsche sie alle zum Teufel!"

Die Dame lachte belustigt. „Sie können sie nicht leiden?"

„Nein, ich kann sie wirklich nicht leiden! Was haben sie aus unserem Vaterland gemacht!"

In dem Augenblick ging die Tür auf und ein mittelgroßer, schlanker Mann mit Ziegenbart und einem Kneifer, der seine kleinen Augen stark vergrößerte, trat herein. Er reichte der Dame die Hand und sagte: „Guten Tag, Genossin Kolontái." Dann reichte er Bobik die Hand, ohne ihn anzusehen. „Kolontái!", schoß es Bobik durch den Kopf, „das ist ja eine von den Haupt-Bolschewistinnen! O Gott, o Gott!" Er hatte sich vorgestellt, sie sähen alle aus wie Propaganda-Elvira!

Er schlich sich rückwärts zur Tür und verschwand. Er traf den alten Platzanweiser. „Weißt du, wer dort im Künstlerzimmer sitzt?" —

„Nein, wer denn?" — „Na, die Kolontái und der Trotzki!" — „Was du nicht sagst, und er ist ganz allein und ohne Bewachung gekommen? Das ist doch nicht möglich! Wenn unsere höchsten Herrschaften früher reisten, dann standen alle paar Meter Geheimpolizisten, und mehrere Züge fuhren und es war ein Staatsgeheimnis, in welchem der Zar saß. Der ist doch nun der zweite Mann im Staat und läuft so ganz allein herum! Da staun' ich aber!" — „Und denk mal, die sah doch aus wie eine Dame, ich habe gedacht, sie sei unsereins, und habe über die Zustände geschimpft. Und da kommt der Trotzki herein, gibt ihr die Hand, gibt mir sogar die Hand und sagt »Genossin Kolontái« zu ihr. Wie bin ich da erschrocken, und habe mich sogleich verzogen." — „Na, hoffentlich hast du dich nicht in die Nesseln gesetzt, Bobik. Man muß heute die Zunge hinter den Zähnen halten, am besten benutzt man sie nur noch zum Essen und zum Ausspucken, wenn einem die Galle überläuft" — und er spuckte demonstrativ aus.

Bobik begab sich in den großen Saal des Polytechnikums. Das Publikum war vom langen Warten ungeduldig. Auf dem Podium stand ein langer, mit rotem Tuch bedeckter Tisch, an dem zahlreiche uniformierte Personen saßen. Bobik setzte sich neben seine Mutter. Trotzki kam herein. Das Publikum applaudierte frenetisch. Er hielt eine lange Rede. Bobik verstand nicht viel davon, außer daß der Feudalismus und Kapitalismus in Grund und Boden zerschlagen werden müsse, nicht nur in Rußland; hier sei nur der Anfang: in der ganzen Welt. Wenn das geschehe, dann werde es keine Kriege, keinen Hunger, keine Ungleichheit mehr geben und alle würden satt und glücklich sein.

Er redete noch viel mehr. Bobik schaute gelangweilt umher. Ein Gesicht am langen Tisch kam ihm bekannt vor. Er schaute genauer hin. Wahrhaftig, es war Walerián, ihr alter Freund, der Student des Polytechnikums aus Giréjewo. Jetzt saß er am Präsidiumstisch. Er war älter geworden, seine Mundwinkel hingen gelangweilt und verächtlich herab. „Wie konnten wir ihn damals nur nett finden?", dachte Bobik.

Er besah sich die Leute, die da vorne saßen. Der Mann neben Walerián kam ihm ebenfalls bekannt vor. Das war ja der Kommissar, der ihn in der Kaserne verhört hatte! Die Erinnerung an all die furchtbaren Geschehnisse kam ihm mit aller Deutlichkeit in den Sinn. Er faßte Jadwígas Hand. Sie merkte, daß er erregt war. „Was ist los?", fragte sie leise. — „Da am Tisch sitzt Walerián und neben ihm der Kommissar!" Jadwíga suchte den Tisch mit den Augen ab.

In diesem Augenblick entdeckte Walerián Jadwíga und Bobik. Spontan nickte er ihnen freundlich zu. Aber dann verfinsterte sich sein Blick und er wendete sich dem Kommissar zu. Jener schaute in die Richtung, in die Walerián grüßte. Seine Augen blieben an Bobik hängen. Beide sahen sich lange an. Bobik fühlte erstarrend, wie es im Gehirn des Kommissars arbeitete. Er suchte sich an etwas zu erinnern. Schließlich tuschelte er lange mit Walerián, ließ sich von ihm erzählen und erzählte ihm wieder etwas. Jadwíga und Bobik verfolgten das Gespräch fasziniert, regungslos wie Kaninchen, die vor dem Anblick einer Schlange erstarren.

Trotzki hatte seine Rede beendet. Die Hörer sprangen auf, schrien, klatschten wild. Es gab einen lauten, begeisterten Tumult, manche versuchten sich durch die Reihen zu schieben, um nach vorne zu gelangen und den Helden der Sowjetunion von nahem zu sehen. Jadwíga packte Bobik resolut an der Hand und zog ihn hinter sich her. Nach schrecklichem Drängen und Stoßen gelang es ihnen ins Freie zu kommen. Sie rannten die Straße entlang und hielten erst an, als sie um einige Häuserblocks gebogen waren.

„Wir müssen überlegen, was jetzt geschehen soll. Der Kommissar weiß jetzt, daß du lebst. Er wird dich suchen. Du kannst nicht mehr hier bleiben. Du mußt weg. Aber wohin, um Gottes Willen! Wohin? Sascha ist weg, Aljóscha ist weg! Ihr könnt doch nicht alle weggehen! Trotzdem, Bobik, du mußt fort."

Bobik schwieg bedrückt. Das war ein Fingerzeig. Er wußte, er mußte fort.

KARLUSCHAS RÜCKKEHR

Wieder lauschten sie Schritten in der Nacht. Es waren leise, schleifende Schritte, die etwas Schweres schleppten. Dann rasselte die Klingel laut und aufdringlich. Bobik empörte sich. „Welcher Idiot wagt es denn, nachts so laut zu schellen! Er bringt doch sich und uns in Gefahr! So kann eigentlich nur klingeln, wer zur Partei gehört und keine Angst hat." Sie gingen zur Tür und öffneten einen Spalt weit. Sie erblickten einen kleinen, älteren Mann mit braunem Bart. Er hatte einen großen Sack neben sich. Er atmete schwer, der Schweiß stand ihm auf der Stirn.

„Karlúscha, du bist es!", rief Jadwíga überrascht. Sie zerrten ihn ins Zimmer. Bábuschka, Wera, Pássenka standen um ihn herum. Die Großmutter umarmte Karlúscha. Wera hing ihm am Hals. Pássenka fragte erstaunt: „Wer ist denn dieser alte Mann, Mami?" — „Das ist dein Vater, Pássenka, geh hin und umarme ihn!" Pássenka musterte den Ankömmling kritisch. „Ein neuer Vater? Ich brauche doch gar keinen! Hat er uns etwas mitgebracht?"

Karlúscha band den Sack auf, kramte darin und holte einige Äpfel heraus und reichte sie Pássenka. Pássenka nahm das dargebotene Geschenk, drehte es in seiner Hand und biß gierig hinein. „Willst du denn dem Papa nicht guten Tag sagen?", fragte Jadwíga. — „Doch, doch, ich wollte nur erst probieren, ob es auch ein echter Apfel sei." Dann umarmte Pássenka seinen Vater und gab ihm einen Kuß. Karlúscha hielt den Knaben gerührt in seinen Armen. Man half ihm aus dem Pelz. Er war sehr erschöpft. Man fragte nicht viel. Bábuschka entschloß sich, für den Gast Tee zu kochen.

Karlúscha berichtete, daß er vier Wochen auf der Eisenbahn zugebracht habe, um sich aus der Wolgasteppe, in die er als Deutscher verbannt gewesen war, nach Moskau durchzuschlagen. Die Kalmücken hatten ihn reichlich mit Lebensmitteln versorgt. In Nischni-Nowgorod sei er auf der Straße einem Bauern begegnet, in dem er Nikífor erkannt habe. Der sei mit einem anderen, großen Bauer unterwegs nach der Ukraine gewesen. Beide ließen grüßen. Nikífor habe die Absicht, wieder nach Moskau zurückzukehren. Von ihm habe er die Adresse der Seinigen erhalten.

Jadwíga und Bobik erblaßten bei seinem Bericht. Er, Karlúscha, brachte ihnen, ohne es selbst zu wissen, Nachricht von Sascha. Welche Fügung!

„Was gedenkst du zu tun? Deine Fabriken und Kontore sind natürlich beschlagnahmt. Sie stehen noch still. Das Weiße Haus ist leer und ausgeraubt. Du siehst, wie wir hier leben."

„Ich muß mich erst hier umschauen, alte Freunde suchen. Es gibt jetzt Transporte von Gefangenen von hüben und von drüben. Ich werde mich darum bemühen, nach Deutschland zu gelangen, und dort so lange warten, bis die Zeiten sich hier wieder normalisiert haben; dann kehre ich zurück und baue meine Fabriken wieder auf. Kommt ihr mit?"

Jadwíga schüttelte den Kopf. „Nein, ich bleibe hier, ich bin wieder verheiratet und werde hier ausharren. Aber die Kinder! Du mußt Wera mitnehmen, und wenn es geht, nimm auch Bobik mit, er ist hier gefährdet. Pássenka ist noch zu klein, den behalte ich hier, einen werde ich ernähren können."

„Ich gehe nicht, ich bleibe hier bei dir!", sagte Bobik trotzig. Karlúscha sah ihn ratlos an. Alles hier war neu und fremd für ihn. Die großen Kinder, die sich verändert hatten, seit er sie vor vier Jahren bei Kriegsausbruch zuletzt sah. Wo war das doch? Ja, in dem Butyrkigefängnis, ehe er in die Steppe abtransportiert wurde, und Pássenka, der ein Kleinkind war, hatte ihn nicht wiedererkannt. Auch für ihn war er ein beliebiger Knabe.

„Meinst du nicht, du würdest mit mir nach Deutschland kommen, und wir vergessen, was gewesen ist, und fangen ein neues Leben an? Hältst du es nicht für möglich?", fragte er Jadwíga leise. Bobik bekam Angst, Jadwíga würde aus Mitleid einwilligen. Sie blieb standhaft. „Nein, Karlúscha, es hat keinen Zweck, daß du mich darum bittest. Seitdem hat sich vieles verändert. Ich bin dir nicht böse und trage nichts nach, aber es ist unabänderlich." Er insistierte nicht. Er war müde. Bábuschka bereitete ihm ein Lager.

Bobiks Herz war voll Sorgen. Gerne hätte er sie seiner Mutter mitgeteilt, aber er wagte es nicht; wie leicht konnte Karlúscha das Gespräch belauschen.

Am nächsten Tage besorgte Bábuschka Karlúscha eine Unterkunft. Er brachte vom Bahnhof mehrere Säcke mit Lebensmitteln. Sie packten sie gierig aus. Mehl, Buchweizengrütze, Speck, Öl, getrocknete Äpfel, Stockfische. Ein Reichtum, den sie lange nicht gesehen hatten. Bábuschka buk Berge von Pfannkuchen, sie aßen, bis sie Bauchgrimmen bekamen. Aber wie anders war dieser Bauchschmerz gegen den Hungerschmerz!

Am Abend unterhielt sich Jadwíga mit Bobik. „Mami, ich kann nicht, ich kann einfach nicht mit ihm nach Deutschland fahren. Ich habe keine Beziehung zu ihm, ich liebe ihn nicht, und er kann mich im Grunde nicht leiden, ich bin ihm ein Fremder. Und ich kann dich nicht hier allein lassen. Es wäre der Tod für mich!"

„Bobik, glaubst du denn nicht, daß es auch für mich schrecklich schwer sein würde, mich von euch zu trennen? Ihr seid doch meine Kinder! Aber ich denke an euch. Was wird aus euch hier, ihr werdet verwildern. Ich weiß nicht einmal, ob ich euch durchbringen kann in dieser Hungersnot, deren Ende niemand absehen kann. Und ich will mich nicht an euch schuldig machen. Glaub mir, Bobik, es ist besser, du gehst. Ich weiß, daß du ihn nicht liebst, aber du bist ja nicht an ihn gekettet, du wirst älter, du wirst studieren. Du kannst Arzt werden, das wolltest du doch!? Aber ihr kommt in geordnete Verhältnisse."

„Mami, Sascha hat mir aufgetragen, dich zu beschützen und mich nicht von dir zu trennen. Und ich halte dieses Versprechen!"

„Du bist gar kein Schutz für mich, Bobik! Du weißt genau, wie gefährdet du bist. Glaub nur nicht, daß Walerián dich schützen wird. Ich bin sogar überzeugt, daß er dem Kommissar alles, was er von uns wußte, erzählt hat. Ich bin den ganzen Tag nicht zu Hause; glaubst du nicht, daß ich jeden Abend in Angst nach Hause komme, ob ich dich auch wiedersehe? Du hast einmal, als du dem Tode entronnen warst, gesagt, du würdest dich als Bote Gottes fühlen. Vielleicht ist die Rückkehr Karlúschas zur rechten Zeit ein Fingerzeig für uns alle. Es öffnen sich Möglichkeiten, an die wir bisher nicht gedacht haben."

„Aber Mami, denk doch nur, in ein fremdes Land zu fahren. Ich kann nur in meinem Lande leben und glücklich werden! Ich fühle mich meiner Heimat verpflichtet. Begreifst du das?"

„Bobik, deine Heimat will dich gar nicht haben, sie zerstört und vernichtet alles, was mit ihrer Vergangenheit verknüpft ist. Und ich fürchte, sie macht erst Halt, wenn alle Spuren verwischt sind. Du weißt genau, daß du als Angehöriger einer ehemals privilegierten Klasse niemals zum Studium zugelassen wirst und daß du nur die niedrigsten Arbeiten verrichten darfst. Ob das bei deinen Fähigkeiten gerade das Erstrebenswerteste wäre, möchte ich sehr bezweifeln."

„Mami, ich glaub', ich überlebe die Trennung von dir nicht!"

„Welch ein Unsinn, Bobik! Du redest wie ein Kind. Wenn die

Zeiten normal wären, würdest du jetzt bald studieren, du würdest das Ausland bereisen und deinen eigenen Lebensweg gehen. Du bliebest doch nicht an meinen Rockschössen hängen! Welch einen Unsinn du redest! Denk doch nur, daß du und Wera in Deutschland in geordneten Verhältnissen leben werdet, ihr wißt nicht mehr, was das bedeutet! Jeden Tag satt sein, ein warmes Zimmer haben, frische Wäsche, keine Ratten! Weißt du noch, wie gerne du in Deutschland Reibekuchen mit Apfelmus gegessen hast? Und wenn die Zeiten sich geändert haben, kommst du wieder in deine Heimat zurück. Aber du hast ihr dann etwas zu bieten, und die Jahre des Lernens und Reifens in der Fremde werden nicht umsonst gewesen sein."

„Ich gehe nicht, Mami, ich gehe einfach nicht! Lieber schlage ich mich wie Sascha oder Aljóscha nach der Ukraine durch!"

„Du denkst auch nur an dich! Glaubst du nicht, daß ich mich zermartere in Gedanken an Sascha, was aus ihm geworden ist? Hätte das Schicksal es nicht so seltsam gefügt, daß ausgerechnet Karlúscha mir Nachricht von Sascha brachte, wir wüßten doch nichts von ihm. Aljóscha ist auch unterwegs. Soll ich mich immer um euch alle sorgen und bangen? In Deutschland weiß ich dich in Sicherheit. Wenn du behauptest, daß du mich liebst, dann denk auch ein wenig an mich und respektiere meine Wünsche."

„Gut, Mami, aber laß mir etwas Zeit, daß ich mich an diesen schrecklichen Gedanken gewöhne." Das Gespräch verstummte. Bobik konnte nicht einschlafen. Seine Gedanken kreisen um die schicksalsschwere Entscheidung.

ZU NEUEN UFERN

Draußen war Frühling. Aber es gab keine grünenden und blühenden Bäume. Auf den Straßen wuchs kein Gras. Im Innenhof türmte sich der stinkende Abfallhaufen. Die Luft war warm. Bobik stellte seine Sägearbeit auf dem Speicher ein. Tauben schwirrten munter an den Fenstern vorbei.

Sie hatten Sehnsucht nach Giréjewo, nach dem alten Park, nach dem sanften Grün der Knospen, nach dem berauschenden Duft der Faulbaumblüte, nach den leuchtenden Farben der Krokusse. Es war der erste Frühling, den sie in der Stadt verlebten.

Njánja brachte ihnen außer gehamsterten Lebensmitteln blühende Weidenkätzchen mit. Wera küßte vor Begeisterung die kleinen wolligen Knospen. Sie verteilte sie in Vasen, füllte die Lampade damit und hing sie vor die Ikonen. Sie freuten sich an diesen ersten Frühlingsboten, der Verheißung der Wärme und des Sommers. In der folgenden Nacht waren die Ratten besonders unruhig, sie rannten umher, zankten sich und rumorten in den Räumen. Am Morgen stellten sie fest, daß alle Kätzchen von ihnen abgefressen worden waren. Nur die Zweige in der Lampade waren unversehrt. Pássenka meinte: „Der liebe Gott hat es nicht zugelassen, daß sie seine Kätzchen auffraßen!"

Mit Deutschland wurde Frieden geschlossen. Graf Mirbach kam als Botschafter nach Moskau. Er und seine zwei Botschaftsräte, Herr von Janson und Herr Hilger, fielen in Moskau durch ihre Größe und durch lange blaugraue Mäntel aus feinstem Stoff auf. Alle Russen, mit Ausnahme der hochgestellten Funktionäre, trugen schäbige und abgerissene Pelze oder Mäntel.

Karlúscha bemühte sich um seine Ausreise nach Deutschland. Wera war entschlossen, mitzugehen. Pássenka sollte bei seiner Mutter bleiben. Bobik konnte sich nicht entschließen mitzufahren. Karlúschas Wesen hatte sich verändert. Er war nicht mehr der alte Tyrann und Wüterich. Er erregte sich nicht mehr über jede Kleinigkeit und polterte nicht gleich los. Er spielte drollig mit Pássenka, der ihn liebte und mit ihm machen konnte, was er wollte. „Mit uns hat er nie so gespielt!", sagte Wera bedauernd. Sie wagten in seiner Gegenwart nicht, natürlich und lustig zu sein. Ihre Antworten waren einsilbig.

Er spürte ihre Abneigung und wurde ihnen gegenüber selbst gehemmt.

„Wenn er uns einmal gesagt hätte, daß seine Wutausbrüche nur kurze Explosionen seien, daß er nicht uns persönlich damit treffen wollte, wenn er sich hinterher entschuldigt hätte, wäre vielleicht alles gar nicht so schlimm gewesen, und wir hätten uns nicht so bedroht und erniedrigt gefühlt. Aber so sitzt die Angst und die Ablehnung gegen ihn fest in uns. Er mag ein genialer Techniker und großartiger Kaufmann und Organisator sein, auch ein guter Gesellschafter, aber als Vater hat er einfach versagt. Und wir selbst sind so verhärtet gegen ihn, daß es ihm, auch wenn er es wollte, kaum gelingen könnte, uns umzustimmen", räsonierte Bobik.

„Vielleicht wird er sich doch bessern. Er ist älter geworden und nicht mehr so impulsiv. Er hat auch viel gelernt in der Gefangenschaft. Da war er nicht mehr der große Herr und mußte sich anpassen. Das war sehr gut für ihn. Wie wird er uns behandeln, wenn wir allein mit ihm sind und Mami nicht dabei ist, die immer ausglich?" Wera war sehr besorgt.

Sie behielten aber ihre Sorgen und Ängste für sich, sie wollten der Mutter nicht das Herz schwer machen mit ihren Nöten. Sie wußten, wie sehr sie unter der Trennung von Sascha und unter der bevorstehenden Trennung von ihnen litt.

Karlúschas Transport sollte Ende Juli zusammengestellt werden. „Wie ist es nun mit dir, gehst du mit? Hast du dich nun endlich entschlossen? Du mußt dich beeilen, sonst kommst du nicht mit!" Bobik versuchte die Entscheidung hinauszuschieben. „Gib mir bitte wenigstens noch vierzehn Tage Zeit. Du mußt verstehen, es ist für mich ein unendlich schwerer Entschluß."

„Das kann ich nicht verstehen, denn hier kommst du unter die Räder, so oder so. Und dort kannst du studieren, du wirst Ingenieur und übernimmst dann später meine Fabriken hier in Moskau, oder kannst bei meinen Vettern gute Arbeit bekommen. Du solltest froh sein, daß dir solche Möglichkeit geboten wird. Du weißt, wie schwer sich die anderen durchschlagen müssen. Also, ich gebe dir diese zwei Wochen Zeit, aber keinen Tag mehr!"

Bobik antwortete nicht. Karlúscha würde seine Gefühle doch nicht verstehen, er würde nicht begreifen, daß die Trennung von seinem geliebten Vaterland, von seiner Mutter so viel wie Tod für ihn bedeutete. Er konnte ihm nicht sagen, daß er keine Zuneigung und kein Vertrauen zu ihm habe, und auch nicht, daß er noch immer hoffe, ein Wunder möge geschehen und dieses System der Unterdrückung würde ein Ende finden.

Eines Tages stand Nikífor vor der Tür. Er lachte froh. Alle umarmten ihn. Bábuschka fiel ihm, wie einem lieben Verwandten, um den Hals und küßte ihn auf beide Wangen. Er errötete und erwiderte herzlich ihren Kuß. „Aber, Exzellenz!", rief er aus. Er kramte in den Taschen und holte zwei kleine Zettelchen hervor. Er reichte sie Jadwíga und Bobik. Sie waren von Sascha in einer verabredeten Geheimschrift abgefaßt. Jadwíga war aufgeregt, sie mußte sich setzen. Sie weinte. Dann las sie den Zettel, der auf einem abgeschnittenen Rand einer Zeitung Botschaft für sie enthielt. „Jadwíga, mein Schatz, alle meine Gedanken sind immer bei dir. Ich sehne die Stunden herbei, da ich dich wieder in meinen Armen halten darf und wir gemeinsam unseren Lebensweg fortsetzen werden. Alles andere, ohne dich, ist wertlos und wie eine endlose Fahrt über den Ozean in einer leichten Schaluppe. Gott weiß, wann das Schicksal uns wieder zusammenführen wird. Hab mich lieb!"

Die Zeilen an Bobik lauteten: „Lieber Bobik, mein Sohn! Wir trafen in Nischni Nowgorod auf Karlúscha. Er wird euch jetzt erreicht haben. Er will nach Deutschland. Nimm einen Rat von mir an: wenn es möglich ist, geh mit ihm dorthin. Ich bange um dein Leben hier. Nikífor wird sich mit Gottes Hilfe nach Moskau durchschlagen. Er wird die Mutter und Bábuschka beschützen. Du aber geh! Ich segne dich. Dein Sascha." Bobik entzifferte langsam die Geheimschrift. Er las die Botschaft mehrmals. Er wußte, daß Saschas Rat richtig und weise war, aber alles in ihm sträubte sich dagegen. Jadwíga bat, ob sie Saschas Botschaft an ihn lesen dürfe. Er reichte ihr stumm den Zettel. Sie entzifferte ihn und nickte zustimmend mit dem Kopf. Wortlos reichte sie Bobik den Zettel zurück. Sie wußte, was in ihm vorging, und sagte kein Wort.

Nikífor wurde mit Tee bewirtet. Er packte einen Sack aus und legte Kostbarkeiten auf den Tisch. Getrockneten, stinkenden Stockfisch, Schmalz, Mehl, Zucker, Reis und Buchweizengrütze.

„Was wirst du nun tun, Nikífor? Bleibst du hier, oder treibt es dich wieder in die Ferne?"

„Ich bleibe jetzt hier, Exzellenz, und werde für euch sorgen. Das hat mir der Herr so aufgetragen, und das führe ich aus."

Er erzählte ihnen von seiner und Saschas abenteuerlichen Flucht über die Grenze nach der Ukraine und von seiner Rückkehr.

„Du hast einen guten Schutzengel, Nikífor. Und du bringst so viel

Optimismus und gute Stimmung mit. Wir alle sind froh, daß du wieder da bist", sagte Bábuschka. Alle bestätigten das. Pássenka ging nicht von seiner Seite.

„Ja, einen guten Schutzengel muß man heute schon haben, Exzellenz. Aber was man noch haben muß, ist Köpfchen, sonst nutzt einem der beste Schutzengel nichts." Nikífor lachte.

Bábuschka ging zum Hauswart und zur blinden Frau und quartierte Nikífor im gleichen Hause ein. Später, wenn Wera nach Deutschland wegfahren würde, sollte Nikífor ihr Zimmer beziehen. Nikífor beschloß, Arbeit zu suchen, er wollte sich aber nicht zu billig verkaufen.

An einem Sommernachmittag standen Bobik und Nikífor an der Ecke der Sadowaja, dort, wo die Ulanskigasse in sie einmündet. Sie schauten nach Schwarzhändlern aus. Ein Rotarmist näherte sich ihnen. In seiner Hand hielt er einen Zettel. Er sprach Nikífor an: „Sag mal, Genosse, kennst du dich hier aus, bist du von hier?"

„Ich bin von hier, Genosse, was hast du denn?"

„Ach ich suche jemanden, weiß aber nicht, wo ich ihn finden soll. Ich soll mich da nach einem erkundigen, ob und wo er wohnt."

„Wer soll es denn sein? Ich kenne hier herum eine Menge Menschen."

Der Soldat las mühsam den Namen: „Bo-bik Kra-sno-ssel-ski."

Bobik wurde schneeweiß, seine Knie zitterten. Er hakte sich bei Nikífor ein.

„Nein, Genosse, solche Leute wohnen hier nicht, da muß man dich falsch geschickt haben. Ich kenne die Ulanskigasse der ganzen Länge nach und auch den anschließenden Teil der Ssadowaja, da gibt es weit und breit keinen solchen Namen."

Der Soldat kratzte sich am Kopf und blieb unschlüssig stehen.

„Na ja, ich sollte mich auch nur erkundigen. Also danke für die Auskunft." Er ging davon.

Nikífor sah Bobik an. „Was nun? Jetzt aber nichts wie los nach Deutschland, und hier wird nicht mehr geflunkert, gezögert und an den Knöpfen abgezählt! Das war auch unseres Herrn Wunsch, und den solltest du erfüllen. Aber was machen wir so lange mit dir!? Den hat uns wahrhaftig unser Schutzengel in die Arme getrieben. Stell dir vor, er wäre an einen anderen geraten! Weg wärst du, Bobik, wie ein Blatt im Winde!" und er hielt seine Hand vor den Mund und pustete. „Du mußt sofort weg von zu Hause. Man weiß ja nicht, wieviele sie mit solchem Auftrag schicken. Aber wohin? Warte ... da ist doch der General Nabókin, der ist goldehrlich, und der wohnt in einer kleinen Hütte, allein. Der soll uns helfen."

Sie gingen zum Ssucharewkamarkt, wo der General Zeitungen verkaufte. Er stand da und rief die »Prawda« aus. Er erkannte Bobik und Nikífor. Nikífor kaufte eine Zeitung. Er kramte lange in seinen Taschen, als suche er nach Kleingeld. Inzwischen verhandelte er mit ihm über die Unterbringung Bobiks. Der General schneuzte sich ins Taschentuch. Mit dem Taschentuch holte er seinen Schlüssel und klemmte ihn in die Zeitung, die er Nikífor reichte. Ohne Abschied gingen sie weiter. Der Hausmeister brachte Bobik zum Häuschen des Generals. Er sah sich vorsichtig um. Niemand beobachtete sie.

„Morgen treffe ich dich hier in der Nähe um acht Uhr, Bobik. Dann wollen wir weiter sehen. Ich sorge dafür, daß du die Ausreisepapiere für Deutschland bekommst. Und dann verschwindest du. Die Mami und Bábuschka werde ich beruhigen. Ihnen wird auch leichter sein, wenn du weg bist."

Bobik drückte dankbar Nikífors Hand.

Am nächsten Tag traf er auf einer Bank in Tschístyje Prudý mit seiner Mutter zusammen. „In vierzehn Tagen geht der Transport. Karlúscha ist heute zum Grafen Mirbach gegangen, um die Papiere für dich zu bekommen. Du solltest ihm doch dankbar sein, Bobik, daß er dich mitnimmt. Und mach es ihm nicht zu schwer, sei ein wenig aufgeschlossener und freundlicher zu ihm. Er rettet dich doch. Das mußt du begreifen!"

„Was wird das für ein Leben sein ohne dich, Mami, in der Fremde!", sagte Bobik traurig.

„Mach es dir nicht so schwer, mein Junge. Wenn man sich so nahe ist wie wir, dann trägt man den anderen in seinem Herzen. Keine Entfernung kann uns wirklich trennen, alles, was wir gemeinsam erlebt und durchgemacht haben, macht uns reicher und reifer. Dies kann uns niemand wegnehmen, und du kannst es dir zu jeder Zeit und an jedem Ort in Erinnerung bringen. Wir müssen die Kraft haben, auch die Trennung mit Fassung und Gleichmut zu überstehen. Glaubst du, daß es mir leicht fällt, von Sascha getrennt zu sein? Aber du hast an mir noch keine Traurigkeit und keinen Mißmut erlebt. Ich versuche dem Leben immer die schönen und sonnigen Seiten abzugewinnen, und es schenkt mir immer die Fülle, auch jetzt, auch in der Bedrängnis und Not. Erwecke in dir das innere, das unvergängliche Licht und werde fest, dann kann dir im Leben kaum etwas Böses zustoßen!"

„Was ist denn das, das innere Licht?"

„Du kannst es selbst erleben, wenn du es willst. Wenn du in einem ganz dunklen Raum bist, so schau in das Innere deines Auges oder reib dir die Augen, und du wirst wunderbare Lichteffekte sehen. Woher kommt das Licht in der vollen Finsternis? Aus dir selbst kommt es! Dieses Licht hat Gott in uns gepflanzt und wir können es zu einer leuchtenden Flamme entfachen, oder es kann auch rußen wie unser Petroleumkocher."

„Ich möchte es dir versprechen, Mami, daß ich mich bemühen werde, dieses Licht anzufachen. Ich will dir als dein Sohn keine Schande bereiten." Er drückte fest ihre Hand. Sie trafen sich bis zum Abtransport jeden Tag eine halbe Stunde immer an einem anderen Ort.

In jenen Tagen nahm Bobik Abschied von seiner geliebten Stadt. Er nahm die Bilder der Straßen, die alten vertrauten Gebäude, die Türme und Triumphtore und vor allem den Kreml mit seinen Palästen und Kathedralen in seine Seele auf. Jeden Spatz und jede Taube, jeden mageren Hund und jeden Gaul von einem Droschkenkutscher sog er liebevoll in sich hinein. Er kniete in den zerschossenen, ungepflegten Kirchen — in vielen waren die ewigen Lichter wegen Ölmangels erloschen — vor den Ikonen und betete um Demut und Gehorsam und um Kraft, in der Fremde zu bestehen. Er wurde innerlich ruhiger und gelassener. Die bevorstehende Trennung von der Mutter und von der Heimat erschien ihm nicht mehr so endgültig und tragisch.

Schließlich kam der Tag der Abreise. Es wurden zwei Iswóstschiks (Fuhrleute) gedungen. Bobik sollte sich am Ssucharewkamarkt bereithalten. Von weitem sah er die Fuhrwerke. Jadwíga, Wera, Pássenka saßen in dem einen, Bábuschka, Njánja und Nikífor in dem anderen. Der Iswostschik hielt und Bobik stieg in die Kalesche zu seiner Mutter und den Geschwistern. Wera und Jadwíga waren traurig. Pássenka freute sich an der Fahrt, das alte Moskau erschloß sich seinen Augen. Überall wollte er anhalten und aussteigen, um sich die Märkte anzusehen und um zu handeln. Jadwíga mußte ihn beschwichtigen. Durch seine Temperamentausbrüche wurde die Fahrt kurzweilig.

„Mami", bat Bobik leise, „wir wollen nicht weinen auf dem Bahnhof, wir wollen lächelnd voneinander Abschied nehmen. Ich will dich so in Erinnerung behalten."

„Ja, Bobik, ich verspreche es dir."

„Ich werde auch nicht weinen, Mami!", sagte Wera und sie war dem Weinen nahe.

Sie sprachen von ganz belanglosen Dingen. So vieles hatten sie sich noch zu sagen, aber es erschien ihnen pathetisch. Sie hielten vor dem Bjelorusski Bahnhof. Nikífor und die Kutscher schleppten das Gepäck auf einen langen Bahnsteig, wo der Zug mit den Heimkehrern stand. Karlúscha erblickte sie und winkte sie zu sich heran. Er hatte in einem Güterwagen, in dem Bänke aufgestellt waren, nah der großen Schiebetür Plätze reserviert. Sie verstauten ihre Koffer unter den Bänken.

Sie standen eine Weile umher, es war ihnen unmöglich, ein ernstes Gespräch zu führen. Bobik dachte: „Es ist wie bei einer Beerdigung, da sprechen die Menschen meist von allem Möglichen, nur nicht von dem Toten und von ihrem Leid. Das ist ja auch eine Art Beerdigung." Er ging ein Stück abseits. Er wollte sich auf die Erde niederwerfen und sie dankbar küssen. Er wollte auch eine Handvoll Erde mitnehmen in die Fremde. Er sah sich um. Nirgends gab es auch nur ein Stückchen freie Erde, überall nur Asphalt und verschmutzten Schotter. Das war nicht seine russische Erde, das war Fremdes und Technisches. Er kehrte zu den Seinen zurück.

„Mami, aber wenn hier wieder Ordnung ist, dann komme ich zurück. Das gilt doch als abgemacht?" Er drückte die Hand seiner Mutter.

„Abgemacht, Bobik, aber ich möchte nicht, daß du dich Illusionen hingibst. Was du meinst, das kann viele Jahre dauern. Das geht nicht schnell vorüber. Aber ich glaube, du und ich, wir haben es gelernt, der Zeit ihren Stachel zu nehmen. Wir werden auch in der Zeit unseres Getrenntseins uns selbst treu bleiben, dann kann uns nichts Böses widerfahren."

Der Bahnhofsvorsteher gab das Signal zum Einsteigen. Nun ging alles ganz schnell. Jadwíga umarmte Karlúscha, wünschte ihm viel Glück in seiner Heimat und bat ihn, doch recht behutsam und lieb zu den Kindern zu sein. Er wischte sich einige Tränen aus den Augen und versprach es. „Natürlich werde ich lieb zu ihnen sein, wofür hältst du mich, ich bin doch kein Unmensch."

Bábuschka bekreuzigte Karlúscha. Bobik umarmte Bábuschka: „Verzeih mir, ich war oft garstig zu dir, aber es war der Hunger und die Gereiztheit. Du hast immer für uns gesorgt. Ich danke dir! Das werde ich nie vergessen. Vergiß bitte alle Ungezogenheiten und trag sie uns nicht nach!"

Bábuschka weinte. Nun kam Njánja dran. „Njánjuschka, hab Dank für deine Hingabe, all deine Fürsorge und alles, was du uns gelehrt hast, du hast uns dieses schöne Land lieben gelehrt. Und Dank, daß du uns durch deine Güte und Anhänglichkeit vom Hungertode errettet hast." Njánja hielt ihn fest, als ob sie ihn nicht loslassen wollte. „Du Licht meiner Augen, möge unser Herr Gott dich behüten!" — Nikífor lachte. „Na, Bobinka, wie haben wir das geschafft! Nun fahr mit Gott und komm bald wieder, dann werden wir noch manchen Spaß miteinander haben!" — „Danke dir, Nikífor, ich danke dir, du hast uns alle der Reihe nach gerettet und beschützt, nun wirst du Mami und Bábuschka und Pássenka weiter beschützen. Du bist ein handfester Schutzengel!" — „Ach was, ich bin nur sein Gehilfe, Bobik!"

Pássenka hing an Bobiks Hals. „Ich möchte mit euch, Bobik, nehmt mich mit, ich will auch mitfahren!", flennte er. — „Aber Pássenka, du bist dazu noch zu klein, und wer wird denn bei Mami bleiben und sie beschützen, wer wird auf der Ssucharewka Zigaretten gegen Stockfische einhandeln? Das kannst doch nur du!"

Pássenka war stolz über diese Anerkennung. „Nun gut, dann bleibe ich hier, aber wir kommen nach, Mami und ich, wir kommen euch besuchen!" — „Ja, das tu mal, wie werden wir uns darüber freuen!"

Zuletzt umarmte er seine Mutter. Sie bekreuzigten sich gegenseitig. „Mami, ich weiß genau, daß wir uns wiedersehen werden, ich habe das deutliche Gefühl. Wir werden uns wiedersehen. Hab Dank für alles, ich bin so stolz auf dich, und verzeih mir, ich war oft garstig, ungezogen, heftig, unchristlich, und du hast mir immer verziehen."

„Sei lieb zu Wera, sie braucht dich, und nimm Karlúscha nicht immer alles übel, er kann auch nicht aus seiner Haut, er ist jähzornig, aber er meint es nicht böse. Versuch auch in ihm das Gute zu sehen, dann wird dir das Zusammenleben mit ihm leichter. Sonst bleib nur, wie du bist, und werde ein wenig mehr erwachsen. Aber das kommt ganz von selbst. Gott beschütze dich, mein Sohn, bete für mich! Bete immer, vergiß es auch nicht in der Fremde. Und vergiß auch nicht, immer und für alles zu danken, Gott und den Menschen, für alles Gute und für manches Schwere, von dem du nicht weißt, ob nicht Gutes daraus wird. Geh den geraden Weg und freue dich am Leben! Freue dich immer, bitte Gott immer um die Gabe der Freude. Das sei mein Vermächtnis an dich!"

„Einsteigen, alles einsteigen!", rief der Stationsvorsteher. Sie stiegen in die Wagen und blieben in der offenen Tür stehen. Die Lokomotive pfiff und der Zug setzte sich langsam in Bewegung. Alle winkten. Bobik heftete seinen Blick auf Jadwígas Gesicht. Es war ernst und schön, sie weinte, Gott sei Dank, nicht. Auch er weinte nicht. Wera hielt sich an seiner Schulter fest. Sie hatte dicke Tränen in den Augen. Die Gestalten der Zurückgebliebenen wurden kleiner und kleiner, man sah nur noch die wehenden weißen Tücher.

„Ratata ratata ratata", sagten die Räder. Sie fuhren durch die Vorstädte mit ihren kleinen grauen Häusern. Dann kamen ihnen Wiesen und Wälder entgegen, Dörfer und Kirchen mit goldenen Kuppeln. Wie lange hatten sie das alles nicht mehr gesehen: Land, Kühe, Pferde, Schweine, Raben und andere Vögel, grüne Wiesen und Bäume, Blumen, Pechnelken, roten Mohn, Margeriten, Glockenblumen. Über das Land war eine fürchterliche, verheerende Revolution gekommen. Menschen erlitten den Tod, Hunger, Kälte, Not, aber die Landschaft war unerschütterlich die gleiche, prachtvolle, saftige, freudige. Jede Blume sandte zu Gott ihr farbenfrohes Gebet.

„Wie schön ist doch diese Welt!", dachte Bobik mit Rührung. „Wie schön und ewig. Was liegt daran, ob wir vergehen, sie bleibt und sie ist uns das Siegel Gottes, daß Er uns in sie hineingestellt hat, in ein Paradies, das wir durch unsere Unvollkommenheit und Bosheit zur Hölle machen."

Und zum ersten Mal seit vielen Monaten konnte er das geliebte Gebet aus vollem und freudigem Herzen beten:

„Erfüller alles Guten, Du mein Christe! Erfülle mit Freude und Heiterkeit meine Seele und erbarme Dich meiner, Du Vielerbarmender."

Die Geschichte seiner Kindheit und die Erlebnisse auf Reisen in seiner Jugend schildert Lindenberg in den Büchern:

Marionetten in Gottes Hand
Eine Kindheit im alten Rußland
5. Auflage. 246 Seiten. Leinen DM 14.—

Bobik in der Fremde
Ein junger Russe in der Emigration
350 Seiten mit 3 Tafeln. Leinen DM 22.—

Bobik begegnet der Welt
2. Auflage. 323 Seiten mit 2 Tafeln. Leinen DM 17.50

Wolodja
Porträt eines jungen Arztes
348 Seiten. Leinen DM 24.—

Vom gleichen Verfasser erschienen ferner:

Gottes Boten unter uns
2. Auflage. 171 Seiten mit 3 Tafeln. Leinen DM 12.—

Die Menschheit betet
Praktiken der Meditation in der Welt
7. Auflage. 234 Seiten mit 10 Tafeln. Leinen DM 16.50

Mysterium der Begegnung
5. Auflage. 256 Seiten mit 5 Tafeln. DM 14.50

Schicksalsgefährte sein...
Aufzeichnungen eines Seelenarztes
4. Auflage. 281 Seiten. Leinen DM 16.50

Gespräche am Krankenbett
5. Auflage. 134 Seiten mit Titelbild. Geschenkband DM 7.80

Briefe an eine Krankenschwester
3. Auflage. 139 Seiten. Geschenkband DM 7.80

Frühvollendete
François Villon, Shelley, Georg Büchner, Rimbaud, Trakl, Sergei Jessenin, Hans Jürgen Eggert
283 Seiten mit 14 Tafeln. Leinen DM 18.—

ERNST REINHARDT VERLAG MÜNCHEN UND BASEL